# 中国社会各阶层分析

梁晓声 著

深圳出版社

图书在版编目（CIP）数据

中国社会各阶层分析 / 梁晓声著 . -- 深圳：深圳出版社 , 2025.2. -- ISBN 978-7-5507-4210-9

Ⅰ . D663

中国国家版本馆 CIP 数据核字第 2024EV8725 号

## 中国社会各阶层分析
ZHONGGUO SHEHUI GEJIECENG FENXI

| 出 品 人 | 聂雄前 |
|---|---|
| 出版统筹 | 新华先锋 |
| 执行策划 | 许全军　南　芳 |
| 特约编辑 | 罗文娟 |
| 责任编辑 | 易晴云　许锨仑 |
| 责任校对 | 叶　果 |
| 责任技编 | 郑　欢 |
| 装帧设计 | 吴黛君 |

| 出版发行 | 深圳出版社 |
|---|---|
| 地　　址 | 深圳市彩田南路海天综合大厦（518033） |
| 网　　址 | www.htph.com.cn |
| 订购电话 | 0755-83460239（邮购、团购） |
| 设计制作 | 徐　倩 |
| 印　　刷 | 三河市中晟雅豪印务有限公司 |
| 开　　本 | 787mm×1092mm　1/16 |
| 印　　张 | 30 |
| 字　　数 | 432 千字 |
| 版　　次 | 2025 年 2 月第 1 版 |
| 印　　次 | 2025 年 2 月第 1 次 |
| 定　　价 | 88.00 元 |

**版权所有，侵权必究**。凡有印装质量问题，我社负责调换。
法律顾问：苑景会律师 502039234@qq.com

# 新版前言

此书写于1996年，某些章节曾发表于报刊；1997年成书出版，距今已经二十八年了。二十八年间，这本书曾多次出版，我在2010年做了一些内容上的增补，并写下序言，至今它仍然获得大量关注，读者朋友们对书中有关中国社会阶层的分析、评论很感兴趣。对于我这个书写者而言，是值得高兴的事。因此，当2025年再次出版时受邀为它写序言，我很乐意。

1997年第一次出版时，书中对当时社会各阶层的分析与看法只是个人表达，并未将其归类为杂文或者时评，等到读者们认可后，它便被当成我仅有的单纯的社科类书著，甚至被划分为社会学作品。对此，作为从事纯文学创作的我有些意外。在21世纪前十年，随着社会变化，我又有了新的思考，形成了一些新的观点，后续出版便又做了补充。从那时到现在的2025年，一个十五年过去，社会依然在变化，我对中国社会的阶层观察分析也在不断更新。

我在2010年与1997年对比时，感叹社会变化之快之深刻难以描述，如今站在2025年回看2010年的中国，再次感叹社会的变化还是日新月异、翻天覆地。十五年前的富人与现在的富人相比，换了一批又一批；十五年前大众对工资的预期与现在相比标准也改变了，从月薪几千到现在网上月薪过万已不稀奇；十五年前普通人熬过了"下岗"的城市剧烈阵痛，准备迎接新的时期，如今即使面临企业减薪裁员，大众也有了较多的选择；十五年前农民的生活得到了极大的改善，在向着新目标迈进，现在新农村建设越来越好，但也面临着新的发展挑战；十五年前互联网蓬勃发展，智能手机刚开始推广，而今天智能手机比电脑更方便，人们通过手机直播等形式实现与外界的交通、连接，其中的佼佼者亦能以此谋生致富；十五年前，老百姓还习惯用纸币买东西，而今天电子移动支付是国人生活常态……

十五年间，高科技带来人类历史的巨变，随之而来的社会阶层变动，远超人们的想象。十五年前的2010年，我看中国社会，认为中国人在心理上已经走出了悲观阴影，而今天中国人的心理状态变得更为复杂多元。若是以二十八年前的观点来看今天的中国，或者以十五年前的观点来思考当下，大概不会有普遍的适应性。但是如今这本书再次被读者朋友们关注到，令我重拾了"书记员"的意义。

我出生于1949年，与共和国同龄，到今天见证了中国多个十年的跌宕起伏的历史。我是写作者，也是思考者，社会的发展变迁都影响着我的创作。我目睹了各种历史转折、社会变革，见过人性的黑暗，更见过人性的光明，为心中的信念与坚持斗争过，也被他人的善意与温暖维护过。我一直坚信，中国社会能在过去那些劫难与困境中走出来，发展得越来越好，正是历史中那些始终相信人性的善良、正直、无私无畏的人努力与时俱进追求好时代好生活的结果。

人类历史发展几千年，尤其是在短短一百多年的人类史中，科技突飞猛进，社会不断革新，人的诉求和欲望并不会随着科技和社会的发展而改变。当下的中国人，尤其是年轻人，容易在高速的社会发展中迷失，想通过回看历史获得心中疑问的答案，寻找到解决问题的方法。而社会发展的不同时期各有其特性，历史并不会完全重复，或许可以给当下的人们作参考；但人生的路该如何走主要还是靠个体的选择，时代和社会只能指引方向，不能替个人解决一切问题。

这本书也是我对过去某一段历史的剖析与思考，希望阅读此书的读者朋友们，能有些许收获。我相信，太阳底下每一个个体的生命是平等的，每一份自强和善良都是值得被称赞的。

2025 年 1 月
于北京

引　言 / 001
第一章　当代资产者阶层 / 021

　　附：俯瞰商业时代 / 126

　　　红盖头·"新娘子" / 126

　　　历史，曾使商人声名狼藉 / 132

　　　在中国人心目中，商人是什么？ / 140

　　　我童年起的中国 / 149

　　　商的机会何在 / 158

　　　世界的丑陋 / 167

第二章　当代"买办"者阶层 / 173
第三章　当代中产者阶层 / 229

　　附：中国中产阶层，注定艰难 / 288

　　　城市平民脆弱，中产如何产生 / 288

中国的中产阶层，不足百分之几 / 289
普适的中产阶级价值观，我们没有 / 290
西方中产阶级：人文力量推动进步 / 291
中国的中产阶层能为底层代言吗？难 / 292

# 第四章　当代知识分子 / 294
# 第五章　城市平民和贫民 / 317
# 第六章　农民 / 364
# 第七章　中国农民工 / 376
# 第八章　中国当代"黑社会" / 384
# 第九章　中国"灰社会" / 398
# 第十章　关于国家和经济发展机遇 / 402
# 附　录 / 426

关于土地的杂感 / 426
关于青年和新中国的杂感 / 431

一、社会的"眼"不必常盯着"二世祖"们 / 433

二、"富二代"们的现在和以后 / 434

三、中产阶层家庭的儿女们 / 435

四、城市平民阶层的儿女们 / 437

五、贫民人家的儿女们 / 439

六、农家儿女们 / 440

## 关于"体面"与"尊严"的思考 / 443

## 人文教育——良知社会的起搏器 / 445

对技术人才也不能放弃文化要求 / 445

在大学普及人文的无奈之举 / 447

技术主义、商业主义、官僚主义——人文教育的三个敌人 / 449

# 关于再版的补白 / 453
# 2010版前言 / 465

# 引 言

## 一

任何比喻都有缺陷。在此前提下,我将生产力比作一柄梳子。它处于落后的世纪和时代,梳齿稀少,因而只能通过其对社会的必然作用,将人类分成极有限的群体。那便是,且只能是——阶级的群体。

阶级是人类群体的胶和现象。胶和它的是较为共同的"阶级意识"。存在决定意识,归根结底,胶和它的是较为共同的经济状况,以及较为共同的经济诉求。

落后的生产力,决定了经济基础的虚弱。虚弱的经济基础,难以满足各阶级的普遍的经济诉求。纵观历史,我们有充分的根据得出这样的结论——一般而言,它只能满足扩大化了的统治阶级的愿景,亦即统治集团本身,和与之唇齿相依的嫡戚阶级的欲望。为了维持这一种满足,它必然地,也不得不榨取其他阶级的经济利益。

于是阶级矛盾产生了。

阶级矛盾迫使在经济利益方面受到榨取的阶级更加胶和在一起。

于是形成阶级的意识对立。

落后的生产力这一柄梳子,是梳不开胶和在一起的阶级的群体的。它对社会的梳理,相反只能使阶级更加明显。好比齿稀齿缺的梳子,梳不开胶和成缕的发结。

一百个人分成三个群体,则每一个群体都有足以认为自身强大的方面。人数少的也许以统治地位的优势而自认为强大,赤手空拳的也许以人数众多而自认为强大。

历史的经验告诉我们,这一种阶级的对立一向是人类大的危险。

某些特殊情况下,此危险顺理成章地爆发为阶级斗争。

在生产力落后的世纪和时代,阶级斗争是传染性极大极快的社会"疾病"。像SARS,具有爆发和迅速蔓延的特征。当草根阶级的最低利益也无保障,并且愿景常成泡影时,揭竿而起便在所难免,并且具有合理性。古时他们的行动叫造反,叫起义,近代叫"革命"。不论叫什么,都是仇恨的行动。而仇恨的行动,则必伴随暴力和血腥,镇压它于统治阶级而言势在必行。双方互视为不共戴天的宿敌——雨果的《九三年》和狄更斯的《双城记》对此种情形有恐怖又真实的描写:一方将敌人的头颅砍下,挑在矛尖上;而另一方为敌人制造了分尸轮……

值得人类社会庆幸的是,如此残酷的阶级斗争,基本渐止于19世纪和20世纪之中了。那种骇人的历史,于西方人的记忆比于中国人的记忆,约远百年。

发达而先进的生产力,决定着经济基础的雄厚殷实,雄厚殷实的经济基础,是以商业的空前繁荣为标志的,空前繁荣的商业是冲压机床。它反作用于生产力,使生产力成为一柄梳齿排列紧密的梳子,甚至可以说已不再是一柄梳子,而仿佛是一柄——篦子。

繁荣昌盛的经济时代,对人类社会而言,乃是效果最理想的"洗发剂"。阶级这一绺胶和在一起的"头发",遇此便自然松散开来。经生产力这一柄篦子反复梳理,板结消除,化粗为细。

于是阶级被时代"梳"为阶层。

于是原先较为共同的"阶级意识",亦同时被时代"梳"为"阶层意识"。

人类社会由阶级化而阶层化,意味着是由粗略的格局化而变为细致的布局化了。

格局极易造成相互对立的存在态势。

布局有望促成相互依托的存在态势。

而这是人类社会的一大进步,一大欣慰。

较为共同的"阶级意识",是人类的一种初级意识,反应敏感,逻辑单纯,导致引起了暴烈到你死我活地步的行动。无论对于统治阶级还是被统治阶级,都是这样。

中国历史小说中的某些民间英雄口中最经常喊出的号召是——"弟兄们,反了吧!"

于是一场轰轰烈烈的农民起义便发生了。

法国国王查理十世迷信专政,曾对他的宠臣塔莱朗说:"对波旁王朝而言,在王座和断头台之外别无选择。"

以至于深感忧虑的塔莱朗不得不提醒他:"陛下,在下一次民众起义之前,您起码可以选择乘驿车'临时出走'这一条路。"

阶级一经细分为阶层,便很难重新胶和在一起了。好比钢化玻璃一旦破碎,便很难再复原一样。

一百个人若分成三十个群体,则每一个群体都不再强大。而当面包和黄油是一百零五份甚至更多份时,尽管分配的不公和不均匀可能依然存在,但肯定会被大多数群体相对的心理满足所抵消。

如果一个人手里拿着一份,瞪视着手里拿着两份的人大声疾呼:"弟兄们,反了吧!"

他可能一点儿也引不起共鸣。

发达而先进的生产力,必然是会与民主与法治携手并进的。

一般而言,将会由民主和法治来解释某一个人为什么该得两份面包和黄油,完全不需要通过"造反有理"的方式。

只有手中一份面包和黄油也没有的人，才似乎有权那么大声疾呼。

在生产力发达而先进的时代，一无所有的人必是少数。这样的时代，比以往任何时代，都更加明白自己有责任、有义务、有使命关怀和体恤一无所有的人们。最重要的是，它有能力。因为有能力，渐渐富有经验。

由阶级而细分为阶层的社会不再发生阶级斗争。

生产力发达而先进的时代不再产生"革命"的英雄和"革命"的领袖。

发达而先进的生产力对社会进行的每一次梳理，其实都意味着是对一条"革命理论"的无须言说的否定。

那一条"革命理论"即，"阶级斗争是推动人类历史前进的动力"。

即使从前是，以后却不会再是……

对于中国而言，生产力正在摆脱落后，经济基础正在摆脱虚弱，商业时代正方兴未艾地孕熟着，阶级正日益加快地分化为阶层……

故曰阶层分析，而非阶级分析。

## 二

日本、韩国、中国香港、中国台湾、新加坡、印度、美国、英国、法国、德国，几乎我接触过的每一国或地区的作家和记者，甚至包括比利时和挪威这样的对他国政治不感兴趣的国家的记者和作家，都曾向我提出过一个共同的问题——中国有"官僚资产阶级"和"官僚买办阶级"吗？

我的回答是——过去有，比如蒋家王朝和"四大家族"；现在没有。

他们当然都不相信我的话，都大摇其头，认为我在说谎。仿佛我是一个被中国官方收买了的既得利益者，或是一个因胆小而不敢讲真话的人。

我每每向他们表白我绝非他们所认为的那种人。

但他们还是不相信我的话。他们往往追问：那中国人常说的"官商"和"官倒"是什么意思？

我说：那其实是一些替国家从事商务活动和贸易活动的官员。

他们说：那为什么你们中国人好像总对他们很有意见，很爱谴责他们？

我说：其实所谓"官商"和"官倒"，只是一种身份的界定之称，并不包含着贬义。尤其"官倒"，有调侃之意。当我这么解释时，我便开始怀疑我自己了。因为我知道，在某些情况之下，"官商"和"官倒"确实包含着"意见"的成分，确实是有别于人们谈论商业部门的一位局长或贸易部门的一位部长的。

因语言障碍，我的话被翻译得词不达意，我的回避心态和对方抓住不放的怀疑，使每一次就此话题展开的交谈都格外吃力。在我这一方面，似乎是《遭遇激情》；在他们那一方面，分明是《无人喝彩》。结果差不多总是——我在他们眼里更加是一个扭曲得不敢讲一句真话的中国人了。

对他们解释清楚"官商"非"官僚资产阶级"，"官倒"非"官僚买办阶级"，是比对盲人讲明白鹅和天鹅的区别还费劲儿还不讨好的事。

有一次，我与一位法国记者开门见山，诚不相疑地交谈，才算向他解释明白了一些。他是我1986年访法时结识的，他中国话讲得很地道。

我告诉他，大约是在20世纪80年代初期，中国曾一度允许，并且提倡和支持某些国家机构和政府部门进行规定范围内的商业经营。目的是鼓励和推行"精简机构"，使被从岗位上精简下来的人们积极"创收"，以其"创收"补充办公经费，减轻国家和人民的负担，同时自给自足地提高国家公务人员的福利待遇。应该说，这初衷是好的。但是弊端很快暴露出来了——商业经营的明显的实利性，使相当一批国家公务人员心态浮动，纪律涣散，趋益逐利。不但使他们自身的形象在公众面前受损，也严重影响了国家机关和政府部门的职能形象。同时，极易形成滋生腐败的温床。证明这一做法弊端大于良好初衷的例子不胜枚举。比如一位处长离职经商，一笔生意做成，其"创收"数目，可能是一个国家机关或政府部门全体公务人员一年的工资加办公经费的几倍、十几倍。于是他功劳大大的。全机关或全部门上上下下都不免感激于他，因为都得从他的"创收"中获得相应的利益。

原先骑自行车上班的这一位处长，于是有资格买一辆专车代步了。这名正言顺，属于工作需要。局长的车也许是国产的，而他的车可能是进口的。因为他此时的身份是"总经理""董事长""老板"什么的，而非国家公务员，所以他购车一般不受"控办"的限制，也不受干部配备专车条例的限制。如果局长小心眼儿，不能忍受一个曾是自己下属、本没资格乘坐专车之人，仅因身份一变，竟开始坐上了比自己的车高级的车，那么一种新的心理矛盾便由此产生了。如果处长会来事儿，将自己买的高级的车交换给局长去坐，并且局长高兴地接受了他的美意，那么局长实际上变相地违反了干部配备专车某一条例的限制。并且，这种美意一向是要求回报的。回报的，将极可能是局长手中的大权在原则问题上的"灵活"和"变通"。某些官员，就是这样开始，最终一头从座椅上栽倒的。所不同的是，他们非是栽在彻头彻尾的奸商的名下，而是栽于自己的下属，甚至可能曾是自己以往最信任、最赏识、最器重的下属的"报答"。

公款宴请、公款陪娱、公款礼赠，一切对国家公务人员明令禁止的公款消费，由于以上那一位处长的身份已然有所改变，似乎便都成为商务往来中的正常现象，也不受公务人员纪律条例的限制了。

我们分析一下那一位处长的双重身份是很有现实意义的。许多如他一样的人，其实是非常珍惜自己的处长级别的。那意味着他们的另一半生命，绝不肯同意被"吊销"。他们离开他们的办公室时，不管是情愿离开的还是不情愿离开的，前提往往都是——保留级别。而这一要求又几乎一向会得到恩准。

于是，他们在商人中，被认为是有权的人，起码是，有不可低估的权力关系的人。他们在官吏中，是有钱的人。又因那钱非是属于他个人的，因而几乎随时可以被"共产"一下，问题只在于他高兴不高兴。而他一向总是颇为高兴颇为大方的。不花白不花。所谓"八路军花新四军的",谈不上舍得舍不得。

我们分析一下那一位处长经商成功的"经验"也是很有现实意义的。他的主要"经验"归结起来大抵只有两条——"名牌效应"和"背景效应"。他曾供职的国家机关或政府部门,是他所要经常打出的"名牌广告",也是他所要经常暗示的可依赖的"背景"。他的全部经商才干和能力,往往不过是将两种效应都利用足,都发挥充分。

在中国商业时代刚刚来临的时期,由于人们对彻头彻尾的商人的警惕心,对半政半商的他们便往往信任有加。这使他们畅行无阻,如鱼得水,也使他们经商的成功率很高。他们贷款容易,买进卖出容易,信息来源准确,反馈迅速,游刃有余于市场经济和计划经济之间,双向受益,双向得力。

但是,老百姓困惑并发出质疑了:"这些人哪儿还像共产党的官员呢?"商人们也愤愤然了:"这是不公平竞争!"于是"官商"和"官倒"之说由此诞生。

实事求是地说,"老外"们在中国嗅到了"意见"和"谴责"的气味儿,并非因他们的鼻子出了毛病。

而国家也关注到了官员经商带来的种种事与愿违的弊端,不久便颁布了法令——禁止国家机关和政府部门进行经商活动,禁止国家公务人员尤其国家干部同时兼任商业职务。国家公务人员和国家机关、政府部门,必须在规定时日内与商业活动"脱钩"。

这是中国进行的一次权与商的剥离。

法国记者问:"这一次剥离彻底吗?"

我回答:"比较彻底。此后我个人再没接触到一个既是商同时又是官的中国人。"

当然,我也承认,我的社会接触面是相当局限的。

他认为并不像我肯定的那么彻底。他扳着手指一一向我道出他的根据。看来他对中国了解得不少。

而我只能向他强调——一名国家机关或政府部门的官员，如果他想当什么"总经理"或"董事长"，那么他就必须放弃官职，起码是必须放弃官权。一个公司隶属或挂靠某国家机关或政府部门的现象目前仍然是存在的，但它的法人代表，按照国家禁令，是不可以参与那一国家机关或那一政府部门的职权行使事务的。比如电影厂可以开办各类公司，这有利于"堤内损失堤外补"，但是作为党政机关的电影局原则上就不可以。电影厂的厂长，名片上可以印着身兼下属某公司"董事长"之类，但电影局局长就不可以，尽管他们同属国家公务员序列。企事业单位和国家机关的本质区别，使同属国家公务员的他们也被区别对待。人民日报、光明日报乃国家事业单位，允许下设各类公司，这有利于中国报业走向集局团化。但是它们的老总们却不被允许身兼下属任何公司的商业职务。因他们的身份属于中组部任命的较高级官员。也没听说两报的直属上级——国家机关中宣部，曾开办过什么公司。

我对法国记者解释到这里时，联想到了不久前发生的一件事。我的一位知青朋友，曾任北京某刊下属某公司的副总经理，那是全国最具权威性的政治理论刊物，历来享受部级待遇。春节前夕，公司要如期归还一笔银行贷款，数目是五百万。如期归还了，可以向银行接着贷出。银行方面答应的似乎是一千万。但是公司陷入三角债务，一时无法盘活资金，便由总经理向"娘家"暂借。第一把手不在，他找的是一位主管财务的领导成员。他们私交颇好。但对方虽主管财务，权限却仅在批用五百万以内，超过五百万，需领导班子开会形成集体决议。

于是私交起了作用。

一方越权批借了。

一方保证数日内，也就是银行的二次贷款一兑现当即拨还。

他们不但在一起共过事，而且都是年轻有为，深受领导赏识的干部。只不过后者不再是干部，而是总经理了。

但是春节后，银行开业，事务多多，二次贷款一拖再拖，并未如期到位。尽管已做好了业务报表。

杂志社那一边，第一把手却已从党校归来，主持日常工作了。

越权批借者，自知所担责任重大，岂敢继续隐瞒？

五百万非是小数，第一把手未知犹可，一知震愕。如今携款潜逃案多多，不得不防，于是速派人去银行了解实情。

这一了解，使银行对公司本身的偿还能力心存怀疑。于是二次贷款取消。二次贷款一取消，公司借"娘家"的五百万便还不上了。于是批借者越职过失罪成立，于是借款者以骗取巨额公款嫌疑罪收审待判。

事系五百万，没人承担罪责是不行的，并未揣进个人腰包显然不能完全开脱掉罪责。于是公司业务瘫痪。

公司说："娘家"不派人去银行了解就好了，二次贷款一到位，"娘家"的钱不就能还上了吗？

"娘家"说：巧舌如簧骗了社里的巨款偿还贷款，反而有理了吗？

五百万谁能当耳旁风，听了也不去了解了解实情？

公司说：负债经营，是商业常事，"娘家"怎么那么不相信我们有能力渡过暂时的难关？

"娘家"说：你们又贷一千万。如果又纠缠到三角债里去，或者赔光了，最终还不是得社里替你们还吗？你们倒提醒我们得赶紧封了你们的账，细查一查。否则，有朝一日，我们社里的领导都成了负债的被告，我们还被蒙在鼓里呢！

这一件事，尤其这一位国家的部级杂志社之首席领导者的话（他的话我并没有亲耳听到，是从别人口中间接听到的），对于一切下辖商业公司的国家事业单位，都意味着是一种警告——在商业时代，商业是诸多冒险游戏中最具冒险性的。像由一个或几个公司的成功经营形成经济基础，支撑住一个事业单位的存在，最终达到免却国家拨款的想法，实乃理想主义太浓的想法。而被一个或几个公司的失败经营连同自身拖入负债累累的泥淖，却是极其可能的，且不乏其例。

我并没有对法国的记者朋友讲这件事以及我的思考。我只不过希望他明白，"比较彻底"并不等于"百分之百的彻底"。这种事实上的不彻底性，目前仍遗留着甚至保持着某些国家机关或政府部门与"商"字的半明半暗的、暧昧的关系。一些具有"官商"或"官倒"身份的人，也依然暧昧地存在着。但是，他们的数量比前几年确确实实少多了。并且，他们确实与"官僚资产阶级"和"官僚买办阶级"不是一回事儿。后者从商所获的钱财，无不打上私有的烙印。而前者从商所获的钱财，毕竟属于公有性质；他们往往有支配权，却没有所有权，起码在股份制转化以前没有所有权。尽管股份制被中国某些经济学家的喇叭"吹奏"了一阵，但是某些国家机关或政府部门或事业单位的官员，对由他们的隐形的手所制约的公司，一般都是不甘心使其从公有性质变为股份制的。通常情况下，他们倒宁肯考虑聘什么能人来承包那些公司。因为承包是有时间性的，届时可以收回。而股份制是一种性质的改变，一经改变几乎意味着永远。他们中相当一部分人认为，股份制其实是一种变相的化公有为私有。在这一点上他们大多数比较"保守"。

却也大有"与时俱进"者。股份制于是成为他们参与瓜分原属公有资产的天赐良机。过程每是这样的，某商业单位或某企业，原挂着"国营"或"集体"的牌子，抑或虽没挂着以上两类牌子，却曾"挂靠"于某一政府部门，并由其任命法人代表，经常给予"扶持"——那么股份制改造前夕，背后的某些干部就开始紧锣密鼓地策划如何占有暗股了。倘若他们之目的面临阻挠，则每将法人代表换成自己的亲信，于是大功告成。

此种身为国家干部，却贪占商企单位暗股的现象，在当年实在是不言而喻之事。甚至可以说，正因为积累了当年的"经验"，他们的手，其后才纷纷轻车熟路地伸向私企的。

现在，究竟有多少国家干部在商企单位长期以来占有暗股，那真是只有鬼才知晓了……

我自以为已经向法国的记者朋友解释得很清楚很明白了。他那双浅蓝色的眼睛专注地凝视着我，听我喋喋不休地自说自话时，不停地点头，仿佛"听君一席话，胜读十年书"，从我的话中受益匪浅似的。

我说完了，他反客为主地替我往茶杯里续水。

说得口干舌燥的我，端起茶杯刚喝了一口，不料他又慢条斯理地操着一口近乎油滑的北京腔调打击我的热忱："梁，尽管你解释了这么半天，尽管我有点儿明白'官商''官倒'并不就是中国的'官僚资产阶级'和'官僚买办阶级'了，但我仍然坚持认为——你们中国确实存在着'官僚资产阶级'和'官僚买办阶级'。"

轮到我研究地凝视着他了。

我缓缓放下茶杯，讪笑了一下，挖苦地说："哥们儿，你的话倒把我搞糊涂了。你既承认我向你解释清楚了，又坚持你自己的看法，不是自相矛盾吗？"

他表情郑重地说："'官商''官倒'并不就是中国的'官僚资产阶级'和'官僚买办阶级'，这是一个话题。这可能是别人有兴趣和你讨论的话题，但我对这个话题并不感兴趣。我所感兴趣的是——你们中国究竟有没有'官僚资产阶级'和'官僚买办阶级'？这是另一个话题。恰恰对这另一个话题，你讳莫如深，绕避不谈。说了半天，不过是'顾左右而言其他'。我对你今天的表现很不满意！"

事实上我并非讳莫如深。在他居京三年多的日子里，我至少已在家中接待过他七八次了。而且，在一个春季还陪他郊游过。我想，我们几乎算是朋友了。在他面前，我一向并不隐瞒自己的什么观点。我们之间的交谈，尤其是就中国话题展开的交谈，从来都是坦诚直率的。在我这方面，既没用过"无可奉告"之类的外交辞令，更没有过"顾左右而言其他"的时候。

他使我愕异，正如我使他感到不满意。

我瞪着他说："亲爱的，你今天怎么了？为什么这么急赤白脸的？"

他也瞪着我说："你骂我？你骂我，我就只好告辞了。"

我说："你不是经常自诩是中国通吗？那怎么从我的话里听出了骂你的意思？"

他说："'急赤白脸'难道还不是羞辱人的话吗？"

我说:"这四个字怎么是羞辱人的话呢!不过是一种形容嘛!看来你的中文水平还有待进一步提高。"

于是我找了笔和纸,写下"急赤白脸"一词,逐字对他讲解。

默默听完我的讲解,他不太好意思地笑了,说那就算你并没骂我吧!

我板起脸说:"什么叫'就算'呢!你欲加之罪,何患无辞嘛!不过我不计较,咱们单刀直入吧!你是不是又带了你写的什么文章要让我看?"

他这位"老外"挺勤奋,经常写些关于中国的见闻杂感寄回本国,发在报刊上。政治、经济、文化、教育、商业、旅游、民俗、民情,方方面面,无所不涉,据说颇受法国读者欢迎。他立志要当一位"中国当代国情研究专家"。他认为从中法关系发展的前景看,当那样一位专家,在法国的社会地位会越来越高。他觉得对他成为专家较重要的文章,曾带着来我家请我过目,虚心听取我的意见。他的文章一向先用中文写毕,然后自译成法文,每每中法两种文字同时发表。

经我点破,他沮丧着脸,从纸夹中抽出几页纸给我看。

那文章的标题是——《从"官商""官倒"的存在,看中国新生的"官僚资产阶级"和"官僚买办阶级"的形成》。

我严肃地说:"你这篇文章不能以这样的标题寄出去发表。你得相信,我不是暗中拿了共产党的津贴才劝阻你。以你们外国人的眼睛看中国,有时难免有误区,甚至有盲点。我是中国人,我看中国,可能会比你们外国人的误区小些。何况我并不打算当中国当代国情研究专家,同样的文章发表出去,即使被看出了误区,也不太影响我一个小说家的创作生涯。读者只当是一个小说家的信口开河罢了。但你可是想当中国当代国情研究专家的人啊!正如我刚才不厌其烦地对你解释的——'官商'和'官倒'现象的存在,确实和'官僚资产阶级''官僚买办阶级'有本质的区别。等同而谈,牵强附会。标题就牵强附会的文章,怎么可以署上一位准中国当代国情研究专家的大名发表呢?你们外国人一向又对调研性文章认真得很,发表了对你不是得不偿失吗?"

他感受到了我的诚恳，他嘟哝："你几番话报废了我多日的心血，我不恨你恨谁呢？"

我不禁笑了，说："你其实应当感激我才是。因为我及时保全了你这位未来的中国当代国情研究专家的名分。"

他收起他那几页纸后说："那么咱们现在来谈我更感兴趣的第二个问题——中国究竟有没有'官僚资产阶级'和'官僚买办阶级'？你要简单干脆地回答我——有？还是没有？"

我说："没有。"

"没有？"

他的脸一下子涨红了，站起身，像瞪着一条丑恶的虫似的低头瞪着我，连连说："撒谎！撒谎！你在撒谎呀你！你……你们中国人怎么可以这么毫不在乎地撒谎呢？你明明知道是有的，是客观存在着的。我也不是一个到中国来的瞎子聋子，我毕竟已经在中国生活了三年半多了！难道我知道的，你这个中国人竟一点儿都不知道吗？好，好，今天算我自讨没趣儿，咱们拜拜吧！"

我说："你坐下。"

他不坐，一副话不投机半句多、怫然欲去的样子。我扯了他一下，他才重新坐下。

我说："其实，我最近也经常思考你提的问题。因为经过了思考，所以我回答没有。我甚至认为，回溯半个世纪的历史，不但中国没有所谓'官僚资产阶级'和'官僚买办阶级'，世界上其他国家可能也没有。这两类人，以形成阶级的群体概念存在，在任何国家都是不太可能的。因为，'阶级'一词应该是一个较为广大的概念。这一概念需要起码多的数量构成的群体支撑着证实着才不显得空洞。你等着，我拿一样东西给你看……"

于是我起身去翻出了一本《毛泽东选集》合订本，带回到他身旁。《毛泽东选集》合订本的第一篇文章便是毛泽东那篇对中国产生了近半个世纪深远影响的《中国社会各阶级的分析》。

我指着说："你看，毛泽东在他这篇著名的文章中，将中国革命的首要对象列为地主阶级和'买办'阶级。"

我翻到《中国革命和中国共产党》一章，又指着说："你再看，毛泽东在他这一篇文章中问——谁是中国革命的主要对象或主要敌人？他的回答是——帝国主义国家的资产阶级和中国的地主阶级。看来毛泽东这位农民出身的革命领袖，最痛恨的就是地主阶级了。我当年是知青时，通读过毛泽东的这个合订本。在我的记忆中，毛泽东经常的提法是军阀、官僚、'买办'、地主阶级。我想，他当年肯定也明白，官僚者可能是资产阶级或'买办'阶级、地主阶级出身，也可能身为官僚以后，运用手中的特权，更加肆无忌惮地聚敛家族资产，从事'买办'经济活动，扩大土地占有面积。但若说这样的官僚们多到了形成一个阶级的程度，那是难以想象的。因为不待多到形成一个阶级的程度，国家的统治集团也许就已经被推翻了，或自行瓦解崩溃了。因为那样一个官僚集团是根本没有办法长久统治一个国家的。任何一个国家的公众，可能不得不容忍一些官僚资产者、官僚'买办'者和官僚地主的存在，却不可能，也无法长久容忍这样的一个阶级的存在。因为那一种压迫，将是人民根本无法承受的。这一道理，是连封建统治阶级都明白的。对于这一点，蒋介石当年又何尝没有防患于未然之心呢？他也担心他的官僚们以暗聚家私为第一能事，以为官廉正不知为第几嘛！蒋经国在上海'打老虎'，他最初是赞同和支持的。他自己不出面由儿子出面是一个策略。他以为儿子会较他更容易做到铁面无私。事实上，当年血气方刚的蒋经国也是打算替父亲扫荡一批贪官污吏的。只不过一打便打到了'四大家族'的至爱亲朋身上，而蒋介石的统治又是要依赖于他们的，不得不出面干涉，使儿子的护法哨棒高高举起，却落不下去了。不但陷儿子于大窘之境，也使他最初赞同和支持的'打老虎'运动偃旗息鼓，不了了之。蒋介石还亲自下令处决过一些严重影响他的党国形象的贪官污吏。这是有历史记载的。因为他也想做长久统治中国的领袖嘛。上防下憎，使……"

"使官僚资产者们和官僚'买办'者们根本不可能有条件形成一个阶

级——你是这个意思吗？"他打断了我的话。

我说："对。我是这个意思。"

"就像某类草，它们可能这里那里一丛丛地生长出来，但根本连不成一片草场？"

我点头。

"根本？"

我说："你别在字词上非要和我辩个天大地大。如果没有制约和惩罚，如果制约并不明朗，惩罚并不严格，像中国这样一个官僚密度重重叠叠的国家，又处在向商业时代转型的阶段，官僚资产者们、官僚'买办'者们，其实是很可能形成阶层，甚至阶级的。在有些局部地区，整个县、市的官员，狼狈为奸，沆瀣一气，形成贪污、受贿、走私、巧取豪夺的权力集团，恰恰说明了可能性的存在。这样的例子举不胜举。但另一方面，中国的法治的权威毕竟在渐渐树立起来，成熟起来，监督的方式毕竟渐渐多了，作用毕竟渐渐大了。举报的责任也毕竟渐渐变为一种公民意识而深入人心，所以又渐渐形成着不可能性的依据。可能性和不可能性并存，就我个人而言，我不过认为可能性小，不可能性大罢了。"

"大到根本不可能？"

"'根本'两个字可不是我说的，你说的。"

"你刚才自己也亲口说过。"

"是吗？那我现在承认，'根本'两个字我用得有些绝对化了。只要存在着几分可能性，就不可以用'根本'两个字。"

"变相的'官僚资产阶级'和'官僚买办阶级'存在不？"

他一副"宜将剩勇追穷寇"的模样。

"目前？"

"目前。"

我明知故问："'变相的'怎么理解？"

"比如，父辈为官员，儿女间接利用父辈的权力，并且打着合法的招牌，为自己的家族暗敛私财。"

我一时沉吟，不知该如何回答。

"你如果摇头，或者说'不'……"——他从手拎包里取出了一个小本子，准备随时翻开，索根引据地驳我。

我说："亲爱的，你不必翻你那小本子。并且，请把它收起来。你是'老外'，我是中国人。你居京才三年多，我居京二十几年了。你知道的，我差不多全知道；你不知道的，我知道的也不少。但我仍然认为，他们的数量，相对于十二亿人口的中国，是构不成一个阶层的，更构不成一个阶级。"

他眯起眼睛望着我，想了一会儿之后说："我终于明白了。"

我说："我很高兴你接受了我的看法。"

他说："你别高兴得太早。我还没彻底接受你的什么看法。我只不过明白了，我们原来在对阶级和阶层的理解上存在着很大的分歧。你认为，阶层和阶级的概念，需要由一定数量的人群构成，是吗？"

我问："难道你不这样认为吗？"

他说："我当然不这样认为。阶级是由社会地位和经济地位决定的。阶层是由同一阶级中的等级差别而区分的。怎么能以人的数量多少而论呢？如果按照你的观点，那么你倒说说看，在你们中国，究竟一个什么样的数目，才可以被认为已经构成了一个阶级或阶层呢？一万？几万？十几万？还是几十万、几百万人以上？"

他这一问，居然把我问得一时语塞。

"是所有的阶级或阶层的人都以大致相同的数量存在才能被认为已经构成了，还是不同的数量？如果大致相同，岂不荒唐？因为地球上目前还没有一个阶层人数大致均等的国家。这并不像你们中国小学校里按照男女生比例配划班级那样可以由人的意志来决定。如果数量不同，又为什么不同也可以被确认呢？那被确认的依据，是不是恰恰证明了你以人数分阶级的观点的不正确呢？"

我不但语塞，而且懵懂，更加不知如何回答才好了。

那一天，他与我辩论了一下午才离去。辩论的结果是——我承认我过分片面地强调以人数为前提来作为是否正视一个阶级的存在是机械论了一点儿；他承认他若企图评说中国目前已存在着"官僚资产阶级"和"官僚买办阶级"，仍缺少足以说服人的立论数据。

我们在这样一点上达到了初步的共识——在中国，在目前，明目张胆的官僚资产者和官僚"买办"者，尽管很少很少，尽管一经证据确凿地揭发和指控便大抵会落得个身败名裂的下场，但变相的，似乎合法化了的，由儿女或至爱亲朋们间接"操作"，目的在于为家族暗敛私财的商业现象，已成为"中国综合征"之一症，"中国特色"之一种。

他坚持认为他们已然形成了阶级。

而我认为他们只不过组成了一些形形色色的利益集团，还没有扩展到配冠以阶级这一概念的地步。

最后他用了一个法语词给他们下一个妥协性的定义，由他译成中文是"阶级分子"。

见我对他的法语式命名大为困惑，他进一步解释——"分子"二字不是我们中国人习而惯之的社会学方面的"分子"二字，如果我那样认为就曲解了他的意思了。应当成物理学和化学方面的"分子"二字去理解。他说这些"分子"的存在，一遇适当的条件，必然发生"分子组合"，那么必然形成我这个中国小说家不甘愿正视，甚至有点儿讳莫如深的那一种阶级。

我洗耳恭听后哭笑不得。想不到和他这个中国话说得极溜儿、一心想成为"中国当代国情研究专家"的"老外"认认真真讨论什么学术问题似的讨论了一下午，我竟还是给他留下了个文过饰非、巧舌狡辩的印象。

我这可是为谁们蒙受不白之冤呢？

我为谁们暧昧为谁们心口不一呢？

他走后，我坐在沙发上陷入长久的沉思。以我的浅薄的知识，析古剖今，不知怎么，便由中国共产党联想到大明第一任皇帝朱元璋；由新中国成立初期中国共产党人枪毙刘青山、张子善一事，联想到韩国判处贪污受贿的前总统死刑，联想到朱元璋亲自制定的《大明律》。

《大明律》可以认为是大明朝建国初年昭告天下"反腐倡廉"的宣言。其中吏律、户律、礼律、兵律、刑律和工律，乃是针对六部官员的。而尤以律官的吏律条款严厉——大臣私自许官者，斩；结党营私者，斩；应奏不奏者（当然包括报喜不报忧者），或笞，或杖，或罢官，或斩；官商勾结，搞权钱交易者，官越高，罚越严，轻者革职论处，没收家产，重者砍头。

我记得在我还是个孩子的年龄，看到一本关于朱元璋的连环画。讲的是他限定官员，不论功劳多大，职位多高，身份多重要，储姬纳妾不得过三。而他的一名好色又年轻的宠臣，虽已纳三妾，但家中仍窝藏两个娇娆丽人，不遣出府去，且夜夜听她们歌唱看她们舞蹈，寻欢作乐。朱元璋得知后，不给替他求情的百官一点儿面子，下旨杀了他。

这故事当年给是孩子的我留下极深刻的记忆，非是因为明朝律官的严厉，而是因为连环画上的两个丽人被画得那么美。朱元璋为了维护他的《大明律》的威严，竟连两个美人儿也杀了。

当年尚是孩子的我，多么替那官、那两个美人儿难过啊！

而朱元璋的爱婿、驸马都尉欧阳伦自以为是皇亲，目无法纪，指使奴仆私自贩茶出境——在今天叫作"非法贸易"或"走私"，也令朱元璋大怒，不顾女儿的哀哀哭求，连皇后的面子都不给，竟将爱婿也"斩立决"了。

成年之后，尤其腐败盛行的这些年，才渐悟法对国的无比重要性。于是每每想到卡龙达斯，都感慨他以身殉法的壮烈。

卡龙达斯是6世纪古希腊的一位伟大的立法者。在他制定的诸多法律中，有一条是：公民不得携带武器参加集会。

有一次，卡龙达斯不慎佩剑走进了一个会场，当即有人指责他践踏了自己制定的法律，该受到严惩。

他庄重地说："向宙斯发誓，我会维护这一条法律的。"说罢，毫不犹豫地拔出剑来，自刎而死。

每想到这则历史记载，我总替卡龙达斯的死惋惜不已，甚至不平，有点儿憎恶那个当众指责他的人。

一位伟大的立法者，显然比我们常人更加深知法的神圣性，因而才不惜以自己的死向后人进一步昭明这一点。

近日报载湖南省岳阳市进出口商品检验局领导班子三名党组成员、七名局务会成员中，除一人外，全部贪污受贿。一个乡，一个县，一个局，一个市的最高级官员集体贪污受贿之案例，仅近三年以来，在中国大约已几十起了。中国官员的腐败，正以塌方式的现象接连不断地呈现着。与世界上其他法治国家相比，这实在是令中国汗颜的事。

如上的一批贪官污吏的存在，以及他们在经济领域内依仗父辈权势与奸商勾结牟取暴利的子女们的存在，的的确确证明着"官僚资产者阶层"和"官僚买办者阶层"日趋形成的可能性。

这是一种夸大了予以评说会被斥为"左"，而轻描淡写地予以评说甚至态度暧昧地替之遮丑则等于揣着明白装糊涂的现象。

而若根本没人来说，那么这样的社会某一天涣散而沙化是一点儿都不奇怪的。并且，简直还很活该！

所幸质问之声不曾间断。公开的质问和不愿公开的质问，不是少了，而是渐多渐大起来。

## 三

在我修正此书的日子里，北京和各地正在召开"两会"。报载，北京市检察院在向"两会"所做的报告中公布，2009年一年提起公诉的百万元以上的贪贿案便有四十七件。

多乎哉？

少乎哉？

白痴才会认为，仅有那么四十七位贪官，他们悉数都被绳之以法了。

这四十七之确数，想来该是多大一个群体中的"倒霉者"呢？

东窗事发的这些，和深潜未现的那些，该是一比几的比例呢？

这么一想，并且推及全国的话，我觉得，他们究竟够不够得上一个阶层，自己倒真有点说不准了。

也是在我与我的法国记者朋友唇枪舌剑的辩论中，时时置我于被动之境的两难之点。站在这个两难之点上的一切大小官员，一切知识分子，乃至一切中国人，除非矢口不谈腐败二字，若谈，自己们首先就都难免地尴尬了。作为一种思想方法，分清"九个指头和一个指头"是对的。

但"一个指头"肯定不是"一"啊！

它显然是代数中的X。谁能较为说清，如此这般的X，它所代之数是多少？

谁又能肯定地证明，所谓"九个指头和一个指头"，不是"社会能见度"不高情况下的比例，而实际上是"八个指头和两个指头""七个指头和三个指头""六个指头和……"不愿想下去。

谁敢言"社会能见度"已很高了吗？如果不高是一个事实，谁又能限制别人推测的自由呢？而"社会能见度"，这又是只有民主才能解决的问题。

所以我这一部书，不管再怎么修正，也只能是所谓文人的"印象书"。我也只能写到这个份儿上。

我手边是有一些似乎权威的统计数字的，但我一向并不很信。那么，便保留"印象书"的原貌吧。

我的法国记者朋友真诚地希望我和他共同写一本分析当前中国社会各阶层的小册子。我谢绝了他的好意。我怕我们会在写的过程中不断地发生不愉快的争论乃至争吵。我请求他牺牲他计划内的中国版权，支持我单独写。他以友情为重，同意了。

以上便是我决定写这一本小册子的始末。

# 第一章　当代资产者阶层

在商业时代，没有资产者阶层是匪夷所思的，没有"买办"者阶层也是匪夷所思的。好比水族馆里没有鲨鱼，没有巨鳣或没有鲸，没有海豚，也好比动物园里没有狮、虎、豹、熊、犀、象。它们是水族和兽纲中最不可或缺的种类。没有它们的存在，水族馆不算是水族馆，动物园又何谓动物园？资产者阶层和"买办"者阶层，是商业时代繁荣链上最重要的一环，是商业时代的酵母。没有他们的存在，商业时代只能是一种幻想、一种传说、一种愿望。恐慌于他们的存在的人，是"叶公好龙"式的人。我们有理由反对的，只应当是"官僚资产者阶层"和"官僚买办者阶层"的滋生、形成和存在。而且必须毫不动摇地加以反对。因为这两个以官僚为母体，受孕于资产者阶层和"买办"者阶层的"杂交阶层"，对于权力的腐蚀性是无可比拟的，对于普遍的商业原则的破坏性是巨大的，同时必定等于对全社会的公平意识实行强奸。它们使商业委身于权力，因而使商业的行径近乎于"偷汉子"。它们使权力卖淫于金钱，因而使权力形同暗娼。结果是商业和权力，同时变得下贱、卑鄙又肮脏。一个"官僚资产者"和"官僚买办者"层出不穷的社会，哪怕他们还没有形成为阶层，都是在本质上难以真正建设起所谓"精神文明"的。他们对全社会的污染和危害，一点儿也不逊于"黑社会"和流氓团伙。虽然他们表面看起来比"黑社会"斯文，比流氓团伙体面。

中国的资产者和"买办"者们，当然已经阶层化了。

资产者中，也当然不乏由我的法国记者朋友定义了的"阶层分子"。对于他们，实际上没有什么格外再加以分析的必要。因为他们的私有财产，主要是依赖于父辈权力的大小而聚敛的。其过程往往简单得令人咋舌，几乎完全没有什么真正的商业的意义可言。"中国特色"在这一点上具有极大的讽刺性。在中国经济秩序还没来得及形成的几年里，他们往往很容易地就能从银行贷出大笔款来，而且往往是无息的或低息的，然后迅速投机于最初的股票买卖或房地产买卖。对于他们没有所谓风险可言，因为他们得天独厚，信息灵通，买入顺利，卖出及时。在别人来不及反应和动作时，他们已然做出了反应，采取了动作。当别人被"套"住时，他们早已携利别往。当一些地方呼吁建立经济秩序的声浪高涨时，他们的身影早已出现在另一些有机可乘的地方。对于他们，"游戏规则"差不多总是滞后产生的东西。而所谓机会，总好像是有人专门为他们创造的；或者，为他们预留的。他们的后边，似乎有一个"机会服务团队"，或曰"机会黄牛党"。

20世纪90年代，中国一个沿海小市掀起了开发热潮。我曾在那里见到过他们匆匆而来匆匆而去的身影。因为那在当时是中国又一个提供地皮炒卖大好时机的地方，所以几乎成了他们的一个"会师地"。我是应邀去参与一次电视剧策划的，他们是为地皮炒卖这一种商业"游戏"而去的。他们中的某些人，甚至有半大不大的官员陪同，充当"高参"一类角色。我到后，黄金地段皆已有主。那当然是一纸空文就了结的事。他们转手倒卖地契，旋即乘机回归，坐收其利。一亩地价翻涨五六十倍甚至近百倍，他们"创收"之丰可想而知。短短的数日内，他们便暴发了一次，并且同时享受了一次愉快的旅游观光。

然而这一切都是在合法的范围以内进行的。只不过这种合法进行的商业"游戏"，是别人没法儿也没资格"玩儿"的罢了。

如今那小市的开发热早已冷却，因为地价在炒的过程中涨得失去了开发利润。当然也有人倾家荡产在那里，不过绝不会是他们中的某些人。

钢材、木材、煤炭、石油、水泥、烟、酒，凡是曾一度紧俏过的商品，哪怕属于国家调控物资，几乎都为他们中这一些人或那一些人所染指过。"卖批件""卖条子"这一种现象，在中国曾经是见惯不怪之事。王宝森不是挪用过两千万人民币给他的情妇去做生意吗？他难道不是先成了阶下囚，才详查出这一条罪状的吗？否则，"挪用"将不成其为罪名，可以堂而皇之地说成是北京市副市长亲笔"批给"的。有权支配几十亿美元的一位官员，"批给"谁两千万人民币做生意还不是小事一桩吗？公开的对外的对付审计的招牌往往是"集体所有制"，实质上百分之百的不折不扣的是"个体"的。非说"集体"，也是他们自己那一个小"集体"。赚了一概划入个人账号，亏了算国家为繁荣"集体经济"交"学费"了。亏个一干二净算全交"学费"了，挥霍了也算全交"学费"了。在中国经济秩序杂乱无章、剪不断理还乱的几年里，国家如此这般交了许多不明不白的"学费"。当然也不能说完全白交了，毕竟使他们先富起来了。甚至，也不能说交的"不明不白"。

切莫以为他们富起来了便都是些非常之幸福的中国人了。其实，除了在资产的占有方面和优越的物质生活的享受方面他们足以高枕无忧以外，他们内心深处依然是郁闷多多的，依然是些倍感失落的中国人。老百姓的郁闷和烦恼是可以找个倾诉对象诉说的。老百姓是有权利通过发牢骚甚至诅咒骂娘对现实宣泄不满的，但他们却丧失了这种宣泄的权利。因为他们已然是现实的最优先而且最实惠的既得利益受用者了。老百姓发牢骚或诅咒现实的时候，他们只有装聋作哑缄口不言的份儿。老百姓骂娘的时候，他们总感到那等于就是在骂他们自己。他们都清楚，许许多多中国人的眼睛始终在盯着他们的一举一动。他们和老百姓之间的鸿沟，是再也没法儿填平了。起码在他们这一代是没法儿填平了。而他们的上一代，亦即他们的父辈们，原本是些曾为拯救中国老百姓的命运出生入死，功勋卓著，因而曾深受中国老百姓爱戴的人物。这一种关系的失落，乃是他们于中国当代诸种失落之一种，最心有千结之一种，最欲说还休之一种，最惴惴不安之一种。不要单看他们在现实中的表现便以为他们并不在乎，事实上他们中相当一部分人是很在乎的。又由于他们也清楚，他们从现实中依赖父辈的权威和名望获得的越多，父辈乃至家族在中国人中的声誉和威望越下降。他们的失落，他们的惴惴不安，包括他们难免常有所生的愧疚，便越加困扰他们。获得和丧失恰成正比，这一正比将是他们心口"永远的痛"。

他们中四十岁以上的大多数，都是在中国共产党正统教育下成长起来的。中国共产党才是他们的精神父母。而且曾是他们绝对崇敬之绝对忠诚于的精神父母。相比而言，他们的慈父爱母，倒更像是他们的奶娘，更像是受了共产党委托教诲他们成长的监护人了。他们从小就曾立志要当"革命接班人"。只不过"革命接班人"五个字，体现于他们的意识，与体现于老百姓子女的意识，内容是大不相同的。老百姓子女立志要当"革命接班人"，往往意味着要当比是工人的父辈更不计所得的工人，比是农民的父辈更肯付出的农民，比是教师的父辈更优秀的教师，比父辈更服从国家和"革命"对自己命运的统筹安排，比父辈更勇于更乐于为国家和"革命"到最艰苦的地方去一辈子从事最艰苦的工作，并以此为荣。而他们立志要当"革命接班人"，往往意味着最终要接父辈的班，要像父辈一样身居要职，要像父辈一样为国家为"革命"实践文治武功并受人们的普遍爱戴。这一种意识尤其较早地成熟在男性的"他们"的世界观里。

"文革"粉碎了他们的理想，嘲弄了他们的志向，颠覆了他们的世界观。正如硬性地，根本不可抗拒地改变了正在成长着的千千万万中国青年的人生轨迹一样。最虔诚也自认为最有资格顺理成章自然而然地继承"革命事业"的他们中的许许多多人，竟一夜之间成了方式极为粗暴严酷的"革命"对象，成了"狗崽子"，成了连最起码的尊严、家庭安全和生命保障都没有能力维护的人。这一种袭击是他们做梦也没想到的。

"文革"结束以后，江山疮痍，人事皆非，改朝换代，百废待兴。

这时的他们，终于算是结束了含冤赍愤流徙民间的苦难，终于可以理直气壮地"讨个说法了"。

而仅仅为他们的父辈平反,为他们的家庭恢复名誉那是不够的。

必须也为他们被耽误了的人生做出适当的、较令他们满意的安排。

事实上中国也以它特有的种种方式这样做了。但首先是向他们赎罪。需要直接以国家的名义进行安抚的也首先应该是他们。因为他们具有特殊的、意义深远的代表性。这一种安抚亦表明着对他们的活着的父辈的承诺。而这一种承诺又几乎是必需的。因为中国的政治需要他们的父辈继续参与并起巨大的作用和发挥稳定的影响。如同一切做父母的人们一样,这些年事渐高的中国政治老人,不可能不替他们的并不年轻了的子女们未来的人生前途分心考虑。免除他们的后顾之忧,对于当时的中国政治显然是必要的。而且可以说是十分必要的。这一种安抚又表明着对在"文革"中被迫害致死的建国功臣们的祈恕。同时也是国家良心自身获得慰藉的方式。否则国家精神难以甩掉它所背负的沉重的"文革"十字架,而较快地从冤气孽障之中突围出来。

这是一种情感色彩浓重的突围。

它符合中国政治的历史特点。

这是一个国的"韦斯巴芗式"的两难之境。

据说在这位古罗马帝国的皇帝加冕时,有心测试他的主教,将皇冠和法典放在天平的两端。如果他双手捧起皇冠,天平倾斜,法典就会当众落地。如果他首先捧起法典,以证明自己对法的重视程度远胜过对皇权的重视,那么皇冠就会当众落地,而那对于他意味着不祥之兆⋯⋯

仪式规定他不可以同时拿两样东西。于是他只得连同天平一起捧了过去。

而中国摆脱两难之境的办法是——只从所谓"太子"中选拔了少数人培养从政。他们的人数在今天——算来,十个指头数两遍也就差不多全包括了。时值中国的经济要腾飞,其余的他们便被鼓励去经商。

如果中国人较为平和冷静地想一想,则就不难得出结论——在文化、艺术、教育、科技、文学和学术等领域,中国的高干子女是很难有所作为有所成就的。他们从小就距这些领域甚远，而离中国政治太近。在他们自己以及他们家族的观念中，从政才应该是他们的第一选择。这一点尤其体现在高干之子们，以及他们的父母们的思想意识里。在中国共产党执政的前几十年中，这一点几乎成了一种根深蒂固的"思想传统""血缘原则"。

我知道20世纪80年代初有一位相当走红的女电影明星，与一位父辈姓名掷地有声的高干子弟双双坠入情网。

而他的母亲坚决反对，并且严厉地批评他说："中国没适合你的女孩子了？干吗非要从边边角角的人堆儿里找对象？"

而他的父亲已在"文革"中被残酷迫害致死，其实家族中已没了权力支柱。

除了从政，中国以往的高干子弟们还适合选择其他的什么职业呢？总不能在"文革"结束后，依旧撒手不管地打发他们还去当普通一兵、当工人、当农民、当机关小办事员吧？

于是他们被鼓励去经商，在当年的中国几乎可以说是自然而然的，甚至可以说"幸而"中国又为他们提供了一条前所未有的出路。

当我们中国人析明了以上背景，我们似乎也就对某些高干子弟如今在中国商界的如鱼得水、游刃有余看待得较为符合"中国特色"，较为客观温和了。

"那就让孩子们到商业领域闯一闯吧，中国将来也需要商业人才。"

这句在民间几乎人人皆知的话，即使是杜撰的，即使严格地要求不应打上引号，想来也跟原版的意思差不太多。

而既然当初是鼓励他们去"闯一闯"的，那么肯定要给他们"闯一闯"的种种必备的条件和万无一失的保障。这些条件和保障如果给别人，别人也会"闯"出一份产业的。但作为中国人，这一种平等的要求，在当年的中国，是单纯幼稚的要求，现在也是，具有"不可理喻"性。正如以这一种单纯幼稚的平等要求的意识看中国现象，皆具有"不可理喻"性一样。

事实上，当我们中国人看着他们中的某些人如今俨然加入了中国资产者阶层，并且推断他们家私多少心怀嫉恨诅咒世事不平时，我们也许不大能想到，这些上一代共产党人的子女，当初不得不退离中国政治时，是很有几分依依惜别，几分意灰志冷，几分失落和几分对人生前途的渺茫惆怅的。那才是——"若问此愁深浅，天阔浮云远。"

当年我曾在朋友家中"有幸识君"。

当年我三十七八岁，他看去小我二三岁。其父乃调入京城不久的某"地方元老"。他是其家子女中的"老末"，话不多，一副郁郁寡欢的样子，仿佛刚丢了什么贵重之物，来找我那位朋友商议报不报案。

朋友当着他的面对我说："你可别见怪，他不是成心冷淡你。他近来心情不好。"

隔了会儿，又当着他的面对我说："他被从'梯队'名单中划掉了。"

我困惑，不禁地问："什么'梯队'？"

"干部接班人'梯队'呀！"——朋友回答了我之后，转而劝他："想开点儿，你现在经商不是也挺好嘛！当官的有车，你也有车；当官的有秘书，你也有秘书，而且可以任由你随时聘换更年轻、更漂亮的秘书；当官的出国，你也可以出国；当官的请客，谱儿大了违反党纪，你请客，不论多少钱一桌那也是商务需要，你还想咋的呀？"

他阴沉着脸说："但有一点我已经明摆着和他们不一样了。他们的儿女将来填简历时，父职那一栏是高干，我的儿女将来怎么填？"

朋友打趣儿道："将来你就让你的儿女填'中国第一代红色资本家'呗！"

一句话把他逗笑了。

他说："我哥哥总算如愿了。要不然，共产党对我们家可就太欠公道了！"

显然，对于做了官员的别人家的子弟，他们是很羡慕的，也是很不服气的。他们这一种仿佛遭到了排挤的心理上的不平衡，注定了以后必然要通过为个人和家族聚敛财富来匡正。何况财富是种一旦开始聚敛，必定专情独钟的东西；一旦开始喜爱，永远觉得自己拥有太少的东西。

法国的一位巨商，有次拜见阿拉伯某石油国的国王。金碧辉煌的宫殿使他惊叹不已，头晕目眩。

过后记者问他有何感受。

他说："这真是一次不幸的拜见。从今以后，我觉得我是一个穷光蛋的感受，恐怕将笼罩我一生了。"

商界使年轻的"中国第一代红色资本家"们眼界大开，在他们接触某些中国香港的、中国台湾的、日本的、韩国的、新加坡的以及欧洲的商人们时，他们肯定也有自己仿佛是"穷光蛋"的感受。这种感受肯定加剧了他们"只争朝夕"的急迫感。替自己的将来和家族的将来聚敛更多的财富，正是在这一种急迫感的鞭策之下成为一种原动力和使命的。因为他们渐渐地悟到了，中国的民主进程虽然缓慢，但还是比他们所预料的速度要快得多。在这种速度中，一旦退离了中国政治，那么也就几乎意味着是与它的"诀别"了。今后，若企图使自己们不沦落为普普通通的些个中国人，除了站立在个人财富上，显然已经没有什么别的东西再能垫高他们自己了。而他们原本是和普普通通的中国人们不一样的啊！

我知道这样一件事——他们中的一个，某次与一位意大利商人会晤时，对方问："打算同我们合资经商，你能出多少本金？"

他犹豫了一下。横横心反问："三千万如何？"

对方又问他是人民币还是美元。

他说是人民币。

对方不屑地摇摇头、耸耸肩，通过翻译告诉他，请他记住，在和欧洲人洽谈商务时，资金的概念一向是以美元来计算的，否则容易产生故意骗对方上当的误会。

那一项商务由于对方嫌他的资金能力太弱小而没谈成。

他却从此明白了人民币在外国人眼里是多么的"跌份儿"。

现在我校改和修正此书时，"人民币"在世界上的地位已大大提升，"改革开放"在中国之成就也已举世公认。事实证明，中国当年一批头脑清醒的政治老人对我们这个国家的宏观设计，不管有多少令今人质疑的方面，但基本是正确的。并且我进一步认为，非一人之功，而是一个思想解放者的团队的卓越表现。在当年，他们的义无反顾的坚持，以及反对者们的义无反顾的反对，千真万确地仍可用"路线斗争"来形容。此种斗争未再一如既往的残酷无情，亦是中国之一大欣慰。

我还知道这样一件事——他们中的某些人，某次在北京接待某几位香港的富商子弟，为了在虚荣心上一争高下，乘坐"奔驰600"或"劳斯莱斯"，要求他们的夫人或准夫人佩戴上最名贵的项链和钻戒……

结果当然是他们的虚荣心获得了极大的满足。

但过后他们又彼此挖苦和嘲讽自己们的庸俗。

因为宴后当他们欲付账时，对方们中的一个阻止了他们，淡淡地说："我在这里等于是回到了自己家里一样。在我自己家里朋友们聚在一起吃顿饭，我岂能让你们掏钱买单？"

原来那五星级饭店的百分之九十的股份归于对方家族的名下。

"外向型"的比照，的确常使他们相形见绌。于是他们再多利用一次父辈们的显赫名声或权力关系之念头油然而生。他们知道这是不好的，也明白每多利用一次就贬值一次，但却还是一定要利用的。因为那是他们在现实中唯一可以利用的。有时利用了直接谋利，有时利用了间接谋利，有时仅仅利用了支撑自己们表面卓尔不凡内里非常之虚弱脆薄的自尊。若他们的父辈们已经退位了，或根本就不在人世了，他们便难免地心生惶惶的危机感，如同即将被富贵生活所弃的娇宠小儿。

他们虽退离了中国政治舞台，却仍密切关注着它的波诡云谲、潮汐变幻。时常暗自分析这种种变幻对他们的存在有利还是不利。"反腐败""反特权"声浪高涨时，他们中某些人的内心里意乱弦惊，悄然遁往国外，很是担忧自己不幸成了祭畜，被政治高高拎起抛给民众以平不满之怨。前几年有些经济学家高谈阔论"中国的资产阶层不是多了而是太少太少，需要立法加以重点保护"，这话他们很爱听，仿佛是替他们所做的正义的宣言。有些法学家提出应像西方一样，将"私有财产神圣不可侵犯"一条确立为国法至高无上的一条，也很令他们暗生感激，觉得在中国"知音"还是有的。

我没通读过我们的宪法和刑法，不知这一条是否已经确立了。但是我可以肯定，即使确立了，他们也难以高枕无忧。

现在，众所周知，中国宪法已补上了"私有财产不可侵犯"一条。这已是好多年前的事了，我当时曾戏曰："老百姓没有多少财产可被侵犯，故几近于富人财产保护法条。"我并未公开反对过，内心里却是有几分不以为然的。如今想来，我当时的不以为然，确乎意味着思想上的几分偏执。我未免太纠结于"私有财产"是否清白，而又未免太忽略这样一个事实——中国的宪法若无以上一条，首先对于招商引资是大不利的。其次，即使当时看不出那一法条于财产少得可怜的一般公民有什么意义，但却总归也会发生些关系的。比如现在的"拆迁纠纷"，觉得显失公平的公民若依法维权，往往也得在法庭上依据"私有财产不可侵犯"和后来的"物权法"据理力争。

他们最是中国一些处于"不可名状"之状态的人。

他们总担心中国哪一天又发生"文革"般的动乱，而他们多年来苦心聚敛的家财私产顷刻化为乌有。不管谁向他们保证这一种情况是绝不会发生的，都不能彻底打消他们的忧虑。

他们观察着中国的现实常不禁地暗问自己：我是可以无忧无虑地以富人的身份在这个国家里永久居住下去的吗？

于是他们将人民币兑成坚挺的美元，并且储往国外银行。

于是他们常将一份或几份外国护照放在随手可取的保险之处。

非走不可时去中国香港吗？

中国香港也已回归。

去中国台湾吗？

"台独分子"一直表现得极为活跃，去了恐怕会成为新闻焦点，染上他们实在不愿沾染的政治色彩。

新加坡太小太近。日本这个国家的商业已经成熟到快软烂的程度了，除了商业的本能膨胀几乎再就不可能发生别的什么激动人心之事了。他们怕被那一种软烂的商业社会陷没了。英国这个国家的贵族传统太悠久，在国民意识本性上尊崇的是贵族，是绅士，而不怎么真的尊崇富人。何况自己即便去了，身份也只不过是一个中国富人。法国比较理想，但是华人在法国不太受待见，属于还能勉强容忍在法国生存的人种，尽管目前看来中法关系发展得不错。德语难学。意大利、加拿大、澳大利亚经济发展前景不太乐观。挪威、瑞典、瑞士太寂寞，他们的中青年人也还耐不住那一种恒久般的平静寂寞纷纷往国外跑呢！

似乎只有美国还值得一去。可美国太民主，平等意识太强。倘知道了自己富起来的底细，会不会瞧不起甚至轻蔑了自己呢？何况美国的华人已经太多，而且成分复杂。"民运分子"们会不会将自己当成他们敌视的一个活靶子不断地进行攻击性骚扰呢？

再说，离开中国，去到国外，得有多少外汇储备，才有可能维持住一位富人的体面的生活水准呢？拥有名车、别墅、遗产的外国富人多了去了。

几百万美元够吗？

细细一寻思，心里没底。

好比孔乙己数茴香豆，觉得实在是"多乎哉？不多也"！

他们清楚，在美国"百万富翁"其实已是一种时过境迁的说法，根本算不上真正的富人。哪一片社区都隐居着一些，他们过着和别人差不多的日子，进行着并不比别人阔绰的消费。如果苦心聚敛了一笔私有财产，最终不过是移民到美国去过那么一种许多方面都和别人差不太多的生活，那又何必呢？那么他们在中国的自我感觉还要远比在美国强啊！在中国他们起码是人上人，起码被羡慕，最最起码也是被眼红被议论的啊！

而在美国，他们将不太可能成为人上人，不太可能被羡慕，甚至，也不太配被眼红议论。

而这连想一想都是着实令他们沮丧的。

再说，到了美国他们干什么呢？继续经商吗？在美国经商，赚钱可比在中国难多了。没了曾经在中国有过的经商的便利条件，他们也几乎就没了自信。

倘其他什么都做不来，因而什么也不做，那不就等于坐吃山空了吗？

自己的外汇储备经得起自己坐吃无患吗？

经得起几代呢？

如果仅仅经得起自己这一代，那么下一代、下几代的命运又将会怎样呢？

他们更清楚，华人后裔，倘想要在美国跻身富有的上等人的阶层，并且一代代保持住这种身份，谈何容易！

我们了解他们内心里以上种种忧虑、种种苦闷烦愁后，是否会对他们也生出一丝同情呢？

当然，这么说，有些滥施同情的意味儿，有卖舌帮腔之嫌。因为中国毕竟还有六七千万尚未脱贫的农民；有日益增多的一大批又一大批的失业者；有"希望工程"和慈善事业救助不过来的、上不起学的穷孩子……

爱迪生曾说过："如果富人们的生活，真如穷人所想象的那么幸福，他们才会真的感谢上帝。"

我的本意，其实也不过就是爱迪生这句话的意思。

"他们"中的男人，是些缺少友情的男人。因为聚拢于他们身旁的，十之七八是正试图利用或攀附于他们的男女。他们必得提防那样一些男人的手趁他们不备伸入他们的衣袋。他们必得经常告诫自己，别一次又一次被亲爱于他们的女人颠覆了他们的夫妻关系。因为每一次夫妻关系的破裂，对别的男人们是多么心力交瘁苦不堪言的过程，对他们其实也同样是。有钱人之离婚，有由于有钱而造成的别种样的麻烦。文化层次较高的、人格独立精神较强的、不太容易为虚荣所惑的男人和女人，一般不会轻近他们的社交范围。他们也从内心里很反感那样的男人和女人的高傲与孤芳自赏。素质太差、文化层次太低的男人和女人，根本没机会结识他们。追随于他们左右的,几乎永远是一些精明的、专善仰人鼻息的、唯他们马首是瞻的、不耻于时时表达忠心的、介于有自尊和没自尊、有身份和没身份、卑俗和斯文、优秀和平庸之间的男人,以及年轻的、漂亮的、介于单纯与不知廉耻、浪漫与放纵、多情与多智、现代与现实、天使与妖姬之间的女人。某类人因具有太显明的被攀附的意义和被利用的价值,身旁也就大抵只能聚拢着些介于优秀和平庸之间的男人,以及做派现代目的现实的女人了。这符合人类社会的寄生规律。像他们利用他们父辈的权力能量和影响一样,他们自己的能量和影响往往也被直接或间接地借助与利用。他们有时会对那样一些男人或女人心生厌恶,弃之如弃旧履。但有时也会遭到那样一些男人或女人的背叛——当他们身价跌落,在特权阶层渐渐失宠之时……

他们几乎都是些不读书的人,尤其不读小说、诗、散文。他们从天性上轻蔑文学,极端讨厌作家。如果他们欲请某位作家赴宴,那作家还真的受宠若惊打算前往的话,那么一定要有思想准备,大约自己的笔要为他们"服务"一下了。

但他们却读时事报刊,偏重于读海外的,并且从不排斥某些对中国立场暧昧甚至立场"反动"的报刊。他们有许多渠道收集到这类报刊。海外舆论对中国局势的分析、预测和评说,一向能引起他们较浓厚的兴趣。尽管他们对中国政治了解得并不少,也不乏独到的,甚至是深刻的敏锐的见解。流传于中国民间和海外的"小道"政治消息、动态、"内幕""秘闻"什么的,其实往往源于他们的有意无意的提供。他们通过报道"出口"和"出口转内销"的方式,杀伤可能危害他们及他们家族利益的、因而令他们不快的中国政界人物的形象,同时为那些可能对他们及他们的家族利益有帮助的、受他们喜欢和拥护的中国政界人物树立口碑。

他们像某些司机从心理上反感交通警察一样反感"中纪委"的存在。尽管"中纪委"并不意味着就是由一位铁面无私的当代包公坐衙的开封府。

他们当然不进影院，也当然不看国产电影。但这并不妨碍他们偶尔宴请影视明星。

他们颇喜欢高尔夫球。情绪好时，也打保龄球或台球。

他们中有人是围棋和桥牌高手，也有人骑艺不俗，可驰骋于跑马场。

倘有外国足球队到中国来进行比赛，他们一般是不愿错过观看机会的。并且总持有一等票位。但他们绝不是球迷。谁若将他们与球迷相提并论，那等于是在侮辱他们。

国外的交响乐团、芭蕾舞团、时装队或花样滑冰队到中国来演出，在现场每每可发现他们的身影。他们矜持地向熟人点头时，仿佛在说——"这我怎么会不来呢？"

人生苦短，现在，他们也老了。中国人在一切公开场合，很难再见到他们的身影了。中国的一切文艺演出，他们早就看不上眼了。外国的不论多大的明星甚或大师以及世界一流的文艺团体在中国的演出，一概激不起他们的欣赏欲望了。因为他们早已在国外欣赏过了。若论对文艺的欣赏水平，他们无疑是中国眼光最高的一些人。他们大抵已不再在商海中弄潮了，先后做起了深居简出的"寓公"。或在中国，或在国外。其实，他们从未真正爱过商业，这一点是他们与中国一些铆足了劲儿在商场上往前拼的商业"骄子"们最大的也是最本质的区别。他们大抵连对政治也不复以往那么关心了。他们明了他们已经安全，并且竟然特别体面地安全着。这于他们已差不多是如愿以偿了。当初也许否，而今不后悔。他们曾是中国这大舞台上某一折戏中的主角，也是后来冷眼旁观的看客。他们经历了寻常之人经历不到的事情，看到过寻常之人难以看到的真相，体会过寻常之人难以体会的况味。他们参透了"锦江春色来天地，玉垒浮云变古今"的世事规律……

而当年，他们都坚定不移地支持"改革开放"。似乎都觉得"改革开放"的步伐太慢太慢，思路太僵化保守，仿佛早已超过了他们的忍耐限度。

可谁若问，依他们看来，还应该怎样"改"怎样"放"？他们却又往往三缄其口莫测高深。不是说不出来，也不是懒得说；而是觉得，也许还是不说的好。

其实他们内心都曾封闭着一股强烈的激情。那激情更适于通过慷慨激昂的政治演说、运筹帷幄机智幽默的外交谈判、身临战争前沿麾下千军万马的指挥若定来体现。然而在今天，这早已是过去时的"童话英雄主义"式的向往了。他们也早已悟明白这一点，所以他们内心里的激情的火苗都渐渐熄灭了。

他们的"不可名状"的状态，说到底是这么一种感觉——既不甘心一辈子像他们现在那么活，一辈子做他们现在所做之事，又前瞻后顾两茫茫，找不到另一种或比现在更好的活法，以及比现在所做之事更能体会到满足感的事。

在他们看来，那些一辈子兢兢业业、任劳任怨，似乎永远不思改变地从事俗常职业的人，简直是一些成仙得道之人。他们也体恤芸芸众生没资格没能力与自己命运抗争的处境，但是非常羡慕芸芸众生满足现状自得其乐的"境界"。正是由于他们的内心永远难以达到这一种安于俗常的"境界"，才总是无可奈何地处于"不可名状"的状态。

今天的他们，早已从当年那一种状态中超脱了，简直也可以说超越了。故以他们的眼来看中国诸事，看得比许许多多自以为明了透彻的人更明了更透彻。但是他们往往不与人道，因为不屑于此。若谁被他们看得起，成了他们的朋友，谈到中国之政治，他们往往一开口便会令对方缄默良久，那种睿智，那种精辟，不由得你不肃然起敬。今天之我，也不复是当年那个"世人皆醉我独醒""拿起笔来作刀枪"似的我了。若读者以为我是在巴结，那也随便。而于我，只不过是在补充我的印象。我觉得，他们中有人更像是另类的"红学"专家，将"中国红"解读得入木三分，且更善于从"红"中看出别色来。时代转型，总是会必然地派生出些前所未有之人。当年的时代选择了他们，他们也趁势而上，顺势而为了。情愿也罢，不情愿也罢；得意也罢，失意也罢，一言以蔽之，时代产物而已。并且，已成往事。真的，我不复再能像当年写此书时那样，对于他们曾靠的是特权而耿耿于怀。毕竟，他们的父辈们，曾是新中国的功臣。何况，当年惠利于他们的那点钱，才哪儿到哪儿？比起后来一些贪官所贿得的巨大总数，连零头都不够！更何况，说到子女依赖父辈的特权，如今这现象也仍不少！今日的那些父辈，比起他人的父辈又算老几？连"脑袋拴在裤腰带上干过革命"这一起码的资本都没有！是以反而便以平心静气的眼看他们了。倒是对于如今的种种以权谋私现象，格外地嫌恶了……

现在，让我们来说说"他们"中的女人们。据我看来，作为女人，她们十之七八其实是不怎么幸福的。希望她们成为某一家庭的贤妻良母是不切实际的。那实在是太难为她们了。而一个男人居然能成为她们心目中的好丈夫，则这个男人实在是太了不起了。处在男人们对自己们的和自己们对男人们的两难标准之间，她们的身份与其说是妻子、是母亲，莫如说更像是同事、老板秘书、经纪人、股东、"大内总管"或后台老板。

她们在钱财和情感两方面严控丈夫，但在这两方面却宠纵儿女。她们中的大多数，从小都是备受呵护的、娇生惯养的、任性的、以自我为中心的、优越感很强并且具有难以驾驭的反叛性格的女孩儿。

她们中有些人在"文革"中曾大出风头，甚至对别人大打出手过。当年她们狠起来也是令人恐怖的。当年她们对于别人的悲惨命运和别人家庭的毁灭缺少起码的同情心。但是对于自己命运的曾经沦落和自己家庭受到的冲击却至今耿耿于怀。

她们几乎从小就本能地反叛一切约束，包括来自父母的约束。她们反叛一切妨碍她们个性自由的外力，但是却唯独并不反叛父辈的权力，深知那对她们多么重要。

她们是在"文革"中思想渐渐成熟起来的。这成熟意味着她们自认为"已看透一切"，认为"再没有什么假象"能够骗得了她们了。谈论起种种中国话题来，她们的言辞往往既准确又尖酸刻薄，但是见解缺乏公允也不深刻。

她们对于中国政治的态度又厌恶又不敢彻底予以轻蔑。因为她们比谁都更清楚，连天生桀骜不驯的她们，也是逃脱不了中国政治的巨大惯力的摆布的。

她们自己倒不见得多么向往当一位中国女高干。尤其在她们从商之后，几乎个个都自嘲曾经还有那样的一种向往。但她们很在乎自己的家族中是否仍有人身居地位显赫的要职。倘若没有，她们不但是要诅咒别人，甚至也是要嘲讽和挖苦亲人们的不争与无能的。

她们在经商方面的作为，往往尤胜于自己们的兄弟，起码毫不逊色。而她们直接或间接地借助和利用父辈们权力的稳操胜券、胸有成竹、得心应手，却是她们的兄弟们不得不甘拜下风、望尘莫及、五体投地的。

然而她们和她们的兄弟们一样，也是些极其缺乏友情的人。这一方面是由于她们自幼生活在门第观念和等级差别难跨越的环境造成的，另一方面是由于父辈们在"文革"中的恩恩怨怨造成的。她们在她们的阶层圈子里难觅"知音"。而女人是天生不能没有同性的"知音"伙伴的。所以她们的情感谨慎地、有选择地外延，试探地向她们的阶层以外去发现和结交。她们真正看得起的女性并不多。承蒙她们看得起，而且渐渐引为密友的女性，大抵是些中青年的女人。而且必得善解人意，知道怎样才能随时揣摩透她们的心思，善于曲意逢迎，不过分肉麻而又恰到好处。肉麻的逢迎其实并非她们所习惯于接受的。但一点儿也不逢迎她们，平等意识太强，试图完全将她们当寻常女友看待的女人，却又肯定会令她们恼火透顶。

这样的友情在她们和别的女人们之间是较难建立的。而一旦建立，她们对女友们又是很慷慨大方很讲义气的。

她们对追随过她们的人多一份责任感，多一份女人特有的人情味儿。但对于对不起过她们、伤害了背叛了她们的人，无论是男人还是女人，她们的打击报复又往往比她们的兄弟们更冷酷无情。哪怕只不过是她们自认为谁对不起她们了，伤害她们了，背叛她们了，而事实上并非如此。她们意识到打击错了报复错了大抵也不忏悔也不内疚，更不请求谅解，索性将错就错，一错到底。

因而我们可以这样说——正由于她们身上几乎共同具有这样的性格特征，才没有被编入"革命接班人"的"梯队"去接受政治上的培养。或者反过来说——正由于她们的显明的性格缺陷不适于从政治方面去培养，或直言明摆着没有培养的前途，她们的性格特征才更显得是共同的特征。

她们的亲情义务、亲情责任和爱心，在她们的家族中却往往表现得格外动人。最可贵的东西既然不知道这世界上还有谁们配从她们那里获得，又不能像物质的东西一样束之高阁封存起来期待增值，那么也就只有充分地在骨肉亲人间布予了。这体现为一种较封闭的、家族系统内部的、情感的自给自足，是贵族阶层在情感方面的小农方式的循环周转。在家族中谁生病了，往往来自她们的关怀最为上心，最为情真意切牵肠挂肚。谁名誉受损生意亏损仕途不遂，也往往是她们表现得最激愤，解危救难的姿态最义不容辞，上疏下导的努力最活跃。而谁若事涉法律，四处奔走八方呼号组织捞救的，也正是她们。

她们对于亲人和家族最富有牺牲精神。

她们喜欢时装但非常不喜欢时装模特。偶尔喜欢的也是外国的。

她们基本上不看国产电影但却看影视画刊。对于中国的当红的女明星们一概嗤之以鼻，而对于某几位她们认为颇有不凡气质的男演员，往往又视为初恋情人似的不容别人评短。

她们对珠宝钻石情有独钟，但是颇不愿与珠宝商人多打交道。如果对方经常而又无偿地向她们奉献另当别论。

她们喜欢名车犹如骑士喜欢宝马。但是当亲自驾驶了短短的一个时期以后又会"移情别恋"，觉得名车也不过就那么一回事儿罢了。

她们真的从内心里有点儿崇拜的艺术家是画家。她们认为真正有收藏价值的艺术品当然也只是画。

她们对记者的印象强于作家。前提是如果还没有被记者揭过短的话。

在她们的心目中"国产"作家是和妓女差不多的一类人，仰人鼻息寄生于政权而又心怀叵测不安分守己。

她们偶尔也看书。但大抵看的是外国的传记文学,主人公大抵又是名女人。

她们真的从内心里有点儿尊敬的是中国体育运动员。实际上她们不可能是较长久地喜欢某"一种"事物的女人。

她们的婚姻几乎都不美满。

她们几乎都曾一度陷于情爱饥渴状态。她们几乎都曾有过"弗朗西斯卡"情结。但是她们所心仪的男人在中国的现实中又几乎没有。

并不爱看小说的她们中,估计有不少人读过《廊桥遗梦》这一册薄薄的美国小说,而且肯定有人感动得泪流满面。

她们中不少人将自己的现存婚姻当成一种家庭义务和责任来维持。

她们对于当代青年男女间的情爱自由非常羡慕。但是一想到自己的实际年龄也就懒得离婚仿而效之了。她们常常顾影自怜叹息青春不再,因而尤其难以容忍她们的丈夫拈花惹草。

为家族的长富久安她们忘我地聚敛钱财。同时渐渐忘却了自己是女人,性情特征渐渐变得类乎一些"中性人"。

她们精明强干,发号施令之际颐指气使。动念一生,下定决心排除万难不达目的誓不罢休,声色俱厉。这种时候,她们使面对她们恭听吩咐的男人们一个个变得太像小女人,而她们自己则变得尤其像男人。

如果她们自己的家庭门第较悬殊地高出于她们的夫君们的家庭门第,则她们在"小家庭"中的地位形同女王。

维多利亚女王结婚不久便和丈夫发生了一次激烈的争吵,原因是讨论到当她的公婆身体欠佳之时,她究竟应不应该主动前去问安的问题,二人发生了严重的分歧。丈夫姿态傲然地离开了卧室,将自己关在他的书房里。维多利亚女王气冲冲地跟在他后面,用鞋尖踢书房的门。

丈夫高声喝问:"谁?"

她回答:"英国女王驾到。"

丈夫未开门。

她又踢门。

丈夫又问:"谁?"

她又回答:"英国女王。"

丈夫还是不开门。

等她终于有礼貌地、轻轻地敲了一下门,回答道:"你亲爱的妻子,阿尔伯特。"丈夫才开了门请她进去……

如此这般的戏剧式"情节",在她们和她们的夫君之间,肯定是经常发生的。不过,家庭门第低于她们的夫君们,显然不会像维多利亚的丈夫那么"威武不能屈"。因为那丈夫本身也是一位有资格继承王位的亲王,并不将"王"的地位看得多么了不起。

在"文革"中,她们中有些人由于命运的沦落,由于企图证明自己们与家庭决裂,也由于被现实逼迫到走投无路的地步,曾一度下嫁给底层社会的男人。但这一种"历史性错误","文革"一结束,几乎都由她们自己理所当然地予以"纠正"了。随即她们也是理所当然地又将择偶的目光投向了门当户对的大院里,而在这个太有限的范围内寻找到两心相悦的真爱并不那么容易。"文革"后她们的婚姻在门当户对的大前提来看似乎都比较般配了,但这并没给她们带来她们所希望的幸福。而这一次没有"历史"的也没有"政治"的罪孽,完全是她们自己的责任了。

于是不禁使我们联想到托尔斯泰开篇于《安娜·卡列尼娜》这一部世界名著中的那句几乎人人知道的话——"幸福的家庭都是相似的,不幸的家庭却各有各的不幸。"

对于他们来说,似乎反过来说更为恰当——幸福的家庭各有各的幸福,不幸的家庭却都是相似的。

是的,由于相似的背景,相似的原因,相似的情况,她们婚姻上的失败以及家庭生活的不幸福,也都自然而然地带有了相似性。

她们是当代中国的"安娜·卡列尼娜"。

她们身边大抵也有"渥伦斯基"式的情人,他们未必是贵族之子她们也不在乎了。但敢肯定不会是平民之子了。她们不允许自己犯那么低级的"错误"。

她们内心里有"安娜·卡列尼娜"般的痛苦,但却不会陷于"安娜·卡列尼娜"般的绝望。

她们比"安娜·卡列尼娜"现实得多,并不要求情人最终一定"升级"为丈夫。

她们也是绝不会卧轨的。因为她们实在犯不着那样。

何况现在中国女性们的流行说法是——真爱又如何?这正渐渐成为一种"主流意识""主流境界"。这为她们在观点上树起了旗帜。

作为女性,比起她们的兄弟,她们的性别劣势也是显而易见的。

他们娶一个比自己年龄小很多的"小家碧玉",或"文娱圈"里的"娇俏女娃"为妻,似乎不足为怪。在后者们,还是幸运,还是荣耀,还等于一辈子有了依赖。而她们若和每个月仅有几百元的最高一千多元的"次阶层"男人结为夫妇,不但他们将不知如何做丈夫才好,还将连带得她们自己的身份随之骤跌。

这是她们顾此失彼的两难之境。

1877年4月1日,小乔治亲王写了一封信给他的祖母维多利亚女王:

亲爱的祖母:

昨天我看到一具好看的木马,想买下来。但我没有钱,请您给我一英镑好吗?

您的孙儿乔治

女王回了信:

亲爱的孩子:

你的信证明,你还不太懂各种东西的价值,这不好。你应该学会懂得这一点了,而这是人生相当重要的一点,对于你也不例外。等你真正懂得了这一点,就不会再写信向我要钱买什么玩具之类了。

你的祖母维多利亚

几天后，她又收到了孙子的信：

亲爱的祖母：

　　我十分感谢您对我的教诲。您的信促使我对各种东西的价值进行了有益的思考。思考的结果是——我把您的信以两英镑的价格卖给了一位收藏家。这样我不仅得到了我喜欢的木马，而且剩下一英镑。您认为，我是否已经真正懂得了各种东西的价值呢？

　　　　　　　　　　　　　　　　　　　　　　　您的孙儿乔治

以上一则逸事，又好比她们对她们的父辈，在价值观念方面的"推陈出新"的"修正"。

公而论之，她们的父辈们，亦即那些曾经在中国共产党党旗前庄严宣誓，要"全心全意"地为中国人民"服务"一辈子的革命老人，对于子女们的教诲一向还都是比较符合革命者们"先天下之忧而忧，后天下之乐而乐"的思想的。正如英国女王维多利亚对孙儿施以"节俭为荣"的教诲和影响一样。但无奈时过境迁，充当下一代思想教官的，不只是父辈母辈，还有时代，还有社会，还有形形色色的别人。父辈母辈们充当的思想教官，太具有理想主义的色彩。理想主义教育的成果，只能产生于理想主义为主流意识的时代。商业时代乃是主流意识为现实主义的时代。相比于现实主义，理想主义虽然色彩绚丽却未免内容空泛，所以它适合演讲家、鼓动家嘴上说说，不太能成为大多数人身体力行的情愿。而那大多数中，自然包括老一代革命者的儿子、女儿、孙儿、孙女们。他们和她们，为了获得自己们喜欢的追求的东西，卖父辈们的资历和资格，有时甚至卖他们的原则和尊严，正如乔治为了获得到他所喜欢的木马，以两英镑卖掉他的祖母维多利亚女王写给他的回信一样"聪明"。而且自以为和女王一样，从此真正懂得了各种东西的价值。某些老一辈革命者的某些后代，卖给了的当然不是什么收藏家，而是卖给了商业时代，卖给了在商业时代必然成为主流意识的现实主义的交换法则。

于是,上一代坐"上海""伏尔加""红旗",下一代、下下一代坐"公爵王""宝马""奔驰"等高级进口轿车。

上一代住大的或小些的四合院,并且尽量布置得朴素一些,以避免与人民的生活水准形成太远的距离。下一代、下下一代却动辄以百万几百万巨资争购豪宅别墅,且装修唯恐不奢华、不气派。因为他们和她们,是向西方贵族资产者们的生活水准看齐的。而这种生活父辈们十之七八没有见到过,又由于有着革命者精神境界里的拒奢崇俭的支柱,因而没有横向攀比的目标,也不太会产生横向攀比的心态。他们和她们却不但见到过,而且身心感受过西方贵族资产者们的富贵生活。精神境界里既无原存的支柱,或虽原存过却早已折塌了,也就随心所欲没商量了。现实中既有横向攀比的目标,既有可以达到的捷径,又怎能不使他们和她们向往之追求之,不遗余力地去达到呢?

波斯王一世居鲁士大帝出身于平民,他的儿子从小为所欲为,不受约束。

有次儿子对他无礼,他训斥道:"从前我跟我父亲讲话,绝不像你现在跟我讲话的样子!"

小居鲁士顶撞道:"别忘了你从前只不过是平民的儿子,而我是居鲁士大帝的儿子!"

他们或她们的父辈们,其大多数从前只不过是些穷苦劳动者的儿子,是些放牛娃出身的人。而他们或她们,现在却是些名声显赫、职高权重、一言一行都对国家产生不可忽视的影响的人们的儿女,或地方首席官僚的儿女。

这一种代与代的区别,以及由此发生的思想的、观念的、物质追求与精神追求的离经叛道,非是谁的主观意志所能定向的。

任何事物都是有生命的,从爱情到一种思想到一个政党。而举凡有生命的事物,皆是有生命周期现象的。十二三年是大多数人的生命的周期。两个周期交替之际,人的健康与病弱状态显明,思想的生命要比人的生命长久得多。它是精神生命界中的银杏树。尽管如此，既没有不死的银杏树，也便没有所谓不朽的思想。如果我们心平气和地想一想，则我们就不得不承认，某些堪称伟大却很古老的思想，对于我们当代人的头脑来说，其光耀已如遥远的银河系尽头的一颗颗星一样暗淡了。好比今天的孩子能立刻回答出"希瑞"是美国动画片中手持宝剑、跨一匹长着双翼的白色神马的女斗士，却说不出写过童话《海的女儿》的作家是谁，而且很可能根本就没听人讲过那一则优美又忧伤的童话。

新的思想的芽，通常都是生长在古老思想的干上的。

然而我不敢妄谈一个政党的生命的周期也许是多少年。

我只想说，它的腐败的严重，显然与它的生命周期有着一种内在的可能是必然的关系。正如人体的健康在生命周期交替之际最易受疾病的侵袭与危害。

目前，中共中央、中组部、中纪委联合颁发了有关文件，它将可能使子女直接或间接地借助和利用父辈的权力谋取个人以及家族财富的现象，受到一定程度的限制。

时间能使许多事情不再值得人们关注和论道。权力乃是与具体人的生命同在之物。

我们有充分的根据做如是之想：

十年二十年后，当一个人企图和另一个人成交一笔生意，一方如果说："想必你已经知道，我是某某人的儿子或女儿。"又如果他或她的父辈早已随权而故。那么对方一定会感到讶然，感到说得唐突并且说得没有意义……

或者十年二十年后，当两个青年男女互相吸引。一方向另一方搭讪着说——认识你很高兴，请允许我自我介绍，我的爷爷是某某人时，那情形肯定也是极为滑稽可笑的。

在成熟的商业时代，政治权力，尤其人亡而易的政治权力，根本不可能隔代产生将带来实际利益的神奇效应。

须知丘吉尔的后代和罗斯福的后代，都正在英国或美国的什么地方过着普通人的生活呢，区别仅仅在于，是普通的富人或普通的平民。除了目前尚存在于少数国家的王室而外，世界上一切所谓名门望族后代的延续，几乎全都注定了是一个走下坡路的过程。

这乃是时代演进的法则。

匪兮今兮，亘古如兹。

我曾与一名北京的出租汽车司机就这一话题交谈过。

他说："江山是人家的父辈们脑袋拴在裤腰带上打下的，中国人总得通情达理些，允许人家的儿女辈们沾点儿光是不是？如果连这也不允许，显得咱们中国人太不懂事儿了是不是？说到底，无非就是儿女们凭着'老子'们的权力地位，轻而易举地捞个几百万几千万的事儿嘛。只要别太过分，只要别太肆无忌惮，只要别太贪，适可而止，只要今后不再那样了，只要把经济真正搞上去了，能使咱中国老百姓的日子也一天天好起来，别弄得今天一批'下岗'的，明天一批失业的。人心惶惶，人人自危，对他们那点儿摆不上台面儿的破事儿，中国老百姓其实可以猫头鹰似的，睁只眼闭只眼，装成大傻帽儿，装成什么都没瞧在眼里的样子……"

我很同意那名出租汽车司机的话。

他的话最能体现普通的中国老百姓的大度。这一种大度在这个地球上也是不多见的。

所以我倒想向某些"老子"们的某些儿女们斗胆进言，若觉得活在中国的地盘儿上还不至于太委屈自己的话，其实是不必总打算随时往国外溜的。只要你们"自己人"不"修理"你们，中国老百姓是不太会碰你们一指头的。你们是完全可以在中国的地盘内悠然地做富人乃至富豪的。这可比在国外做富人或富豪更现实些。当然，唯一的前提是务必记得那一名出租汽车司机说的几个"只要别"。否则，你们应该明白，猫头鹰是有两只环眼都瞪圆了的时候的，那时它就会发出尖厉的叫声了。按迷信的说法，这隼禽一旦聱叫连声，便是不祥之兆了。真弄出什么双方都不希望发生的事，对你们，对中国老百姓，就都不好了！

阿弥陀佛，善哉善哉……

屈指算来，我这一本不三不四的书，出版已经十四五年了。此间，中国之变日新月异，经济发展突飞猛进。而权力的寻租现象，也分明地越演越烈。当年的高级干部们，本身并不沽权于市，标价寻租。他们干不来那种勾当。他们即使出于私心提拔亲信，那也是绝不收钱的。当年"跑官"的现象照例也是有的，却不过就是带上礼品而已。礼品终究非钱钞，也很少听说以名车、豪宅、别墅做礼品的事。故当年之"跑官"现象，毕竟还是有别于后来之买官卖官的。买卖个科级处级的行径，肯定也是难以杜绝的。但那类芝麻官职的买卖，是沾不上高级干部们的边的。而今，却是"兄弟齐受贿，贪污父子兵"，官员与妻子或情人共同开拓权力寻租市场，"收拾金瓯一片，分田分地真忙"，买官卖官好商量，"遍地英雄下夕烟"。他们的腐败，早已成亲力亲为的事，亦算是"与时俱进"之一种了。我曾被问及，何以不写"反腐小说"？是啊，我确实是很少写"反腐小说"的。出于反腐义愤，杂文是写过些的，但是小说，每一闪念，旋即摇头。因为权力寻租的方式，贪污受贿的花样，委实太超出于我有限的想象能力了。有所知时，每每瞠目结舌。想象力太低于他们的现实操作经验，只能知难而退矣。

但有个问题我总是很困惑，一位高级干部，在职时大抵已将子女亲属的工作、生活安排妥当了，自己离休之后也能享很高级的待遇，不显山不露水地贪贿个千八百万的，够花就得了呀，为什么非频出大手笔，几千万几亿元狂搂不止呢？

后来我逐渐想明白，症结无非一个"信"与否的问题。不是信仰的"信"，不是诚信的"信"，而是相信与否的"信"。

即他们真的相信"中国特色的社会主义"是可持续的吗？倘相信，自然便是有信仰的官员。而有信仰的官员，那信仰，必定会多少削弱一些贪欲。而他们的贪欲之大，只能证明他们是无信仰的。

他们在成为高级干部之前，最经常之事莫过于政治学习。何以学来学去，连"中国特色的社会主义"之可持续，竟然也还不能坚信呢？是他们的头脑太愚钝，再好的主义也装不进去呢，还是他们其实太过聪明，自己们首先就从那"特色"中看出了毛病？

凡贪官，其实都不过是将做官当成一种"营生"。营生营生，实乃为了生活得好而经营某事。区别仅仅在于，是苦心经营，还是靠表面文章来经营。不管哪一种经营，出发点都是以"我"的良好感觉为中心，以"我"的"利益最大化"为"基本点"的。由那"小我"而"大我"，自然仅能延及有血缘关系的人们，再大也大不到哪儿去的。

要使人们，包括身为官员的人们，发自真心地相信并拥护一种制度无可争议的优越性是不容易的。"加强学习"是一方面，制度本身之改革也是必需的。

贪官们无一例外地在法庭上自认"放松了学习"，他们隔三岔五地就被集中起来学习一通，却还是没有解决好相信与否的问题，这很耐人寻味……

在中国的资产者阶层中，数量为多的是在中国的经济发展进程中抓住了机遇的人。

对于人，已有多种分类法。比如现实型的，或浪漫型的；激情型的，或理智型的；忧郁型的，或欢乐型的；以及按血型、血质、智商、基因等的分类。最新的分类法是——心血管型的，或癌型的。心血管型的，是指精神长期处于紧迫压力之下的男女；癌型的，是指一些积郁成疾，抑而不宣的男女。这一分类法比较武断，而且令人沮丧。

对于中国的资产者阶层，我这里也可介绍一种简单的分类法——夸富型的，或隐富型的。当然，这种分类法，仅适用于他们中的某些人。对于这某些人，也不是非此即彼。但只要留意观察，却都不难从他们身上看出以上两类的特征。

夸富型的——唯恐人们不承认他们是"富豪"。很在乎自己是第几"富豪"。被承认是，或不被承认是，又似乎意味着他们的社会地位和全部尊严，得到或没得到普遍的公认。是第一或第二的区别，于他们，如同奥运会上的金牌或银牌或铜牌的区别。在常人们想来，已然是"富豪"了，干吗还非要争个第几呢？常人们实在是难以理解的。而在他们想来，已然是"富豪"了，干吗不争做第一呢？好比参赛的运动员一般都想竞争到金牌一样。常人们觉得那是梦。他们觉得那不过是几级台阶罢了。即或常人们也认为那不过是几级台阶罢了，但同时又不禁会想，那是几级多么难以跨上的台阶啊！而他们的想法却是——彼人也，我亦人也；彼能是，我何不能？

人都是或多或少有些攀比心理的。也可以说人差不多都是有些攀比目标的。常人自然的大抵总与常人攀比，与自己周围的人攀比。而他们的攀比目标往往是李嘉诚，是霍英东，是希腊船王或其他的什么商业巨子。那几级台阶对他们的诱惑，比一幢花园别墅对常人的诱惑强烈一百倍。他们是那么地希望被视为被称作中国的什么什么"王"。

如果他们感到他们的"富豪"地位还没被公认，或虽被公认了，却没被排在应在的榜上，他们的心里就会特别地不平衡。好比一位影视演员或歌手，自认为自己的名字当在"十大"或"二十大"明星之列，却名落孙山一样。这时他们就会通过媒介弄出一些响动，以期引起全社会的注意。哪怕实际上他们所获得的公认并不像他们感到的那么有限，那么应该觉得委屈，他们也还是要煞费苦心地弄出些响动。他们从来不怕出名，弄出的响动越大越好，越引起社会注意越好，越出名越好。他们绝不是一些害怕为名所累的人。不认为盛名之下其实难副的感觉是不良的感觉，更不会因而别扭。

我这个写小说的人，不知怎么被挖空心思的出版界人士赐予了一顶"中国的巴尔扎克"的桂冠。某一时期内这七个字常印在我的书上。请求把我从这"盛名"之下"解放"也没用，抗议也没用。以至于一个时期内，一从自己的书上见到这七个字，仿佛被电光击眼，脑仁儿倏地疼一下。倘朋友讨书，只得专选没有那七个字的相赠。当然现在我也习惯了。由习惯而麻木了，不那么娇气了，见了那七个字脑仁儿也不疼了，但心里却还是常感到份有口难言的别扭。

他们和我这个小说家是不太一样的人。他们是要叮嘱秘书，将些个投其所好的人为他们所写的盛名之下其实难副的不三不四的文章从报刊上剪下来，妥善保留的，并在必要之时对人引用——某某报刊认为我是中国的什么什么。

这是中国的什么什么，一个时期内给他们带来的好处大大的。凭了是中国的什么什么，足以让他们接近些想要接近的官员，足以当成一种信誉凭证，从银行贷出款来，或使商业合作者另眼相看。

所以，他们爱名的程度，是和爱钱的程度一样的。名在他们那儿，不是虚的，而具有实的性质。为了名，他们有时是很舍得花一些钱的。这体现为一种先期的商业投资行为，体现为一种个人的广告行为。

因为他们渴望不断提高知名度，需要不断提高知名度，故他们与某些文人、自由撰稿人、记者，乃至某些报刊，力求保持友好关系。当他们觉得有必要替自己的名弄出些响动了，后者们招之即来。他们有时为了他们的名，难免会意气用事，难免会由夸富而斗富，甚至，难免会私下里相互攻讦、触霉头、揭隐私。

隐富型的——这些人唯恐自己被视为"富豪"，唯恐自己的名字列入了什么"富豪排行榜"。他们倒不是怕受名所累，也不是承受不了盛名之下其实难副的那份别扭，他们的隐富心理，主要基于对自己的同胞的防范意识。基于对时代的不信任，基于对中国前景的变幻莫测的谨慎的看法，基于一种由中国近当代政治所传授给他们的自我保护的本能。

他们远避媒介。一切从业于媒介的人，以及一切与媒介关系紧密的人，都是他们本能地冷漠对待和小心应付的人。

一般情况下，他们绝不会自愿地在社会上弄出什么响动。他们也暗中以他们认为适当的方式结交某些肯定有助于他们事业的官员，甚至结交得很深。但平时不会轻易地把自己和某些官员的特殊关系炫耀于人，也不会凡事都加以利用。好比在打扑克的时候，有些人摸到了王牌，往往用其他的牌将王牌遮挡住，还环顾左右，装模作样自言自语地问："王牌在谁手里了呢？"他们深知王牌的意义，不到关键时刻是不往外甩的。

他们从不在交际方面浪费时间和精力。

他们商业上的成功，也是一次次不显山不露水的暗中的成功。

他们似乎没有成为中国的什么什么的雄心壮志。但是他们的商业眼光比"夸富型"的人们更为准确，商业头脑的反应也更为缜密敏捷。后者们每每什么都想做，但不知道该先做什么，看到别人成功自己嗒然若失望洋兴叹后悔错过了机会；他们却非常清楚自己下一步该做什么，而且果断地悄悄地去做。

对于"富豪排行榜"之类，他们是嗤之以鼻的，深知那一套的不可靠。

他们每年的收入极为可观。而这一点便是他们的自信。做一个实实在在的大笔金钱的拥有者，比做一个全社会都知道的，而又盛名之下其实难副的"富豪"感觉更好，活得更轻松更潇洒——这便是他们的人生观。

他们往往不运作任何实业。他们往往只有名分上的公司。那类公司一般仅有数人，并且肯定都是他们最信赖的，对他们无比忠诚的，与他们建立起了唇亡齿寒的关系的亲友。而对于他们，有公司的最主要的意义是有账号。有账号，金钱利益的获得就成了一件极便利的事。

其实除了他们自己，他们很难再信赖任何人。所以连自认为对他们最忠诚的人，都未必完全清楚他们的"商业秘密"。那秘密是他们的"黑匣子"，大抵是在他们"折戟沉沙"之后才被彻底开启。而其中所暴露的内容，又往往管叫那些自认为对他们最忠诚的人目瞪口呆，内容中肯定包括着他们如何利用对他们最忠诚的人的情节，使后者们恍然大悟，原来自己始终"与狼共舞"，悔恨交加。悔之迟矣，恨也白恨。

他们中又有人的公司其实只有他们自己。他们中更有人甚至连公司的名分也不需要。连转账这一金钱的拨付方式都拒绝没商量。他们觉得最万无一失的方式往往是——眼盯着成捆的钱塞入自己的皮箱，拎了便走。这情形我们在许多电影中常见到，从前是在外国电影中常见到，如今在国产电影中也屡见不鲜了。当些个中国的编剧们在创作类似情节时，当些个影视策划人以及评论家在认真研究和讨论类似情节的真实性的时候，其实从南到北，这情形正在中国各地发生着。只不过不是发生在摄影机镜头前罢了，只不过交接那塞满了钱的皮箱的双方都非演员罢了。

如果说他们除了自己还真的信赖什么人，那人又几乎可以肯定不是男人，当然也不会是他们的妻子或女儿，更不可能是他们的母亲。几乎注定了必是他们的情妇无疑。

"信赖"是一个有永远的恒定数限的词，它在任何时候、任何情况之下，针对于任何具体之人，其数限都永不可能小于一，它只能等于一或大于一，它绝不至于等于零。"信赖"乃是体现人心的一种近乎本能的需要。好比一个人要活着，他的肠胃最起码需要一个面包或一个馒头，外加起码一碗水。一个真的连一个人都不信赖的人，便会连活着都觉得没多大意思了。一个连活着都觉得没多大意思了的人，对金钱也就缺乏积累的意识了。

而他们都是些觉得活着很有意思的人，甚至可以说都是些热爱生活热爱生命的人。

对于他们，能在这世界上还信赖着一个不是妻子不是女儿更不是母亲的女人，也就足够维持他们的心灵的需要了。

所以在他们的名字被写上公检法机构的立案卷宗以后，使他们的"灰色人生"最终画上句号的，也往往是女人。于是关于他们的案卷中，差不多都记录着一则充满了种种欲望色彩的爱情故事。其基本情节类似电影《尼罗河上的惨案》或《阳光下的罪恶》中的同谋男女，其基本主题是——"真爱又如何？"

他们是中国当代最有活动能量，最策划缜密，最胆大心细的一批"灰色收入"者。

在当今世界上，以往十几年来，中国也许是为"灰色收入"者们留有最多隙机可趁的国家之一。目前可能仍是这样的国家之一。

许许多多的中国人都是有"灰色收入"的。这乃是中国的一个公开的秘密。有些是合法的，有些是合理的，有些是合理不合法的，有些是合法不合理的，有些是不合法也不合理的。

我在某些场合不期然地接触过一些专善于替他人拉赞助的男女，他们或她们每年以"吃回扣"的方式获得的"收入",大抵可买一幢别墅。

据我所知,"回扣"的最高比额竟达百分之四十,甚至一半对一半,乃至倒"四六"。

他们——我们这里所分析的"隐富者"们,当然也是深谙此道的。

不过他们并不仅仅专一于此。

以往十几年来,他们还是一些倒卖商业批件过程中的"二传手"。他们中的大多数,一般并不能直接获得与巨额金钱等价的批件。但经由他们的暗中运作,能使批件本身翻倍升值。所以拥有批件在手的人,往往不但需要他们这些"二传手",而且不能不重视他们的存在。

他们还是些走私商的合作伙伴。

总之,他们的"灰色收入",十之七八是通过不合法也不合理的方式获得的。一个商业头脑卓越的中国人所能想到的一切可趁之商业隙机中,都留下过他们游刃有余的、进退自如的身影。

他们还是些高明老练的"洗钱"能手。

雇用他们"洗钱"的也当然皆非等闲之辈,其中不乏以权谋私的官员和损公肥己的国有企业的高级管理者。

他们的存在,与腐败有着密不可分的关系。腐败借助于他们的"有偿服务"更加腐败。而他们本身的存在即意味着是腐败的催发酵母。好比霉菌与脚气病的关系。

他们的身份形形色色,五花八门。有的有颇为体面的公职,有的不需要有公职,在"道"中已是名人。好比江湖杀手在江湖上已闯出了大名声。谁需要他们,只需出得起重金,通过"道"中的关系网,便能将他们引到自己跟前。

即使我这个写小说的人,即使我这个以很正统的观念确立社会关系的人,即使在今天,如果我想借助于他们的"服务"并且出得起重金,如果我确有一条发财之路指给他们,并有意与他们共谋取之,我也是不难找得到他们的。只要不是图财害命、杀人越货之事,只要钱数诱得他们动心,只要他们觉得策划得很缜密,觉得有成功的把握,他们都是敢做的。

《水浒传》中有一章写的是《智取生辰纲》。

他们中某些人，如吴用，如晁盖，如公孙胜，乃是他们中的一流人物。

他们中某些人，如刘唐，如阮氏三兄弟，胆大于智，乃是他们中的二流人物。

他们中某些人，如白胜，乃是他们中的小角色，三流人物。

猫有猫能，鼠有鼠道。一流人物做一流之事，小角色有小角色眼中的隙机。

他们通常并不合起伙儿来，互相也不发生瓜葛，独往独来地在大千世界里各行其是。

而若他们一流二流三流人物串通在一起了，报刊上其后便有惊心动魄的"故事"了。

他们所"劫"之"生辰纲"，大抵都是来源于公有体制内的钱。当然他们并不于光天化日之下明火执仗提刀舞棍地"劫"。那是亡命歹徒们的行径。他们与亡命歹徒们不是一路人，不能混为一谈相提并论。他们是"君子爱财，取之有道"。他们善于"智取"，最起码也是"文取"。一旦得手，也如晁盖们似的，作鸟兽散，分头隐居起来。一旦风头过去，相安无事，便以另一副面孔出现，按各自的不同喜好，从容潇洒地享受各自瓜分到的"胜利果实"。由于往往有贪官污吏参与其中，被收买了存心制造似乎既合理又合法的机会让他们去钻，所以国家的钱明明被"劫"了，往往还糊里糊涂的，搞不清楚"流失"的真正原因。所谓"国有资产流失"这一事实，有相当一部分十几年来是被合理合法地里应外合地"劫"走的。中国太大，国有资产巨细并存，仿佛一个永远也清理不详的没有尽头的仓库，又处在"双轨制"的时代，一忽儿公化私，一忽儿私挂公，分分合合，一部分流失到他们的口袋里，倘无人洞察、无人怀疑、无人举报，"流失"了也就"流失"了。这"一部分"，按照道德评判的尺度是"靠不诚实的劳动"巧取暗攫的；按照法律裁决的条文，数额往往是巨大的；按照时代演变的规律，却又不得不承认，乃是发生在一定规则逻辑之内的现象。针对于具体的国营企业和单位，往往是所有脑力和体力劳动者月工资甚至年工资的总和，甚至还要多，但若针对于国家而言，又不过是九牛一毛而已。

他们的"智谋"，很难在私营企业或外企那儿获得成功。比之国营企业和单位，私营企业主和外企资本家的钱柜是靠比他们更聪明的头脑为锁的。绝不是那么轻易就会为他们打开的。

由于他们大抵没有权势靠山，一旦被法网罩住，没有谁会义不容辞想方设法地搭救他们，其下场往往是"一失足成千古恨"，所以他们都是些心态过敏，看社会看时代看他人的目光极冷的人。这冷中又自有着他们的一套深刻。

他们敌视那些靠权势背景一次次得意而又轻而易举地成功的人。与后者们相比，他们自己的成功带有太大的冒险性和侥幸性，是火中取栗之事。一有机会，他们便以刻毒的话辱骂后者们的娘和祖宗八代。这一种辱骂包含着用文字难以表述的嫉妒和替自己所抱的不平。当然，又只能是背地里的辱骂。因为，他们的存在方式决定了，他们少不了也是要与后者们打交道，互相利用的。在这种时候，他们内心里想要不卑不亢，想要平起平坐，却又办不到。因而，不但暗生自己的气，对后者们内心里的敌视，便又增加了几分。

他们逍遥于法网之外的时候，其实是些完全不被社会所注意的人。他们只能以这样一种存在方式而存在。因为他们一旦被社会所注意，他们的存在方式的实质就暴露于社会了，也就没法儿悠然地存在着了。然而他们中的某些人，其实也是很想引起社会注意并供人们谈论的。对于那些不时在社会上弄出些响动，已然使自己具有了新闻色彩的"富豪"们，他们的嫉妒也是超过于寻常百姓的。他们认为那些"富豪"才真是本时代的既得利益者们，而自己们并不是。想引起注意引起谈论而不能为不敢为，他们的内心里就不但满怀着嫉妒，满怀着符合他们逻辑的愤世嫉俗，而且经常的状态是颇为寂寞。

在有权势靠山的人们面前他们没法儿摆脱骨子里的自卑，但却一点儿也不给予尊敬。那一种尊敬即使表现了也是装出来的。在物价一涨就心慌意乱的寻常百姓们面前，他们由于自己已经是仅次于"富豪"们的人了而优越无比，但却一点儿也不给予同情。那一种同情变为了行动，目的也不过是为自己体验一份快感，与慈善心肠是无关的。

他们虽然不至于也敌视百姓，但看百姓们的不幸遭遇时目光是冷的。他们总在想——我一旦被宣判有罪，甚至拉赴刑场执行枪决，百姓们必是夹道乐观，拍手称快的。

因而他们又常感自己们是本时代的孤儿，姥姥不疼，舅舅不爱，不定哪一天就成了过街老鼠人人喊打。

所以他们身边总有至少一个不是妻子不是女儿更不可能是母亲的女人与之心心相印，又是那么的合乎人性。

他们中的二流三流人物，亦即刘唐、阮氏三兄弟及白胜式的人物，为了克服自己内心里那份孤寂和人生的不安全感，不但需要至少一个与之心心相印的女人的慰藉，还往往从"中国特色"的"黑社会"那儿购买关怀。而且，也只有"黑社会"才卖给他们某种他们所需要的关怀。

所以，谁如果真的对他们构成了莫大的威胁，谁的人身就处于"黑社会"的报复计划之中了。轻则要你的一只耳、一只眼、一条胳膊或一条腿，重则要你的命。

与"夸富型"的人比起来，他们不炫耀、不张扬、不镀名饰姓，仿佛壁虎似的隐存潜在于芸芸众生之中，是些"陌生的人"。他们虽不像"夸富型"的人那么喜欢时不时弄出响动，引起社会的注意以及人们的讨厌和嫉妒，但却可能比前者们具有危险性。尽管他们的危险性往往是出于自我防卫而不是出于主动攻击。他们一旦弄出响动，那响动可就必然散发着血腥气了。

谁如果有兴趣，到全国各监狱采访一番，准会发现些在押的他们的同类。十几年来，中国一茬茬儿地滋生着他们，也一茬茬儿地铲除着他们。总的趋势是，铲除多于滋生。当法制越来越健全，他们也就越来越

"英雄无用武之地"了。

但是所铲除的,十之六七还是他们中的三、四流人物。他们中的一、二流人物,文明地存在于当今的不少。在中国的这里或者那里,他们较安分守己地过着自认为仅次于"富豪"的生活,或者变成了当地富有的社会"贤达"。对于他们的富有程度以及富有过程,许多喜欢刺探别人隐私的男女,将在较长的时期内将其当成一个谜而进行种种的谈论与推想。他们对于自己的富有程度,也将一如既往地守口如瓶,秘而不宣。他们对自己的富有过程却开始变得不那么谨慎回避了。他们会讲些颇为引人入胜的故事满足某些人的好奇心:或与房地产有关,或与股票有关,或与什么鼎力相助的"命中贵人"有关。虚虚实实,真真假假,"假作真时真亦假"。不消说,都是他们替自己编的,带有"演义"性和戏剧性。

尽管他们的智商堪称一流二流,但毕竟的,时代留给他们可钻的隙机是越来越少了。企图再做得天衣无缝不露破绽,实在是不那么容易了。他们又都是些较冷静较明智的人,并不觉得自己比时代更高明,不会一味儿逞能地与时代叫板。

他们大抵已"退出江湖"、金盆洗手了。他们既能正视现实,承认时过境迁,世不由己了,也都普遍地感到自己"廉颇老矣"。"退出江湖"才备觉"江湖"险恶。一方面较心安理得地享受自认为仅次于"富豪"的后半段人生,另一方面欣慰于自己的幸存。这一点使他们由衷地感激中国,感激"恩赐"了许多隙机使自己成功的以往的十几年。

他们是一些不太需要教化也挺"爱国"的"爱国主义者"。金钱在他们身上发挥了"功德圆满"的影响,而这不能不说也算是金钱作用好的一面。

谈到"改革开放",他们的拥护之情溢于言表。

谈到"腐败",他们则就不免地态度暧昧了,起码是言词温和,不露锋芒,有所保留。

他们轻易不肯重操旧业。金钱对他们的诱惑力已不像从前那么巨大了。因为如今的他们已不太缺钱。他们很怕因为一招棋失算而连眼前的已有一并地统统断送了。当然，能获得较大宗的钱的机会明摆着，他们也还是会动心的。钱对于他们，如同女人；对于已有三妻六妾的男人，虽然好色之心不泯，但若冒倾家荡产的一份险，他们是万万不干的。冒险的激情已被审时度势的理智与冷静所代替。

有一年，在南方某中等城市，我"有幸"被请到他们中的某一位家中做客。那是地处市郊风光优美处的一幢漂亮的别墅。是一辆"奔驰"将我从宾馆接去的。院子很大，有露天游泳池。车上，陪我前去的当地作家悄悄告诉我——他实际上有三个妻子。另外两个，一个是他年轻貌美的妻妹，俗称"小姨子"者是也；另一个是有异国姿色风情万种的马来西亚姑娘。妻妹做他的管家。马来西亚姑娘善按摩，除了充当他的性爱伴侣，还充当他的保健医生。她们竟能平等而又和睦地相处，常年相安无事。

当地的作家朋友悄悄告诉了我之后，叹曰："有钱真他妈的好哇！"

高墙上爬满藤类植物，油亮肥大的绿叶在七月的夕阳下闪闪发亮。院门是欧式的双开铁栅门。为我们开门的是一位留一绺花白山羊须的老佣，穿明末清初的对襟褂子，但脚上却是一双皮鞋。

当地的作家朋友又悄悄告诉我——那老佣是他妻子从家乡接来的远房亲戚。他妻子祖籍河北沧州，亦即林冲火烧草料场那个古县。那古县至今仍有武术世家的传人。而那老佣的一身武功也很了得，可以柔软的柳条为矛刺穿人的胸膛。我虽姑妄听之，心里并不是那么信，但也不禁地对那老佣另眼相看起来。

游泳池中，一女郎正与两只大狼狗戏水玩耍。

当地的作家朋友说，女郎便是他的妻妹。

"奔驰"绕行至别墅门廊前停下，主人夫妇迎了出来。男主人身材比我略高些，也比我胖些，和我年纪相仿。但脸上却几乎全无皱纹，面色光润，白里透红，红里透粉，一张养颜有术的女人的脸似的。女主人的个子却明显地高于我，尽管穿着拖鞋，看去也有一米七五左右。四十余岁，微施粉，淡描眉，浅涂唇，初见之际，使人觉得仿佛才三十几岁。

坐定之后再看，才看出眼角已有了细细的几条鱼尾纹。

他们那客厅，使我联想到了导演李少红新拍的电视剧《雷雨》中周宅的客厅。不过因大屏幕电视、组合音响、冰箱、金属框壁画等现代东西的存在，显得比周宅的客厅多些生气。不协调的是，在客厅对应的两隅，摆着一人高的木雕观音和关公，并且香笼中都有香在袅袅地飘出着，气味儿异常芬芳。

一盘盘水果是早已摆着的了。他的马来西亚"妾"，很及时地出现，笑盈盈地为我们一行四人沏茶。她才二十六七岁，身段丰满，模样妩媚可人，脸上洋溢着幸福的神采。

他的妻子对她低声说："你陪孩子玩儿去吧，客人们由我来招待就行了。"

于是她温良地躬身退去，直至我们离开，再没露过面。

女主人虽然四十余岁了，却一点儿也没发胖，身材仍很苗条。不知是先天基因决定的，还是后天健身与节食的结果。她亲自为我们削水果皮。比起她的丈夫，她话不多，俨然一位礼节性作陪的外交官夫人似的。

我预先早已了解到，她是中国粉碎"四人帮"后某外语学院的第二届毕业生，英语程度较高。至于她和她的丈夫究竟是怎么"有缘千里来相会"的，则就连陪我同去的人也说不清了。反正据他们预先告诉我，以往十几年中，她一直是他的高参。

我们去他家其实没有任何明确的目的性，无非是当地三位热心朋友，非建议我务必结识一下他们当地的"名流"。在他们看来，他的家似乎更意味着是当地的一处"景观"。仿佛不引导我"到此一游"，便是他们没尽全地主之谊，是我难以弥补的遗憾。

我暗觉我们的造访其实带有点儿强加于人的骚扰性，心态拘谨，一时不知该与主人夫妇攀谈些什么才好。幸而男主人表现得颇为热情，寻找种种话题与我这位远道而来的生客主动言说。但也不过就是南北气候的差异与当地风土人情的话题，漫无边际而又彼此带有试探性。那样的攀谈两三个小时内双方也是难以接近一步的。又幸而同来的三位是常客，高谈阔论中不时地插科打诨，倒也将气氛营造得怪热闹的。

其间他的妻妹仅着三点式泳衣，浑身水淋淋地从我们面前穿堂而过，被两条狼狗追逐着奔上楼去。狼狗耸毛抖几抖，水珠落了我们和主人夫妇一身。他们司空见惯，彼此笑笑。我也佯装见怪不怪，顺口夸两条狼狗雄壮。男主人替它们谦虚地说，它们被宠坏了，太没规矩了。

忽而他的妻妹下楼了。"三点式"外，只不过又加了件无袖无领的薄绸袍，袍带扎得随意而又宽松。白皙的颈子连同一部分胸口半裸着。她嚷嚷着要大家都唱歌，小女孩儿般的任性模样显得天真烂漫而又性情放纵不羁。我暗想被宠坏了的，看来非是他家的两条狼狗，而是他那身份同时是"妾"的妻妹。

于是开了音响和电视。大家都伴着歌带一展歌喉。我在盛情难却之下，也唱了一段《年轮》插曲。获得掌声最热烈的，当然还要数他的妻妹。男主人唱得来了情绪，扯过妻妹，合唱了《今夜想你》和《爱到地老天荒》。

他们并头唱时，我又联想到《金瓶梅》这一部书，联想到西门庆。觉得这位年龄和我相仿的，自认为仅次于"富豪"的中国男人，正过着和西门大官人差不多的生活。同时联想到席勒的一句名言："一切不正当的事情如果受到的仅仅是羡慕了，那么就会渐渐变成似乎纯粹受羡慕的事情。"在中国，许多不正当的、不正常的事情恰是如此。

众人都唱够了，另外三位客人中的一位又提议看一盘影碟。看的是《这个杀手不太冷》的原版影碟。主人夫妇看过了，请求恕不奉陪，一同到院子里游泳去了。男主人的妻妹虽也看过了，却情愿陪我们再看一遍。虽没中文字幕，有她从旁讲，情节不难明白。

三位同来者一边看，一边向她介绍我写过些什么书，编过些什么电视剧。她说她都看过，都爱看。但是我觉得她分明在说违心话。也许她在上中学时仅看过《这是一片神奇的土地》。

她却看过王朔的不少小说和电影电视剧。扳着指头如数家珍，不停地问我关于王朔的近况。看来她崇拜王朔时已久矣。这使我多少有点儿不自在，也使陪我来的三位很是替我感到尴尬，有意将话题由王朔一次次引向梁晓声。而她却独钟情王朔，大有抓住机遇，不向我这位北京来客将王朔打探得一清二楚不肯罢休似的。

我问她喜欢王朔作品的哪一点。

她偏着头略一思索，脱口道："就喜欢王朔作品中怎么想就怎么活的真实。"

随后又补充了一句："达不到那个境界的读者，也就没法儿领略那份真实的价值。"

她告诉我她曾考上过南开大学中文系。可没毕业就离校了。前来为她的姐夫管理一个私营的小包装纸盒厂。据她自己说效益还不错，每年五六十万利润。她说她当年离开"南开"时认为，管理一个小包装纸盒厂，根本无需大学文化程度。她一点儿也不后悔当年的决定。说她姐姐和姐夫，都不主张她往大了经营往大了发展。无非是使她有件事儿干罢了。她说她的想法和她姐姐姐夫的想法完全一致。说她一个星期去厂里一次，看看账，监督监督质量就行了……

看完了《这个杀手不太冷》，就到了吃晚饭的时间了。家里雇了位一级厨师，有一间专门招待客人的餐厅，装修规格很上档次。我们入座时，酒已开瓶，头几道佐酒冷盘已摆好。

那一顿饭边吃边谈耗去了两个半小时。如今回忆，当时谁说了些什么已完全记不清。连自己当时说了些什么都记不清了。唯对男主人当时说的一句话和发的一席高论记忆犹新而且仍觉深刻。

他那句话是——"不瞒诸位，过去若干年里，经我手所'洗'的钱何止一亿二亿！"

他当时说罢，在自己目光的注视和众目所望之下，将伸在面前的双手缓缓翻转了一次，仿佛是在展览他的双手似的。他的表情中，有一种检阅自己辉煌成就般的骄傲意味。而我等的表情中，则都有一种肃然起敬的意味。

他的妻子那时就蹙眉责备他："别再喝了，喝点儿酒就开始胡说八道。"

他那一席高论是——"人在贫穷的时候对金钱的需求意识往往是最现实的。一文不名的人梦中捡钱,捡到的只不过是一个鼓鼓的钱包罢了。一文不名的人没法儿不做钱的孙子。挣钱很不容易的人也几乎没法儿不做钱的儿子。只有挣钱不太难,而且已经挣下了很多钱的人,才有可能和金钱之间达成某种较为平等的关系。类于品貌、才能、年龄、社会地位和门户相匹配的夫妻之间的关系。而在中国,在目前,一个人有了一百万或几百万,你会感到你是金钱的爸爸。有了一千万或几千万,你会感到你是金钱的爷爷。做金钱的爷爷,是人和金钱之间最优越最良好的关系。这种情况之下金钱完全是为你服务的。人是主,金钱是仆。处在中国,一个人的消费方式毕竟是局限的。你不需要有私人飞机和游艇。一幢漂亮的别墅,一辆名牌汽车,加起来不过几千万的几十分之一罢了。而你所拥有的钱,一旦超过了几千万,人和金钱的平等关系就又被打破了。交给别人管理你不放心,自己管理你就得为钱操心。你唯恐它贬值,于是你思考着投资,思考着怎样使钱生钱。一个人的钱多得超过了一定的限数,钱就成精了,有魔力了,它会以它自己的语言一而再、再而三地怂恿你用它去变更多更多的钱。那时你已不是因自己消费的需要去动用它。你不知究竟为了谁、为了什么才想要用它变更多更多的钱。但它已开始左右你的活法,左右你对它的价值的看法了。于是钱为主,你为仆了。你无形中变成了钱的儿子。你的钱再多,多到一亿几亿,实际上你已经差不多又是钱的孙子了。而且你与金钱之间这种颠倒的关系,几乎终生都难以再改变了。世界上所有的亿万富豪,几乎都无可救药地是钱的奴仆,钱的孙子。他们没法儿不为他们的金钱几十年操心如一日。这种操心往往一直至死。死前还要立下一份遗嘱,确定他所拥有的钱在后人之间的分配。甚至弥留之际,咽最后一口气前,还要挣扎着修改某一项遗嘱,并按上自己的手印⋯⋯"

他慢条斯理地说时,我等众人,包括他的妻子,都一声不响地做出洗耳恭听的样子。由于他说得那么严肃认真,连他的妻子似乎也不便打断他,怕惹他生气似的。我等众人,当然是一边聚精会神地听,一边点头不止。仿佛经他指点迷津，都茅塞顿开似的。尽管我等众人，其实此生谁都不会有做钱的儿子甚至孙子的运气。而他，则一副钱的爷爷的至尊无上的姿态。

他问我——美国有一部早期的经典影片《公民凯恩》知道不？

我说知道——那部影片讲的是美国的报业大王凯恩，临死前说出了一个令许多人都大感不解的单词"蝴蝶"。后来由一名女记者几经周折，终于揭开谜底——原来他死前所想到的，可能是他在穷困的童年时期玩过的一辆雪橇，而那雪橇的商标是"蝴蝶"。

他又问我——你认为或许是什么原因，使《公民凯恩》这部早期美国影片，半个多世纪以来一直名列十大经典影片之首？

我被问得一怔。因为这个问题我从来也没认真想过。我支支吾吾，无从谈起。

他微笑了一下，以非常之自信的口吻说——我认为，或许是这样的原因：影片中那个叫"凯恩"的报业大王，是古往今来一切资本家中唯一一个死前所想与他所拥有的金钱毫不相干的人，一个在死前几分钟内才摆脱了自己是金钱孙子的角色的人。而这样的资本家，往往只能出现在小说或电影中，在现实生活中几乎绝无仅有。我想，美国人正是冲着这一点，才始终将《公民凯恩》列为经典的吧？这不是也符合"源于生活，高于生活"的理论吗？我不太懂啊，班门弄斧了。我是外行，你是内行，我是姑妄言之而已，你们都姑妄听之吧，见笑见笑……

我当然不完全赞同他的话，但是又觉得他的话有一定的道理。

我说："你的看法很独特。不妨尝试当一位业余影评家。"

他又微笑了一下，谦虚地说："我可不敢生此念。我刚才那番话也主要不是在评论一部电影，而是在谈人，具体地说是在谈资本家们和他们所拥有的资本的关系。一位资本家的资本，既是他脚下所驻足的阶石，其实也是他背上所负的十字架。他站得越高，他背上的十字架越沉重。要不怎么说'高处不胜寒'呢？几乎所有的亿万富豪，最终都为他们所拥有的金钱而付出了代价。那代价就是由于对他们所拥有的金钱几十年如一日地操心而减寿……"

同为客人的另外三人中,有一个忍不住高声发表异议:"你这纯粹是仅次于富豪之人的奇谈怪论!生活中又有多少人在因贫困而几十年如一日地、无望地为钱大操其心啊!那也同样会生癌会减寿的!"

又一个说:"他的话是得了便宜又卖乖!我只听说过因为穷而愁死的,从没听说过谁是被富折磨死的!"

第三个以可怜兮兮的腔调接着说:"上帝啊,请也赐我被亿万金钱的十字架所压迫的苦难吧!"

于是众人,包括主人夫妇皆大笑。

而我却联想到了一则外国幽默:一个人诅咒上帝的不公平。

上帝降临了,问他究竟有什么不满的。

他说:"为什么您使有的人那么富,而使有的人像我这么穷?"

上帝回答:"其实在最宝贵的东西方面,我给予世人的差不多是一样的。难道你不承认'一寸光阴一寸金'吗?"

上帝的话音刚落,那人迫不及待地大叫起来:"是的,我承认我承认。既然它们是等价的,那么务必请您从我这儿收回去一百寸光阴,替我从富人那儿换一百寸金子吧!因为我不在乎减少了一百寸光阴,正如富人们并不在乎减少了一百寸金子啊!"

当"奔驰"送我们驶离那幢花园别墅,我不禁扭头从后车窗回望——静谧的、水银似的月光下,花园里树影婆娑,充满南国的曼妙情调。别墅彩灯初亮,灯光交相辉映,照出一派旖旎的温馨。

我暗想,这些个仅次于"富豪"的人们,的的确确是应该对以往的一个时代感恩戴德的啊!

现在,让我们来谈谈另一类人们,亦即那些非是凭着权势背景,非是凭着稍纵即逝的机遇,更非是凭着"灰色潜能"聚敛起了"灰色财富"——而是砺砺矸矸、筚路蓝缕、百折不挠、坚韧地加入了中国资产者阶层的人。

我对他们一向是怀有大的敬意的。

他们，只有他们才是，而且最应该是"改革开放"这巨大产床上接生下来的健美婴儿。他们中不少人，十余年间，已由婴儿成长为"英俊少年"了。

在我们中国，对于凭着权势背景"先富起来"的那些个人，我一向是持批判态度的。只不过这一种批判态度，目前已由尖锐而温和，由激烈而含蓄，由毫不动摇而左摆右晃了。因为正如我前边谈到的，中国有中国的国情。父爷为官，儿孙得利，这是中国古往今来的规律。这规律产生的基础乃是封建法权的系统构架及其残余支柱。民主政体不至，此规律难破。某些共产党人的自我制约，虽堪称典范堪称楷模，毕竟的只不过是个人的道德完成，并不能改变规律仍以规律的惯力导致现象的存在。因而从规律性上去认识，这些现象几乎是合理的。人不可能要求物体在自然光下没有影子，不可能要求海鱼没有海腥味儿。

林肯在《答美国纽约工人联合会》的演讲中说过："一些人注定的富有将表明其他人也可能富有，（这种对财富的追求）将对我们的企事业产生巨大的推动力。"

某些中国人也说过和林肯这句话的意思差不多的话。但如果将林肯话中的"一些人"，与靠着权势背景富起来的中国目前的"一些人"相提并论，则其谬大也。他们的存在，绝对不表明"其他人也可能富有"。

而对于某些靠机遇富起来乃至成为所谓"富豪"的人，爱默生的一句话说得相当精妙："机遇其实不具有任何规律性，它不仅属于极少数对它有所准备并善于一把抓牢它的人，也往往属于某些命中注定与它有缘的人。它通常是带着可望不可求的偶然性降临在人头上的。否认这一点将无法解释清楚——为什么一个一辈子守着轮盘赌的人最终仍是穷光蛋，而一个仅进过一次赌场的人，却转眼间带着获得的一百万赢码离开了。"

令我一向怀有大的敬意的人们，如果说他们也有什么机遇可言，那么除了是同样降临在所有中国人头上的"改革开放"这一种机遇，不再是任何其他意义上的机遇。

他们最终成了中国资产者中的一员，大抵靠的是白手起家，渐渐从小本生意发展壮大的。他们中相当一部分人，原本不过是些普通的工人、农民、脱去军装复员的下级军人，甚至是一些失业者，某一个时期内几乎途穷路末的人。他们的成功不是"交好运"的结果，而是与命运抗争的结果。

他们的产生和存在，使中国的"改革开放"不至于变得像是一部仅仅由《百万英镑》式的喜剧和《钦差大臣》式的讽刺剧"编辑"成的、充满了《拍案惊奇》情节的通俗又肤浅的畅销小说，而具有了一些应该具有的凝重感、庄重性，以及令人欣慰的乐观。

否则，"使一部分人先富起来"这句话，则便不过是对某些靠权势背景、靠"灰色潜能"、靠闪烁着戏剧色彩的"幸运的雨点儿"而发迹的人的陈旧故事的"内容提要"罢了。

他们的产生带有空前活跃的原发性。

他们的存在证明了时代即是他们的阳光，即是他们的水分，即是他们的土壤。只要归还这样的一个时代给他们，对于他们就足够了。他们并不需要比别人更多的、另外的、在他们看来是非分的东西。只要给了他们起码的条件，他们就能靠自己的奋斗获得成功。

在中国的许多城市、许多乡镇、许多农村，他们发展个人财富的作为有声有色，方兴未艾。

他们不是靠在国外代销别人的产品起家的，而是靠生产和四处推销自己的产品或靠显示自己的行业技能的竞争力渐成气候的。

温州当年曾有一条"纽扣批发街"，号称中国第一街。比之房地产，纽扣的利润又是多么地微不足道。但房地产只能使极少数资本雄厚的房地产商大牟其利。而"纽扣批发街"却奠定了许许多多小百姓以后在商业时代发家致富的资本基础。

一个国家、一个时代，"缔造"了十个指头数两遍就数得过来的些个"富豪"，实在没什么特别值得夸耀的。

所有的国家、所有的时代在这一点上都是相似的。

一批穷人的命运的改变永远比几个富人的产生更值得一个国家或一

个时代欣喜。

　　正是纽扣或类似纽扣的小商品构成的繁荣的小商业景观，使相当一批不靠权势背景，不靠"灰色潜能"，命运中也没有什么吉星高照过的小老百姓，一批批地发展为中国的小业主。他们中某些人，如今脱颖而出，成了中国"改革开放"以来的第一批私营企业家。他们不但壮大了中国资产者阶层的行列，而且使这一行列令人最初大不以为然的成分有所改观。渐渐削减了中国人对它的嫌恶心态，渐渐修正了中国人对它的不太正确的看法，渐渐使中国的其他阶层能够与之和平相处了。

　　他们的资本，少则几百万，多则几千万。几百万的，虽然也可放在中国资产者阶层的最低档次的一个群体加以评说，但我还是更愿将他们归入中国中产者阶层中去进行分析。因为资本的有限，分明地，使他们身上中产者阶层的特征更显著些。

　　那些多则几千万的，乃是些名副其实的个体或曰私营企业家。他们的分布情况，沿海省份多于内地省份，南方多于北方，乡镇及中小城市多于大城市。在南方，尤以长江三角洲经济最发达地区分布为多。大城市不太适合他们的存在。他们对这一点的认识也很明智。他们的目光虽然也经常觊觎大城市的大市场，但是普遍地缺乏胆识、缺乏自信去长驱直入进行占领。归根结底，乃是因为他们拿不出质量过硬的东西投放到大城市的大市场竞争一席之地。他们的企业一般都盘踞在乡镇及中小城市赖以发展。对于他们，那些地方劳务价格低，人情熟络，各种关系容易得以疏通，所以他们轻易不会转移"根据地"。他们的产品，普遍销往全国各乡镇、乡村和中小城市。他们已经建立了他们的商业渠道。各乡镇、乡村和中小城市，几乎都有他们的较长期的、较为固定的，而且轻车熟路并信得过的代销者。中国人口众多，乡镇、乡村和中小城市的人们购买水平仍很低，他们的产品价格较为便宜。他们得利于此。有时他们的产品也被贩进大城市，但往往只能出现在民贸市场的摊床上。从日用小百货到衣帽鞋袜，千般百种，应有尽有。大城市中人在民贸市场上买到的便宜货，十之八九是照顾了他们。

我家楼前的一条小街，几年前辟为民贸市场街了。每天六点至十点，热闹极了，叫卖声一浪高过一浪。

有天早晨我买菜，听到卖衣服的小贩用手提话筒大声叫："十五元一套！十五元一套！厂家直销绒衣绒裤，十五元一套！"

我不禁驻足观望，见围着挑选的人不少。一个炸油条的听到叫卖声，甚至忘了翻动油锅里的油条，呆望着自言自语："十五元一套？那小子是多少钱进的呀！"终于经不住叫卖声的诱惑，让自己的帮手接替了自己，拔腿奔将过去。

与我同逛早市的妻警告道："扭头看什么？不许你乱买！"

我说："别这么专制，买不买，我得过去看看再决定。"

她说："反正我不会给你钱。"

我说："反正我兜里有钱。"我也经不住诱惑，撇下妻奔将过去。

对于我的消费水准和消费观，家楼前有那一条早市就够了。我一年四季从上到下从里到外穿的，大抵是我自己从早市上买的。我最难以接受的照料和好意，就是妻对我的衣着的横加干涉。我们之间的互不干涉条约，是她买她和儿子穿的，我买我自己穿的。我喜欢穿我自己从早市上买的，往往将妻给我买的挂入衣柜，一年到头不穿几次。

十五元一套的绒衣看去质量也还可以。

我问旁边一个挑选着的中年妇女："太便宜了吧？"她一手已选定了几件，另一只手仍在挑选，头也不抬地回答："是啊是啊，怎么这么便宜呢？"

小贩却没好气地瞪着我来了一句："您这位，嫌太便宜反倒不想买了？专穿名牌儿的？要是专穿名牌儿的就往后闪闪，给想买的人腾个地儿？"

我说："你这做买卖的怎么这么说话啊？你看我像那种专穿名牌的人物吗？"

他说："我早就看出您不是了，所以才那么说嘛！别生气，我是看着你们北京人挑花眼了，成心借您的话说给别人听呢！您穿这件准合适！放心，没毛病。不过是眼瞅着天要暖和了，提前清仓大甩卖。不图别的，赔本儿赚吆喝，就图个卖得快卖得爽气！"

067

那是一套白色的。我忘了妻对我的警告，买得也很爽气。在早市上，我从不议价。

我逛了一遭，锻炼了二十几分钟回来，早市已散，那卖绒衣的小贩在收摊儿。

我走过去，搭讪着问："南方来的？"他说是。

我又问："哪个省的？"

他警惕地反问："想拜把子？问得这么清楚干吗？"

我笑笑，装出一副虚心求教的模样说："我是想从你这儿讨个明白，卖这么便宜，你还有赚头儿吗？"

他说："大哥，听您的话，内心里挺体恤我们摆摊儿人的。当您真人咱不说假话，我还有赚头儿。"

"那多少呢？"

"一套才赚两元多。"

"那肯定亏在厂家了？"

"厂家亏什么呀！厂家批发给我们时，一套三十多元呢！厂家该赚的早就赚定了。我是进多了，压在自己手里两年了。两年前我才不十五元一套卖呢！我卖过五十多元一套。"

"那么你也没亏？"

"我当然没亏了。我该挣的那份儿，两年前就挣得差不多了。"

"是换个厂标挣的吧？"

"哎大哥，您可别这么说！这么说，明摆着让我脸上挂不住不是吗？换厂标的事儿，咱不能说绝对没干过，但那是以前的事了。您看，这衣服上的厂标是原有的——××省××服装厂。可实际上是一个县里的服装厂生产的。标出了县，不就掉价了吗？就这么一点儿小奥秘。再告诉你，这绒布料也是那县里的一个厂出的。厂倒闭了，服装厂将所有库存的绒布料都买下了，便宜得没法儿再便宜，几年都做不完。那开私营服装厂的老板两年内又发了一大笔，听说在扩厂房呢！我们是老关系，我常进他的货。"

我说:"谢谢你给了我个明白。"转身正待走,他叫住了我,扬着手里的两套绒衣说:"您内心里既然体恤我们摆摊儿人,就干脆体恤到底,帮个忙,连这两套也买去得了。我就卖剩这两套了,二十五元您都拿去吧,两套我只挣你一元钱。我都二十五元两套了,大哥!"

我经不住他左一声"大哥"右一声"大哥"叫得那个亲劲儿,只好又掏钱……

一进家门,妻见我手拎三套绒衣,气得一跺脚,直翻白眼。

我高叫:"儿子,快来看,爸也给你买了一套绒衣!"

妻又一跺脚:"儿子,不许要!灰土扬尘地在地摊儿摆了几天了,不卫生!"

我说:"你也太毛病了吧?着点儿灰土就不卫生了?你每天身上穿的衣服就不着灰土了?洗衣机里转一转不就卫生了?"

洗衣机里转过,干了以后,倒没缩小,却肥大了许多。

由某省某县的服装厂,我联想到广东某县的一家鞋厂。20世纪80年代后期,我去广东时曾到过那个县,参观过那家鞋厂。也不是什么正式的参观,我不太喜欢身不由己的随团的正式参观。那种参观对人和事所得出的印象,往往是从听报告式的情况介绍中得出的。即使主动提问,也是象征性的。双方都没从容的时间进行无拘无束的聊家常式的交谈,彼此的了解和认识也就都非常概念。

那一次我是单独去广东的,陪我的只有一位报社的朋友。他正巧要去那一个县采访,我说我也想接触接触南方的县城生活,于是我们不谋而合地同行了。

那家鞋厂的老板的朋友,认识我的报社的朋友,于是我们到那家鞋厂去看看,成了一件虽不在原计划内却自然而然之事。

老板长我两岁,是1947年出生的人。当年我三十八岁,他已四十岁了,其貌不扬,半秃顶。

我问他家中几口人?他说目前就两口。

我说:"夫妻俩只顾了创业,连孩子都顾不上要了?"

他脸红了。他的朋友替他回答:"他现在连老婆还没有呢!"

见我困惑,他说:"你可别以为我是成了老板,因而弃了前妻,打算另娶一个年轻漂亮的,我压根儿就没结过婚。"

见我仍困惑着,他朋友替他回答:"以前他家成分高,所以村里没姑娘肯嫁给他。"

我不明白"成分高"是什么意思。

他说"成分高"就是成分不好,他是地主的儿子。摘掉"地主狗崽子"的帽子后,成分对于嫁娶之事不那么严重了,他也成了大龄青年,成了在村里难娶上媳妇的"尴尬人"。

有一个时期他进城打短工,拜一个修鞋老头儿为师。离开那老头儿自己单干后,由修鞋而做鞋。当年市场上鞋的样式还太有限,他手工做的鞋不但质量好,且样式新颖,买主颇多。有些人甚至预先交钱请他定做。渐渐他做鞋有了名气,有了信誉,也有了一定的积蓄。于是租了一个门面儿,招了两个徒弟,办起了一家个体的鞋作坊。再后来徒弟由两个而四个而六个而八个十个,他就正式办起了一家小鞋厂,并且购进了几台设备。

再后来的再后来,也就是我见到他的那一年,他已拥有了一千余平方米的厂房,招了百余名合同工,积累了一千余万的流动资金。

我问他这个发展过程中,有没有国外的华侨亲戚投资或解囊相助。

他摇头说,想有那样的华侨亲戚,可惜没有。

我问他是否贷过款,他说也没有,说当初把房子卖了。

他说他办厂后生产的第一批鞋,是和从前的"解放鞋"类似的胶鞋。南方雨季多,一逢雨季,乡村四处泥泞,那一万多双胶鞋竟销得极好,在乡村大受欢迎。因为当年"解放鞋"似乎已经绝迹了。

他说他每年仍生产一批类似"解放鞋",但比"解放鞋"看上去样式秀气的胶鞋。因为有些乡村仍很需要。生产胶鞋主要是为圆一种对乡村人的情怀,赚钱已在其次。只要还受欢迎,他说即使赔点儿自己也愿继续生产下去。说这句话时他笑了,又补充道:"如今赔得起了嘛!"

他如今主要生产皮鞋、布鞋和旅游鞋了。

他说他厂里生产的各种鞋,一部分销往国内各市场,一部分销往东南亚。由一位华侨亲戚代销。在中国香港、泰国、马来西亚和新加坡销路一直不错。

我不禁奇怪地问:"你刚才不是说你没有什么华侨亲戚吗?"

他说:"是啊,我认为是没有啊。即使真有,我父亲'文革'中自杀了,我老母亲头脑糊涂了,记不清楚了,从前又一直没有过书信联系,我怎么会知道究竟谁真是亲戚谁其实不是呢?可有一天突然找上门来一个香港人,偏说是我远房亲戚,我也不好将人家拒之门外非不认啊!这事儿他了解。你说,不是我去攀的人家吧?"

于是他的朋友从旁证明道:"对对,不是他去攀的人家,是人家突然来认的。"

他又说:"亲戚不亲戚的倒无所谓。做生意嘛,贵在一个诚字。我见对方人挺忠厚的,信得过他,就索性连代销关系和亲戚关系一并认可了。我们的合作至今很好。"

他从成品架上拿起一双旅游鞋说:"现在,中国人也开始讲名牌了。可一双名牌旅游鞋,最便宜也得二百多元吧?而我的出厂价才八十几元。样式不比名牌差。名牌穿两年不破,我也保证穿两年不破就是了嘛!大多数中国人还是经常穿不起名牌的。便宜并非肯定没好货。所以我厂里出的鞋几年来没积压过。"

他放下那双旅游鞋后又说:"八十几元,合十几美元。我厂里出的鞋还销到了美国呢!十几美元,对美国人来说未免太便宜了,那就无人问津了。所以同是这样一双鞋,到了美国得标五十几美元。五十几美元对美国人来说,仍算得上物美价廉,所以我一年挣美国人二十几万美元。"

我说:"那你就全销往美国呀!"

他说:"我也想多挣美元啊!可代销的那亲戚,使出浑身解数,每年也就能销完五六千双。"

我问他以后有什么发展打算。

他说也没太具体的打算。只有一个目标是较为明确的：争取在五年内将个人资金积累翻一倍，达到两千万以上。

我问他有信心吗？

他淡淡一笑，以轻松的姿态说："这应该是没什么大问题的啊！"

我问他想没想过怎样发展他的厂的规模，比如扩建厂房，再招聘一批工人等。

他沉吟片刻，很坦率地说："那得投入不少资金。投入自己的积累，不敢。因为对市场前景的预测实在没把握。去年好，今年好，估计明年也行。但后年怎么样，就看不大准了。哪儿敢将辛辛苦苦的积累过多地卷进去呀？"

我说："那就贷款呗。你已经有了抵押，不至于愁贷不出款来吧？"

他说："对。凭我目前的情况，贷款的确不是件愁事。只要我开口，从县里的几家银行都贷得出来。他们甚至主动向我表示过诚意。可贷款不是白给，得付利息，到期得还的呀！咱是私营的，逾期还不上，没人从中担保的话，人家可能真来封厂抵债的呀！那太有压力了。我觉得，就我目前这样已经挺好的了。是挺好的了。咱一个从前连媳妇都娶不上的人，还想咋样呢？船小好掉头嘛，是不是？"

他的朋友这时朝他使眼色，他连说："明白，明白！"转而又笑着对我和我的朋友说："他让我送你们二位一人一双鞋。当然是要送二位的，不过不是旅游鞋，应该送你们一人一双皮鞋。"

他的厂仍保留着一个小车间。一个继续以手工做皮鞋的小车间。十来名青年男女，是他从一百多人中挑选的，工作态度极其认真的人。

他引我们到了那小车间后，从架上拿起一双皮鞋，以权威的挑剔的眼光细细看了一会儿，满意地点点头后对我们说："不瞒二位，对外说是手工车间，其实不完全是。无非皮子选得更好些，做工更考究些，能用手工的地方，尽量用手工罢了。手工的效果，也不见得就真的好过机床啊！但现如今的消费潮流不是反过来了嘛！什么东西一讲是手工的，似乎就与众不同了。我这个车间一年做的鞋不多。做些特大号或特小号的，样式别出心裁的。一部分当我厂的礼品赠送朋友,一部分满足某些有特殊消费心理需求的人。你们二位随便挑吧!也替你们各自的夫人挑上一双!"

对他的好意,我和我的朋友都说心领了,哪儿好意思动手就挑呢!

他却不高兴了,说二位既然光临我这个小厂了,那就是看得起我。既然看得起我这个人,那就不可以拒绝我送你们一双鞋。

我们盛情难却,各自挑了两双。

他又说:"我这个小鞋厂出的鞋还是不错的。真的!讲款式有款式,讲质量有质量。我是一心一意要办好我这个小鞋厂,不敢以'假冒伪劣'骗人。一旦毁了信誉,弄黄了厂,我以后几十年干什么?再办起一个别的什么厂可不容易。尤其我这个车间出的鞋,当一份礼品送人,那是绝对拿得出手的。"

我们离开那车间,回到他那装修得像三星级宾馆套房的会客室时,他在楼梯上又自言自语:"唉,我这个小鞋厂出的鞋,在国内主市场是很难打开销售局面了。但在第二销售渠道,还是信誉很高的。"

我说:"那你对主市场也别放弃啊!替自己多做广告,大力宣传宣传嘛!"

他说:"要想在主市场打开销售局面,就非得频频在中央电视台做广告不可!一般的广告其实也起不了什么作用,得请明星帮着吆喝。我可没那个经济实力,也没那份雄心壮志了。就这样行了。能在守业中通过苦心经营求点儿小发展,我这辈子就心满意足,此外别无他想了。"

他执意请我们吃饭。

二楼不但有他的办公室、会客室,还是他的家。我们没到外边去吃,他吩咐人去饭店里叫的菜,就在他家的餐厅里吃的。

我提议见见他老母亲,他高兴地带我和我的朋友去见了。老太太看上去很慈祥,身板儿也还算硬朗。我们对她请安后,她双手分别拉着我和我朋友的一只手,亲热地说:"我儿子这些年来多亏各路朋友扶助,谢谢你们了,谢谢你们了!"压低声音接着又问:"是不是又为了给他介绍对象？"

他的那位朋友赶紧从旁说："对对，我们就是为这事儿来的！"

老太太抖着我们的手说："拜托了！拜托两位贵客了！这次有点儿成的指望？"

我和我的朋友相看一眼，一时不知如何回答才好。

他的那位朋友赶紧又从旁说："您老放心吧！咱们有产有业的人家，还愁找不到个儿媳妇？前几次没成，不是人家姑娘们挑剔你儿子，是你儿子太挑剔人家姑娘们！您老不信问他！"

老太太就将目光望向儿子，教诲地说："儿呀，你都老大不小的了，可千万别挑花了眼。我还盼着抱孙子呢！再拖几年你就把自己拖成老头儿了。到那时候，多少钱也没法儿使你变年轻啊！"

他则挠头苦笑。

饭桌上，他的朋友喋喋不休地夸他多么多么有孝心。终于夸得他不自在起来，打断他朋友的话说："世上有孝心的儿女还是多的，没孝心的毕竟是少数。我不过属于大多数，有什么值得夸的啊！"

他在经营管理上自有他的一套办法和经验。

据他说，每年初他都拿出几万元存在银行里，存期为一年，并且对雇工们讲明——如果大家齐心协力，保质保量地完成了当年的利润指标，那笔存款就作为奖金，人人有份。如果没完成，那笔存款就只能补进利润缺额了。

他说这方法很受他的雇工们欢迎。每年的利润指标基本上都能完成。如果超额较多，他还从超额部分中提取几成，加到那笔存款里。功劳显著的雇工，最多时年底获得过五千元奖金，几乎相当于全年的工资。

他说他内心里很清楚——他和他们的关系，自己愿意承认也罢，不愿意承认也罢，事实上是一种劳资关系。而劳资关系，事实上又是一种既矛盾又统一，统一中有矛盾，矛盾中有统一的微妙关系。一旦处理不好，矛盾性质就上升了，变得有点儿像阶级矛盾了。一旦惹起众怒，自己就会落个众叛亲离，成为敌视目标的下场。所以他对雇工们一向是比较体恤的，轻易不炒谁的鱿鱼。对有过失的人，一般也不扣工资、扣奖金，批评几句就是了。而且，批评了，事情也就算过去了，绝不暗记心中，秋后算账。所以，他的雇工们对他也都很拥戴，一向将他当一位开明的家长似的尊敬着。

他说，雇工们挣的都是辛苦钱，都是要靠那一份辛苦钱补贴生活过小日子的。几十元钱几百元钱对他无所谓，但对雇工们就不同了。他们很在乎，也不可能不在乎。不管钱扣得多么对，他们的切身感受还是一种委屈的感受。所以他很排斥动辄扣工资、扣奖金的做法。他说，他自己从前也有过被扣工资、扣奖金的感受，那种感受使他记忆深刻，故能理解和体恤他的雇工们。

当我们举杯对他的经营之道表示赞赏时，他谦虚地说："'螳螂误入琴工指，鹦鹉虚传鼓吏名'，当年我何曾想到，我竟会成了现在中国的一位小资本家啊！正应了老百姓们的一句玩笑话——'不会干，瞎干！'……"

我的朋友和他的朋友立刻都说："别谦虚别谦虚，你很会干，干得很出色嘛！"

他随口引用的那两句诗，使我不禁地"友邦惊诧"。因为我依稀记得，那是《雪桥诗话》中清人阎古古的名句。喜欢古律诗的人，大抵于唐诗的绚丽多彩中吟哦复吟哦，一般而言，对清人的律诗不见得多么关注。何况《雪桥诗话》是一部发行量极有限的书。阎古古是一位名不见经传的能诗清人，留传至今的完整律诗更是少而又少。我是在北影资料室中偶然翻到过《雪桥诗话》的，曾从中抄录了几行佳句，故有些抹不掉的印象。可这位南方县城里的私营鞋厂小老板，何以竟会信口引来，如出己腹呢？

我问："你读过《雪桥诗话》？"

他一笑，淡淡地说："小时候读过。"我不但惊诧，而且对他刮目相看了。

他的朋友说："他祖父是清末的最后一批举人之一。他父亲当年在县里办过私塾。他自己当年是县里的小诗童。'文革'彻底断送了他的大学梦。"

他脸一红，摆手道："不谈这些，不谈这些。"

在我和我的朋友以研究意味儿的目光的注视之下，沉吟片刻，自己忍不住又说："其实，在律诗和绝句方面，清人对唐人的继承，成就也是相当高的。只不过罹于战乱，失于梳理，使我们后人能读到的太少罢了，比如'一截云藏峰顶塔，两来船断雨中桥'，比如'不知山寺近，渐觉远村低''绝壁垂樵径，春泥陷虎踪。石桥今夜月，应为照长松'，谁能不承认是含蓄凄澹的好诗佳句呢？"

我和我的朋友听得目瞪口呆，面面相觑。

我的朋友暗中碰了我一下，我有所领悟。满了一盅酒，站起来，双手擎向他说："遍中国寻访儒商，不期然就在眼前，敬你一杯！"

他连说："不敢当不敢当。"也满了自己的酒，站起来双手擎向我，轻碰一下后，我们各自一饮而尽。

他落座后，吸着一支烟，盯着袅袅的烟缕，即兴吟道："少时爱诗不爱钱，而今理财不理诗，人生从来无长物，尚存几分诗心痴？"吟罢，大摇其头道："见笑见笑，太俗太俗，没了诗心，哪儿还有诗趣啊！"

谈到他的婚姻，他慢条斯理地、推心置腹地说："替我操心的人不少，真是不少。主动自荐上门的也很多，真是很多。但那些女子，都太年轻了，太漂亮了，也太现代了。有一个还不满十八岁，就死活非要嫁给我！用沙奶奶的话说——'那哪成啊！'我总觉得，她们都不是冲我这个人来的，是冲我的钱来的。所以我和她们接触，总免不了存着几分警惕心。不拿你们当外人，帮我分析分析自己，我这种心理是不是也有点儿问题呢？"

我的朋友说："我要是你，大概也会像你那么想。"

他的朋友说："你们都不对。你们都大错特错了。金钱美女，自古如此。一个男人拥有大宗的金钱，金钱就是他的魅力的一部分了。即使冲着他的钱才爱他的女子，归根结底也还是爱他的魅力的一部分。反正晚上陪你上床睡觉的是一个物质的实体就成呗！干吗非认真纠缠于她到底是冲你的钱还是冲你这个人才嫁给你的呀？结果于你不都是一样的吗？"

他将目光望向我，问我怎么看这个问题。

我说我从没深思过这个问题，暂且容我想一想再回答。

他的朋友反问他："那么给你介绍一个不年轻的、不漂亮的、不现代的，你倒容易接受了？你又不是英俊绅士，不现代的，受传统观念拘束的，怕人们说三道四的，左思右虑的，兴许还不愿嫁给你呢！我今天实话告诉你吧，不爱钱的女人，就你这小个子，这秃顶，这副没多大看头的容貌，才看不上你呢！"

一番话数落得他苦笑了。

他说："那倒也是，那倒也是。娶个不年轻、不漂亮的，我也觉得太委屈自己了。那不白有许多钱了吗？"

他的朋友审问他："上次别人给你介绍的那位外县的摩登女郎，你们不是谈得好好的吗？后来怎么又吹了？"

他低了头说："她要求我一定要将二楼装修得豪华气派一些。"

他的朋友说："那又怎样？我看是百分之百合理的要求。舍不得花钱？不就是几十万吗？对你来说还不是小数目哇？留着那么多钱干什么？想当守财奴呀？"

他说："不是舍不得花钱，我要是将二楼装修得像她要求的那么豪华气派，我的雇工们看了，心里会不平衡。我的钱是靠他们挣的，我得经常考虑到他们心里对我会怎么想。"

我插言道："这么考虑也对。"

他的朋友显然是那种贪杯又没多大酒量的人，几盅酒后，已有些醉意。仗着醉意，放肆地说："对个屁！纯粹是钱多烧的。庸人自扰。我要是你，才不考虑那么多呢！真只是怕雇工们心里嫉妒，在县里选个好地方，另建处别墅式的家不也行吗？"

他说："这么小地盘儿一个县城，我在哪儿建，别人都会知道那是我的家。建得一般，又何必多此一举？建得太高级了，不是招人指着议论——'看，地主的狗崽子，现在又成地主阶级了，住上地主庄园了！'

再说，我每天怎么上班？步行？骑自行车？那还不如现在就住我的厂二楼方便呢。坐小车？巴掌大个县城，车轮没转几圈儿就刹住，不是太招摇了吗？别忘了我是县人大常委。我必须得注意点儿形象……"

他的朋友就用双手捂住耳朵，连连叫道："不听不听，又来了又来了！"

他轻轻拍了下桌子，目光盯向他的朋友，以较为严厉的语气说："不许再喝了！从现在起，暂时剥夺你二十分钟的发言权。"

直至此时，他这位似乎太没脾气的中国当代"小资本家"或曰"小业主"，在我眼里才稍稍显示了一点儿威严。但是这一点儿威严显示得非常之含蓄。我注意到，他拍桌子时，不是用手掌的全部，而仅仅是用并拢的五指的指梢。

即使如此，他那有些醉意的朋友，也还是表现得仿佛受到了警告似的，识趣地用一支烟堵住了自己的嘴，不再开口，只默默地听他和我们交谈了。

他告诉我们，本县的诸位领导对他非常之关怀。能给予他的荣誉，基本上都给予他了。谈到这一点，他的口吻不无感激，情不自禁地流露出知恩图报的意味儿。

他说："如果让我散尽家私，将自己十几年来苦心积攒的钱都分给县里的穷人，那我做不到。给我再多再大的荣誉，我也不甘心情愿那么做。如今我差不多是一个彻底的拜金主义者了。一旦丧失了我的钱，我会孩子似的号啕大哭，就像一个小孩子死了娘似的。不是有那么两句歌吗——'世上只有妈妈好，没妈的孩子像根草。'我一旦失去了我全部的钱，我就会觉得我又会变成一个连根草都不如的人了。我曾是穷光蛋，我害怕再成为穷光蛋。有时做噩梦又变成穷光蛋了，醒来吓出一身冷汗。说了真实感想不怕你们笑话，与钱比起来，我的老母亲倒像是我的奶娘，对我有奶哺之恩，此恩是我必报的。但钱却好比是一位有思想的、真正教导我如何做人的、在关键时刻又能挺身而出庇护于我的母亲。我感激第一位母亲，真正能依赖一下的，却往往是钱这第二位母亲。不是号召先富起来的一部分人扶贫吗？我前边已经说了，让我奉献出我的钱我是不干的。何况也没谁这么强迫过我。但我，我一心一意将这个小鞋厂办好，解决县里一百多人的就业问题。每月给他们开五六百元工资，比国营单位还高些，这不也就等于扶贫了吗？再经常捐点儿钱，做点儿积德行善的好事，不也就等于是识抬举、以恩报恩了吗？县里的父母官对我不错，县里的老百姓提起我的名字都挺有好感，天时地利人和，这三方面有利因素，我这个小厂在我们的县内都占着了，我自己又已经是我们县里的一个人物了，这一切都来之不易，我时常约束自己一点儿，做人谨慎一些，是不是也是对的，也是明智的呢？"

我的朋友肯定地说："对，当然对。"

我也肯定地说："是明智的，当然是明智的。"

他一指他的朋友，控诉似的说："可他总讽刺我活得不洒脱，活得太累，有钱也白有钱了。"

他的朋友憨憨地笑了。他自己也笑了。我和我的朋友不禁随之一笑。

他忽然问："你们二位认识浙江省那个当年因卖'傻子瓜子'而名噪一时的杨某吗？"

我说不认识，但是关于那人的经历了解一些。

"他后来离婚了是不是？"

我说这我就不清楚了。

我的朋友说："对，此事确凿。"

"对他离婚，他们当地人都怎么议论的呢？"

他的朋友这时又忍不住插嘴道："你还没结婚呢，打听这么详细干什么？"

他看看手表，笑了，对他的朋友说："刚到二十分钟。"

我的朋友说："议论总归是要被议论一阵的。何止他们当地人，些个小报上也议论过，也算名人了嘛，不能不允许议论的。"

"听说他离婚后又结婚了？"

"对。"

"女方不但年轻漂亮，还挺有文化？"

"对，我记得是一位大学毕业生。"

"那，他们现在呢？"

"不太清楚……"

他沉默了，陷入了个人心事的独想。过了几分钟，又自言自语："我总之还是要结婚的，也应该早点儿有孩子。否则我算怎么一回事儿呢？不是白有一千多万了吗？最好是个儿子。其实我真想有个亲生儿子啊！"

他的自言自语，也使我们一时都沉默起来。

"不瞒你们说，我想有一个亲生儿子的心情，比想有一个好老婆的心情都急迫。我今年已经四十四了啊！即使娶了一个好老婆，也未必能一准为我生一个儿子……"

我们都明白，他是想到了他的财产和钱将来的继承问题。

我们都很理解这一位用他的朋友的话说，"活得不洒脱""活得太累"的中国县城里的"小资本家"或曰"小业主"的忧郁。

那一天我们聊到很晚才散。

似乎，在那个县城里，值得他推心置腹、相与深谈的人并不多。我怀疑他的内心里其实是相当寂寞的，所以将我们两个远道来客当成了无须设防的倾吐对象。我们告辞时，他竟显出有些依依不舍的样子。

此前，我没接触过一位像他那样的已拥有一千多万，年收入二百来万的富人。

他使我又联想到了爱迪生的一句名言——"如果富人们的生活，真如穷人所想象的那么幸福，他们才会真的感谢上帝。"

他给我留下了很深的印象，那印象当然是好的。

此前给我留下好印象的中国当代大小"资本家"，实在是寥寥无几。

我在另外一个省份某县，也结识过一位"小资本家"或曰"小企业主"。与上边提到的那一位一样，同属不靠权势背景，不靠"灰色潜能"，没有多么幸运的机遇，命中也无贵人相助，而完全是靠人一心想要富起来的激情和生财有道的精明的盘算，加上一往无前的实干才拥有千万以上资产的。

他所在那个县很穷。他初中结业后就卷入了民工潮流落大城市。洗过抽油烟机，冒险擦过高层住户的阳台玻璃，当过杂市上的垃圾清扫工，挨过饿，露宿过街头，受过歧视和欺辱。总之一句话，饱尝过人生的酸涩苦辣。后来他终于混到了较为固定的"职业"——在邮电局门前看自行车。那儿有一个修自行车的外地人，人家修，他就留心从旁看，看得差不多了，就常常动手帮人家修，不要人家钱。人家觉得他这青年挺好，也乐于指点他。不久，他有把握自己也能修了，就暗中溜须讨好负责那一片儿"治保"的一个街道委员会的老头儿。结果在一次市容大检查前夕，他的"恩师"被驱赶走了。对方竟还与他依依惜别，不知就是他这个"徒弟"捣的鬼。后来他不但在那儿看自行车，而且修起自行车来。20世纪80年代初，中国有些大城市里，摩托车很是时髦过一阵子。他挺能钻研，在那几年里又学会了修摩托车，积攒下了两万多元钱。他有一个老乡在一家大宾馆当杂役，他常去那儿沾老乡的光洗澡。有一天洗完了澡，在宾馆商场闲逛，东瞧瞧西望望，发现一位外国女人在买一种薄被，标价一百五十美元。他当时还不晓得美元和人民币的汇率，只知道折合成人民币是不少的一笔钱。他问薄被为什么那么贵？人家说被面是几十块碎花布用手工拼缝在一起的。他问那就那么贵吗？人家横他一眼，不爱搭理他了。过几天他印了一沓名片，身份变成了某某省"床上手工缝制品厂推销科副科长"，买了一身便宜西服换得上下簇新，还扎了条同样是在地摊儿买的领带，拎了个借的拷克箱，又到那一家大宾馆，找到商场负责人问——我们厂专做你们卖的那一种薄被，一百美元你们进货不进货？

人家说进啊，当然进货，那种薄被销得不错。于是他与人家签订合同。人家要进一百床。他却说别进那么多，先进几十床，看看我们厂的质量再说嘛！人家见他"实在"，对他产生了很好的印象。其实他是心里没底，怕自己一下子变不出一百床那么多。双方签订了合同后，他保证一个月后先交十床样品，并当场主动给了人家一万元"信誉押金"。人家也很实在,忙说按常规不该是这样的啊!应该是我们买方向你交"信誉押金"才对呀!似乎有点儿怀疑他究竟搞没搞过推销了。

他笑了,说是他们厂新实行的推销"举措"。那一年"举措"这个词刚刚在中国人的语汇中被应用。人家当然对那一"举措"欣然接受。

而他采取的是"欲擒故纵"的谋略。如俗话说的——"舍不得兔子套不住狼。"他第二天立刻起程回家乡。他那个县的农村养蚕户很多,因而有个小蚕丝厂,因而也有个小丝绸厂。但机械老旧,工艺流程落后,效益非常不好。

他以很便宜的价格买了些丝,买了些丝绸边角料,动员起了一切亲朋关系为他赶制样品。亲朋们不信他,他就拿出合同给大家看。合同是较有说服力的,亲朋们见他言之凿凿,信誓旦旦,也就都愿起早贪黑地帮他了。唯他母亲不太愿帮他。"知儿莫过母。"他母亲认为他异想天开,不如一门心思地喂好几只猪。因此他还跟他母亲大发脾气。最后连他母亲也不得不承担了"定额"。那些日子,他对他的"产品"质量检验得非常严格。丝绸颜色的搭配,绸块形状的大小剪法,针脚的疏密,一一监督,事必躬亲。谁该返工,面孔一板,六亲不认。闹得他亲姐将他预付的二十元手工钱扔在他脸上,哭哭啼啼,而他姐夫捋胳膊挽袖子要揍他……

一个月后,他带着两个大包袱,又出现在那家大宾馆里。

人家一见货,大出所料地问:"原来是丝绸的呀?"

仅这一问,问得他暗自心惊肉跳,惴惴地反问:"丝绸的……不比布的强吗?色泽鲜艳,手感也光滑呀?"

人家皱眉道:"好当然还是丝绸的好,也怪咱们当时彼此都没谈清楚,现在可怎么论价呢?"

他说:"合同上写着啊,原价呗。"

"原价?……没问题,太没问题了!"

人家喜笑颜开了。他虚惊一场,也喜笑颜开了。但刚才吓出的一身冷汗顺着后背往下淌。

人家又问："怎么这么柔？这么轻？"他说内里是丝绵的。

"还是丝绵的？"人家似乎有点儿不信。

"真是丝绵的！我怎么会骗您呢？"他就要动手拆条缝，扯出来让人家检验。

"不必不必！这么细的针脚你可别给我拆。我信就是了！"

人家不但当场还了他一万元"信誉押金"，还欲再与他签一份进货合同。他说："别急别急，咱们清一把，续一把。向我们厂订货的多，我先将剩下的四十床被按期给您送来。再签下一份合同也不迟。"

商场当场还给他的一万元，加上第二天付给他的一千美元，再加上预付给他的两万元，使他觉得自己当时就已经是一个富人了似的。

他的"信誉押金"回收到了他所预测的"利息"。

接了人家的预付款，又有合同从心理上压迫着，再靠动员起亲朋中的女人们赶制一批"产品"是不行了，人手太少了，被逼着非办起一个厂不可了！

他的厂就是在这种非办不可的情况之下"诞生"的。

中国的某些大小"资本家"或曰"企业主"，在他们成功以后，往往是不太讳言他们成功过程中的小狡猾和小奸诈的。往往不必你细问，他们的话匣子一旦对你打开，就会"竹筒倒豆子"般娓娓道来。他们从中能获得到某种愉悦。就如同某些名人津津乐道些个关于自己的或真或假的"小段子"，以为便是足以使自己显得与众不同的"逸事"。

他对我讲他以上那些经历时的地点就在他的厂房里。他已经发福，大腹便便，头发焗过，又黑又厚又亮，更显得是个身体强健、精力充沛的中年人。他穿吊带裤、"老板鞋"，双手的拇指卡着吊带裤的吊带，不时将两条松紧吊带弄出啪啪的响音。他底气十足，声音洪亮。嘴特大。一排门牙也颗颗都挺大，但还算比较整齐。在他的雇工，那些为他创造财富的人，也就是那些他从自己家乡农村招募来的小女子们面前，他春风得意，眉飞色舞，毫不避讳地谈着他的发家史。并且不时张开大嘴发出哈哈的快意的大笑。

所谓"工厂",简陋得不能再简陋。四墙极薄,顶盖只不过是遮阳瓦的。

总共近百名小女子,年龄大的二十四五岁,像些少妇;年龄小的,看去仅十五六岁。若在城里,该是些动辄撒娇的宝贝女儿。她们两人一组,守着半张乒乓球台大的案子。案子的做工都很粗糙,铺着旧了的白塑料布。那样的案子,那样的"工厂"和那样的女工们,倒完全是"和谐"的。她们一组组聚精会神,悄无声息地飞针走线。时值酷暑,阳光晒透了遮阳瓦。尽管有些窗子是开着的,但"工厂"里还是闷热难耐。她们中,有些人的衣衫已被汗湿透了。更有些人,为了图凉快,甚至裸着上身,胸前只戴乳罩。并且似乎早已习惯了那样,有男人出现在"工厂"里,也不觉得害羞了。几乎她们所有人手指上都戴着顶针、缠着胶条……

当时,我不禁地联想到了我在另两位"私营企业主"的"工厂"里见过的情形。一个"工厂"是生产人造大理石板的,电锯飞转,锯开石块时所发出的尖厉之声,刺得我耳膜似穿,头疼欲裂,心跳加快。我在那样的"工厂"里没"参观"够十分钟,就摇摇晃晃地奔出去吐了。

"厂主"却对我说,他的工人们起初也都有过我这种"不良反应",吐过几次,以后习惯了就好了。

那话当然是在离开"工厂"后的另一种场合说的。

在那"工厂"里,不冲着耳朵大声喊,相互之间是听不清对方说什么的。所以那"工厂"里的工人们,仿佛全是聋哑人,以手势传达意思。那"工厂"里石粉飞扬弥漫,而从乡下廉价招募的青年们,却都舍不得花钱买口罩。"厂主"也绝对不发任何劳动保护用品。

我曾对那"厂主"提出建议——既然他已经很富有了,何不投点儿资,在"厂"里安装些必要的消声设备?

他大不以为然地一撇嘴,仿佛我的建议极具可笑性。他说他的钱挣得够多的了,不但自己这辈子花不完,保证儿孙辈是富人也绰绰有余了。不定哪天心一烦,就将"厂"卖了,还投的什么资,引进的什么消声设备呢？

我说，那你也该发给你的工人们些起码的劳动保护用品哇！比如手套、口罩、橡胶围裙什么的。我说在这么严重的空气污染环境中劳动，如果连口罩都不戴，多则几年，少则一年以后，工人们的肺里、胃里，肯定都将有石粉结石。我还说最好每月发给工人半斤木耳。虽然木耳对肺不起什么有益的作用，但对胃、食道、肠道，毕竟还是会起到点儿清除异物的作用的。

不料他不高兴起来，将脸一沉，没好气地说："他们不是我的工人！他们是国家的负担。我使他们有了工作，已经是在替国家尽义务了！不但国家应该感激我，他们也是应该感激我的！没有我，他们就得变成些要饭的，讨小钱儿的，或者去偷，去抢！我每月已经发给他们一百多元工资了！如果他们惜命，他们就该自己掏钱买口罩戴！既然他们自己舍不得花钱买，那就证明他们都是些爱钱不爱命的贱种！天生的些个贱种，还想让我出钱买木耳给他们吃，笑话！拿我当'大头'哇？"

我默默听他说完那一大番话，放下筷子说了句"失陪"，起身便走。

从此我一想起他，心里便骂他一阵……

另一个"工厂"究竟是什么"工厂"，我已记不清了。总之是与玻璃有关的一个"厂"。因为满"车间"这儿那儿，到处都是碎玻璃。过道还扯着一条条玻璃丝。厂主一边陪我"参观"，一边不时地叮嘱我抬高脚步，小心玻璃丝割破了脚腕。而我发现有些裤腿儿短的工人，脚腕皆血淋淋的。也许是为了安全，他们的裤腿儿都较短。裤腿儿长的也挽着。有一个赤脚穿塑料凉鞋的工人，脚上缠着纱布，一瘸一拐地在各机床间搬运东西……

他们的血淋淋的脚腕，使我看在眼里，疼在自己心里。

我也曾向那厂主建议，为工人们想点儿起到劳动保护的措施。

他却对我说您小声点儿。

离开那车间他又悄悄对我说，不能惯出工人们娇里娇气的臭毛病。那样他们以后将会不断地向他提出要求。工人就是工人，怕苦就别干。

想挣这份钱的人多着呢！他说梁作家，不是我心肠硬，搞点儿劳动保护措施也多花不了我几个钱。主要是不能由我这方面先开这个头儿。要是有生命危险，不必您建议，我自己也会想到的。可没什么生命危险嘛！脚腕子离心离头远着呢！您看到那些脚腕子有一条条血道的工人，都是初来乍到的。半年以后，脚腕子脱几层皮，长出了茧，以后也就不怕玻璃丝割了，割破也不出血也不疼了。你们城里人初次骑马玩儿，还兴许铲了大腿根儿呢！

在中国，在目前，尤其在几年前，似乎一个人只要办起了一个厂，也不管那厂是否名副其实，只要那人自己的钱柜日渐地满了，腰包日渐地鼓胀起来了，他似乎也就名正言顺地成了什么"私营企业家"了。似乎我们的某些同胞，包括某些中低级官员，手里有无尽的那样的礼帽，随时准备在自己的地盘儿内，慷慨地赠给他们看着顺眼的人。而他们为什么看着后者们格外顺眼，内情又往往是显明的。至于自己的另一部分同胞，亦即"有幸"成了以上那样一些"厂"的工人们的同胞，在工资收入方面是否受到极其严重的剥削，是否有权获得起码的劳动保护，则就无人问津了。

故，对某些已然戴上了"私营企业家"礼帽的人，我还是更愿保持一种冷峻的目光将他们视为"私营企业主"。我觉得，以他们那样一些"厂"，视他们为"企业主"仍太抬举他们了。

我也只能以我特有的方式从道义上谴责他们的不道德，却丝毫也妨碍不了他们以他们不道德的方式，通过对自己同胞的严重剥削，和近乎奴役般的雇佣聚敛金钱。

在中国，在某些地方，我之所见，使我对于马克思关于"资本原始积累"的论述，产生了从理性认识到感性认识的相当大的飞跃。

《劳动保护法》在那样一些地方，在那样一类"厂"里，在那样一部分"企业主"心里，几乎是没有什么意义的。在某些一屁股坐在那样一部分"企业主"膝上的小官吏心里，也几乎是没有什么意义的。

甚至，在那样一些"有幸"被雇用的"工人"的头脑中，同样是根本没有什么意义的。而这，又往往的，恰恰的，是因他们看得相当分明，某些小官吏，甚至包括他们当地的某些"父母官"，是那么的情愿坐在、有时甚至是笑逐颜开地坐在他们的"老板"的膝上。他们对于争取同情和怜悯，不抱希望，不抱幻想。他们对于自己是"工人"的任何一条，哪怕是最起码最渺小的一条权益，其实都是不敢争取的，也深知自己是多么没有资格去争取的。

这连想一想都令我心里充满了悲哀。何况我一次次身临其境，耳濡目染。

那么，让我们打住，再回到引发我联想的那个厂里去。

我问"厂主"，那些小女子，也就是与他同一个县的小女同胞们，每月大致能开多少工资？

他说他的厂里只定额，但是不实行计件工资。两个人每天必须完成一床被。工资一律一百五十元。下班还完不成定额的，自己加班，直至完成。他说他只保留熟练手巧的工人。手笨的，都被他先后开除了。他又以表扬的口吻说，她们相互之间倒还有帮助的精神。哪两个女工因什么特殊原因没按时完成定额，通常情况下总是会有几个姐妹下班不走，帮她们完成。

一百五十美元的出口价——一百五十元人民币的工资。

如果这还不足以使一个人聚敛金钱的速度极快，数量成几十倍增长，岂非咄咄怪事了吗？

在他们自己的国家买到那一种美丽的被子的外国人，又怎能想到在中国，它们生产于如此简陋的"厂"里？是由每月挣一百五十元人民币的些个中国小女子一针针一线线用颜色对比鲜艳的绸布角儿拼缝成的？

当他们满意于那一种被子的美丽和便宜的时候，当他们掏出钱包悦然而购的时候，当他们对手工劳动的成果大加欣赏的时候，他们肯定想不到，某些中国乡下小女子灵巧的双手，每天端碗拿筷子的时候，其实已是五指麻木的、僵硬的，手腕发抖的了。

我问"厂主"，冬天这"厂房"里靠什么取暖？

他说南方的冬天，取的什么暖呢！

我说据我所知，南方的冬天，有时也是很冷，冻手冻脚的。

他说那倒也是真的。又说他一个月只来"厂"里几次，监督监督就行了。而平时有人替他照应着"厂"里的事。

"我是当老板的，夏天再热也热不着我呀，冬天再冷也冷不着我呀。您放心，我才不委屈自己呢！"

他误解了我的话，以为我的话是因体恤到他而问的。

我说："老板啊，这些女工都是你同乡，你给她们的工资，是不是太低了点啊？"

他倒没不高兴，甚至也没显出丝毫的窘相。他哈哈大笑起来，之后摇晃着他那大个儿的头颅说："不低，不低。我认为一点儿也不低。正因为她们都是我同乡，我才优先招募她们嘛！在我们这儿的农村，三千多元就可以盖一排大瓦房了。她们中年龄小的，干上三四年，结婚时就房子也有了，嫁妆也有了。而这是她们的父母想替她们做都做不到的！所以嘛，我自己这么认为啊，除了她们的生身父母，我也许就要算是她们这辈子的第二大恩人了！"

始终陪同我们左右的一名县里的小官吏，不失时机地插言道："是的，是的，是的，完全可以这样认为，完全可以这样认为。不但他可以这样认为，连我们也是这样认为的。因为事实如此嘛！"

他听了那小官吏的话，满脸浮现出骄矜的微笑，望着那些小女子问："你们都听到我和秦副主任的话了吗？"

那姓秦的小官吏，乃县"三产办"的一位副主任。女工们一片屏息敛气般的静默。

"怎么？都聋了？都哑了？都抬起头来望着我。"

他脸上的微笑消失了，声音提高了，语调变得有点儿严厉了。于是，女工们停了手里的针线，纷纷抬起头望向他，目光都是那么的惶惶不安。

"我再问你们一遍，听到我和秦副主任刚才的话了吗？"

"听到了……"

回答得参差不齐，声音都很小，都有点儿怯怯的。

"重来！要齐声回答——听到我和秦副主任刚才的话了吗？"

"听到了！"

"嗯，这回答得还像点儿样子。现在都注意听着，再问你们一句——都想涨工资吗？"

又是一片屏息敛气般的静默。

"怎么？又变聋了？又变哑了？心里想，那就回答想；心里不想，就回答不想嘛！究竟想不想？"

"不想……"

尽管声音如前似的参差不齐，而且普遍小声儿小气儿的，但毕竟使他脸上又呈现出了微笑。

"大声点儿！"

"不想！"

他那微笑，水波似的，渐渐溢满了他那张宽而扁的大脸。

他将他的脸转向了我，一只手不轻不重地拍在我肩上，表情庄重地说："听到了吧？她们呀，乖着呢！雇工嘛，在老板面前乖就好。乖，本来不太可爱的，也有几分可爱了。我对她们有恩，她们也知恩图报，所以我们的关系牢不可破。真的，那是不管任何人想挑拨也挑拨不开，想离间也离间不了的。"

我将他的手轻轻从我肩上礼貌地推开，也表情庄重地说："我并没有挑拨离间之心。我犯不着从北京到你们这儿来专干令人厌恶之事。"

他又将头往后一仰，哈哈大笑了一阵，随后说："梁作家，你可千万别多心。你写你的书，我办我的厂，咱俩是两股道上跑的车，井水不犯河水，我当然相信你没那种不良的居心。我指的是别人，我们县里的某些小人。他们至今仍到处散布些攻击我的言论。总攻击我是靠剥削家乡农村的些个小女子发家的！对他们的攻击我一概不予理睬，根本不在乎。有县里的各级领导支持我，我怕什么？怕谁呀？"

那秦副主任立刻又不失时机地插言道："对，对。不予理睬对。你有

089

这个高姿态很好嘛！你每年往县里交十多万元的税。这一点就足以证明了你的贡献嘛！"

他又说，不久以后，他将提高女工们的定额，从两名女工每天拼缝一床被，到四名女工每天拼缝三床被，最后到每名女工每天一床被……

"趁着国外订货还多，争取年底将定额提高一倍。那样，我保证每年往县里交足二十万元的税。至于女工们嘛，相应的，每个月再给她们加三十元的工资就是了。那就每个月一百八十元了。一百八啊，秦副主任，你说够可以的了吧？"

"够可以的，够可以的……"

那秦副主任一迭声说"够可以的"，又将脸转向我，以表彰似的口吻说："在全县私营企业中，他是首屈一指的交税大户。解决的就业人数也最多。我们这县，大而穷。农村人口占百分之九十三以上。他这个厂，是县里唯一生产出口商品的。论起本县的经济发展成果，他的厂是各种报表上的一朵花呢！没了这一朵花，县里连个值得向上边说道说道的典型都没有了！所以呢，当着他面这么告诉你吧——县里就是哄着，也得支持他将这厂继续办下去。他若真不想干了，县里的头头们首先就非急了不可！非怪罪我们这些人没把他哄好不可……"

听了那位秦副主任的话，我当时再也没什么建议可提，只有缄默点头表示理解。

他用他那肥胖的、保养得红扑扑的手往自己胸口一拍，保证地说："秦副主任你放心！冲着县里一向对我的关照和支持，我怎么也得再干几年才收山。再者说了，钱又不咬手，又不是多了太占地方的东西，我又干吗不抓住机遇？现如今不是都讲'挖潜'吗？我看她们身上有潜可挖！"

他又摸摸旁边一名十五六岁的小女工的头，俯身轻佻地问："宝贝儿，你说是不？"

那少女红了脸不吭声儿，却没敢拨楞一下头避开他的手，乖乖地低着头，任他的手摸在自己头上。

他的手从少女头上摸到少女脸上,在少女脸颊上轻轻拍了一下,冲我笑道:"看出来了吧?她们都听话得很。"

而我看出来的是——他感到他乃是掌握着,并且足以摆布她们命运的上帝,也看出来,他因经常感到那一点而特别快乐。

我还敏锐地观察出来了,他和她们中某些人的关系,显然另有玄妙。

我推说胃疼,坚决地拒绝了他晚上要宴请我的美意。于是那秦副主任比他显得更遗憾似的。

离开那"厂"后,我见秦副主任将他扯到一旁去,嘀嘀咕咕了一阵。我听到了一耳朵,明白了个大概意思——秦副主任说服他晚上还是应该照请不误,因为预先已经和某些人打招呼了,不请就不好了……

在东北,我也"有幸"结识过一位农民出身的"私营企业主",好像是早些年靠组织人编麻袋发迹的。某些年,中国忽然缺麻袋。于是他的"麻袋厂"应运而生。短短的几年内,他的资产也就逾千万元了。待到纤维麻袋普及了,他也不干了,办起了公司,开始转向对外贸易了。一个时期内,竟也"操作"得红红火火,有声有色。

文人"幸会"富人,或曰遭遇"大款",照例免不了请客吃饭一项基本内容。而且,照例是"大款"热情做东,文人吃白食,文人的朋友和"大款"的朋友们凑趣沾光。通常,文人和"大款"坐在一起了,总是双方朋友们撮合的结果。好比有意"对象"的男女坐在一起了,大抵是媒婆们的成就。这种情况下,"大款"格外矜持,越发摆出有钱的样子;文人往往特别谦虚,言不由衷地说几句"一等智商从商,末等智商从文"之类不三不四的话。

席间,"大款"忽然道:"没'芥末',没劲,没劲!"

我便奇怪了,暗想这"大款"眼神儿怎么这么的差啊,桌上明明有芥末嘛!于是将一小碟芥末推送于他眼皮底下。

他笑。众人也笑。坐我身旁者悄语:"他要黄的。"

我说:"绿的已经够冲了,不过黄的也有啊!"遂将一小碟黄色芥末也推送于他眼皮底下。

他笑得更加玄妙了。众人也笑得更加玄妙了。

他说:"撤!咱们换个有'芥末'的地方!"

于是众人纷纷起身,随他离席。

我丈二和尚摸不着头脑,如坠云里雾中。

在车上,方有人指点迷津,说他要的非是"芥末",而是"节目"。他舌上生过小小异物,怕转化为癌,开刀割了去,从此吐字有点儿不清。经一番解释,我才恍然大悟。

三辆小车一辆"面包",载着八九个人,相跟着离开了市区。

我问:"这是往哪儿开呀?"答曰:"到地方你自然就知道了。"

不久开到县里,又接上几个人,无非税务、公安、司法等方面官员。

又片刻,几辆车开进了村里,停在一大院落门前。门楼高架,对开的朱红大门上,镶着衔环的兽头,黄灿灿的圆环,闪闪发光。门两旁的围墙上,画有山峦流水,花鸟鱼虫。门两侧还立有一人高的石雕,一尊是钟馗,一尊是关公。有人向我解说,钟馗乃避邪捉鬼的,关公表明主人家崇尚义气,好客庇友。

这一个大院落,与周围旧陋的农舍恰成鲜明的对比。

进了院中,但见正房厢房,灰砖红瓦,阶高门阔,煞是气派。门框窗框,皆铝合金的。方砖铺地,树绿花红。树下花前,居然有雌雄一对孔雀,昂首信步,从容踱来踱去,见了人也不惊慌。横在房顶的是太阳灶。竖在房顶的是高高的电视天线。

又有人告诉我,主人专聘了动物园养孔雀的园工为顾问,定期来他这农村的家指导饲养孔雀的事宜。

我看那院子至少有四亩地的面积。各个房间拥出些男女,围着"大款"一阵阵寒暄不已。他也不向我们介绍,我也分不清哪些男女是他家眷,哪些男女是用人。

自然也有狼狗。两条大的,两条小的,两条半大不小的。它们从正房后跑将过来,扑着他亲昵撒欢。

在西厢一间宽敞的屋子里,重排座次,主宾归位。一名家厨两名用人忙碌了一阵，迅速上着一道道菜肴。数巡酒后，院子里有人叫道："接来了！"

隔窗一望，但见一男一女，已然行至门外。男的四十余岁，女的二十多岁，各自化了妆，男的一身绿，女的一身红。我暗想——这是唱堂会啊，却猜不到他们穿的是哪路戏服。不便问，也不想问，默然呆坐而已。

他们进了屋，主人说："有劳二位大驾了。"

绿男说："哪儿的话，高兴来。"

红女说："您想着我们，是我们的荣幸呢！"

主人一笑，心悦地说："那么，就唱吧！"

于是绿男红女一前一后，一个丁步一个弓步，拉了一个花架，随即倏地旋变身姿，对唱了起来。只一声"咿呼嗨"，我便立刻听明白他们是唱"二人转"的。唱得还不错。有人向我耳语——他们是"半路搭伙"的两口子。在这一带唱出了名，每月收入颇丰。

几句开场白后，"荤"词儿就一串串儿地脱口而出了。无非是类似《金瓶梅》洁本删去的那一部分。两方帕子舞得风车似的转，上下翻飞。

主人非常之投入地看着、听着，不时擎起小酒盅，"吱儿"地饮一口酒。听到开心处，还大声喝彩。于是客人们也都跟着叫好，一个个盯着那声浪姿妖的红衣红裤红鞋的女人，两眼炯亮起来。

我暗自思忖，幸而座中再无女人。若有，也就将一桌男人的低俗品性了解得透透的了，以后再在她面前装得多么正人君子都无济于事了。

不禁地就想到了一句古话——"近朱者赤，近墨者黑。"我看得心乱，听得脸上发烧，借故净手，离开了那屋子。在院子里逗狗，讨好那两只孔雀。

院子里一位七十多岁的老太太在择豆角。我凑过去搭讪着和她聊，一问才知是"大款"他娘。

我说："家里已雇了厨子和用人，您老人家何必干这个呢？"

她说："越老越闲不住啊，总得找点儿事干呀！"

我说:"您儿子出息了,您晚年多幸福哇!"

她说:"我也没觉出怎么幸福来。"

我说:"您还不满足?还想过怎样一种生活呢?"

她叹了口气说:"满足一过头儿了,人就不觉着幸福了。你看,加雇的人,才六七口人,可十三四间房子,多空得慌啊!天一黑,没人住的屋不点灯吧,黑咕隆咚的一片,心里不安生;全点着灯吧,明明没人住,不是白费电吗?"

我说:"您儿子已经有一两千万了,还在乎区区几元电费呀?"

她说:"我不是一辈子仔细惯了吗?"

我问:"那两个唱'二人转'的,常来唱吗?"她说每个月总是要接来唱几次。

又问:"您老既然闷,怎么不一块儿听呢?"

她说:"那是人唱的吗?那是人听的吗?我能跟儿子的朋友们一块儿听那些吗?"

我说:"那您老就该劝劝您儿子,何必非听那些呢?"

她又叹了口气说:"管不了啦!他偏爱听,我这当娘的有什么办法?起初他媳妇还干涉他,后来也不干涉了,也陪着他听了。我这当娘的也想开了,用耳朵听听,而且是在家里听,总比花更多的钱去嫖强。去嫖,被关押了,不是丢人现眼吗?"

我觉得那老人家说的自有她的一番道理,默默点了一下头。

她却问起我来:"依你看,我们家是不是变成解放前的地主了?"

我笑了,说我没打解放前活过,不好比。反问她自己如何看法。

她说她是山东人,当年逃荒来到东北的。说山东某些地主的家什么样儿,她是确曾见过的。说东北解放前某些地主的家什么样儿,也见过。说她家现在的情形,那比解放前地主的家气派十倍都不止,而且是和不小的地主家比。

老太太显然平时太闷了,见我愿和她聊,也就聊起了兴头儿。

她压低声音悄悄问我:"你说,还要再划一次成分,我家还不被划成大地主哇？可我家只有钱没有地呀！划成大地主，不是太委屈我孙子孙女们了吗？"

我说："大娘，您一百个放心，中国再也不会像从前那么划成分了，现在国家的政策是允许一部分人先富嘛！"

她又问："那要再搞一次'文化大革命'呢？"

我说："您老不必整天胡思乱想的。一次'文革'咱们中国人就尝够苦头了，再也不会搞第二次了！"

她眯起眼瞧了我片刻，以一种"商榷"似的口吻说："不一定啊，不一定啊！那些年里，这村就折腾过一户人家，一户从前的地主，还是户从前的小地主。村人们闲着没事了，就把他们全家老少赶到麦场上批斗一遭。如今我都不愿出这院子，碰到的大人孩子，都不拿好眼光瞪我，好像盼着我们家破人亡似的……"

我觉着，老太太头脑中，自有她看世事人心的一整套逻辑，一种颠扑不破的观点，而且轻易是不会改变的。

她说有人曾往她家的朱红大门上抹过屎，曾往她家院子里扔过死猫。说她儿子曾因此怒发冲冠，七窍生烟，喝醉了酒，端杆猎枪，在村里气冲冲地走来走去，一蹦三个高地破口大骂，还朝天空放了两枪，惊得村里人心惶惶，鸡飞狗跳。说她儿子一直打算在院墙上安装电网，并雇两名护院的。

老太太请求我劝劝他儿子千万别那么搞。

"那成一户什么人家了？那成一户什么人家了？那不太脱离群众了吗？"

她显出忧心忡忡的样子。

我答应一定替她劝她儿子。

忽然她说："咦，我的戒指呢？我的金戒指怎么又不在手上了呢？"

于是起身离去，唤了一名小女佣，帮她四下里找……

而听"二人转"的厢房屋里，正传出一声拖腔拖调的"咿呼嗨"和一阵笑声……

天黑了。"大款"留下了不回市里去了，只客人们心满意足地离开那

095

气派的大院落。

在车上，我问众人——那等下流内容的"二人转"，值得听两个多小时吗？听着真的就那么来劲儿吗？

众人就七嘴八舌地批判我假正经，冒充君子。都说人活一世是一次造化，什么素的荤的刺激的，都应该领略一番。否则不是白活了吗？转变观念，首先应该转变活法的观念。腥荤不沾，到头来委屈的是自己，亏待的是自己。而亏待自己，是一种不觉悟的罪。

我被批得体无完肤，寡不敌众，难以招架，也无意反驳。

想想自己答应了那当老娘的替她劝劝她儿子，却没得着机会相劝，就如实将她的话转告于众人，希望众人日后予以相劝。

众人又都挖苦我瞎操心。都道是为了安全起见，其实还是安装电网好，护院的也一定要雇。有钱了嘛，就不该拒绝有钱人的特殊活法。

大约是在1995年2月，春节期间，有消息传来，那"大款"家被炸了。一家五口，二死一伤。"大款"和他妻子被炸死，十四岁的儿子受了重伤，落了严重残疾。作案的恰是他所请的一名护院人。那小伙子和他家的小女佣有染，他自己也和小女佣有染，于是埋下祸根……

我还认识过一位开金矿的，据说当时已有三千万以上的家私。他有一宝贝女儿，一心想报考电影学院或戏剧学院表演系，将来当明星。某年来京，七拐八绕的，就经朋友的朋友的朋友介绍到我家了。

他的发家史，可就不怎么"光荣"了。因而，据我想，恐怕是要守口如瓶、讳莫如深的。用"巧取豪夺"四字形容也是不为过分的。

他家乡的山里有金矿，而他是寻找金矿很有经验的人。但苦于无资独立开采，只得替别人找，得点儿"经验钱"。他替别人找金矿时，存了一份不义之心。估计有厚矿处，反而故意着绕开了去。只将些金脉薄的地方指点给别人。一年后，那山上的厚矿，全清清楚楚地留在他心里了。于是他广交有钱人。当地的有钱人是不交的，专交远省的有钱人。终于，一位广东的有钱人被他说动了心，诚意投资和他共同开采。他照以往的计谋行事，用别人的钱，几乎将一座山掏得千疮百孔，却没出什么金子。

却对人家说——我又不是土地神，山里挖金，再有经验，哪儿能一挖一个准儿？你还想要金子吗？还想要，就再投钱挖！

一投便是十万二十万，对方投得心寒，终于与他扯毁了合同，"拜拜"了。

而这正中他下怀，使他计谋得逞。轻而易举地东挖挖西挖挖，金矿就源源不断地出洞了。当年矿山缺乏管理，无人问津。一卡车金矿石，成色若高，就可直接卖到十万二十万。那广东的有钱人闻讯始悟上当，前来理论。而他是"地头蛇"，家中弟兄多，家族中敢玩命斗狠的恶人多。那广东的有钱人被臭揍一顿，保命而逃，再也不敢前来争辩是非。

以上之"史"，是由于我在电话里一再地刨根问底，朋友的朋友的朋友吞吞吐吐遮遮掩掩地告诉于我的。

而拥有三千万家私的男人给我的熏香名片上，赫然印的是"××大酒楼董事长"及"××金店总经理"。"矿山开采法"实施以后，他就金盆洗手了。在"董事长"和"总经理"后，名片上还居然印着括号。括号内是"私有"二字。字号虽与同一行字相同，墨色却格外的黑，醒目夺眼，突出着一种强调重点的意味儿。

他是我所见过的"大款"中最为个别的一位。因为他人在谈到自己的企业或公司的性质时，要么顾左右而言其他，要么含糊其词。明明是"私有"性质，却往往显出有所讳言的样子，使识趣之人明白，那是最不该问的大隐私。而这一位，不知出于什么心理，却将"私有"二字赫然印在自己的名片上。他使我联想到某些人名片上的另一类括号，内中印着"正处""正局"或"相当于正处""相当于正局"，以及享受什么什么"津贴"等字。人的心理，在有些方面，真是呈现得千奇百怪，有意味儿而又好玩儿。

他那宝贝女儿，既无形象优势，亦无气质可言。据我看来，想考上电影学院或戏剧学院表演系，想当明星，实在是太无自知之明的事。而且，心智方面，似乎也是个比较迟钝的姑娘。

我坦率劝他打消念头。

他却说:"我是经朋友介绍才找到你门上来的,你别当着我女儿的面念这个咒。我有钱,所以我一定要成全我女儿的心愿。你直言吧,替我女儿安排妥了得多少钱?多少钱我都舍得出,也出得起!"

我耐心地告诉他,不是钱不钱的问题。电影学院,我是有几位好朋友的。戏剧学院,也有熟人。可两院都是全国最高的艺术院校,你女儿要考的又是表演系,而当演员是需要先天条件的。先天不足,面试这一关就通过不了啊!

不料他急了,打断我的话,在我家里大声嚷嚷着说:"怎么不是钱的问题呢?怎么不是钱的问题呢?我也不是没见过世面的人,全国从东到西,从南到北,我几乎快跑遍了。事事处处都是钱的问题,怎么单单北京就不是了?难道北京不是中国的首都了吗?我看在北京,核心问题也还是一个钱的问题!只不过你们北京人不肯把钱的问题摆在桌面上谈罢了!你们北京太落后了,到现在还没把钱的问题搞明白!"

他说到后来,口吻由反驳式而成教训式了。一大清早,我还没来得及洗脸,还没来得及吃饭,先就挨一位不速之客的教训,心里别提有多窝火了。

他又恨恨地说:"所以你们北京才出王宝森!"

我说:"您小声点儿,邻居们听了,以为我在家里和人吵架呢!"

我婉言表示爱莫能助,彬彬有礼甚至显得近乎低声下气地一再请他谅解。不料他大为光火,一把扯起他女儿,拔腿往外便走,被他带来的礼品袋绊了一下,还发泄地踢了礼品袋一脚。他一边往外走一边嘟囔:"北京怎么了?北京有什么了不起的?难道人民币在北京就不是钱了?我才不信这个邪呢!"

大夏天,他的每一句话,我的楼上楼下在家的邻居们,都是会从开在天井里的厨房窗听得一清二楚的。我尴尬至极。

他一出门,我就抓起电话,心想骂朋友的朋友的朋友一顿,却没拨通。转身一眼看见躺在地上的礼品袋,又气不打一处来。想追上他还他,又懒得那么做。何况那不过是一袋"燕窝"系列滋补品,不还也不算贪心。

过后我想，他肯定较少被当面拒绝。尽管我拒绝得那么委婉，但毕竟是拒绝。何况又是当着他女儿的面拒绝的。这当然足以使"大款"恼羞成怒起来。

在中国，钱似乎更是一种特等通行证。有钱人似乎都有点儿被宠惯坏了，正如某些所谓"明星""大腕"被宠惯坏了一样。

幸而还有极少一小部分他们有钱也办不成的事儿。否则，岂不正应了1997年中央电视台春节晚会中一个小品的一句台词——有钱能使磨推鬼了吗？

在他们中，也有的男人，无才无能亦无德，甚至在德方面是往事不堪提起的，仅靠了赌自己的青春年华、十几年如一日甘愿充当外国有钱老太婆的"干儿子"或曰"面首"，而终于"修成正果"，继承了遗产，于是衣锦还乡，摇身一变，归国做起富豪来的。

也有的女人，仅靠了花容月貌，妖姿冶色，不惜以肉体为股，而售身于某些境外的有钱的老头子的大陆"外室"或曰"小妾""二奶"，于是过着住别墅开名车，一掷千金的富贵生活的。

但是我们在评说以上一类男人和一类女人时，分明地，是存在着观念作祟与否的问题的。按照道德规范的不成文法对世人的说教，传统的逻辑似乎是这样的——如果一个男人不但是一个各方面都很正常的男人，而且还很年轻，而他却甘愿成为一个老太婆的风烛残年的日子里的附庸，则我们世人即使不发问，内心里也一定会暗想——他所图者何？

倘那老太婆恰恰很有钱，则我们世人就会不约而同地得出注定了一致的结论——他图的是钱。

于是我们世人便会一致地不屑起来。认为在他和她之间，肯定达成了一种"不道德"的交易。于是我们看待他的思想目光，也无疑介入了近乎"审判"的成分。而他作为男人的"道德资格"，定然要被我们的观念的罚牌严重扣分。

但是，如果她非老太婆呢？如果她与他年龄般配呢？

那么，毫无疑问地，我们世人的思想目光，则将更多地包含有嫉妒的成分了。假使靠修养克服掉了嫉妒劣性的人，大概也会暗自承认那实在不失为一组"幸运结合"。

再如果，她乃名门望族之后呢？

于是"不道德"的"交易"，往往不但会被公认为"幸运结合"，而且可能会被传为佳话。

如果她不但有钱，不但出身于名门望族，而且是艺术家，或者虽非艺术家，但却是热爱艺术的女人——这时情况会怎样呢？

几乎无一例外地，这时佳话会上升为逸事，会被记载于书，成为小说家或戏剧家的创作素材。

同一件事，只消作为另一方的女人不是老太婆，或者除了有钱，身份还有其他"可取之处"，则我们世人的态度就会一变再变。

自从伟大的司汤达的《红与黑》问世以来，东西方的世人，无论男人或女人，皆对那个叫于连的法国某一个小市里的木匠的儿子充满了同情。但是于连爱上丈夫是市长的德·瑞娜夫人，其实并非一桩寻常的婚外恋故事。按今天的说法，未必没掺杂着改变命运的企图和幻想。

那么世人为什么就同情于连呢？

因为德·瑞娜夫人不是老太婆。所以一个青年迫切想要跻身"上流社会"的野心，经起始缠绵结局悲惨的爱情故事一包装，就具有了另外的意味儿，就被世人的理解尺度所包容了。

按照同样的逻辑前提，我们世人也相当包容卢梭与几位贵族夫人的"桃色关系"。《忏悔录》中记载得很翔实，他花她们的钱，接受她们的慷慨的经济资助，同时与她们保持"亲爱"的依赖性质的"交往"，以至于常引得她们相互猜妒。按照今天的说法，这也未必不有点儿接近于"傍富婆"。

好在那几位贵夫人的年龄，最大的也只不过大到可以做年轻时的卢梭的母亲的程度，绝没大到足以做他的祖母的地步。

如此看来，在一心想要"出人头地"的男人尤其青年，与某些有钱的或身份高贵的有权势的女人的关系中，只要年龄的差距是我们世人还能接受的，我们就不至于将此类世相归于"审丑"的范围。我们就随时准备矫正我们的思想目光，以及我们的观念的尺度。

但是我以为我们世人仅仅能做到如此包容还不够。

一名二十七八岁的中国青年，在中国"开放"的初年，将自己的头发烫成古里古怪的样式，戴一副刚刚在中国时兴的，被叫作"蛤蟆镜"的那一种太阳镜，穿一条也是刚刚在中国时兴的红色或黄色喇叭裤，整天守在北京饭店等大饭店门前，目光专盯在某些中年以上的外国女人身上，巴望有幸接近她们，从而结识她们，并被她们带出国去，靠运气变为高等华人……

对此类世相，对此类青年，我们究竟该如何看待如何评说呢？

我想，似乎还是不以"道德"与"不道德"的戒规来框定为好。

因为，既然我们对于连与女人们的关系是抱有同情的，既然我们对卢梭与女人们的关系是当成逸事来看待的，其实我们也是应该对那一类世相、那一类青年不加过分尖刻地谴责的。

对社会，对他本人，他变成了富豪总比变成了"二流子"好一千倍。

反之，在某些将对金钱的拥有作为人生至高追求的女人，以自己的青春美貌为赌码或为本钱，与有钱的男人或富商进行交易并且获利巨大的世相中，我们也是很难用非此即彼的对错人生观来加以区别的。这一种世相的越来越"普及"的存在，将使我们的评说越来越陷入迷惘和尴尬。

我结识过这样一个女人——她是20世纪60年代出生的人，70年代后期高考落榜，燕飞于社会。1983年她二十三岁时，一度成为一名香港小商人"包养"的大陆妾。二十四岁半，她换了一条"人生游艇"。二十五岁半，她愈发出落得亭亭玉立，于是又换"载体"。她的人生就从二十五岁半开始改变。对方许诺她别墅，她不要；对方许诺她名车，她也不要。她要对方投资，由她来经商。这正中五十六七岁的半老头子下怀。因为那泰国华侨商人正苦于想在中国物色到投资代理人而不可得。由自己的"妾"来代理他很是放心。于是双方立下合同,利润平分。他先投资二百万,在南方某市建了一家饭店。她出任经理,经营有方。他来中国,她是他的"准夫人"。他一离境,她为自己找"准丈夫"们填补感情和生理需要。一年后那半老头子见她经营得有成果,又投资五百余万办了一家规模可观的服装厂,于是她一肩双挑,同任经理。在她三十余岁时终于找碴儿与那半老头子闹翻,而那时她自己的"私房钱"已近千万。按照合同,那半老头子(不,当时已六十余岁了,是一个真正的小老头儿了)还大方地补偿给她三百万。因为他的正室夫人及大儿大女们,对他在中国的风流韵事已有所洞察,郑重地召开家庭会议"帮助"过他,他不愿因她而闹家庭纠纷,分手又正中他下怀……

在这一世相从始到终的过程中,金钱关系当然是本质的关系。这一点他们双方都很清楚,都很明白,双方之间也从不讳言。

值得我们玩味的是——他并不觉得自己被利用了,更不认为自己吃亏。因为六七年内,他每到中国,总有她那样一位善解人意的倩女陪行陪宿,与之同游同乐,而且为他创收了一千多万。事实上他也的确没有遭受任何方面的损失。他是恋恋不舍地与她分手的。

她也同样并不认为自己吃亏。二十五岁半的她"傍"上他时自己一无所有,只不过有一处仅十几平方米的小窝,而且是租的。才三十余岁自己便成了拥有千万元以上的"富姐",她觉得实在是太幸运了。当初以自己为股的"合资"决策,实在是太英明、太正确、太值得了。因为,对于一个在二十五岁半时还一无所有的女人,对于一个只有高中文化的女人,几乎没有任何另外的方式,比以自己的青春和美貌,也就是自己的先天"资源"为股进行了一次成功的"合资",能更迅速地使自己变成一位有钱的女人了。

"您说,您实事求是地说,还有另外的方式方法吗?"

在冬日上午照进我家客厅的暖洋洋的阳光中,她故作天真状,大瞪两眼望着我发问。她眼中有一种思想单纯的、高中女生般的坦率。我竟没法判断那一种仿佛的单纯,是一种女人所善于的表演的技巧,还是因她的实际学历所局限的。

我说："的确，没有什么另外的方式方法了。"

"你知道吗？我也曾想当作家。"她嘲谑意味儿十足地一笑。我觉得她嘲谑的并不是她自己，而是已经成了作家的人们。想必，也包括我在内。

我说："是吗？"

除了"是吗"两个字，我有点儿不知再说什么好。

预先，经北京某报一位与我关系友好的女记者打了两次电话约定时间，我才碍于情面，不得不在家里礼貌之至地接待她。

"你一定要见她！她会带给你许多新观念，而将你原有的一套观念冲击得稀里哗啦塌一大片！"

那记者朋友在电话里对我这么说。

我曾要求对方向我大致介绍一下我将在家里接待的客人的情况——她从事什么职业？她非要拜访我的目的是什么？她可能有什么事希望获得我的帮助？如果她当面提出，如果不超出我的能力范围，我应该全力以赴地帮助她吗？

"你问些什么呀！人家没有职业。人家不需要职业。人家一向在好好地过着养尊处优的高贵生活。实话告诉你吧，人家是拥有千万元以上的一富姐，人家会需要你帮助什么呀？人家只不过想和你认识认识，随便聊聊文学创作和人生什么的。除此之外人家拜访你没有其他任何目的……"

记者朋友一再打消我的顾虑。言语中暗示着自己和她的关系非同一般。

然而她成为"富姐"的方式方法，却并不是我的记者朋友预先告诉我的，而是她自己坐在我对面的沙发上，细长的玉指间夹着细长的坤烟，轻吞云缓吐雾地娓娓道来的。说时，微眯着眼，口述回忆录似的，脸上仍是一副高中女生般的单纯的坦率。我也仍难以判断，那究竟是擅长的表演技巧，还是她的真本色真性情。

她又说:"你知道吗?我二十多岁是一名待业女青年的时候,你刚因一篇《这是一片神奇的土地》出名。我曾给你写过信,打过电话,还到北影去找过你……"

我依旧说:"是吗?"

"当年给你写信的女孩子肯定不少。你当然记不得了。"

我说:"我记忆的确很差。可是你在北影见到过我吗?"

她肯定地点了一下头:"你家当年住北影最后一排二层小楼里。那小楼很旧,斜对北影招待所。那一天我去北影招待所拜访一位女演员,之后忽然想到你也住在北影院儿里。当时是夏天,傍晚。我问一个在楼前纳凉的人你家究竟住几层,他四下望了望,指着说——那不就是梁晓声吗?我就看见了你。你在不远处推着一辆童车,剃了秃头,穿一条裤衩,上边是挎肩背心,背心老长,又不掖在裤衩里,像下身什么都没穿似的。当时我觉得格外索然。觉得想要认识你的念头特没劲,也就没走过去和你搭讪……"

我说:"不错。那肯定就是我了。"

她问:"你当年为什么剃秃头呢?像刚获释的劳改犯似的。企图强调个性,还是对社会不满?"

我说都不是,只不过因为那一年夏天太热了。

她话锋一转:"你对金钱有什么看法?"

我被问得一怔,想了想……

她说:"你别想!立刻回答,立刻!"

我仍不免迟豫地说:"也没什么特别与众不同的想法。只不过认为金钱对人也很重要。"

"重要到什么程度?也别想,立刻回答。"

我皱眉道:"你好像是在我家里审问我。"

她红唇一绽,露出一排整齐洁白的牙,极有魅力地一笑。

"讨论着玩嘛。也可以说是请教吧!在金钱、权力和艺术三者之间,你认为哪一种追求最永恒?"

我说:"艺术吧?"

她说:"错。其实我今天主要是来和你讨论这个话题的。你的《泯灭》我看了。你批判金钱,仿佛人一追求金钱,道德啦,精神啦,灵魂啦,就都会不可救药地堕落了。我就想,你这位作家,是真的安贫乐道呢,还是心口不一,装相给别人看呢?我太坦率了点儿,你不至于生气吧?"

我说我不生气。面对这样一位女人,我也只能没脾气。

我说我并不主张安贫乐道,说我的《泯灭》也不是批判金钱的,而是批判金钱至上、拜金主义的人生观的。

她说反正都是一回事儿。说你梁晓声既然承认金钱对人很重要,那么人追求很重要的东西有什么值得非议的?谁又能分得清楚,人内心里对金钱的追求激情,在什么程度内是自然的?超过了什么程度就是拜金主义了?

她说人一死,人终生追求的权力也就随之丧失。哪怕建立了世袭制度,也会受改朝换代的冲击。一朝天子一朝臣,才不管你世袭不世袭呢。她说人一死,他终生追求的艺术,也就金钱化了。或由别人拍卖,或由自己的后人换钱,或一文不值,或值百万千万。你们作家、编剧,不都巴不得自己的作品拍卖了高价吗?价廉不是心里很别扭,很不服气很委屈吗?一文不值了不是非常沮丧非常失落吗?归根到底,这和你们追求金钱有什么区别?只不过有时你们是间接的,通过经纪人罢了。而艺术的才华一般来说是不能遗传的。艺术家的后代,平庸之辈多了!

她说人对金钱的追求却大为不同。比之权力,金钱不会随着人的消亡而消亡。比之艺术,金钱是可以留给下一代继承的实在之物。金钱是可以通过收藏艺术品的方式保值和升值的。而艺术品一旦不能再变成金钱,谁还看重艺术?

她说世上只有金钱是流芳百世、永远不会过时的东西。说美国发现了一张百年前的存单,如今还有效,区区十几美元已变成了数千万美元。

她说你不要相信富人们的那句话——我穷得只剩下金钱了。她说那是富人在故意调侃自己,逗穷人们也逗自己开心的话。她说有些记者、文人、社会学家竟信以为真，还煞有介事地发出呼吁——救救富人吧！多滑稽呀！

她说，我现在富了，有钱了，我感到从没有过的充实。我这个富人怎么就从来也没觉得空虚呢？我只不过觉得有时候寂寞，没意思。于是我就出国旅游，尽情玩乐，大把花钱。难道你们文人就没有空虚寂寞的时候？穷人就没有？我的空虚寂寞，与你们相比，与穷人相比，那也是极高级的一种。如果我可以有二十种方式排遣，你们又能有几种方式？穷人又能有几种方式？所以，归根到底，人能追求到金钱的好处，是明摆着的，说也说不完的，怎么世人似乎都企图颠倒真伪，极力回避这一点呢？

她说她一点儿也不认为自己获得金钱的经验是不体面的，难以启齿的。她说如果男人的学识和才华是资本，女人的青春和容貌为什么不可以当成原始股？她说一个追求权力的人想当局长，只要目的达到了、当上了，不管手段多么卑劣，不都意味着他成功了吗？而且，时间一长，有些人照样会讨好于他、巴结于他。她说权力之争，你上我下，得到了权力的人，总是以别人失去权力为前提的。而一个女人靠自己的青春和容貌，说得再直白一点儿，靠自己的肉体追求到了人人都承认对人生很重要，人人骨子里都承认多多益善的金钱，并不危害别人的利益，也不遗祸于社会，可究竟有什么不好的呢？

她说她打算把自己的经历写成一本书，以现身说法替她这样的某些女人正名，通过一本书向社会讨个公道，阐述自己的金钱观和女人的道德观，刷洗种种世俗偏见强加给她这样的女人的道德污点……

最后她说，脱稿后，请我予以指点。

我说我水平很低，观念也很僵化保守，恐怕难负重托。

她说你别推辞，用不着你帮着联系出版，我买书号自费出版就是了。而且要用最好的纸，找一流的印刷厂印……

她走后，我头脑中一片混乱。我对自己承认，我一向自以为是的观点，的的确确受到了一次前所未有的"轰炸"，但却毕竟没到塌得稀里哗啦的地步。

我坐在沙发上静静地想——那女人的逻辑中明明有谬啊，可谬在何处？一时又想不出个所以然。

晚上，妻下班回来，我将那女人的来访，以及她对我的"教诲"叙述给妻听。

我不太有把握地问："她的观点不正确吧？"

妻说："那还用问，当然不正确。"

我又问："那么不正确在哪儿呢？"

妻一怔，一时也答不出。

她想了片刻，反问："这么说吧，假如咱们的儿子是女儿，你愿意她以与那个女人同样的方式去追求金钱吗？如果当女儿的非要那样，你当父亲的怎么办？"

我说："我揍她。揍她也不起作用，我就和她断绝父女关系。"

妻说："这不就得了嘛！那女人的话就不正确在这儿啊！"

我一边吃晚饭一边仍在想。

晚饭后，我将妻扯入一个房间，避开儿子，悄问："还是刚才的话题，还是好比儿子是女儿，几年后她有了一千多万，为咱俩买别墅，买名牌汽车，还为咱俩雇管家和司机，你说那咱们怎么办？仍视她为异类？仍不认她那样的女儿？"

妻张口结舌了一阵，推开我说："你这人真讨厌！你不胡思乱想会有人治你的罪呀？到哪时说哪时，那就是另外一回事儿了嘛！"

我说："怎么是另外一回事儿了呢？"

她说："别烦我，没工夫陪你瞎扯，我还得刷碗呢！"

躺在床上时，我忽有所悟——其实那女人客观上牵引我接触到了我们世人意识中最为隐秘的隐私。商业时代使这一种隐私渐渐暴露，最后彻底公开化。而我们世人克服和战胜羞耻感的最传统也是最明智的"战术"，便是将羞耻感彻底公开化。彻底公开了的羞耻不复再能作用于人。它先变得似乎合情合理，在人判断世相的低级观念中获得认可；后变得习以为常，在人评论世相的高级逻辑中达到近于天衣无缝的、让普遍世人的心理接受起来不太别扭的完善。

对于我们世人而言，那句真理般的隽语也许大错特错了。它说人的"自我"和外界影响的关系是"我思故我在"，而实际情况却是"我欲故我在"。

商业时代恰恰是通过人性这一先天弱点，将我们世人中的一部分异化为特价商品的。在商业时代，人的这一异化，是比金鱼的种的演变简单得多的事。一条金鱼起码要进行两代杂交才能变种，而一个人经由一件具体之事的成败，就足以彻底改变其活法和对人生的态度。

我的妻子虽然并没有帮我直接找到反驳那位女士的逻辑突破口，但她以我的儿子为例的思想方式，毕竟动摇了那位女士振振有词的逻辑体系，帮我发现了对方的极"现代"的观念之中，缺少极重要的伦理原则——人作为人应该具有的羞耻心。

而世人需要伦理的原则，好比自然界需要环境保护的措施一样。

普遍的世人的自尊觉悟，是很难赞同男人或女人积极地靠自己的肉体去满足对金钱的占有欲望的"实践"的。哪怕那"实践"成功率再高，获得金钱轻而易举，具有海狮顶球般的精彩性。

因为人类一旦完全抛弃了伦理原则和起码的自尊觉悟，人类的行为现象也就下降到和动物相差不多的地步了。

羞耻心乃是这样一种事物——呵护之便有，弃拒之便无。在商业时代，它的丧失，比小小的酒精火焰蒸发掉一瓶水容易得多，而且无痛苦，不留痕迹。

原来人类那最隐秘的隐私是——丧失掉我们本能的羞耻心这一种企图由来已久。它蛰伏在我们古老的意识里，始终打算在寻找到最"正当的理由"以后进行最彻底的伦理原则方面的反叛。我们的一部分同类，一向在伺机发动对我们自身意识的"最后一役"，而缺少的又只不过是"正当的理由"。在这一种理由没被寻找到以前，我们的一部分同类百千年来，"孜孜不倦"地创造着它。比如那一位以自身为股的女士，以及她那一套听来振振有词的逻辑。

我们的一部分同类，似乎相信只有彻底弃拒了羞耻心，人类就能更现代、更进步、更文明，而我们的另一部分同类，却由衷地呵护着自己羞耻心的存在。认为只有与之共存，才能更现代、更进步、更文明。人类的伦理原则，夹在这两种相互对峙、分歧越来越巨大的意识营垒之间，日渐显出依从两难的尴尬性和危机性。

分明地，我感觉到了它的根基已然动摇。如地震前大地平衡的抖颤。

在今天，在中国，我声言，我的意识倾向依从于我们的后一类同胞，我也替那一位女士的成功感到高兴。但是我反对她的逻辑。然而，说心里话，我的反对并非那么的自信。因为我后来知道，在她的生日里，以及在那一位继承了外国老太婆遗产的男人的生日里，都曾有某些达官贵人和某些社会名流，前往祝贺，相与而欢，并以结识他们和她们为幸为荣。一百年后，不，五十年后，也不，二十年后就能见分晓了——届时的世相究竟支持哪一种社会意识的潮流，恐怕现在就断然地下结论太早。

但有一点我是比较自信的，那就是——人类文化的和艺术的成果，不像那位女士所轻蔑地谈论得那么没有价值。个人资产的积累以及家族资产的继承，倘不能兼顾于造福社会，那也只不过就是一件纯粹个人的事而已。这也就是为什么一位破产了的亿万富豪跳楼身亡，在中国在外国，只不过仅仅造成新闻轰动效应，却很难引起社会的悲伤的缘故。

而如果有一天我们面临着这样的抉择——要么省下我们的一部分面包，捐出我们的一部分积蓄；要么我们将失去我们继承着、欣赏着，精神得以享受到的一切艺术，不，何须一切，只需一类，或音乐，或美术，或文学。我想，从老者到儿童，不分国籍的千千万万的地球人，都会甘愿地奉献出我们的一部分面包，以及慷慨解囊。股市上任何一种迅涨的股票，都不可能吸引比那更多的人。

于是我联想到了一件关于贝多芬的事——年老的贝多芬视力减退而且耳聋。有一天他行走在路上，心中突然乐律澎湃，便蹲下身去，用一颗小石子在地面上疾书五线谱。恰巧一队送丧的人群走来，贝多芬挡住了他们的去路而不自知。他们中有人认出了贝多芬，大声说："他是那个整天为我们创造美乐的人啊！我们不要惊动他，让他写完。"于是送丧的人群，鸦雀无声地等了贝多芬半天……

无论在中国，还是在外国，无论在过去，还是在现在，乃至于在将来，据我想：一队送丧的人群，一般情况下，是不会那么有耐心地等待一位富翁起身让路的，也不会那么有耐心地等待一位以自身为股发迹了的女人……

我又联想到了小时候看过的一本连环画《贵妇还乡》，可能是根据易卜生的戏剧改编的。往事久远，我记不太清了。

萧伯纳曾说："穷人的女儿是他们的原始股。"

毫无疑问，我们不难从此一句话中，感受到萧伯纳对于穷人们的深切的同情和怜悯。而这一种同情和怜悯，所针对的恰恰是穷人们连自己的羞耻心都维护不了这一不幸的不争的现象。

贵妇便是那样一家穷人的女儿。

她曾是娼妓。

她是以自身为股成为贵妇的。

她的衣锦还乡使达官、绅士和名流们礼迎唯恐不周，求见唯恐不及，奉承攀交之心唯恐表达得不虔诚。

然而贵妇的羞耻心，在如此这般的簇拥和包围之中，却更加像老鼠一样啃噬着她的灵魂。

终于有一天，她在舞会上对他们冷静地说："我是回来料理一个至亲的亲人的后事的。我以为，她既然死了很久了，你们应该早已把她忘了，而你们却以你们的热情向我证明，她仍活在你们的印象里，她当然就是从前的我自己。"

她又一一指着他们说——您，可敬的衣冠楚楚的绅士，您曾经非常着迷于我这双眼睛不是吗？当年你垄断它们的目光一整天，只不过出价一个金币。可是后来一位比你可敬得多的老伯爵垄断它们的目光一整天出十个金币！还有你，道貌岸然的市长先生；你，大腹便便的酒商；甚至包括你，主管我们灵魂的神父。你们都喜爱过我身体的不同的部分，都以很便宜的价格满足过你们的欲望。但是我今天要在上帝面前，在你们可敬的诸位夫人们面前，以最高的利息退钱给你们。因为，当年我向你们出卖我的肉体，实在是我最迫不得已也最感羞耻的事……

贵妇在众目睽睽之下，果然那么做了。她将大把大把的金币撒向那些道貌岸然的达官贵人，和他们的似乎很有教养的夫人们。

贵妇离去之前，造了一座坟，立了一块碑，碑文是——此地埋葬着一个最不幸的女人，她因将自己的肉体出卖光了，灵魂瓦解而死……

当年这故事使少小的我受到极强烈的震撼。

我因那一本连环画而流下过眼泪。

今天，在中国，我知道为数不少的女人，都巴望着以自身为股，简单而快捷地摇身一变成为贵妇。她们往往迫不及待地自己为自己大做广告，创造机遇。如果她们零售自己或批发自己收入可观，她们便心安理得。如果她们高价拍卖自己一锤定音，达到目的，是比画家画了一幅好画，音乐家的一首歌曲广为流传，作家完成了一部力作欣喜百倍的。而这种时候你若以略带同情的目光相视才是羞辱她们，她们只在她们没有"成功"之前需要点儿同情。

我的一位童影厂同事的朋友，夫妇二人都是演员，更确切地说，是杂技演员。他们的独生子是个气质很好、形象也很出众的小伙子。大学毕业，供职于某公司。他的未婚妻很漂亮，也是大学毕业生，当父母的正为他们筹办婚事。忽一日我的同事在办公室接到了他们的电话，以身陷灾难般的语调相告——婚事吹了。

问为什么吹了？

答曰就为一辆"凯迪拉克"，还不是那种加长型的，只不过是一辆小型的。

一位"大款"给那姑娘买了一辆小"凯迪拉克"，她便义无反顾地、兴奋地投入了"大款"的怀抱做"二奶"。

我的同事说：用道理好好儿劝那姑娘回心转意啊！

答曰：劝不回心转意了！人家说除非你们家能给我买一辆"大奔"。

说现在是商业时代，一切按经济规律办事。婚姻当然也得讲竞争，你们没有竞争实力，那就只能怨你们自己了！

那小伙子受到意外的情感打击，精神恍惚，也许将被送入精神病院……

我的同事放下电话，与我们面面相觑，大家一时都默默地无言可发。男的一口接一口吸烟，女的一口接一口喝茶。

这样的些个女人，正需要那样的一类理论和逻辑。那样的一类理论和逻辑，正由她们中的成功者总结着、完善着、系统化着，并积极地推广开来着。

由我的眼对社会对世相所做的观察而得出的结果是这样的——在她们中，目的达到与否是互相看得起或看不起的前提。以自身为股聚敛金钱的数量，同所获的敬意成正比。数量巨大，则所获敬意便自然而然地超出于她们之间，拓展向全社会，并从某些达官贵人那儿，某些社会名流和艺角那儿，甚至各种媒体那儿，获得率先的好感与捧场。

在中国新生的资产者阶层中，这样一些不可等闲视之的女人是的的确确存在着的。她们一旦成了有钱的"富婆"或"富姐""款妹"，便社会能量尤其非凡起来。她们的通讯录上，大抵都有几位在必要之时足以庇护她们的官员的红线电话号码。她们提起某些我们非常熟悉的官员的秘书，口吻亲昵，像提起关系很"铁"的"哥们儿"。当然，这里有吹牛，有拉大旗做虎皮的成分。但人们也不要完全地这么以为，说不定在哪一家饭店的雅座，你会真的发现她和他们正在共尝佳肴……

我自己就撞见过那样的情形。

想想在中国，古往今来便是这样的，我也就不怎么觉得奇怪和犯寻思了。

但她们并不像某些人茶余饭后作为谈资所以为的那么多。事实上，在中国新生的资产者阶层中，她们的总数加起来，充其量也只不过构成一种阶层成分的点缀罢了。即使以自身为股，能在自己名下聚敛到一千万以上的她们，总数不会比一个军还多。女人的青春和容貌，既是一种"特价商品"，也是一种推陈出新速度最快，使她们无可奈何地贬值的时尚"商品"。对这一"商品"喜新厌旧的富豪型的男人们，总是明智地让自己永远处在控股的地位。所以她们的大多数，又只不过是这一以男人为主体的阶层的附庸罢了。尽管她们中的大多数住豪宅，开名车，饰金戴银，事实上也只能是些沾富豪型的男人们的光的女人，而自己并非名副其实的女富豪。

我之所以对她们格外地评说了一番，并不因她们实际占有金钱的数量，甚至也不是她们聚敛个人资本的独特的方式方法，而是她们竟那么引以为荣的"理论"与逻辑。对于我，她们的存在本是不太值得关注、分析和评说的。但她们的"理论"与逻辑，对我们社会的伦理原则的冲击和颠覆，以及对我们普遍人的意识质量和价值观念的影响、轻蔑，才是引起我郑重对待的原因。

当我们即将结束这第一章，亦即对中国资产者阶层的冗长的分析时，我们不应该忘记提及那样一些人，他们是：不但自己靠筚路蓝缕的创业精神和诚实可敬的脑体力劳动富起来了，而且带动一方人们脱贫的人。他们热心于公益事业、慈善事业、社会福利事业，一向怀着某种良知支持以上事业。

这样的一些人的确是有的。

他们身上所体现出的，是"中国特色"最值得称道的方面。

他们使他们所跻身于的这一个中国的新生阶层，在质量上多多少少有了一些"仁"的意味。

还有那些抓住了机遇，主要靠自己的知识成果或一技之长成为"老板"的知识分子。他们中不乏年轻有为者。他们不见得因自身是知识分子，便一定会从"仁"的方面、"善"的方面提高中国新生资产者阶层的质量。而我们也根本不可以用那么高的质量标准对这一个阶层一概地强加要求与评说。但他们的后继，无疑会在"礼""智""信"方面，大大提高这一个阶层的质量。使这一个阶层显而易见的劣点被抵消一些，并且也能渐渐向社会证明自身的优点。他们成功的意义还在于，对于普遍的中国知识分子是一种激励。普遍的中国知识分子太多地袭传了中国历代封建社会制度之下的文人的意识弊端。他们往往将仕途上的追求，视为自己终生为之努力的目标。以为唯有这一追求，才是自己最顺理成章，最光明正大，最能传名后世耀祖荣宗的前程。一旦仕途失意受挫，或安贫乐道地一头扎到故纸堆里去自寻其趣，或求借于道于禅，口中喃喃着"色空"，心头却仍系于科举。这一弊端，一直到新中国成立之后，一直到今天，仍在中国知识者的头脑中作祟。其种种世相表现依然淋漓尽致，有时也是很丑陋很令人作呕的。所以中国当代知识分子，总在行径上有点儿像旧"文人"，而在骨子里不太是"知识分子"。这也是"中国特色"，是传统的"胎记"。中国旧文人是轻商恶商的。这是他们的迂腐之见。而在目前的中国，依我看，知识分子与其继续一味地向政治去要求自身的种种社会待遇，还真莫如悟悟经商之道，靠自己的知识，在"商海"里扑腾扑腾。"商海"里其实"淹"不死知识分子。因为中国知识分子普遍的先天胆小。"淹"毙在"商海"里的都是胆大妄为、蛮干违法之徒，或孤注一掷的人。知识分子出身的"老板"们的出现，新生资本家们的出现，对自己的同类是一种有益的教育。起码教育他们明白了这样一点——这个世界的法则，并非悠悠万事，唯"官"为大，也不是"万般皆下品，唯有读书高"。

还有一些女性，她们不同于我们前边评说到的，以自身为原始股进行肉体投资的女人，也非是门庭显赫的深宅大院里的女公子们，更不是一些专善于欺诈的女骗子——她们原本是些普普通通的女人，甚至是些文化程度不太高的女人，从很小的个体经营做起，十几年来，勤勤恳恳，兢兢业业，谨谨慎慎，终于也拥有了千万以上的私家资产。在全国各地，我结识过几位这样的女人。我对她们是怀有很大的敬意的。她们并不珠光宝气，消费方面也不一掷千金万金。她们依然过着拒绝奢侈的生活，依然保持着劳动妇女的某些可贵本色。所以社会的眼睛，一般很难评估到她们的家私的确切底数。只有对于她们较为信任的，她们感觉到对她们友好的，永远不至于算计她们或危害她们的事业的人，她们才悄悄地告诉你她们已经拥有了多少钱，并乐于比较坦诚地与你讨论她们对于金钱的看法。我当然不至于算计她们，当然永远不会做什么危害她们事业的不义之事，而且我与她们的结识，于我是一种缘，她们也认为于她们是一种缘，缘缘相投，我相信她们告诉我的是实底，并没有什么夸富的成分在内。她们实在没有什么对我夸富的必要。她们以最难的方式，而不是以最简单便捷的方式，在商业时代为普普通通的女人们争了气。但是她们并不存在于大都市，你只有在某些偏远省份的某些交通便利、经济发展活跃的中小城市，才有可能经人介绍结识她们。一旦站在她们面前时，你不禁地会惊异于她们的普通和朴素。是的，大都市不适合于她们的存在。大都市美女云集，机会都由掌握着机会的形形色色的男人们"恩赐"给他们所青睐的美女们了。她们有自知之明，并不轻率地向大都市延伸她们小事业的触角。她们很容易获得满足感。她们特别谨慎，也可以说较为保守。而这两点，恰恰保证了她们的小事业在自己们有限的天地里立于不败之地。从积极一方面而言，"保守"二字也可理解为稳健。让我们祝她们的事业永远顺利。

  我们还应该提到某些残疾人。他们成为拥有千万以上私人资产的富人，应归功于中国"残联"的存在。他们的事业之初，皆不同程度地，直接或间接地受到过"残联"的扶植。公平地说，"残联"的确为中国残疾人做了不少好事。由经济日报出版社出版的，我的《自白》一书，封面上我那一张照片，是出版社从合影上剪下来的。而原照片上坐在我对面的，便是一位一级残疾者。我当时正认真地听他向我讲述自己艰难的创业经历。他是由组织十几名残疾人开一家小小的服装加工厂起步的。经过十余年的努力奋斗，他成了一位集团公司的总裁，已拥有个人资产七千余万。面对这样的身残志不残的人，你不能不承认，机会需要加上奋斗的志气才是机会。"置于死地而后生"这一句话，也的确是有几分道理的。听了他的讲述，我当时暗暗感慨——其实我们大多数正常人，命境都谈不上被"置于死地"过，而是在不太称心如意的日子里得过且过，所以我们大多数正常人，其实也谈不上真的"奋斗"过。"奋斗"这个词，被我们中国人说得太多太多，于是几乎失去了原有的沉甸甸的分量。

我们还应该提到另外一些人——为数不多的影视明星、导演、独立制片人、歌星、"走穴"[1]之风盛行于大江南北长城内外时期的"穴头"[2]，以及某些曾在所谓出版业"二渠道"的黄金年代抢占滩头一逞"雄风"的书商。据我所知，他们中有人当年由一本书就获过百万之利。

某些所谓"合资"大片，以内行人的眼光看来，一半投资也就足以拍到那样的水准了。影视界的少数"大腕"，包括制片人、承包人，皆由此而富。但这毕竟是靠了才华和名气挣境外的钱，不挣白不挣，节省也白节省。提高中国影视明星及导演在"合拍"合同上的身价，此为好的一面。不好的一面，是这身价一旦由境外来的钱一米一米垫高，再要为国内影视而降低，却也不那么容易了。他们正面临着越来越明显的尴尬——境内用不起，境外不常用。而新人层出，后浪推前浪，身价那东西，闲置二三年，也就注定了要掉价的。这尴尬意味着是他们的一种危机。至于他们如何调整意识度过危机，那就纯粹是他们自己的事了。我预见，五年后，北京的名人饭馆将会增多起来，主人大抵便是他们。开饭馆几乎是他们共同的第二职业。好在他们已经比较富贵了，怎么活都将会活得很潇洒，很滋润。

让我们祝他们生意兴隆。

综上所述，我们可以看出，中国新兴的资产者阶层，是一个良莠掺杂的阶层。在这一个阶层中，又可分为第一代和第二代。第一代是较幸运的，因为他们面对的是"原始积累"阶段大量的、眼花缭乱的机会。那是一种带有明显混乱性的机会。其混乱性怂恿他们以不择手段的甚至野蛮的方式去紧紧攫住它。这种机会在时代进程中往往是百年不遇的，而且一般只发生在转折时代。他们凭本能曾感觉到这一点。他们的发迹

---

[1] 在本职工作之外进行演出、讲学等收取个人收益的行为，最早出现在相声行业。

[2] 20世纪80年代后在文艺界出现的职业或非职业经纪人的称呼。

在带有神话色彩的同时，也带有不同程度的卑污。他们仓促上阵，准备不足，素质不佳。这一点无情而又冷酷地决定了，机会只能成全他们一次，不能成全他们多次。只能使他们变为富人，不能使他们变为杰出的大有作为的商业精英或事业可持续发展的大企业家。他们的作为已经表演结束。他们的事业几乎全都处在守势，甚至处在颓势，他们中的大多数人，已很难再有什么新的作为。

第二代的素质要比他们高许多，准备要比他们充分许多。第二代从他们身上总结了不少经验，吸取了不少教训。但是第二代面临的机会却不那么多了。混乱已经过去，规则开始渐趋完善。在秩序的制约下，商业只"创作"现实主义的故事。这些故事的风格总体上基本是"正剧"结构，几乎不再有神话产生。成熟的商业时代拒绝神话，尤其排斥闹剧和荒诞剧。而这对第二代的大志和雄心乃是严峻的挑战。

大约在十年前，也就是第二代在第一代无章无律的大合唱底气耗尽的尾声中趁隙接替上来的时候，某些经济学界的可爱人士很是激动了一阵子。他们热情洋溢地断言，内地的李嘉诚或者霍英东或者董浩云甚或洛克菲勒就要横空出世了！现在看来，这断言既未免下得太早，也未免下得太急太浪漫了。目前世界级的大财阀，几乎无一不是半个世纪前就孕成胎形的。巴尔扎克说："一个贵族需要三代的教养。"同理，一个实力雄厚的家族产业集团，恐怕也起码需要两代的努力才能奠定基础。

无论从主客观哪一方面，我们都看不大出我们所着重评说的这个中国新兴的阶层，在今后二十年内有诞生什么鲲鹏式的人物的任何迹象。

在今后相当长的历史时期内，这个阶层的总体作为，也许只能施展在巩固和提高自己的富有程度的局限内。而除了这一点，它的存在，对中国经济的意义、作用和影响，将注定了是有限的、微不足道的。排除个别，就总体而言，这也将是一个自在的、无忧无虑的、置身于中国社会普遍的烦愁与苦恼之外的阶层。因而也几乎是一个最淡漠了社会问题参与意识、最奉行"事不关己、高高挂起"、最善于明哲保身的阶层。

他们政治上的最积极的态度，乃是对"安定"的本能的心理倾向。

在这一点上，他们可能比中国目前所有阶层都真诚。

不过他们也同时是心理上最不受动荡威胁的阶层。因为他们中相当一部分人，都持有不同国籍的护照以防万一。

此阶层的形成，引出了"贫富悬殊"这个中国当代十分敏感的话题。

但是，倘我们冷静地客观地加以分析，则我们应该心平气和地承认——中国的贫者之所以贫，其实主要并非由于他们变富了。换言之，"下岗"工人主要不是由于他们的出现才"下岗"的，失业者也主要不是由于他们的出现才失业的。即使他们目前都不是富人，"下岗"者照样"下岗"，失业者照样失业，贫者照样贫。这一切时代的不幸，主要乃是由体制的更型转态造成的。此种严峻情况之下，命运遭受沉重打击的几乎一向是平民百姓。从表面看，他们大多数人似乎并未参与"体制内"的"蛋糕"的分配。他们大抵是在一份份"体制内"的"蛋糕"在"体制外"流通的过程中富起来的。一份"蛋糕"在流通的过程中，尤其在从"体制内"流通于"体制外"的过程中，是会翻倍增值的。这是商业的法术，他们受益于此过程。国家主宰我们大多数人在"体制内"的分配，转折主宰他们少数人在"体制外"的分配。国家只能就"蛋糕"分"蛋糕"，转折却分配机会。在商业时代，一个机会比一份"蛋糕"宝贵得多，而特权也是可以流通的。它流通于"体制外"也变成机会，有了那样的机会，傻瓜都能富起来。

诚如爱默生所言："就像在战争中，在政府里，在文坛上一样，在商业中也有天才；没有人告诉我们为什么这个人或那个人会获得好运气。它就在于每个人的具体条件，这便是商业本身能告诉你的全部内容。"

金钱的"生长"只能依赖于金钱的"种子"。权力变成金钱的"种子"，比知识和勤劳变成金钱的"种子"简单容易何止一百倍。从这一事实出发，我们不得不作结论——"权钱交易"的手，间接伸入到每一个中国平民百姓的衣兜里过！

相当多数的中国人，对这一个新兴阶层的看法，又往往过于浪漫天真。那就是——将太多的社会慈善、社会公益义务寄托于这个阶层。

道理似乎是天经地义的——他们富了，所以他们应该做榜样。

这一种寄托是太理想主义的。

慈善源于仁爱之心。

对公益义务的热忱源于社会责任感。

一个人在往钱柜里存放钱的同时，并不见得会将那两样可贵的东西也存放进去。富人的心，尤其中国的，较缺少宗教情感熏陶的富人的心，的确是和他们的钱柜的作用相似的。他们的钱柜里没有的，他们的心里也不大会有。有，需要一个过程。这个过程比他们成为富人的过程要长得多。也许我们期望的东西，将在他们的下一代，或下下一代身上才有所体现。如果我们还相信进化论，我们就应该坚定地相信：中国的富人在心性上也是终究会进化的。

杜威在《民主与教育》一书中曾提醒世人："这样的想法是极为荒谬的，就是认为商业的事情在它自身的范围内可以成为一种理想的文化。如果谁觉得它可以把为社会服务作为它自身的宗旨，并希望它来代表社会良知，像它一贯自我标榜自我宣传的那样——那么这个人的头脑就太简单了！"

我们当然会因一位每月只领取少得可怜的退休金的老人面对慈善或社会公益义务的虔诚之举而万分感动，却大可不必因一个富人表现得无比冷漠一毛不拔就愤世嫉俗起来。因为——仁爱之心和社会责任感，恰恰存在于最广大的最普通的公众意识里。世界一向如此。因为并不富有，所以没资格摆阔、比阔。而比阔之心必抵消仁心。

同时也得承认，具有仁爱之心的富人是有的。你的仁爱表现在为一个穷孩子捐了一个书包，而他一旦慷慨解囊，一千名儿童就有了一所美丽的学校。量使质在这方面发生了巨大的变化。据我所知，在美国，有大约六百万民间慈善机构，而且，其百分之九十以上，乃是私人捐款。又百分之九十的百分之九十以上，源于资产者阶层和中产者阶层的捐款。

富人们在美国是一个样子，在中国是另一个样子。美国的富人也并非皆是天上的上帝派遣于人间的慈善使者。美国这个国家对富人的要求比对穷人的要求严格得很。而中国的某些官员给予中国富人的"关怀",则比给予中国穷人的体恤多得多。

种什么,收什么。

美国的法律、新闻,几乎时刻在以监督的目光注视着富人。

中国的法律对于中国的富人们是不是像对中国的穷人们一样的严厉我不敢说。没有调查研究就没有发言权。但是我常见到在一些早市或晚市上,收税人对于摆摊的小贩们真是如狼似虎。我也知道中国的富人们,怎样与中国的某些税务官员、公检法官员称兄道弟,关系一团火热。而另一个明摆着的事实是——中国的某些媒介投向富人们的目光,往往并不是监督式的,而是谄媚式的。甚至,有时可以说是"卖春"式的。富人一出钱,他们就欣喜若狂地,忙不迭地为富人们大肆鼓噪。不惜辟出版面宣传富人的名车和他们的宠物,甚至绘声绘色地讲述他们的哈欠他们的喷嚏他们的伤风感冒……

这个阶层一度是一个以高消费为自豪,并满足于此虚荣的阶层。他们的高消费狂热病,一度也确曾刺激某类商品跟着他们的感觉走,漫天涨价。广大的市民曾因此而深受其害。但现在,他们中某些人的狂热病已基本上发作过去了。那乃是暴富的阶层总是要染上的病症。他们有这个权利。商业现在也又明智地关照着广大市民的购买力了,而不一味地只跟着他们的感觉走了。他们的消费心理稍微变得正常了,商业逐渐成熟了,中国的广大市民也不必仍计前嫌,耿耿于怀。

富人有富人爱生的病。

他们比别人更知道怎么样治疗自己的病。

最后,只剩下了一点仍值得格外观察。那就是——中国的某些官员,和中国这个新兴的资产者阶层的关系。

这一关系呈现在世人眼里,有时未免显得太亲近,甚至可以说太亲爱了。这就难免使世人迷惑,怀疑"公仆"二字另有内涵。

这不好,很不好。对于资产者阶层没什么不好。他们喜悦于那么一种关系,心理上依恃那么一种关系,并且以为最有资格拥有那么一种关系。但是对于官员们太不好，有损于他们的"公仆"形象。

某些官员的子女，正是通过这一种关系移居或定居国外，连国人的身份也抛了的，有的甚至由前者们长期包养着。

所以，当听这些官员大言不惭地高谈什么"爱国"论调之时，我真替他们臊得慌。

中国老百姓以及子孙后代，非中国而无别国可安身可立足，难道他们竟会比你们更不爱国吗？

基本情感定位，关乎深层廉政。

一向亲疏倒错，有违党的宗旨。

此风当刹束，不可助长。

《左传》中说："重而无基，能无弊乎？"

重指权势，基指黎民。

好在我们的党正自省之自查之。

现在，我读罢此章，真的很有些话要补充。首先觉得该说的是——我写此书时的眼量，委实是局限又短浅的。故我当年即使一再地要求自己客观些，再客观些，实际写来，竟还是那么的主观色彩浓浓。我虽然接触过一些当年的资产者人物，但也只不过就是一般性的接触，而没进行过较深入的调查研究。所以，我笔下的他们，代表性不能说完全没有，却显然是一种大打折扣的代表性。我曾写过一篇较长的时评性杂文《九三断想》，而在那一篇长文中，我将当年即包括1993年在内的那一个时代，形容为一个"贪婪的、粗鄙的、卑污的时代"。我至今也不想收回我当年的那一句书面语，并且我承认，我写此书时，也仍是以同样的眼量来看20世纪90年代的。既然我对时代本身持那么一种不喜欢的看法，我笔下所涉及的那个时代的"资产者"们，当然再好也好不到哪儿去，当然几乎尽是些可爱之点不足，投机能力有余之人。

然而，20世纪90年代又毕竟是中国转型时期的第一个十年与第二个十年交替之际的时期，即使确如我所言，是一个"贪婪的、粗鄙的、卑污的时代"，对于时代有极深刻之洞察力者，也必能从那贪婪的、粗鄙的、卑污的种种世相的后边，看到也有种种值得称道的事物在萌芽。我也不是完全看不到这一点，但我对此点的前景当年其实是悲观的。好比于杂草丛生之地细观所见的好花卉的蓓蕾，欣赏自然是欣赏的，却不太相信它们确能五彩缤纷地开放。

我读中国之史也罢，外国之史也罢，着眼点每在于政治与文化的演进。政治方面看其是怎样逐渐民主的，文化方面看其是怎样以民主思想"化"一个国家的公民的。故对我影响更大的，乃是西方的启蒙文学。这绝不意味着我一心妄想当什么启蒙者；实在是因为，亲身经历了"文革"，对那十年间的黑暗专制深恶痛绝，几可形容为咬牙切齿。并且对中国那十年前的十几年中的林林总总的"政治运动"与"政治事件"，了解得越多越加嫌恶。然而一个国家的史，也是可以相对集中地从经济方面来总结概括的，故西方早就有《世界经济史》《西方经济史》或某一国家的"经济史"类经典书籍。老实说，这类书籍，我是摸也不曾摸过的。而一个人若要对自己的国家由以"阶级斗争为纲"转向"以经济建设为中心"的"拐弯"时期发表看法，不读一些那样的书，眼量局限浅薄便是必然的了。

当年，我的一位朋友曾是《购物指南》报的编辑，他在电话里告诉我他的新工作地址时，我大为诧异，接着说了一通大不以为然的话。

"购物还需要靠一份报去指南吗？"

"中国会有几多读那种报的人呢？"

"那样的一份报将靠从何而来的经费给它的编辑、记者们开工资呢？你的工资一定很低是不是？"

我对那朋友满怀同情。

而事实上，当年《购物指南》销路相当不错，一个时期还是北京广告收益很多的几家报之一。而我那朋友的工资，自然也是令他极为满意的。

对于后来电脑的普及、手机的普及，以及相关的一切衍生文化产品之广泛的市场前景，我当年也是持大的怀疑的。

完全可以这么说，由于我本人是一个低消费者（我还曾写过一篇杂文《低消费也潇洒》），故我当年又是一个不折不扣的经济保守主义者。

当年我的眼，根本预见不到中国之经济竟会取得今天这么巨大的成就。

也难以想象，仅仅十三四年后，中国会如雨后春笋般，一批批涌现出了数量令人瞠目结舌的富豪。而且他们的身家动辄几亿、十几亿、几十亿乃至一百几十亿。我这本书中那些当年的资产者阶层的人，与今天之资产者阶层的人相比，简直是野猪与犀、象不能同日而语了。

当年我的眼，也是根本不能预见到，这后十三四年中，中国之权钱交易、勾结、联袂的腐败现象，比当年有过之而无不及。且某些官员之贪之贿，亦动辄几百万几千万。更有甚者，为官数载，贪贿所得竟多达数亿。据报载，仅北京市，仅2009年内，由检察院所公诉的，贪贿百万元以上的官员便有一百四十四人。"以上"二字，想象空间很大。一百四十四这一数字，亦实在发人深省。这当然非一个一网打尽的数字。可是，网外的仍在贪污受贿着的官员，他们又该是多少呢？

2010年2月5日的《北京晚报》告诉我们，商业部巡视员郭京毅因贪污受贿东窗事发。就数额而言，区区千八百万，实不足引起公众关注。但其贪污受贿之手段，却尤其发人深省。那标题乃是——《郭京毅式立法腐败》。

何谓"立法腐败"？即——一旦掌控立法、释法、监督法规之大权，为了满足贪欲，是可以玩弄其法于股掌之上的。

由而想到一个很没水平的问题——一个贪官或一个贪官团伙，他或他们究竟贪多少钱，才能引起普遍的中国公众的公愤？

对我而言，几千万不能。几千万是一个司空"闻"惯的数目。

几亿也不能。

十几亿、几十亿呢？

老实说，还不能。

只不过，引起我的一点儿讶然——要那么多钱干吗呢？难不成连孙

123

儿女辈的富有生活，也想靠贪污的方式方法一揽子承包？

我确实得承认，我对这方面的人数和钱数已完全麻木。麻木的意思就是完全没了脾气。好比言及"80后""90后"们的"自我中心"一样觉得毫不奇怪。一家只那么一个"宝"，他们又怎么能不"自我中心"呢？

我曾问过许多人对腐败的感想，大多数人一笑置之。不是讳莫如深，而是同样没了脾气，同样麻木了。

倘若某一天，某报以通栏标题显示一条新闻——某贪官将一百亿贪贿巨款转移到了国外银行，我猜测恐怕也未必会在普通的中国公民中激起多么强烈的心理反应。

"文革"期间有一部小说名为《金光大道》。书中总希望日子过得比别人好的富农的名言是："猪往前拱，鸡往后刨；发家致富，各有各道。"

曾有朋友这么对我说："他们（贪官们）好比是猪，百姓好比是鸡。他们的拼命贪和百姓的拼命挣，都是为了过上好日子嘛！他们往前拱他们的，咱们往后刨咱们的吧。只要他们并没有偷偷划走咱们卡上的钱，他们爱怎么贪就怎么贪去。说到底是党管干部，不是人民管干部，何况想管也管不了。谁如果因为太关注他们是怎么往前拱的，而耽误了自己往后刨，那不是瞎耽误工夫吗？想通了这个道理，就应该心平气和地看待那些事了。"

好一个"心平气和"！

由而联想到，"改革开放"初期，曾有一种"睿智"的论调是——"腐败未尝不是'改革开放'的润滑剂"。

若一个国家的大多数公民，对腐败修炼出了一种特高级的心平气和，并且还能总结出特"先进"的理论，倒真叫人不知该视为幸事，还是视为悲哀了。

但是却仍有对腐败还有点儿脾气的中国人。

他们的脾气通常发在网上。

我对于终究还有那样一点儿脾气的同胞心怀敬意，因为在我看来，对该发脾气的人和事还能有点儿脾气，起码更像人，而不简直就是鸡。

我在前边的原文中写了一句话是"成熟的商业时代拒绝神话"。现在我得说，那是我笔下最愚蠢最没有常识的话。

人类的历史证明，恰恰是商业的时代，最能制造一个又一个神话。我这么说，绝不含有任何暗讽的意味，完全是一句正面的话。

举凡一切科学、文艺以及一切发明创造，大抵是通过商业行为来实现其价值和意义的。没有商业行为的刺激和运作，照相机、摄影机、留声机、录音机、汽车、火车、轮船、飞机等都难以像今天这么普及地服务于人类；一切医疗诊断、手术以及千般百种的药品，更不可能像今天这么广泛地用于救治我们的生命。我们也将肯定地看不到《2012》和《阿凡达》等令我们感到震撼的电影。没有商业之手的推动，电脑以及所衍生的一切商业产品，不能如神话般地使人和社会、和世界的关系变得空前紧密，比尔·盖茨也就不能成为比尔·盖茨。

"改革开放"以来，中国也频频产生商业的神话。不少民营企业家的成功经历，都或多或少具有神话的色彩。在我所知的他们中，我钦佩马云、李书福等人物。

马云和他的团队所打造的"阿里巴巴"网络世界，其名字就带有神话色彩。

李书福这一位民营企业家而竟在他的厂里生产出了小汽车，我也不能不对他实现梦想的一往无前的精神心悦诚服。

中国的民营企业对于中国经济发展的贡献，不论从吸纳就业的人数方面还是从占国地税之比例的数字来看，都是功不可没的。

而这一点，也是我当年在写这一本书时，自己的眼量所预见不到的。

"改革开放"以来，民营企业总希望紧紧抓住一只权力的手，而贪官们，往往将一只手友好地伸向民营企业家，同时将另一只手伸向民营企业的钱柜。

如果民营企业不靠拉着权力的手而自己也能一步一个脚印地走好，那么权钱交易现象便会少许多。这在今天是一个悖论。而社会的进步，通常也是一个消除悖论的过程。

中国之悖论目前还太多太多，但愿以后有所改观。

最后，我要以最近写的一篇文章作为这一章的补充，表明我对中国之从前、现在和将来的基本看法。

## 附：俯瞰商业时代

世界的历史始终是一个人寻找面包和黄油的记载。

——洛思《人类的历史》

俯瞰商业时代，常感到中国和它的关系，正如同一个"再婚"的男人和自己已娶进了家门，已由自己替"她"掀去了红盖头，看着又爱又心存种种疑虑，又陌生又受到诱惑，又抱有莫大的希望又没法儿完全信赖的妇人的关系一样。

### 红盖头·"新娘子"

红盖头已然由自己的手替"新娘"掀去了。它还拿在自己手里。自己一时间愕异地瞪着那一张浓妆艳抹的脸——"她"的漂亮显而易见地是超出了自己的企盼和想象。"她"诱惑意味儿十足地向自己媚笑着。分明的，"她"极其性感，称得上是一个勾魂摄魄的美人儿……

但"她"的漂亮又似乎那么的妖冶，使自己不禁地对"她"的品德究竟怎样产生大的怀疑。何况此前，也就是在"她"没被娶进家门的时候，对"她"的那些风流韵事，自己早就耳闻多多了。于是凝视"粉面桃腮""花容月貌"，一切怀疑仿佛便都非无根据的了。事实上"她"也的确够虚荣、够放荡。水性杨花而且势利眼，而且还是个彻底的拜金主义者。将"她"调教成贤妻良母，明摆着需要一个相当长的"过渡时期"。需要充满了矛盾、争吵和冲突的"磨合阶段"，需要高超的驾驭"她"的能力和心理承受方面的实力，有时甚至需要取悦于"她"。为了最终达到能够驾驭"她"、调教"她"成为可敬的"贤妻良母"的目的，也需要放弃许多以前的原则，改变许多以前的思想方法。哪怕在以前看来那些都是足可引为自豪的，足可流芳百世的好原则好思想的典范。

于是"她"的诱惑显出邪狞来……

于是"她"的笑靥在自己看来仿若妩媚的陷阱……

性感自然便性欲旺盛。性欲旺盛自然也会刺激和鼓舞起自己的性能力……

后悔了吗？不！

谁会面对一个风情万种正值芳龄的妇人而后悔不该娶了"她"呢？

只不过在以下几方面实在是没多大把握——自己真的能驾驭得了"她"吗？真的能管束得住"她"那放荡的不贞不专的性情吗？真的能靠其实并不丰厚的家业笼络住"她"那一颗贪图荣华嫌贫爱富的心吗？真的可以指望"她"和自己组建成一个和睦的家庭举案齐眉白头到老吗？真的可以指望"她"以身作则教诲出有作为有教养的下一代和下几代吗？倘驾驭不了"她"，管束不住"她"，笼络不成"她"可如何是好呢？"她"肚子里是不是已经暗怀着别人们的"杂种"了呢？一旦生出些完全不像自己，一长大就离家出走，从此忘家弃父背祖对家对父对祖丝毫也没有责任感义务感和起码亲情的不肖子孙，自己将会落得个什么样的下场呢？

我凝视商业时代，常感到中国和它的关系，正如同一个"再婚"的男人和自己已娶进了家门已由自己替"她"掀去了红盖头，看着又爱又心存种种疑虑，又陌生又受到诱惑，又抱有莫大的希望又没法儿完全信赖的妇人的关系一样。

这一种关系，使中国和商业时代的"洞房花烛夜"，不免地忧喜参半。有心欲道："娘子，'愿为双鸿鹄，奋翅起高飞'。"又恐伊人那厢"沉恨细思，不如桃杏，犹解嫁东风"。

在中国这一个"男人"业已五千余岁的漫长经历中，1949年10月1

· 127 ·

日乃是他刻骨铭心的一次"婚姻"。"前妻"的音容笑貌给他留下的记忆是那么的难以磨灭。"她"有着美好的"理想主义"的基因。

因为"她"是从一个叫马克思的很伟大的犹太人以毕生的精力所从事的关于共产主义的思想之中孕生出来的,是半个多世纪以前,一些中国的有志青年去西方为中国父亲寻访到的。马克思是"她"和中国的"月下老人"。青年周恩来的一首诗则能表达他们当年的宏愿大志。

诗曰:

> 大江歌罢掉头东,
> 邃密群科济世穷。
> 面壁十年图破壁,
> 难酬蹈海亦英雄。

他们要为中国父亲迎娶回一位前所未有的"理想伴侣"。要为中华儿女们恭请回一位伟大的母亲。"她"堪称是划时代的。"她"那无比年轻的、丝毫也不沾染有人类历史污迹的,并因此而感到无比自豪的风采,使当年的中华儿女极易联想到中国古代传说中炼石补天的神母女娲。"她"那毫不动摇毫不畏惧地向自己"横空出世"以前的一切世纪宣战,不战胜毋宁死的雅典娜般的精神气概,使一切贫穷的、落后的、以严酷的剥削和压迫制度为统治手段的国家的儿女顶礼膜拜,甘于为"她"而破釜沉舟,而赴汤蹈火,而前仆后继,而肝脑涂地,而粉身碎骨。

"她"有一半的俄国——不,准确地说是苏联血统。因为"她"是在苏联向全世界证明了"她"存在的划时代的伟大意义的。中国人将"她"迎娶到中国,付出了半个多亿的儿女们的生命的代价。其中许多是中国父亲最优秀最卓越的儿女。与此相比,中国历史上一切求新生、求富国、求强民、求"永远站起来"的悲壮奋斗,都显得黯然失色了!与此相比,世界上一切国家一切民族同样性质的奋斗,似乎也都显得容易了。

中国这一古老的"男人",曾怎样地喜悦于感奋于此一次"婚姻"所带来的十年"蜜月"啊！

中国的的确确地"从此站起来了"！

"她"曾使中国显得多么的朝气蓬勃啊！

但是，"她"在苏联的划时代的成功，使"她"的思维方式难免地"苏维埃模式"化了。其后"她"便引导中国成为苏联的另一个拷贝。从政治到经济，苏联发生过的，中国无一例外地重演了。苏联没发生的，中国也惯性式地发生了。"她"使中国患了"苏联综合征"。"斯大林神话"的破灭，使"苏联综合征"在苏联总体爆发，这对中国意味着巨大的危机。"文化大革命"是毛泽东为了避免类似事件在中国发生所采取的应急手段，其目的当然是出于自救。但手段与目的缘木求鱼，结果无异于自践和自虐，使中国陷入了十年之久的一场"浩劫"。

于是中国与"教条社会主义"或曰"书本社会主义"的"婚姻"难以为继。

于是中国告别传统的教条的"书本社会主义"，转向"改革开放"。这也好比"休妻"，休掉加于中国身上的旧模式。

"休妻"也是出于自救意识。如果说"人民公社""大跃进""文革"是"她"由于"更年期"作祟导致"内分泌紊乱"、导致"中枢神经系统障碍"的结果，那么"文革"告终之际的"她"，则就分明地显出"更年期"后的病态恹恹力不从心了。

"休妻"之举乃势在必行的选择，也是唯一明智的选择。然而毕竟的，"她"对于中国"站起来了"是功不可没的。如果"她"真的是人，将最有资格唱光荣"有你的一半，也有我的一半"。

十几年前，当中国知识分子在天安门广场扯开写有"小平你好"的字幅时，意味着向那一位铁腕政治人物发出紧急呼吁——"为了中国，拜托了，赶快做！"

鲁迅日记的最后几页中，也曾记下过"赶快做"三个字。

当时之中国内乱方息，百废待兴，不但需要做，而且的确需要刻不容缓、"只争朝夕"地"赶快做"！

20世纪80年代初,我曾积极而又自觉地充当"改革开放"的马前卒。尽管在中国这个古老的大棋盘上,本无须我起什么作用。我是一颗自行地从棋子盒里蹦上棋盘硬充"车、马、炮"的卒子。热忱,真诚,义无反顾,一往无前,被言行谨慎胆小怕事的中老年人视为"异端"也不在乎。非为了实现什么个人野心,而纯粹是受一种时代使命的感召和驱使。当年我才三十几岁,正是热血男儿。觉得经历了一些大事件,其实并没有什么异于我的同代人的不寻常经历。觉得已经相当成熟了,其实头脑仍简单得很。"天下兴亡,匹夫有责"——还有比积极自觉地充当中国"改革开放"之马前卒更能体现兴国责任和时代使命的吗?

新中国成立以后的中国运动频繁。去年运动,今年运动,朝也运动,夕也运动,每一场运动,又似乎总是和国家命运紧密相关。因而中国人的头脑中渐渐形成了一条逻辑,仿佛只要有一场运动搞对了而不是搞错了,搞好了而不是搞糟了,搞到底了而不是半途而废了,那么中国肯定就从此国泰民安兴旺发达了。

所以,当年"思想解放"叫"运动","改革开放"也是被当成一场"运动"来理解的。中国知识分子"文革"后第一次评职称那一年,许多朋友曾请我帮他们起草过"自我申报鉴定"。现在回想起来,他们不分年轻年老,无一例外地要求我一定别忽略了重要的一条,即在"改革开放"运动中的表现云云。不久前我去单位资料室翻阅旧报,发现当年的报上经常抢眼夺目的通栏大标题也是"改革开放运动"。既曰运动,时间总不至于太长吧?"运动"二字,使普遍的中国人对于"改革开放"的时间性的估计是短暂的。普遍的中国人绝没有想到它会又延续十几年之久,绝没有想到在十几年后的今天看来,分明地,关于它的思想方向似乎只不过依然处在刚刚开始的阶段。

当年的报刊上、电台中、电视台里,官员、知识分子和文化人乃至国营企业的管理者们口中,所说最多的话语之一是"阵痛"。其实当年中国人说"痛"的时候,除了"下岗"工人,并没有谁真的被"改革开放"弄伤了。当年说"痛"是非常夸张的,起码当年的腐败没有到如今这么严重的程度，当年贫富悬殊没有到如今这么咄咄逼人的程度，当年工人"下岗"也没有到如今这么多的程度，当年说"痛"是由于心理承受力实在太脆弱。如今真的使许许多多的人感到很痛却不言"痛"了，"欲说还休，欲说还休，却道天凉好个秋"。的的确确可以被认为各方面的承受力都增强了。

当年，许许多多的中国人在"改革开放"这面大旌旗下，站在距政治大舞台极远极远的边缘为自己的国家击鼓呐喊，不遗余力，其实呼唤的不是未来，而是过去，是和它的"前妻"那一段朝气蓬勃又喜气洋洋的短暂的"蜜月"。是的，那乃是中国梦中最美好的回忆。它在普遍的中国人的思想中留下了一种乌托邦式的迷幻的光彩。许许多多的中国人的希望其实只不过是——在他们的不遗余力的击鼓呐喊声中，由某一位或某几位自己最信赖的、对中国之命运最具主宰能力和权威的人物，高明地将保留在自己头脑中的那一段美好的回忆，直接剪辑在20世纪80年代初的"改革开放"的后面，从而那么着组成一部历史和现实巧妙连接天衣无缝的"中国故事"。

这个期望值似乎一点儿也不高，但是历史将注定了会重演一遍。

当年便知道"改革开放"这位中国的"再婚"之"新娘"居然还有另一个名字叫"商业时代"的中国人，实在是不太多的。

然而如今"她"已经被迎娶进中国的"洞房"了！

"她"的红盖头已经被中国的手替"她"缓缓掀掉了！

"她"正坐在喜床沿儿诱惑味儿十足地向中国媚笑着……

"她"似乎在默默地问——中国，我的真名叫"商业时代"，"改革开放"那不过是你一厢情愿的叫法。我随便，入乡随俗，任你怎么叫我都成。你这五千余岁的"二婚头男人"究竟打算不打算和我从此以后长过下去？长过下去你得听我的！按你以前的过法那可不成！

中国放眼世界，在20世纪的最后一页，"商业时代"是它唯一能"娶"的"新娘"。而且，从今以后，世界"婚姻介绍所"的档案库中，也只存在"商业时代"这一种类型的"待嫁女"了。一切国家，无论奉行怎样的主义，无论坚持怎样的体制，无论情愿或不情愿，最终都是要与"商业时代""结婚"的。早晚而已。早"娶"了"商业时代"的，非但并未被"她"搅得国无宁日、"四邻不安"，反而受益多多。这一点，也是中国放眼世界看得分明的。中国其实已没了别种样的选择。除非打算与"前妻"破镜重圆，再立山盟海誓。而这又不符合最广大的中国人的意愿。

说过去好的，回到过去；

说现在好的，留在现在；

说将来好的，随我前去！

中国当然知道——这是鲁迅的话……

## 历史，曾使商人声名狼藉

商业活动是人类史的基本内容。

"地球村"这一个词是一个舶来词。

在宇宙中，地球实在是太渺小了。尽管称地球为"村"，开始体现出人类对自身存在意义这一最基本的问题的极度谦虚的美德，但若按照《时间简史》的天才作者，杰出的理论物理学家史蒂芬·霍金的观点看来，这极度谦虚的美德无疑仍意味着是极度的夸张。说是"村"，至少将地球夸大了几十亿倍。

我常想，如果我是历史教师——小学的也罢，中学的也罢，大学的也罢，在第一节课上，我将告诉学生些什么呢？

我肯定会这样说——人类历史所记载的一切最重大的事件，尤其那些最惊心动魄的事件，比如改朝换代，比如战争，其实都只不过是人类史中最微小的章节罢了。它们相比于漫长的人类历史，正如同"地球村"和整个宇宙的关系。

好比一个人所能记住的，往往是他或她生命历程中极特殊的日子和极特殊的事件。对于时间概念而言，对于具体的某个人，那些日子和那些事件，可能意味着便是他或她生命历程的大部分乃至全部内容。一个人在二十岁那一年被判了无期徒刑的结果就是这样。但是连上帝也不能将整个人类关进监牢，也不能对整个人类判处无期徒刑。

那么人类更多更多的时间里在做什么呢？

我觉得一个学生如果将他所学过的历史中那些大事件发生的原因、年代以及结束的时间背得滚瓜烂熟，却对以上的问题懵懂不知所答，那真是白学历史了。

人类更多更多的时间里在做什么？

我觉得一位教历史的教师，如果日复一日年复一年地只管在课堂上倒背如流绘声绘色地讲述某些大事件，而根本忽略了对以上问题的解答，那么几乎是在做着"篡改"历史真相的事了。

因为这起码会导致一种最为简单可笑同时当然也是极其荒唐极其错误的理解——仿佛只要将一个又一个大事件"剪辑"起来，便是人类社会发展的全部了似的。而所有那些大事件加起来，可能也不会超过人类历史时间总和的百分之一。

那么我们可以得出这样的结论——百分之九十九的时间里，人类历史的真相其实是，并没有发生什么惊心动魄的大事件。不是情节跌宕的章回小说，而是从容不迫地进行着的极为寻常的状态。

正是这一点，既被一切形成文字了的历史所摒除和排斥，又最接近着人类的真的历史的真相。

托尔斯泰对"历史"二字有过相当贴切的解释。他说："历史是国家和人类的传记。"

伏尔泰则认为："古代的历史只是些脍炙人口的寓言罢了。"艺术讲述人们体现了什么。文学讲述人们感受了什么。宗教讲述人们信仰什么。哲学讲述人们思考什么。历史讲述人们曾做了什么。

休谟在此一点上对历史持最不以为然的态度。他说："人类在一切时代和一切地方都是非常相同的，历史在这个特殊的方面并没告诉我们什么新奇的东西。"看得出，他不满于历史对人类"非常相同的"方面被隐去了，避而不提，讳莫如深。

洛思回答了休谟的质疑，他说："世界的历史始终是一个人寻找面包和黄油的记载。"我觉得他的话有一定的道理。只不过俄国人寻找的是"土豆加牛肉"。中国人寻找的简单朴素一些,是"大米干饭炒豆芽",同时"安得广厦千万间,大庇天下寒士"而已。小时候,我常见一些女孩儿一边跳皮筋一边这么唱:

姥姥问,吃的啥?
大米干饭炒豆芽!
爷爷问,香不香?
半月一顿咋不香!

而民歌中所体现的中国农民们的温饱要求,比城里女孩儿们"大米干饭炒豆芽"的向往还要简单还要朴素:

家有二亩地呀,种上那大地瓜,
一家人吃饭全都靠着它!
单等那秋风一吹,地瓜大呀么大地瓜,
同志们使把劲呀,一起往家拉!
拉!拉地瓜!

只不过洛思"看到"的,仅仅是人类在物质方面的"寻找"。而且,这"寻找"的"内容",早已超出了"面包和黄油"的初衷。

人类几乎变成了地球上最凶猛的腔肠怪物,不停地耗费资源,不停地创造商品,不停地消费商品。

在百分之九十九的时间里,人类生生死死,代代繁衍,事农,事工,操百业,行为最终都纳在"商"的"调控"之下。

所以我又常想,肯定的,"商"若非人类历史最基本的最重要的活动,起码也是最基本的最重要的活动之一。

以人类商业发展的脉络和轨迹梳理人类历史,阐述人类历史的沧桑进退，与以阶级斗争的观点、以宗教的观点、以文化的观点和以改朝换代的大事件演绎历史的方法相比，倒可能是更符合规律的。阶级斗争和改朝换代，无疑影响着阶级矛盾的缓激和改朝换代的成败。前者对后者的影响，要比后者对前者的影响深远得多。区别在于，后者对于前者的影响，有时好比台风对海洋的影响；而前者对后者的影响，却好比是季节变化对气象的影响。归根结底，台风仍只不过是气象反应之一种。

在人类历史上，从商曾是最声名狼藉的一业。古今中外，许许多多的伟人和名人，都是非常厌恶商业鄙视商人的。比如柏拉图，比如亚里士多德，比如培根。他们由厌恶商业而厌恶贸易厌恶商人进而厌恶金钱以及财富，或也可反过来说，他们在他们各自所处的时代，眼见人们疯狂地贪婪地不择手段地完全不顾道德谴责地追求金钱聚敛财富的现象比比皆是，于是由对金钱和财富的厌恶与鄙视，进而导致厌恶和鄙视一切商人，厌恶和鄙视贸易乃至商业。有趣的是，在他们的言论中，有过一个共同的比喻，那就是都曾将商人比作"富有的白痴"。以他们的修养和教养，这比喻证明了的厌恶和鄙视已无须多说。

但是也有和他们差不多同样伟大的人物并不赞同他们。

比如孟德斯鸠。他说："贸易和商业使纯朴的风俗腐败，这是柏拉图的责难之点；但我们又几乎经常看到相反的事实，贸易和商业正在使野蛮之邦日趋典雅与温厚。"

比如爱默生。他说："我们都咒骂商业，但今后的历史学家们将会看到，商业建立了美国，摧毁了封建制。它还将消灭奴隶制。"他对商业的高度赞美，是与培根他们对商业的厌恶和鄙视程度一样的。他甚至说："这个世界最伟大的进步，就是自私自利的、讨价还价的商业的出现。"他甚至还赞美被普通的世人斥为万恶之源的金钱。他公然说："金钱，这个在生活中被虚假地认为是最无聊的东西，这个在公开场合谈起来脸就红的东西，它的实际作用和它的规律却像玫瑰花一样美丽。"

最厌恶商业的声音的确发自一些知识者之口。

《无原则的生活》的作者梭罗曾大发牢骚地说："这是一个商业的世

界，这里是永无止境的喧闹。我每夜几乎都被汽车的喷气声吵醒。它打断了我的睡梦。这个世界上已没有了休息，你如果能有一次看到一个人在休息那也是好的啊！这世上除了工作、工作、工作，别的什么也没有了。我简直不能容易地买个本子把我的思想记录下来。到处都被金钱统治着。有个人看到我在路边停了会儿，他就会理所当然地认为我正在计算我的工资呢！如果谁从阳台上摔了下来致残，成了痴呆，那么他终生最大的遗憾肯定是他从此无法经商了。在这个世界上，没有任何东西能比不断地发展商业与诗歌、哲学，甚至与生活本身相对立的了！"

他说得不错，诗歌这一最悠久最古典的文学体裁，几乎就要在全世界绝迹了。这不能说和商业的迅猛的发展完全没有关系。虽然1996年的诺贝尔文学奖授给了一位写了一辈子诗的爱尔兰女性，却似乎鼓励不了已属"珍奇动物"的诗人们的没落心情。

梭罗不是上帝。如果他是，我想他会毫不犹豫地将他所处的商业时代判处无期徒刑，投入监狱。假如世界上有关押时代的监狱的话。

正因为他做不到，所以他用自己的一本书，将商业时代宣布为"无原则的生活"。

但是另一个人针锋相对地说："我不知道任何其他什么事情比商业更与革命的态度截然对立了。商业天生就与那种暴力的感情无缘。它热爱温和，喜好握手，有意识地避免争端。它是忍让的、折中的。除非在一些绝对必要的情况的迫使之下，它从不寻找极端的解决办法。商业使人们互相独立，使人们对私人的重要性予以极高的评价和重视；它引导人们去处理自己的事情，并教会人们怎样才能处理好这些事情。它必然使人们寻求友好关系并谨慎地避免战争。"

说这番话的人是托克维尔。他的《美国的民主》是比《无原则的生活》更著名的一本书。

梭罗在《无原则的生活》中还说："人能够获得超出自己需要的金钱的各种方式，几乎毫无例外地导致了堕落。有时使自己堕落，有时使别人堕落。"

而普鲁塔克说:"正确地使用金钱是比使用武器更高的成就。"

梭罗的人生观、世界观,看来是与中国的道家思想、佛家思想灵犀相通的。

他还说:"中国古代哲学家都是一些在金钱和财富方面几乎一无所有,而内心精神生活博大丰富的人物。我们如果能多理解他们,多学习他们,人们就会明白,一个人活着并不需要太多的东西。世界也根本不需要那么多的财富。"

这个"老外"是非常主张人应该安贫乐道的。

他满怀激情地教导世人:"视贫穷如园中之花草而像圣人一样地耕植它吧!"

他认为:"一个人甚至在济贫院里,也要爱那一种生活。因为生活在济贫院里的人,肯定也有愉快、光荣和尊严的时候。夕阳反射在济贫院的窗上,是和照在富人家的窗上一样明亮的。济贫院门外的积雪,也肯定会和富人家门外的积雪一样地在早春融化……"

但是这位终生思想激情不泯的"老外"似乎大智若愚地避开了这样一个前提——世人不可能都成为老子、庄子或梭罗。那样的话,十之七八的世人也许早就饿死了,或者又集体地归隐回祖先栖身过的山洞里去了。当和平持久,商业时代自然孕成;当一个商业时代已经孕成,大多数世人的状态,除了按照商业时代的价值观念去生活、去作为,还能够按照另外的什么状态去生活去作为呢?他还说:"寻找旧的吧!回到那里去!万物不变,是我们自己在变。只要你保留住你的思想,上帝保证你不需要社会。如果我得整天躲在阁楼的一角,像一只蜘蛛一样,但只要我还能思想,世界对于我不是一样的大吗?"

比之一切厌恶商业时代的思想家,梭罗是最极端也是最激烈的一个。

如果他地下有灵,知道他所推崇和隔洋喜欢的中国,也正紧紧地搂抱住商业时代这个在他看来简直是娼妓一样的时代狂亲狂吻,啧啧有声,他肯定会十分难过的吧?

这是他的错。因为他不清楚,普遍的中国人和西方人一样,也是非常爱享受、爱奢侈、爱金钱和爱财富的。商业时代其实也很符合绝大多数中国人对时代的选择。一个中国人如果沦落到了济贫院里,并不会像他隔洋想象的那么热爱济贫院的生活。

但我们无须过分认真地批驳他。

因为爱默生有一番话,似乎正可以援引了说给梭罗听——"教士和某些道德家在斥责人们渴求财富方面有着共同之处。但是,如果人们按他们的话来理解他们,并且真的停止对财富的追求,这些道德家将不顾一切地在人们之中重新燃起另一种欲望之火——而那很可能是权欲之火。如果人类毫无欲望,文明就衰败了。"

在爱默生和梭罗之间,我更能接受爱默生的思想。尽管我实在没法儿像他那么坚定不移旗帜鲜明甚至不无赞美意味地宣讲商业时代的伟大之处。但是我也并不反感梭罗,只不过觉得他率真得过于迂腐,偏执得过于简单罢了。他的率真的偏执之中,不失极可爱的部分。他毕竟是思想家,另外许多话是很智慧的。

比如:"多余的财富只能买多余的东西。"

比如:"人的灵魂必需的东西,是不需要花钱买的。"

比如:"奢侈生活产生的果实都是奢侈的。"

同样,对商业时代一向持理智的温和的批判态度的培根,也有许多极为精辟极为深刻的名言。

比如他说:"金钱和财富好似肥料,如能使民众受益则像施在了土地里。"土地缺少肥料仍不失为土地,肥料不作用于土地却只不过散发出臭气而已。

亚里士多德在他所处的那个商品货币时代已相当发达的古希腊现实中,对于贫富悬殊现象的深深忧虑,对于贵族和富人们穷奢极欲的生活的尖锐无情的批判,在今天看来,对于中国依然具有警醒的意义。

他说:"这就是富人——过度浪费,庸俗无节制,为了一件小小的事情而耗资巨大,安排阔绰乏味的场面。这样做的目的仅仅是炫耀他的富有,认为会被人羡慕……"

他说:"富人目空一切,拥有财富使他丧失了理智,似乎人间一切快乐都属于他所有,财富和金钱成了他衡量一切事物的唯一价值标准,而且还幻想金钱可以买到一切。总之,由富有而导致的典型特征是——'富有的白痴'。"

今天,在与商业时代拥抱亲吻的中国,我们不是也几乎随时随处可以看到亚里士多德所辛辣讽刺的富人吗?

后世的史学家们,在分析强盛一时、商业繁荣一时的古希腊帝国灭亡的原因时,指出社会财富分配的极端不公,贵族和富人的穷奢极欲也是主要的一条,显然根据是相当充分的。

萧伯纳对商人的刻薄辛辣当年在英国也是出了名的。

在一次宴会上,一位大腹便便的富商走到萧伯纳跟前,没话找话地说:"萧伯纳先生,您为什么总是这么瘦啊?看了您这副样子,外国人一定会以为我们英国一直在闹饥荒呢。"

萧伯纳瞥了他的大肚子一眼,冷冷地回答:"那么看了您这副样子,外国人一定就同时明白我们英国闹饥荒的真正原因了!"

还有一次,萧伯纳在海滩上遇到了一位家财万贯的房地产商。他倒是对萧伯纳挺崇拜的,希望萧伯纳能给他签个名留作纪念。萧伯纳用手杖在沙上写下自己的名字,冷冷地说:"那么请收下吧。最好能让我领教领教,你是怎样连地皮一起刮走的!"

以上两件事,不仅在当年几乎人人皆知,而且在后世广为流传。萧伯纳曾经这样说过:"全部文明的记录,就是一部金钱作为更有力刺激而失败的记录。"

他的话包含有这样两重意思:一、商业与人类文明,尤其资本主义文明的关系是密不可分的,前者几乎贯穿于后者的"全部记录";二、但这一种关系在本质上又是失败的。

为什么又是失败的呢?

他接着说:"大多数的普通百姓并没有平等的机会去致富,而少数利欲熏心的家伙却在极有限的机会下轻而易举地成为百万富翁。使人们大为惊奇的是他们的德行和他们的财富形成鲜明的反衬。使我们不得不认真地思考并加以怀疑,商业时代究竟是不是我们找到的一个救世主?"

在萧伯纳所处的时代,他的怀疑,包括他的愤慨的指责与批判自有道理与根据。

相比于富人们对社会财富的贪婪地占有和聚敛,他"统计过,培养一个穷孩子的费用,包括破衣服在内,只不过需要二先令"。

我对外币缺乏常识。

一英镑是否等于十先令呢?

他当年的统计使我不禁地联想到了今天中国咄咄逼人的贫富悬殊的现象,以及今天中国那千千万万因为难以支付极少的钱便上不起学的穷孩子。

所幸我们毕竟有一个"希望工程"。

萧伯纳们,亚里士多德、梭罗们,在他们所处的世纪和时代,目睹的是原始的"商业"。原始的商业的的确确具有邪恶性。

爱默生们对商业时代的歌功颂德,却更是以他们的预见性为自信的。

而我们看到的事实是,商业这个资本主义文明的"配偶",如今又的的确确在许多方面改邪归正,由当初那妖冶放荡、虚荣贪婪的"新娘",修炼成了一个善于抚养资本主义文明,有不可轻视和低估的能力呵护整个资本主义体制的"贤妻良母"。

正是"她"的这一种嬗变,使 20 世纪的世界,开始以乐于接受的态度对待之了。

商业将更加紧密地贯穿于世界文明记录的未来……

## 在中国人心目中,商人是什么?

商在中国的意识形态中从来不是"俊媳妇"。

除了某些客观公正的经济学家,几乎全世界的知识分子,都曾是不同程度的蔑商态度者。经济学作为一门重要的学科,是在近当代才兴盛起来的。此前,古典经济学家们所从事的经济学研究和分析,是不怎么受世人重视的。它的处境往往还不如哲学。古典经济学的魅力是其包含着大量的社会学的思想性。其不足往往也正由于思想性大于经验性和规律性。

与世界各国相比,中国从很早的时期便是一个轻商蔑商的国家。中国的知识分子,古时被称作"士"。由"士"而"服官政",就成了"士大夫"。仕途不畅的,则便以"文人"自诩自居。中国五千余年历史中,改朝换代,兴兴衰衰,"士"和"文人"们是起过不小的作用的。成了"士大夫"的直接起作用,成不了的间接起作用。中国五千余年的历史,也是由"士"和"文人"们一代代书写的。被朝廷承认了的,曰"正史";不被承认的,曰"野史"。

正如希腊思想乃是工商业城邦文化的产物,中国文化的渊源,虽然并非和工商无关,但在本质上是"史官文化"。这是一个生前名字不太被中国人所知,死后依然不太被中国人所知,但思想却极为深刻的当代中国人的思想结论。他叫顾准。

"士"也罢,"文人"也罢,往往都是"科盲"。不要说化学物理了,十之七八,连对诸业生产的起码常识都是一窍不通的。所以老百姓讽他们"四体不勤,五谷不分"。

而他们自己得意洋洋地说:"万般皆下品,唯有读书高。"说:"书中自有颜如玉,书中自有黄金屋。"理工科的书,他们是不读的,因为皇上不考他们那些。能否中进士、中举人,唯看诗写得好不好,文章是不是辞藻锦绣。

凭一首好诗,一篇好文章,一旦中了进士或举人,将来可能就做宰相,做"中书",相当于西方的总理或部长。甚至可能入赘皇室,一步登天,做了皇上的乘龙快婿。

比如陈世美。

中举是古代中国"士"和"文人"们的至高理想。而在西方,单凭诗写得好,能获得的最大荣誉不过是由宫廷封的"桂冠诗人"罢了。单凭文章写得好,不过会有幸接到一份请柬,参加宫廷宴会罢了。比如普希金。

当然，中国古代也不是没有科技发明。有是有的，比如"四大发明"，但都是能工巧匠的贡献，非知识分子的成就。中国古代知识分子中也当然是有科学家的，但他们的科学成果，要么被收入皇家书库，束之高阁，要么成了皇宫里的摆设，很难推广于民间，转化为生产力。更难给他们自己和给国家带来什么"经济效益"。爱迪生若是中国人，就根本不可能一辈子有一千多项发明了。

科举制使中国知识分子传统心理上重文轻理轻商轻百业。又由于他们的传统志向是"服官政"，所以中国历代君王的治国思想，也不同程度地受他们的种种"高见"的影响，不能向发展科学繁荣商业的"立体国策"方面去拓展。当然，科学的发展和商业的繁荣，前提是国家大局的安定。古代中国是一个内战不息的国家，农业生产倘还能进行着，君王们也就很是高枕无忧了。

《商君书·农战》中有言曰："国之所以兴者，农战也。"意谓国家若要强盛，重视农业，军备充足，就没有什么问题了。这一种典型的以农养国的国策，甚至在我们的"社会主义"时期，都能看到其深远的历史影响。"深挖洞，广积粮"，如出一辙。

对商又是什么态度呢？《史记·货殖列传》中的一句谚语是这么说的："千金之子，不死于市。"意谓贵族子弟，就是连死，也不能死在商街的。《史记·货殖列传》中还说："因贫求富，农不如工，工不如商，刺绣文不如依市门。"依市门当然是指女子倚门卖笑，暗娼行径也。这是商的负面。对商的嘲讽，可见一斑。按照中国传统的意识形态，一个对爱情和婚姻有追求的女人，那是绝不会嫁给商人的。所以中国还有句话是："好女不做商贾之妾。"说得再明白不过——你是一个好女子吗？那么连给商人做小老婆或外室，你都应该感到羞耻。其羞其耻，不在于为"妾"不为"妾"，而在于为什么人的"妾"。为商贾之妾，当然是抱恨终身的了。

联想到今天中国女性们的以"傍大款"为时髦，为时尚，为荣为乐，令人对女性的终于挣脱传统文化之束缚，倒真有些不知该怎么评说才是了。

我记不清是否《红楼梦》中有这样的一个情节了：某丫鬟犯了过失，或其实并没真的犯什么过失，只不过无端遭主子嫌弃，将被卖出府去给人做"小"，而她预先得知，对方是商人，于是含恨自尽了⋯⋯

但中国的"士"和"文人"们的意识形态的影响，无论对于社会对于时代还是对于女人们而言，毕竟是很"软"的一手。往往只不过是自说自话罢了，哪里抵得过商靠了金钱和财富对社会对时代对女人们施加的巨大号召力呢？所以就实际情况看，中国的普遍的女性们，和西方诸国的女性们并没什么两样，权势和财富，从来都是她们所喜欢依傍的。"郎才女貌"这句古话，几乎总是意味着"郎财女貌"或"郎权女貌"。而普遍的老百姓们，也是都不太将"士"和"文人"们的絮叨当成回事儿。只要一有机会，无不向商亲拢。

商的的确确具有难以匹比的惯力。有时候这种惯力又的的确确是相当令人憎恨的。

我们翻开历史细看一下便会知道——当年南京遭劫之前，上海已然沦陷。日军正从淞沪方向逼近过来，一路烧杀奸掠，而危城南京里，某些商人依然在洽谈最后一笔生意，店铺的幌子依然招展，妓女们依然拉客⋯⋯

所以中国的诗词里才有"商女不知亡国恨"一句。

可以认为这是商的丑陋。也可以认为这是商的顽固。

商正是这样的一种现象——只要自己头顶的天还没塌，只要自己脚下的地还没陷，只要抓紧时间还来得及，两个商人一定会为了各自的金钱利益争取做成最后一笔交易，而绝不让时机白白从身边错过。

正如马克·吐温所说的："商人是一种一遇到金钱立刻便和金钱融在一起的动物。"

亦如马克·吐温所说的："只要金钱在向我招手，《圣经》、地狱和我母亲都不可能使我转身。"

而你若跟商人们谈论这句台词,他们则也许认为,那恰恰是一位好商人的本色。他们也许反问你——这就叫商的原则啊。商人不那样能成功吗?

但是世上毕竟还有比商更强大更权威的事物,不是上帝,而是政权。

1949年10月1日以后,商在中国遭到了空前严厉的禁止。而此前五千年以来,它只不过遭到灾害的破坏,战乱的摧毁,横征暴敛的打击罢了。"野火烧不尽,春风吹又生。"

是的,不管对它的功过如何评说,在人类历史上,它还从未被某一政权严厉地全面禁止过。

这政权是"红色"的,是革命的,是以"暴烈的行动"方式夺取的,是虔诚地代表最广大的中国人民群众的最广大之利益的。按照毛泽东的说法,"是全心全意为人民服务的"。

它是人类历史上最新的一种政权。它是那么的年轻,那么的生气勃勃,又是那么的果敢,那么的激进。它一经建立,身躯上带着累累伤痕,征袍上沾染着自己英勇牺牲了的将士的鲜血和敌人的鲜血,在尚未消散的硝烟中和刚刚升起的胜利的旗帜下,声色凛凛铿锵有力地向全世界宣布——从此与资产阶级、资本主义,以及一切同资产阶级、资本主义发生连带关系的事物誓不两立!

在这一点上,它体现出一个新政权的史无前例的英雄气概和非凡自信。但它的英雄气概和非凡自信,又是那么的充满着浪漫色彩。

金猴奋起千钧棒,
玉宇澄清万里埃。

毛泽东的这两句诗,最能体现出它当年的雄心壮志。

实事求是地、公正地、尊重历史地说,这摇篮之中的新政权,当年的的确确遭受到了西方世界的虎视眈眈的敌意和诅咒,的的确确是曾被西方资本主义阵营视为"共产主义恶魔"的。

它的存在使对方们大受威胁，深感不安。

对方们的敌意和诅咒，也使它戒心倍加，防范不懈。

所以毛泽东当年忧心忡忡地时刻提醒全党——巩固政权是比夺取政权更艰难的！

在苏联，列宁向工人阶级发表演说——资产阶级，是不可能像死人一样被钉在棺材里埋到地底下的！它的尸体在我们中间腐烂发臭，污染空气，时时刻刻企图毒害我们的生命！

在中国，毛泽东则严肃地告诫和教导新政权："在拿枪的敌人被消灭以后，不拿枪的敌人依然存在，他们必然要和我们做拼死的斗争，我们决不可以轻视这些敌人。如果我们现在不是这样的提出问题认识问题，我们就要犯极大的错误。"

又说："无产阶级要按照自己的世界观改造世界，资产阶级也要按照自己的世界观改造世界。在这一方面，社会主义和资本主义之间谁胜谁负的问题还没有真正得到解决。"

也许，由于商业在资本主义初期，给资产阶级带来的利益太大太大，给广大民众带来的利益微乎其微；也许，由于资产阶级利用资本的垄断这一"法宝"，对广大民众尤其对无产阶级的剥削太野蛮、太贪婪、太无人道可言；也许，由于新政权对这一点的深恶痛绝，所以视商如产生新的资产阶级、复辟资本主义的温床，铲之除之唯恐不彻底。

当年苏联如此。中国亦如此。

受惠于资本主义的前一个时代并遗留下来的商人们，习惯了被金钱所诱惑，在新政权的监视和管制之下也居然是胆大包天，为所欲为的。

比如苏维埃政权建立的初期，在莫斯科公民每人每天只能分到三两黑面包的情况下，主要是由旧地主旧富农组成的粮贩子们，狼狈为奸、勾结一气，暗自囤积，售以高价。

所以当年列宁亲自签发过对他们实行严厉打击的"特别法令"——凡经证实，一律枪毙。

在残酷的卫国战争期间，粮贩子们无视法令的活动依然猖獗，而斯大林也亲自签发过和列宁同样的法令,无情镇压之。少则一次枪毙数人,多则一次枪毙几十人。

新中国成立初期也发生过不法粮商跨省勾结与国家抢购赈灾之粮囤积居奇企图暴发的事,还发生过以次劣布匹棉料为抗美援朝将士生产假冒伪劣军服军鞋的事——其下场可想而知。

正应了那句话:人为财死,鸟为食亡。

这些仿佛证明了"无商不贪,无商不奸"的事例,在中国,最终导致了对商的"扫垃圾"式的铲除。改造成了取缔,引导成了禁止,治理成了专政。

1957年后,"垃圾"被彻底铲除。新政权"清洁"了。中国没商了。

这是从根子上进行的铲除。担心繁殖出新的资产阶级,担心会复辟出资本主义的"温床",商被"铁帚扫而光"。

几乎人民生活的一切必需品,都由国家通过票证的方式平等分配了。粮、油、布、棉、火柴、灯泡、糖、烟、酒、茶,当然包括过年的肉、鱼、蛋等。

每个人的生存质量都被限制在接近平等但同时又是最低的水准。

共和国似乎在对自己的做法满意地考虑——一个活人有了这些也算可以了吧?再需要别的什么就未免太奢侈了吧?而人一旦奢侈了,是会使共和国感到忧患重重的。

一切需求皆票证化了,商似乎也就没用了。今天的票证收藏家曾做出过权威性的统计——最多时共和国发过七十六种票证。在"票证年代",对十八级局以下的干部的特殊待遇乃是——每月多半斤糖,一斤黄豆。所以他们又曾被老百姓叫作"糖豆干部"。只不过多半斤糖,一斤黄豆,所以,你又真的不能不心悦诚服地承认——共和国对干部和百姓几乎是一视同仁的。

"票证年代"的产生,究竟是由于自然灾害、人口众多、物资匮乏导致的不得已而为之的国策,还是由于对共产主义"按需分配"原则的一厢情愿的,求成心切,恨不得"一步到位"的实践导致的?似乎不可以下非此即彼的结论。以我这个共和国同龄人的身份，重温"票证年代"的感觉，认为两种原因都有。

然而有一点是肯定的——一个国内无商、国际经济关系中只有"援外"几乎没有"外贸"可言的国家，物资不匮乏倒反而是奇怪的了。

几乎没有，不等于完全没有。

中国的马路上，曾驶过苏联的小汽车——在哈尔滨，市一级领导才有资格坐。和"老大哥"关系僵化后，它们成了宝，成了彼此身份显出区别的标志。毕竟是"进口车"。毕竟觉得比"上海"高级。而且，以后不再"进口"了。

老百姓曾享受过的"外贸"成果，却只不过是古巴的红糖，老百姓的孩子们吃过巴西的蜜枣。春节商店的供货摊床上出现过朝鲜的"明太鱼"。那些都是中国人民节衣缩食，用优等的大米、白面、黄豆、棉和布换来的。同时换来了充当亚非拉美诸反帝穷国慷慨大方的"老大哥"式的精神领袖的国际地位。

古巴的红糖当年使大批中国人患了肝炎。巴西的蜜枣使许许多多的老百姓的孩子生了肠胃寄生虫。朝鲜的"明太鱼"倒是很好吃的一种鱼，肉厚、刺少，却只有春节才能买到……

商被铲除净尽到何种程度了呢？

在我家居住的至少五千户组成的一片社区，只有四个商店，三个饭馆。四个商店中，两个只卖酱醋咸菜火柴食盐什么的，各有三四名售货员，我想每天营业额大约不会超过五六十元。另两个要算是较大的综合商店了，但也不过各有十几名售货员。三个饭馆，只中午和晚上卖馒头、烧饼，几乎没卖过包子和糖包，因为缺肉和糖。售货员的工资，由二十一元至三十六元，干一辈子，退休时也许有望涨到五十几元。都是拿"公"薪的，因为那些商店和饭馆无一例外是国营的。连夹在它们之间的理发铺也是国营的。常挂出一块牌子，上面写着"今天政治学习"。

人们的工资既已被限定在最低程度，物质生活的需求既已被限定在最低水平，五千余户有那么四个商店三个饭馆，还真的似乎也就足够了。

除了年节前夕,它们的售货员往往是挺清闲的。一阵阵忙点儿的,是售酱油、醋和咸菜柜台的售货员。她们往往是初中或高中毕业的女学生。她们刚参加工作,当然只配从最基本的服务做起。熬了许多年头,接近中年的女人,才有资格站布匹柜台、鞋帽柜台、日用小百货柜台。那儿的顾客永远断断续续的。身上也不至于沾染酱油、醋和咸菜味儿。如果看到一个显然刚参加工作的姑娘也居然例外地站在那些柜台后,那么不消说,她一定有点儿"来头儿",或有什么"后门"。不过"来头儿"肯定大不到哪儿去,"后门"肯定不会太宽,否则她就不至于被分配到"商业战线"了。

尽管"商业战线"也同样是很光荣的,但除了侥幸被分配到大百货公司的人不至于感觉委屈,十之七八是不情愿的。

初、高中毕业生的最高理想,是能够被分配到较大的国营工厂,从每月拿十八元开始当学徒。车、钳、铣、刨乃"王牌"工种。学徒期满后上了车床,那份荣耀好比英国皇家海军士官生登舰。而若非中等技校毕业,且有"后门",则很难进入国企大厂。

卓别林的经典影片《摩登时代》中,有许多工人在流水线上疲于奔命的精彩片段。而直至20世纪60年代的中国,其实还没有几条卓别林时代的工业流水线。

哈尔滨某厂的某位工程师,当年曾对一项机械有所改造,可减少工人半数左右。但好事变成了愁事——裁下来的工人将被安排到哪里去呢?

结果是有价值的图纸被锁入柜中,从此无人问津。

应该说,当年已有种种迹象表明,共和国开拓新的就业局面已迫在眉睫,刻不容缓。而轻工业的开拓局面广阔无比,但这需要市场经济来引领和繁荣,需要商的推动作用。

但商已被连根铲除。

但市场经济被认为是资本主义的,是与社会主义背道而驰的"陷阱"。

但共和国正在酝酿的是一场规模更加空前的阶级斗争和路线斗争。

## 我童年起的中国

当年从我家到我的中学母校需走半个多小时，横穿四五处居民社区。在这一路上，却只有一个中等商店。说是中等的，经营面积也不过五六百平方米而已。还需沿马路行走才能经过。如果抄近道走社区，却只能路过一个仅有二人经营的小店。他们是一男一女，一老一少。男的五十多岁，女的才十八九岁。楚楚动人的一个姑娘，留着一条粗辫子，有一双忧伤的大眼睛。我想少年时期的我，肯定是暗恋上她了。只要兜里有几分钱，就怀着一种或可以"幸福"二字加以形容的心情迈入小店，向她买糖豆。二分钱可买五粒比小指甲大不了多少的糖豆。不是因为嘴馋，的确是因为想看见她那张神情迷惘惆怅的脸，和她那双忧伤的大眼睛。柜台上有一个大约可装三四斤糖豆的玻璃罐子，估计两个月也卖不完。那小店当然也是国营的。我想，如果以后她的命运中没有意外的侥幸，那么大概一辈子就算被"钉"在那小店里了。她怎么能不迷惘怎么能不惆怅怎么能不忧伤呢？但她其实还算够幸运的。因为她毕竟是女的。倘是一个男的，那么谈恋爱找对象就太不容易了！

然而商却还是顽强地证明着自己的存在。共和国的治理稍一松懈，就不甘寂寞地表现着它自己。

在我上学路过的一个十字街口，经常有老头儿老太太们做小买卖。

他们不摆摊，摆摊太明显。他们无一例外地挎个篮子。篮子用旧布或报纸盖着：底下是糖豆、瓜子、小果子、"山丁子""紫星星""菇茑儿"什么的。糖豆是从商店里论斤买了再零卖。其他都是自家窗前屋后小院子里一棵树上或几丛植物上结的。"山丁子"是小果子中最小的，才衬衣扣儿那么大。三分钱一小茶碗。三分钱的买卖，这在今天肯定是不可思议的，难以激起任何人一卖的热情。但是须知在当年，拿到了执照，被允许卖冰棍的人，一支才赚到七厘钱啊！倘一天卖十碗，便是三毛钱。三毛钱可买五斤西红柿或五斤黄瓜、五斤茄子、十斤白菜、一斤多酱油、一块半肥皂啊！如果是秋季蔬菜的旺季，甚至可以成堆儿地买西红柿或黄瓜。须知当年一名刚参加工作的徒工，每天的工资也只不过六毛钱。而一个农民从早到晚干一整天，也许还挣不到两毛钱的工分呢！秋天也有将自家窗前屋后种的玉米掰下来卖的。

他们的"消费上帝"当然主要是些孩子和少男少女。那十字街头好比是孩子们和少男少女们的"大地商场"。

但是老头儿老太太们常遭到警察的驱赶。一发现警察的身影，他们挎着篮儿就走。警察一去，他们又从四面八方聚回来。由于他们的岁数，警察往往拿他们没奈何。共和国极反感小贩儿的存在，认为是有碍观瞻，大失城市体面的现象。

我曾在那儿，从一个老头儿手中买过一块月饼。当时中秋节已过去一个多月了，那块月饼使我馋涎欲滴。我倾囊而出，用九分钱买下了那块月饼。老头儿说他只挣了我一分钱。事实上也是那样。月饼已很硬很硬了。我猜可能是他的家人在节日里分给他的，而他舍不得吃，终于脱手卖出。吃那块月饼硌得我牙出血……

商在中国，如同人行道上水泥方砖的缝隙间往外钻着长拱着长非长出来不可的小草。利润的驱动力真正是世上很难消弭掉的一种力啊！

那十字街头的现象，只不过是我这个孩子眼中看到的商的弱芽儿。而大人们之间，"贸易"做得似乎更五花八门。一切的购物票券，其实都是在暗中进行着金钱的买卖或物品的交换的。仿佛在向世人，也在向共和国证明着这样的一条真理——天不灭，商亦不灭。于是共和国颁布了严厉的"禁止票券倒卖法"。

1974年我到上海去读大学，惊讶地发现上海的"资本主义的尾巴"割得是那么的不彻底。个体的小商品铺子商品摊床并未被共和国"铁帚扫而光"。看来，由于考虑到南北之历史影响的区别，共和国的一碗水并不是端得那么平的。对南方似乎相对宽容些。这使我当年很替北方感到压抑过。尤其上海的一些郊县，比如嘉定、宝山、川沙，农民们用担子挑了蔬菜以及鸡、蛋、黄鳝、蟹、鳖什么的形成市街的情形，似乎和电影里旧中国南方郊县的情形差不了太多。

这大概也是为什么"改革开放"以来,一给老百姓政策,南方民间小商业链迅速构成,如鱼得水的先因吧?可以说,在南方,商始终悄悄地休养着生息。它的根子在人们的内心,在人们的头脑里,在人们的意识形态中,始终和人们对生活的寄托与企盼编织在一起。而这是共和国的"铁帚"实难真正扫到的,是共和国鞭长莫及根本没法儿彻底铲除的。就如同早期中国少先队队歌所唱的那样——"准备好了吗?时刻准备着!"

1976年,张春桥为了取悦于毛泽东,写了他的大块文章《论资产阶级法权》。印成数百万小册子,广泛地发给人们,要求全国认真学习。

在张春桥这一篇大块文章中,将一切个体手工业者、小商小贩,宣布为资本主义的"后备军"和"别动队",认为只要条件一合适,他们便会群起而动,为促进"资本主义复辟,而与资本主义遥相呼应,有唱有和"。他断定这些人"骨子里向往的是私有制,是资本主义;而非公有制,非社会主义"。

他主张对"他们"要采取更加严厉的专政方式。

他的文章受到了毛主席的称赞。

因为他的文章符合毛主席的一种思想——"凡是敌人反对的,我们就要拥护;凡是敌人拥护的,我们就要反对。"

国际和国内的"敌人"们似乎都那么一致地拥护商业的时代,所以共和国必须坚决反对。

毛主席亲自制定农业"八字宪法",提出"水利是农业的命脉"之非常内行的"最高指示";他也关心工业,列举了"十大关系"专门加以论述。否则也不会搞"工业大跃进"。只不过相比于对农业的关心,"工业大跃进"太外行了。但他唯不愿谈商。什么商业价值、利润、营销、买卖,还有钱,都是他一听了就拧眉头的。他这位伟人的头脑里似乎最不愿装这些"俗事"。他自己非常喜欢过"供给制"的生活。认为中国地大物博,资源丰富,根本不需要"外贸"。外交是政治,和做生意扯到一起干什么呢?某一国家只要对我们友好,它要的,我们又有,每人少吃一口，少穿一件，少用一点儿，给人家就是了嘛！

张春桥不但在"思想"上巴结毛泽东，而且似乎比谁都更深透地了解毛泽东的这些个性。他的小册子是投其所好的产物。

于是张春桥的小册子在全国掀起了又一轮"割资本主义尾巴"的运动。上海的"小红旗"杂志《学习与批判》盗用人民大众的语言发表社论，言道"要敢于下狠茬子，动真刀子，割出血来。不见血不手软，见了血还不手软"。

上海市委写作班子，希望出一批反映管治小生产者的文艺作品，包括小说。我作为复旦大学创作专业的学生，按要求去上海豫园商场体验生活，收集素材。

斯时中国大地上哪里会有什么小生产者存在着呢？

疑惑反馈上去，回答曰：小商小贩亦属小生产者之类。

我在豫园商场体验生活的具体的柜台，是卖纸样儿的。就是印在白纸上供人绣枕头绣衣边儿的花样儿。五分钱一张，每张上有几种不同的花样儿。

商场的领导同志介绍情况时说：商场外也常有人私卖，四分钱一张。这不明明在和公有制唱对台戏吗？资本主义的"后备军"和"别动队"们多么嚣张啊！

领导同志要求我跟随商场治安管理员抓一个"典型"来。

在一天晚上，大约八点半至九点钟之间，"典型"被抓到了。过程和抓特务或"捉舌头"[1]差不多。那时商场附近很热闹，散步的男人女人熙熙攘攘，比肩接踵。先是目标出现在我们的视野里——男性，青年，一条腿有点儿跛。

商场治安管理员说：看见了吗？盯住，要人赃俱获。

只见他在人丛中穿行着，不时拦住某些女性，很神秘地说什么。于是就有女性跟着他走。一会儿，身后已跟了七八个。于是我们也暗中尾

---

[1] 抓俘虏以查明敌情。

随。他将她们引到人少处，又见有个拎提包的姑娘，站在路灯下，显然是他同伙，在等待着他。

商场治安管理员又说：他们倒总结出经验了，真狡猾。他将她们引到那姑娘身旁，于是那姑娘打开提包，将一块布铺在地上，然后取出一大卷花样，摆开来，供女人们选……

也许只有当年非常喜爱刺绣花样儿的上海女人，才会因为可以比商场里少花一分钱，甘愿跟随在一个人身后走一段路……

几名商场治安管理员发一声喊，齐冲上去，果然人赃俱获，而且抓住一双。

那些女人被惊得四散溜掉了。

那姑娘吓哭了，哀哀地乞求还给他们花样儿，放了他们。

但他们是资本主义的"后备军"和"别动队"，岂会被轻易放了？

也许，那姑娘的眼泪还被认为是一种假象、一种战术呢！

那青年倒并不怎么惊慌，一副大丈夫敢做敢当的气概，呵护那姑娘，让她别怕，说些天塌下来有他顶着的话。

他们被带到商场治安管理所，遭到审问。若在今天，这其实是违法的。可当年的中国人，哪有那么高的法律意识呢？何况社会主流意识形态已然认定他们是"异类"了。被社会主流意识形态认定是"异类"的人难道还没有罪吗？审者认为他们有罪，他们自己也未必就不清楚自己有"罪"。

审问进行得很顺利。因为他们不抵赖，不狡辩，供认不讳。

那青年因腿有残疾，被照顾留城，没下乡。里弄安排他到一个小厂去裱糊纸盒，他不愿去。他喜欢美术，想成为画家。那姑娘是他的未婚妻，很爱他。他们需要钱。他们面临的首先是能不能自食其力养活自己的现实问题，其次才是能不能结成夫妻的问题。于是他自己设计画了些纸样，她帮他描在白纸上，并且协助他兜售……

审毕，决定扣押他们一天，明天通知他们所属的里弄委员会，与商场联合开他们的现场批判会……

趁几个治安管理员去吃夜宵的机会，我将他们放了。

他们回来，问我人呢？

我承认被我放了。

你怎么可以放了他们呢？

我说，觉得他们挺值得同情的。也想不通他们与资本主义复辟有什么关系。

你呀，你这个大学生呀！你头脑太单纯了。一点儿起码的政治觉悟也没有！一张大白纸多少钱？才八分。一裁四，每张花样纸的成本才二分。可他卖多少钱呢？卖四分！那么一张就挣两分！十张就挣两毛，一百张就挣两元！那一个月下来就挣六十元啊！

我说：商场还卖五分钱一张呢！比他卖的还贵一分呢！他得设计花样儿，得设计得新颖，别人才肯买他的。还得用复写纸一张张描下来。他付出了劳动呀，总不能一分钱都不让他挣吧！再说他一天哪儿又能卖一百张之多呢？就按卖一百张算，一个月不才挣六十元吗？那也挣不成一个资本家呀！

他们严肃地批评我，说我的思想越发不正确了——第一，一个干了一辈子的商场老售货员，每月才能开到六十几元。他年纪轻轻的，还对社会什么贡献也谈不上呢，凭什么每月就能挣到六十元？有了他这种人的存在，社会主义按劳分配的原则不就被破坏了吗？第二，他的行径，难道不等于是在挖社会主义商场的墙脚吗？第三，如果对他这种人不加管治，放任自流，许许多多的他们，就会自发地串联在一起，就会由花样儿而其他，就会由挣六十元而挣一百元而挣几百元甚至一千元，那么他们这样一些不愿为社会主义服务的人，不就反而成了富人吗？对于一心一意为社会主义服务的大多数人的积极性，不就形成讽刺、伤害和打击了吗？

为了广泛宣讲张春桥的小册子，是举办过各种形式的"学习班"的。我暗想，他们中也许有人参加过"学习班"，被"洗脑"了。

我自忖辩不过他们，也就只有表示认错，不吭声了。何况，我真的觉得，他们的话也不无一定的道理。当某种意识形态成为某一时代某一社会阶段的主流意识形态，那么它就像教义之对于教徒一样，接近着真理了。当一个人的思想与主流意识形态相悖，他如果并不打算扮演反潮流的角色的话，那么他也就只有对自己进行怀疑和检讨了。

我已做了"错事"，不好意思继续留在豫园商场，以后不再去了……

草木百年新雨露，一旦云开复见天。

此两句诗，乃《水浒传》开篇诗中的两句。
原诗前四句的顺序是这样的——

纷纷五代乱离间，
一旦云开复见天！
草木百年新雨露，
车书万里旧江山。

我于词穷思钝之际，信手拈来引用之，以形容20世纪80年代初商在中国钻坚而出、拱砌发芽的局面。颠倒了前后落笔写下，觉着却也道清了几分意思。那局面若比喻为"百足之虫，死而不僵"，或欣欣向荣一点儿比喻为"忽如一夜春风来，千树万树梨花开"，都是不夸张的。"百足之虫"的比喻其实也不含有贬义。商的难灭难死正是那样的。

《水浒传》第一回主要写的是——仁宗皇帝差遣殿前太尉洪信接了丹诏，前往江西信州龙虎山宣请张天师祈禳瘟疫，不想那太尉误闯"伏魔殿"，放走了殿内镇锁着的三十六员天罡星、七十二位地煞星，总共一百单八个魔君。

骇人之笔写的是——"只见穴内刮剌剌一声响亮，那响非同小可；响亮过处，只见一道黑气从穴里滚将起来，掀塌了半个殿角。那道黑气直冲到半天里空中，散作百十道金光，望四面八方去了。"我想，这也未尝不像20世纪80年代初商在中国"横空出世"的局面。中国自古有三十六行、七十二业的说法,加起来不恰恰也凑了个"一百单八"吗?

而当时洪太尉和龙虎山上的真人及众道士,却是一个个被惊得"目瞪口呆,罔知所措,面色如土,叫苦不迭"。

这又多么像对当时某些患"恐商症"的人们的写照呢?

所不同的是,洪太尉是"误走妖魔"。

而共和国是检讨僵化,修正教条,转换体制,大胆而又自信地释商于笼。是虎的,放其归山;是龙的,任其下海。还"一百单八"业一个"海阔凭鱼跃,天高任鸟飞"。

国外的科学家做过这样的小实验——将一雄一雌两只壁虎剖死,烘干,磨成粉末,捻在烛芯里,点燃后,两只烛的火苗相吸,连成虹,并闪烁五颜六色的光。

其实,中国的江湖艺人们,早就利用这一现象表演过杂耍的。

这现象,却是被国外的科学家们借以说明生物的有趣儿的性现象的。

商的行为和利润之目的,也就是和赚钱之目的,也仿佛壁虎的性相吸现象一样。在这种关系中,商的行为一向总是体现着雄性行为特征的。即使某一商的行为,是由女人采取的,仍明显地体现着雄性的行为特征。它一受到利润的触摸,甚至一嗅到利润的气味儿,它的"根"就会立刻坚挺地勃起。它冲动难抑,欲望强烈,永远无法满足。为了达到目的,它往往迫不及待,行为有时很俗劣、很粗鄙,甚至很粗暴、很卑鄙。没有法规约制的商几乎都这样。

20世纪80年代初商在中国的形象便如此,暴露着种种没"教养"的商令人厌恶的特征。

而利润一向总是体现着雌性的特征的。它自身所扮演的,不可能不是"诱惑者"或直白曰"勾引者"的角色。它在商场上到处散发雌性荷尔蒙的气味儿,就像动物在自己的地盘内撒尿。它使商的行为不断地受到它的气味儿的刺激。它四处卖俏,永无休息地进行挑逗,因而商场上永无休止地演绎着扩展"地盘"、占领"地盘"的鏖战。旌旗招展,鼓角相闻,你争我夺,此失彼得,强攻坚守。人类的全部计策谋略,当不再能由真正的战争而体现以后,则就统统应用于大大小小持久的商战中了。冲锋不止,战斗不息,战役相续。小到个人与个人,大到公司与公司,企业与企业,财团与财团,国家与国家,东方与西方。其状其况,亦每每惨烈无比。杀伤的不是生命,而是商品。俘获的不是军队,而是金钱。攻陷的不是城邦,而是商场属域。所亡的不是政权,而是经济基础。正是"万鼓雷殷地,千旗火生风""但得将军能百战,不须天子筑长城"。

收入决定个人喜忧,金钱决定家庭祥愁,经济决定国家强弱。所谓"硬道理",盖硬于此。决定性没商量。

你就是将商业行为和利润目的碾成更细更细的粉末儿,烘干了再封存上一百年,卷入了它们的骨灰燃成的火苗,也还是要亲密相吸的。

商几乎是一种超肉体却能够达到"交媾"并能够达到快感高潮达到不宫而孕的"性行为"。

20世纪80年代初,中国的"卷土重来"的商的"尖兵"是"二道贩子"们,是"倒爷"[1]们。

他们主要由因为这样那样的原因,不受共和国的体制待见,甚至被不信任地不欢迎地排斥在共和国的体制外的一些人组成。当年的他们,除了"倒"和"贩",别无选择。他们和后来的"下海"者们是不一样的。后者们的"下海",体现为一种"见利思迁",一种放弃。十之八九是自愿脱离共和国的体制,甚至衣兜里妥善地揣着"返程票",到"海"里潇洒游一回,企图先抓满两把金币再说的。而"倒爷"们和"二道贩子"们,十之七八往往是被"逼上梁山"的。

正因为成分质量的低,所以其从事商的行为,也就只能局限在"倒"和"贩"的最原始最初级的层面。

但"倒"和"贩",恰恰又是商的传统经验。利润在这个过程中往往是翻倍的。

---

[1] 20世纪80年代出现的一种特殊群体,以前北京做买卖的人。

正如爱默生所说:"商的技巧就在于把一种东西从它富余的产地带到能高价卖出它的地方去。"

从前只有国家有权力和资格运用这一"技巧"。方式是计划经济,统购统销,体现为一种国家性的方式的绝对垄断。无视这一垄断法则的一切人和行为,都是罪。

这一"技巧"又实在是极简单的。但是简单的事不等于没有风险的事。有时甚至须冒极大的风险。比如倾家荡产,比如债台高筑。

在体制内的中国人大多数不愿冒此风险。或者反过来说,"寡而均"的体制,早已使大多数中国人冒这种险的冲动一代代退化光了。并且,在体制内的中国人,又是那么地瞧不大起在体制外不得不冒着险的自己的同胞。一方面暗羡他们渐鼓的腰包,一方面嫉妒他们每一次似乎"轻而易举""得来全不费工夫"的"容易",一方面轻蔑他们的"素质"不如自己,不屑地说"他们都是些什么人啊!"

然而十年以后的今天,他们中的相当一部分富了。有的甚至成了"大款",奇迹般地成了富豪。起码也脱贫了。

## 商的机会何在

商的机会是分阶段的。在它无序的阶段,机会最多,最富有戏剧色彩,最乐于慷慨地将机会抛给某些智商并不怎么高的头脑。也只有在这个阶段,某些出身于社会最底层,而又精于算计的人,才有暴发的可能性。这个阶段有时较长,有时很短。一旦结束,一旦作为一页翻过去了,那便永远翻过去了。从此它就只对很聪明而且立志投其门庭的极少数人微笑了。即使对很聪明的人,它往往也表现得相当吝啬了。有序的成熟的商业时代恰恰不是慷慨大方的,而是惜金如命,极端小气的。

在商业的无序阶段,往往几年就可以成全一位资本家。

而在有序的成熟的商业时代,千百万个家庭中,再几辈子也产生不了一个资本家了。尽管可以产生不少官员、硕士、博士、作家和教授等有身份的人。除非某人不但精明,不但天生有经商的头脑,不但运气好，而且还是某类极具商业价值和前途的创造发明的直接或间接专利拥有者。

"当年他们都是些什么人啊！"时至今日，我们仍能经常听到这样的话。这样的话除了意味着是牢骚，不再意味着别的。牢骚中连当年的轻蔑和不屑也所剩不多了。

对于许多人而言，许多机会是一次性的，许多事是不可重复的。许多社会阶段是学生的四十五分钟一节的课时那么短暂的，许多时代特征是光怪陆离、刺目而又迷幻的。

你被它炫得捂上了眼睛，转过了身去，你就与它缘缘相错了。商业时代赏给那些最早就亢奋地不顾一切地跃身到它的光影里的人最大最多的实惠。这便是它的公平原则。它几乎从来只持这一种原则。当年的"二道贩子"也罢，"倒爷"也罢，对中国商业时代的复归，对唤醒中国人之商业意识，是不无功绩的。

而且，细分析之，他们的行为，也不像许多人想象的那么贻害无穷。就算是为了达到目的进行贿赂，当年其实也只能塞些钱给小官吏们和小掌权者们罢了。当年他们都还没成气候。他们的身份使他们较难接近大官吏，也根本拿不出几十万几百万去收买大官吏大掌权者。与后来商业领域内权钱交易的腐败现象相比，他们的行为倒显得较为单纯，不那么卑污和触目惊心耸人听闻。

20世纪80年代下半叶的某一年，一位中央书记处的书记同志，邀请几位作家"聊聊"世态民情。我迟到了，见只有领导身旁的一个座位空着，他又在向我亲切招手，便只好走过去坐下。

轮到我发言时，我说了几首民间流传的顺口溜儿。其中一首是："十亿人民九亿商，还有一亿在成长。"领导笑了，打趣儿地说："同志们，这是不是太夸张了点儿啊？我看中国的商业还远没发达到如此程度嘛！甚至，在相当漫长的一个时期内也不可能。但我确实认为，如果世界和平局面允许，全民皆商，肯定比全民皆兵好得多！"

我又说："国营的不如个体的，有文凭的有专业的不如骑着摩托背着秤的,上班的不如倒卖的,倒卖的不如'拼缝'[1]的,'拼缝'的不如坑蒙拐骗的,坑蒙拐骗的不如能弄到'批件'的!"

他听得很认真,也很感兴趣。我说一句,他往小本儿上记一句。

我半截打住,说:"你要记,我就不说了。"

他又笑了,说:"作家同志你不要太紧张嘛!不会打你个'右派言论'的!我记在小本儿上,是为了经常看看,经常想想嘛。骑着摩托背着秤的,那又是些干什么的?"

我说:"经商的呀。他们现在发了,不骑自行车,鸟枪换炮,骑摩托了!"

他说:"这很值得我们替他们高兴嘛。我预见,不久的将来,他们还会再一次鸟枪换炮,开上小汽车呢!到那时候,他们肯定比你们作家阔多了,你们作家同志们会不会嫉妒啊?"

问得我和几位作家朋友都不禁笑了。

我又说:"他们还有口号呢!"

他说:"噢?透露透露,透露透露!"

我说:"他们的口号是——骑着摩托背着秤,跟着老邓干'革命'!只要老邓不变卦,'革命'到底不回头!"

他说:"这口号倒也不错。发展经济,是'改革开放'的首要任务。对于中国,不亚于一场革命嘛!但是中国要富强,只靠骑着摩托背着秤的当然不行。还老百姓以宽松的政策,只是我们国策的一方面。搞到国营的不如个体的,上班的不如倒卖的的地步,当然是很令人忧患的。但是同志们,如果非要求国家做到上班的一定比倒卖的强,国营的收入一定比个体的高,那恐怕也不现实。世界上许多国家,都是从事个体商业的,比在国营单位效劳的人普遍收入高些。这是商业时代的一种新差别现象。国家的使命,是既要保证个体的谋生热情不受挫伤,不再重新附着在旧体制上,又要保证国营的上班的,收入不要比个体的倒卖的低很

---

[1] 北京话,指票贩子、黄牛。

多。那样的话，国营的上班的就寒心了。至于'拼缝'的，那要看谁们在'拼缝'，'拼'的什么'缝'，性质上是否合法。国家干部，手中有权，也搞什么'拼缝'，那就不合法。在全世界任何国家都不合法，在资本主义国家也照样不合法，是要和进行坑蒙拐骗的一起受到法律制裁的。至于搞什么'批件'的，那分明都是权钱交易的方式，是腐败现象，是一定要坚决反对的！同志们，老百姓中蕴藏着极大的谋生致富的积极性和能量，不可低估，不可小看呀。一旦政策到位，相当一部分中国人很快就会较富起来。但我们要使广大国营企事业单位的拿工资的人收入有一个明显的提高，则就不是那么容易之事了。实事求是地说，是很难的事啊！这需要经验和时间啊！经验我们太少太少，而这时间是属于老百姓的，不能让老百姓期待得太久是不是……"

那是我所听到的，一位中央领导同志非常推心置腹的一次讲话，给我留下的印象极深。

十年后的今天，中国大中型国营企业的状况更加令人担忧，许许多多工薪阶层的生活水准每况愈下，共和国面临的使命更加艰巨。

但客观公正的中国人，似乎也不难达成这样的一个共识——此非"改革开放"的结果，而是共和国积重难返的长期隐患全面"发作"的结果。甚至不可以一股脑全推卸责任给共和国的前任领导者们。因为那也同样是不公平的。一个国家的经济发展，和一个人的致富一样需要外部条件，需要机会。中国从前不具备这样的外部条件和机会。正如世界处于东西方冷战时代，中国不可能一厢情愿地提出"改革开放"的国策。

但如果从20世纪50年代起中国不连根铲除商业的民间园圃呢？

但如果不发生十年"文革"呢？

十年后的今天，那些"骑着摩托背着秤"的中国商业时代初期的"弄潮儿"，相当一部分确实已经富起来了。他们拥有了属于自己的产业——房子、车、店铺或饭庄什么的。他们银行里存了一笔数目可观的钱。可能是一百万，可能是二百万或者更多些。

1949年10月以后划阶级成分之时，他们将被定为"小业主"。"入浅水者得鱼虾,入深水者得鲲龙。"商潮的初级阶段是混浊的浅水。他们每年从"网"中得的是"鱼虾"。经年累月,积少成多。他们是商业时代的既得利益者。试想哪怕一个设早点摊儿的人,十余年后,若经营顺利而且有方,其发达也是可想而知的啊!

还有一部分人,虽没怎么太发达起来,但东一笊篱西一耙子,十余年后也搂到了十几万或几十万。他们疲惫了,或信心减弱野心收敛,于是想方设法又往体制内迂回。一旦谋到满意的闲职,或干脆花钱买到,摇身一变,又成了端公家饭碗之人。

有极少数的人,凭着自己不寻常的精明,加上魄力、胆识、冒险精神、好运气和天赐良机,随着最初的商潮泅向了更深更远的"海域"。他们成了令世人羡慕的富商,骑在了"鲲龙"的背上,大有一个筋斗便能翻出十万八千里去的能耐似的。但商海无情,风骤浪险,波诡云谲,"鲲龙"虽大,却不是那么容易驾驭的。在下一个世纪里,他们的结局究竟会怎样,做出结论还太早。而有一个事实是不容争辩的,那就是,在商业时代的初级阶段,他们奇迹般地成了最大的些个既得利益者。起码目前是这样。

当然,还有些人,当年"倒",现在仍"倒"着;当年"贩",现在仍"贩"着。始终没机会没运气发达,但养家糊口总归是绰绰有余的。换一种谋生的方式,可能就养不了家糊不了口了。所以只有继续下去。更有些人,在初级阶段混浊的商潮中,折桅沉船,下场可悲。到中国的任何一所监狱里去调查了解,都会发现有这样的一些人被关着。

他们的故事和传记,都记在中国商业时代初期阶段的几页历史上了。那几页历史上,充满了卑污、欺诈、赌博性和离奇性。其成功者很难引起人由衷的敬意,其失败者也不太能获得人的同情。他们之中,只有极少数的人,能从前几页历史中过渡到今天的时代,并似乎依然有什么商业方面的大作为,似乎而已。

"俱往矣,数风流人物,还看今朝!"

今天,在商业时代的深远"海域"里"弄潮"的,已是另一类"新生代"了。

他们年轻却见多识广，从商经验极其丰富。他们以文质彬彬的外表，不动声色地掩饰着也许只有自己才清楚到底有多大的勃勃雄心。他们起码有大学学历，甚至是博士、"博士后"，或者是"洋插队"回来的外企外商全权代理人什么的。他们精通外语，善于"包装"自己，广为结交对自己的事业有助之人，尤善走上层路线。他们谙熟商业法律，谁企图骗他们上当，门儿都没有。而他们钻商业法规空子的行为，又能做得那么的不显山不露水、天衣无缝。他们双手紧紧按住自己的钱袋儿，双眼每时每刻都在商界扫描着。一旦盯住了时机，其反应之快宛如矫鹰擒兔一般。他们中更有的人本身即是科研后起之秀，并是一纸抵万金的某项专利的拥有者。比起他们的科研前辈，他们将科研与市场经济紧密结合的头脑，灵活得前辈们脑筋急转弯也还是望尘莫及。

他们的综合素质之高，根本不是十年前那些"骑着摩托背着秤"的人所能匹比的。

正是他们的涌现，无情地从商域排挤和淘汰了前者们，确立并巩固了自己们的主角地位。使前者即使存在着，也只不过变为一些"大群众"的角色罢了。

正是他们的涌现，促推着中国的商业时代进入了第二阶段——从"猪往前拱，鸡往后刨"、鱼龙混杂、泥沙俱下到混沌渐分、层次渐清的阶段；从主要是以"倒"和"贩"激活市场到主要是以新商品、新材料、新技术丰富市场的阶段；从满足基本商品需求到满足名优商品需求的阶段；从无序到开始有序的阶段。

新技术、新材料、新产品，乃是确保商业生命力强盛的三大要素。20世纪80年代末90年代初的几年，中国的商业时代曾呈现出最乌烟瘴气的现象。商业不择手段只顾赚钱其他似乎什么都不顾了的贪婪性，也暴露得最为淋漓尽致。"假冒伪劣"商品正是在那几年里泛滥成灾，比比皆是，仿佛到了无法可治的地步。

那几年，是中国商业时代第二阶段的开始，也是中国商业时代第一阶段的结束。表象上是第二阶段的开始，本质上是第一阶段的结束，因为它在本质上是第一阶段而非第二阶段的高潮。

正是高潮宣布着前一"情节"的终止。

第二阶段的高潮究竟如何，商业时代这支大手笔，又究竟会让我们看到些怎样的大矛盾、大冲突、大内容、大阵势、大戏文和大演唱，我们则就只能拭目以待了！

中国人对玫瑰的刺究竟领教多少？

诚如爱默生所言——"商业是像玫瑰花一样美丽的。"

但他的话意味着——你要玫瑰，就得同时连它的刺一起要。

这世界上还没培育出无刺的玫瑰。

这世界上还没有一个国家的商业时代，"美丽"到像爱默生所盛赞的程度。

商业这支玫瑰的刺，有时确实是含有毒素的。它扎人之后，人的疼痛后果，比被马蜂蜇了一下严重得多。它的气味儿充满社会，社会仿佛就变成一个大批发市场或交易所了。而许许多多的人，其实并不甘愿生活在一个类似大批发市场或交易所的社会里。这的确也是商业时代令人厌恶的一面。韩非子曾说过："妇人拾蚕，渔者握鳝，利之所在，则忘其所恶。"意思是——鳝似蛇，蚕似大蛆，人见蛇则惊骇，见蛆则嫌恶，然而因利，"皆为孟贲"，都成了勇士。

古文中又曾说过："匠人成棺，不憎人死，利之所在，忘其丑也。"

饲蚕养鳝，劳动者谋生之计，其实无可厚非。何况，对于见惯了蚕的妇女，见惯了鳝的渔夫，并不觉得蚕和鳝很可怕。蚕还被南方的女人们叫作"蚕宝宝"呢。百姓的谋生和商人的谋利，是有极大区别的。所以我虽引用了韩非子的话，倒并不赞同他的观点。只不过算作介绍中国古代知识分子对利的看法罢了。

我的观点是——人为谋生而勇，只要不犯法、不害人，其实是可敬的。商人为谋利而勇，是不是同样可敬，就得具体分析了。比如开棺材铺的老板，如果整天都在巴望着闹瘟疫，世人死得越多越好，我内心里就难以对他有什么好印象了。当然那古文的原意，指的不是这样的老板，而是做棺材的匠人。"不憎人死"，也不过是不在乎自己的行当与死人的紧密关系罢了。

但现实生活中，许多商人的心理，又确确实实和某些开棺材铺的老板是一样的，似乎整天都在巴望着闹瘟疫，世人死得越多越好。莎翁的名剧《威尼斯商人》，是对他们的入骨三分的写照。

利己是商业的原则。

投机是商业的智谋。

昨兮今兮，亘古如兹。

1861年，一个移居英国的日本人，某天早晨读报时，看到了英国王子病情恶化的消息。于是大喜过望，知道发财的机会来了，奔走于伦敦和附近的城市，低价抢购黑衣服黑布。几天后，王子去世了，在全英国的悲痛气氛中，他高价抛卖黑衣服黑布，一转手赚了约合九千万日元。

商业的利润几乎总是伴着商人的投机行为源源滚入他们的钱柜。一个不善于投机的商人几乎不配是一个商人，起码不配是一个好商人。

商业的利己原则往往是与社会和人心的情理原则背道而驰的。它有时伤害社会和人心的情理原则，确实像流氓强奸少女一样。

商人和商人之间为了竞争，有时还会做出些异想天开，令世人瞠目结舌的事。

比如20世纪70年代的美国，有一商人做了这样一则广告——用他的厂里生产的万能胶，将一名杂技演员头朝下粘在几米高的大厅穹顶半个小时，以此证明他急于推销的那种胶水的可靠性能。而他的对手，不甘逊色，用自己厂里生产的万能胶，将一位女郎粘在飞机翅膀上，飞机飞上万米高空，还在另一架飞机的摄影机镜头里翻了一串筋斗……

商人更往往会受利所驱，逐臭如蝇食舐成瘾。

还是在美国，20世纪90年代初之事：两名未成年的少女（少女当然未成年，指她们还不到法律可以正式判处的年龄）参与大宗毒品走私，由国外缉拿归案，下机伊始，立即被众多的人包围。除了新闻记者，还有为数不少的电影制片商、书刊商、电视节目承包人，争先恐后与之签约，打算将她们的犯罪经历拍成电影、电视剧，或写成畅销书。忙得她们不亦乐乎。未出机场，已各自身价数百万。俨然世界冠军或刚从月球归来。这一闹剧震惊美国朝野，引起公众极大愤慨。但此事又是在"合法"的前提之下发生的。直至公众忍无可忍，意欲组织游行示威，以抗议商人逐利的无耻行径，才由当局出面对商人们予以制止……

所以美国有一则讽刺商人的幽默，讲的是——书商出了一本书，赠送总统，不久探问总统看了没有。总统秘书说看了，总统觉得很有意思。于是紧随其后的大批再版此书的扉页上，印了这样一行字——总统看了觉得很有意思的书。又有书商效仿之，也赠了一本新书给总统。总统接受上一次教训，说："没意思。""没意思"三个字也可做广告。再版此书的扉页上印了这样一行字——总统看了说没意思的书。第三位书商见前两位的发行很是成功，央人硬送给总统一本书。这一次总统根本不看了。而此书的扉页上印的是——这是一本总统连看都不愿看的书。

商人有时要利用什么人什么事大赚其钱，往往不达目的誓不罢休，表现得极端厚颜无耻。

公而论之，美国的商业，乃是世界上相当成熟相当法制化，因而也相当规范相当文明的商业。文明的"玫瑰"的"刺"，有时也如此这般地令他人反感令社会不齿，不能不说商确有"恶习难改"的一面。

在中国，从商业时代的初级阶段到现在，闹剧、俗剧、丑剧更是不胜枚举。

比如从动物园里租了老虎因于店堂招待顾客便是一例。

报载某省某市商场开张大吉之日，为了营造轰动效应，意欲租用一架直升机，打算来个"天女散花"，自空中撒下数万元人民币……

我们的某些领导人，稍一疏防，就被商人所利用。不是将他们与商人握手的合影悬挂于商人的会客室，拉大旗做虎皮，就是被直接印在了产品广告单上，成了变相的促销员。所以国家不得不专发文件以禁止……

我知道这样一件事：某"个体企业家"，为了高攀上层人物，赞助某社会公益活动一百五十万。条件只有一个——名字见报，形象上电视，但一定要坐在某某领导身旁。一切疏通就绪，他却在头一天晚上因嫖娼被北京市的公安机关拘留，衣袋里还揣着第二天上午的请柬。于是活动不得不取消。

某某领导在电话里生气地指责：将我当成什么了？难道我们的同志们现在不分什么人的钱都一概照接了吗？！

这还是为公。那中饱私囊的官员，对商的亲爱有加，与对百姓的冷漠无情，早已形成极鲜明的对照了。

又据报载，一位经商"大款"，席间当着些社会名流一语惊人——某某副市长算什么，我一个电话，让他半小时内出现在我面前，他不敢三十五分钟才到！

言罢掏出手机拨号下达"指示"，副市长果然半小时内超前到达！

我的在电视台工作的记者朋友告诉我：一次他出差外地，在歌舞厅消遣，适逢一"大款"向一歌星小姐献花，还未下台，有人却又向他献花，朗朗曰："这一束花，是在座的××副市长命我献给您的！并为您点歌一首……"

## 世界的丑陋

在全世界，卖淫、走私、贩毒、色情业的方兴未艾，文化的色情化，贿赂的丑闻，无不与商业瓜葛甚密。十之八九，是在合法经商的招牌之下进行的。连昔日韩国的总统，也东窗事发，原来曾被商所俘过，在全世界的睽睽注视之下站在了被告席上，并且被判处过死刑。

那些日子里韩国是多么的举国激愤啊！

出租汽车司机大瞪着两眼将车摇摇晃晃地开上了人行道。

警察发现他滴酒未沾。他是由于心理被刺激成那样儿。他接受不了他们的前总统原来是一个勒索巨贿的家伙这样一个铁证如山的事实。

而一个月薪一百万韩元的政府较高级官员，于头脑清醒之时算了一笔账，结论是他若想挣到他们的前总统受贿那么大数目的一笔钱，得延长工作四十余年。他算完这笔账倒不愿意清醒着了。于是跑去酒馆里喝得酩酊大醉，并用酒瓶子击碎了酒馆的玻璃，当众搂抱住女招待非礼无忌起来……

但是谁若问韩国人还要不要商业时代了？回答将是肯定的——当然还要！

一个理智的国家理智的民族，明白商业时代再有一百条一千条不好，却仍有另外一百条一千条别的任何时代所不可能带给人们的好处；却仍是人类唯一的也是最好的选择。

总统索贿巨款，将他绞死就是了嘛！

韩国人尽可以许多许多次地选出一个总统，而对商业时代的选择却是不容反复的。一旦动摇了它的基础再要重新恢复，最短大约也需二十年。韩国人是明白这一点的。世界上几乎所有高度民主的国家的大多数公民，也都是明白这一点的。一个繁荣的商业局面光临的时代，对于这些国家的普遍的人们来说，不啻是上帝对世间的一次巡礼。而总统对他们算什么呢？不过是比较认可的一名公仆罢了！

诚如托克维尔在《论美国的民主》第二卷中所言："民主社会中我们不知道还有什么其他东西能比商业更伟大、更辉煌了。它吸引了大众的注意力，丰富了大众的物质和精神需求的想象，把所有的旺盛精力都吸引过来。无论是谁，无论是任何偏见，都不能阻止人们通过商业而致富的愿望。民主社会中，所有大笔财富的取得都要靠商业的增长。"

然而商业这支"玫瑰"，对于与之久违了的中国人而言，却未免太是光怪陆离、杂乱无章、浮华而又浮躁了。它使人欲膨胀，人心贪婪。它使腐败现象如同倒片机将蝴蝶变成毛毛虫的令人厌恶的过程放映给人看，它使一小部分人那么不可思议地暴发，使他们中某些人暴发之后为富不仁……

所希冀的和已经面临的似乎根本不是一码事，于是许许多多的中国人迷惘、困惑、失落、痛心疾首而且愤懑了。开始以诅咒勾引坏了自己好儿子的娼妓般的语言诅咒商业时代。

但这似乎主要是几年前的情况。几年前商业在中国的混浊的初级阶段，确实是"刺"多"蕾"少的。现在它的"刺"已被共和国的法修剪掉了一些。现在它当年的一些"蕾"开花了。

现在，普遍的中国人，已经能够比较冷静比较明智比较客观比较平和地凝视商业时代了。谁若问普遍的中国人——我们是否应该将商业时代这看起来总有点儿离经叛道的"新娘子"再一次逐出国门？

普遍的中国人寻思一下，大约会宽容地这样回答：让"她"留下吧！世上哪有没毛病的"媳妇"，我们日后慢慢调教"她"吧。

这么想和这么说，都无疑意味着一个民族的成熟。而这一种成熟，又完全可以认为，是对商业时代改变了太理想主义的期望。

中国人是一个动辄容易陷入理想主义思维怪圈的民族。而西方人却早就对商业时代的本质有所洞察了。

《民主和教育》一书的作者杜威说："认为商业的事情在它自身的范围内可以'自觉'地成为一种理想的文化，认为它可以把为社会服务作为自身的宗旨，并让它来代表社会的利益和良心——这样的想法是极其荒谬的。先生们，我们在承认商业的贡献的同时，绝对不可以把它想象得很温良。因为这不符合事实。我们要给它套上鞍镫。我们跨在它背上的时候，要穿带马刺的靴子。只有在这一种情况下，它才能收敛它自私自利原则之下的欲望，满足自己的同时也对社会做些回报。"

杜威的这段话，对当前的中国人，尤其对当前的中国首脑们，是非常有参考意义的。

一切有关商业的法规、法令，都是为了更好地驾驭它，使它更大限度地造福于社会的"鞍镫"和"缰辔"。同时也是不断激励它按照社会福利的总目标奋进的"马刺"。优秀的骑手和坐骑之间，常常达到一种"合二为一"似的最佳境界。这也是国家和商业时代之间的最佳境界。

税法是商业法规、法令中最重要的一条。

密尔在《功利主义》一书中说："买卖人对一切顾客买一样的东西收一样的价钱，并不随顾客出钱能力的大小而开高或降低他的价目，世人都认为这是公道的，而不是不公道。但是若以此原则制定税法，就与人的人道主义和社会便利的感觉太不相容了。国家应对富人特别制定某几项高税。因为我们冷静分析不得不承认，国家这台机器，历来为富人的效劳比为穷人的效劳多。"

卢梭在他的《政治经济学》中则说得更明白："如果富人显示阔绰的虚荣心可以从许多奢侈之物中获得极大的满足，那么让他们在享受奢侈时增加一些开支，正是征收这种税的充分的理由。只要世界上有富人存在，他们就愿意使自己有别于穷人。而国家也设计不出比以这种差别为根据的税源更公平更可靠的税源。"

世界上许多商业发达的国家都早就这样做着了。

中国将如何开始呢？

再给它点儿时间吧。

如果，一个时代为了"造"出一个富人，不惜以产生三个甚至数个穷人为代价，那么不管它是不是商业时代，不管多少有思想的人极力加以赞颂，它总是要完蛋的。

罗斯金在《到此为止》一书中说："既然穷人无权占有富人的财产久为人知，我同样也希望，富人无权占有穷人的财产这一事理明昭天下。"

一切鲸吞、瓜分、巧取豪夺、挥霍浪费国家财产的人，都既不但对国家犯罪，同时也对人民犯罪。犯有制造贫穷罪和占有穷人财产罪。因为道理是那么的明白——那一部分财产原本是靠劳动者积累的。国家原本是可以用它救助一部分穷人，消灭一部分贫穷现象的。

萧伯纳在他的小说《巴巴拉少校》前言中说："金钱大量地聚积在一部分人手里，对他们来说多得没有什么价值了，而对另一部分人来说则少得可怜难以为生时，它就变成该诅咒的东西了。"

这样的现象往往是由于——"给四个人每天三先令，让他们干十到十二小时的艰苦劳动；而却常常向另一个人提供不劳而获的机会，使其轻而易举地便会得到一千或一万英镑。"

这绝不是一个健康的、成熟的、人人衷心拥护的商业时代的特征。

健康的、成熟的商业时代的基本特征应该是——普遍的人们为了挣到使自己过上丰衣足食的生活的钱其实并不太难；某些个人企图挣比这更多的钱其实很不容易。

在中国，目前相反的现象还随处可见。但是要消除这一种现象，中国又只有万桨齐动，中流击水。回头恰恰无岸。

商业时代的一切弊端，只有通过商业的进一步发展才能疗治。这一点是走过来了的国家向我们证实了的。好比一个在冰天雪地中决定何去何从的人，思考必须变得极为简单——哪里升起着炊烟哪里就是继续前行的方向。

而商业的炊烟，一向袅袅升起在时代的前面。商业不在其后插路标。它不但一向一往无前，而且总是随之带走火种。你需要火，那么就只有跟随它。国家是人类的公产，就像个人是国家的公民一样。

人类进入了商业时代，任何一个国家"公民"都只能"跟着感觉走"，迁移不到外星球去。

中世纪的罗马教堂曾发放过"赎罪券"——这意味着上帝也曾集资。宗教经商，赎罪靠钱，古今中外，概莫如此。

商人是商业的细胞。商业是人类社会的动脉。

商业其实从来不仅是人类的表象活动，也不仅是由它影响着人类的意识形态。它本身便是一种最悠久的最实际的意识形态的变种。它使政治像经济。它使外交像外贸。它使经济学像发财经。它使我们几乎每一个人的灵魂都有一半像商人。它使商人像马克·吐温说的那一种人——"如果金钱在向我招手，那么无论是《圣经》、地狱，还是我母亲，都绝不可能使我转回身去！"

它使道德观念代代嬗变。它使人文原则改弦易张。它给一切艺术随心所欲地标价，不管是最古典的还是最现代的，最俗的还是最雅的。

它使法绕着它转。今天为它修正一款，明天为它增加一条，以至于在法典最厚的美国，律师们喟叹当律师太难了。

它殷勤地为我们服务，甚至周到至千方百计净化我们每天所吸的空气和每天所饮的水的地步，但同时一点儿也不害臊地向我们伸手要钱。

你不需要几万元一套的马桶，但是有别人需要。有需要便有利润，于是商便合法地生产之……

你不需要全金的水龙头，但是有别人需要。有需要便有利润，于是商便合法地生产之……

它还制造《格林童话》里的国王才睡的黄金床……

它还在月球上开发墓地。将来肯定也要在月球上开发旅游热线。

人觉得地球上的商品已经太多太多，但明天商业还会向人提供令人感到新奇的东西。

商业早已开发到了人的头脑里，人的心灵里。人的思想人的精神其实早已入股商业了。

人还敢嘴硬说人拒绝商业时代吗？

人有什么资格拒绝，有什么资本拒绝？

人每天的心思一半左右与商业时代有关。它本身微微地摇摆一次，万亿之众的命运和生活就不再是原先的状态了！

物理学家说：人是熵的减少者。

化学家说：人是碳原子的产物。

生理化学家说：人是核酸与酸的相互作用器。

生物学家说：人是细胞的聚体。

天文学家说：人是星际的孩子。

而商业时代说：我是人类的奶娘。过去是，现在是，将来仍是。

谈到将来，便确实产生了一个终极关怀的话题。人类不再吮"她"的乳汁行不行呢？这话题太沉重，也太遥远，还是不讨论吧！

邓小平同志的一种思想方法，不失为很实际的方法——如果我们的智慧不够，不妨留给下一代人去解决……

# 第二章　当代"买办"者阶层

首先令我大犯迟豫的是，究竟应该如何给那样一些中国人，亦即替别国商业机构、财团、大小资本家的经济利益，在中国进行雇佣性服务的中国人们，归纳一个恰当的、不包含贬义和歧义的称谓？

我起初的写作心理是很排斥"买办"这个词的。因为毛泽东在他那篇著名的《中国社会各阶级的分析》中，已将当时中国的"买办"者们，以他一以贯之的阶级和阶级斗争的思想，宣判为全中国人民的"公敌"。既曰"公敌"，与全中国人民的关系，当然便是有你无我，有我无你，势不两立的敌对关系了。后来，毛泽东在他的多篇文章中，又一再地重申他权威性的宣判。所以"买办"一词，在几代中国人的意念中，是和"四害"一样极易引起强烈反感的词。

在近代中国文学史上和中国电影史上，所塑造的"买办"式的人物，不论是高度艺术化的还是非常概念化脸谱化的，无一不是可憎可恶之人。他们认外国资本家为"父"，以"有奶便是娘"作为人生信条，唯利是图。替他们的洋主子效忠时，鞍前马后，不遗余力，出谋划策，充当走狗。而贩卖民族利益时，又是那么的寡廉鲜耻天经地义心安理得，连犹大那一点儿惴惴不安都没有。

对于他们，即使内地以外的华人，从前也是怀有不同程度的轻蔑鄙憎之心的。

比如香港武打片巨星李小龙的系列电影中，敌对的外国"黑社会"团伙总是有一个形象猥狎的、令人愤怒的中国翻译。而那外国"黑社会"团伙的背后，又总有一种外国财团势力做后台。那么那个中国翻译，其实是间接为那一种外国财团势力服务的。或曰充当忠实军师，狐假虎威。在护尊拒辱、争凶斗狠的表面情节线索之下，环环铺垫着、起伏跌宕着另一类主要内容——那一外国财团势力，或具体的一个外国资本家、一个商人，企图搞垮一家中国银行或一家中国企业，占有一块中国黄金地段，最起码是挤走一家经济效益非常之好的中国店铺或餐馆。李小龙在片中往往是逐渐看清对方们的狼子野心的。于是他的中国拳脚功夫，似乎也就有了较单纯的、行侠仗义助弱御强的个人英雄主义以外的意义。而他在使对方们领教了他的厉害的同时，总是不忘令人拍手称快地惩罚那个对方们的忠实走狗。他在好几部片子里都将那走狗干脆"彻底解决"了，也就是弄死了。而那往往是由同一个演来得心应手的演员所饰的角色，却又会出现在李小龙系列片的下一部里，还是演走狗，而且必定将比上一部片子里的自己更可恨。于是也就须李小龙再弄死他一回。可他下下一部片子里仍出现，似乎是弄不死的，谁想要"彻底解决"也解决不了的。

在从前的年代里，他是一个被较成功地脸谱化了的、以翻译的身份作幌子的、小"买办"的不散的阴魂。

老舍先生的著名话剧《茶馆》中，以史笔的塑造功力，刻画了老刘麻子和小刘麻子两代人物。老刘麻子是一个专靠"拉皮条"抽成的家伙，混迹于有钱人和穷人之间的人贩子。在剧中他"成功"地将逃荒的妇女的女儿贩卖给了前朝老太监。后来他被两兄弟逃兵以银圆收买的行刑队砍了头，权作逃兵的头去领赏了。

再后来他的儿子小刘麻子出现在剧中时，实际身份就是一个"买办"了。小刘麻子出国混了几年，回国后张张罗罗地一心开妓院。他的大志向是依靠外国人的投资，在中国搞"连锁妓院"，最终形成"妓女跨国托拉斯",也就是"卖淫集团公司"。

茅盾先生的名著《子夜》中,也塑造了一个"买办"形象,比之李小龙系列电影中的中国翻译和老舍先生《茶馆》中的小刘麻子,是明显高了几个层次的"买办"。但高也不过就高在社会地位和身份上,骨子里却是一类人,叫赵伯韬,是上海滩"公债场上的一位魔王"。《子夜》中写他"四十多岁,中等身材,一张三角脸,深陷的黑眼睛炯炯有神"。又写他"是大户多头,各项公债他都扒进","然而他也扒进各式各样的女人"。他引诱民族资本家吴荪甫涉足股市,并设计"套"牢了吴。在对方走投无路时,他终于图穷匕首见,提出要"盘"对方的公司和厂。而他背后,"实则勾结了洋商,来向中国厂家放贷抵押款"。按今天的说法,便是外商对民族企业的吞并和绝对控股。在旧上海滩,赵伯韬之类又被叫作掮客。离开洋后台,其实成不了气候。

由于"买办"名下的一类中国人,在历史上劣迹流传,给我这个年龄段以上的普遍的中国人造成的印象无疑是"丑类"。我出生于新中国成立以后,自然没接触过一位新中国成立之前的"买办"人物。我的偏见是后天在头脑中形成的,是"政治思想"教化的成果。的确,"买办"一词,在我从小到大的认知范围里,一向更意味着是一个政治属性的概念,而非一个商业属性的概念。当然,我也明白,无论从前还是现在,在中国,"买办"作为一种商业现象,要完全摆脱掉政治色彩去理解,也是一种不足取的观点。"改革开放"就首先是中国政治纲领上的大举措,而中国新生的"买办"者阶层,恰是在这一大背景下产生并形成的,也只能在这样的大背景下才能产生并形成。

由于从前的"买办"者人物在大陆几乎绝迹,我无法采访到他们中的任何一个,也就无法听他们对自己的历史功过进行辩说,而这是我写此一章最希望搜集到的资料。我确信倘由他们对自己进行辩说,有助于矫正我们普遍的当代中国人对"买办"一词传统认知上的偏见。

既有"洋务运动",便必有"买办"者应运而生。

倘我们承认"洋务运动"也有为国求功的一面,那么从前的"买办"

者们，恐怕就未必只有过。"洋务运动"的破产，革命运动的兴起，内乱经久，战火不息，国不强，民不富，江山满目疮痍，世间哀鸿遍野，这样恶劣的历史条件下，从前的"买办"者们，似乎也只能成为一些紧紧附庸于外国资本家，见利忘义，大发国难财的人。其在国际商务中的正面作为和积极作用，是很难得以显现的。他们中怀有这种初衷的人（我确信肯定是有这样的人的），为保名节的清白，也就只能脱浊而去，放弃初衷了。

所以我认为，"买办"原本不应是一个名声狼藉的词，它起码应是个中性的词，一个商业词典中的词。

任何一种事物，都有其存在的必然性。

任何一种必然性的存在，都可能因条件的截然不同，而表现出作用的不同。

中国之从前的和现在的"买办"阶层的表现便是一例。

我查最新版的《新华词典》，对"买办"条目的解释是——"殖民地半殖民地国家里，替外国资本家在本国市场推销产品，掠夺资源，进行经济侵略活动的代理人。"

如今之中国，当然早已非殖民地半殖民地国家。

那么，看来"买办"一词，铁定是一种特指，今天是不好再用来归纳某些中国人了。

在殖民地半殖民地国家里，外国资本家在该国推销产品，进行资源购买，无疑都带有不同程度的强迫性和野蛮性。做他们的代理人的该国人，遭到本国人的敌视也就理所当然，丝毫也不足为怪了。

于是，我将我这一章的标题，初定为《中国代理人阶层》。

但是我又当即意识到，这在语法上是有毛病的。它的意思仿佛成了——代理中国的……人的阶层。

我将"代理人"三个字标上了引号。可是似乎并不能改变被颠倒的意思，反而显得更加暧昧不明了。

我再次将标题补充修正为——《外国商业机构、集团及资本家在中国之中国代理人阶层》。

这么补充修正，意思倒似乎完整了些，但却不太像标题了，觉得像文牍的条例用语了。

最后，我终于决定，还是用现在这一简练的标题为上——《当代"买办"者阶层》。

据我想来，昔也"代理"，今也"代理"，既同为"代理"，又何妨同谓之"买办"呢？

昔也"买办"，今也"买办"，世事沧桑，时代演进。前提不同了，条件不同了，社会大背景不同了，存在的意义和性质也不同了，今非昔比。但在外国和本国之间所扮演的商业角色，所进行的商业操作，应该说还是有很大相同之处的。

所以，我申明如下：

第一，我并不完全接受毛泽东对从前"买办"者阶层的权威性宣判。或者，更确切地说，我从前百分之百地接受过，现在，起码在百分之五十的认知程度上不接受了。从前，是在百分之百地接受他老人家的阶级和阶级斗争的历史观的同时接受的。现在，我最多只能在百分之五十的认知程度上理解他老人家阶级和阶级斗争的历史观有一定合理性。由于历史观上已与他老人家相左，或曰思想背离甚远了，所以我才不再能完全接受他对从前"买办"者阶层的权威性宣判了。第二，我也不能完全接受最新版的《新华词典》对"买办"一词的注解。

我认为，在经济次发达国家与经济发达国家之间的经济活动中，只要这一活动由官方垄断部分地转移向民间渠道了，"买办"者们不但必然产生，而且必然逐渐形成阶层。其实，在中国的古代，在沿海省份对外通商的繁荣时期，便有古代的中国"买办"者们存在着。只要国泰民安，他们并不危害民族利益。相反，他们却能发挥"买办"的积极的商业作用。进言之，即使在殖民地半殖民地的历史中，只要那殖民统治是相对文明的，不是特别野蛮的，"买办"者们的作用，也仍需以两分法来客观分析。

基于以上思想，我对自己最终决定的标题心里踏实了些。

是的，我只是就"代理人"评说"代理人"。援引"买办"一词姑且用之，绝对不意味着我对"买办"名下的一切中国人的态度，是与毛泽东《中国社会各阶级的分析》的论述和《新华词典》的注解相一致。

我平生遇到的第一位"买办"者，或套用如今时髦的说法称之为"后买办"者，是当年的一名北大荒知青，上海人。

大约1985年，我在一个偶然的情况下结识了他。既同是当年的北大荒知青，"亲情"马上发挥作用。一见如故，仿佛老友。几天后他到北影我小陋的家里做客，彼此畅谈身为知青时的种种相似经历，甚是投和愉悦。那一天我原本想招待他吃午饭的，可他吞吞吐吐言明他的主要来意后，我对他的态度竟难以掩饰地冷淡了。他说他正在充当港台两地某几位出版商的代理人，希望我将自己的小说通过他的联络在港台两地出版，并希望通过我的联络，游说国内一批中青年作家都将在港台两地的版权委托于他。

他吞吞吐吐地说时，两眼熠熠闪光，仿佛不是在要求主动为我服务，而是在开口向我借一笔很大数目的钱似的。在我这一方面，我还觉得，他是打算借了钱去做极不光彩的、苟且的事似的。

唯恐我不相信他的诚意和信誉，他还郑重地出示了几份港台两地出版商委任他为代理人的正式授权书请我过目。

不看犹可，一看之下，我顿生惕心，对他的态度更加冷淡了，想要出于主人的礼貌掩饰起几分都办不到。

斯时我刚加入中国作家协会还不满一年。入"作协"对我而言，其严肃性几乎等同于一个在政治上极端要求进步的人入了党。

我说——这件事是绝对地不可以的，丝毫也没有商量的余地。我当时将"绝对"两个字，说出格外强调的意味儿。

他说，还是商量商量吧，还是商量商量吧。说你不是已经出了两本集子了吗？说国内的稿酬，最高不是才每千字二十来元吗？——当时的稿酬标准的确是那样——说在港台地区出书，作家抽版税，多出版一本，就可以多拿相当于国内三四千字的稿酬，你为什么不愿考虑考虑呢？

我正色道——这不是钱的问题，这是中国作家的原则问题、品质问题，堂堂"作协"作家，怎么可以将自己的书拱手相送给港台的出版商？

他说，人家不是想白出版你的书呀！我刚才不是已经讲明了嘛，你可以抽版税的啊！

我说——我的作品发表，国内刊物已经付给了我稿酬。结集出版，国内出版社也付给了我稿酬。尽管不高，但我已相当满足。你却想诱使我将书再在港台两地出版，再多拿一份稿酬，你把我看成什么人了？我是那种人吗？而且，你干吗非要充当什么港台两地书商的代理人呢？你如此下去起码是不务正业，你自己倒要好好考虑考虑呢！

我的铁面拒绝和严词教训，使他张口结舌，忽而脸红，忽而脸青，一愣一愣的，十分尴尬。

结果我们不欢而散。

我当然也没留他吃饭，任他怏怏地悻悻地自去。

其后我还在我的小说《溃疡》中写到此事。那一篇小说发表在当年的《文汇月刊》上。

如今想来，我自己当年真是"左"得可以。可我当年在一些思想正统的中老年者眼中，却又不幸地是一个"思想具有极端自由化倾向"的、"时常散布错误观点错误言论"的青年作家。当年的中宣部、文化部所收到的检举、揭发、批评我的"小汇报"，据我后来知道的，就有五六封之多。蒙在鼓里自己浑然不知的，大约不少于五封。

自己分析自己，我当年在那件事上的"左"，显然有着几分自己保护自己的心理在作祟。

而客观上的原因是，中国当年虽然已经进行了"思想解放运动"，但整个中国社会，却似乎仍处在"左"的思想的一贯笼罩之下。

复旦大学与我同届的瑞典留学生沈·麦克到北影找了我几次。因其在瑞典使馆任二秘，居然惊动了安全部和北影保卫处……

有国内作家在港台地区报刊上发表抨击"文革"的文章，居然成为文坛上性质严重、传闻纷纷的"事件"……

与港台地区出版界，尤其新闻界人往来，一般事前事后仍需向本单位领导汇报，起码仍需"打个招呼"，未经批准"擅自接触"，将很可能被疑为"不正常"接触。

刚刚加入"作协"的我，又怎么敢"私下里"将自己的集子交付于港台地区出版商的什么"代理人"呢？

即使排除以上客观原因，当年在我的头脑深处，也还是认为充当港台地区出版商的什么"代理人"，是极不光彩的。这一种"极不光彩"的偏见，恰基于我当年对"买办"二字与《新华词典》的注解相一致的认知观点。记得当天晚上我与妻子谈到那件事，曾以很不屑的口吻说了"买办"一词。我的妻子当年竟也十分赞同我的拒绝。

我在《又是中秋》一篇作品中所写的"老隋"——原黑龙江生产建设兵团文艺处的崔干事知道此事后，和我妻子一样十分赞同我的拒绝。这一点我也在《溃疡》中写到了。

同一意识形态条件下之储存满了认知密码的头脑，对于某些事几乎总是会做出相同的反应。

后来，大约在1985年底或1986年初，阿城等几位青年作家的作品集，率先在港台两地出版，并没引起什么非议。相反，全国各报的文艺版，争相以祝贺般的行文加以报道。

我的那位做港台两地出版商代理人的知青战友，只因其操作超前了半年，就在我家无端受了我一顿自以为是的"思想教育"，碰了一次硬钉子。他若在"阿城们"之后来找我，我想我肯定会怀着感激，喜笑颜开地答应他这位"后买办"的要求的。

他当然再也没登过我家的门。我倒不怎么太后悔自己错失良机，但每一想起我当年对他那种恶劣的态度，便觉非常对不住他的一番好意。错都错在我当年对境外"代理人"或曰"买办"一词的先入为主的成见上。

现在，我敢说，国内没有一位作家的家门，会对境外出版商"代理人"闭而不开。那不但意味着是可观的外汇稿酬收入，而且意味着拥有了境外读者。于己，于人，于中国的当代文学，都是好事。这好事因有了"后买办"们的存在，才往往更顺利地成其为好事。

对某些新现象的认知，有人接受得快些，有人接受得慢些。我一向属于接受得慢些那一类人，一向不太会成为"最先吃螃蟹的人"。所幸我具有起码的省悟能力，新现象一旦存在后，经过几次反复认知，只要理解了它的合理性，只要看到了它有作用积极的一面，我是不会偏执地充当它的"敌人"的。

我接触过的第二个"买办"式的人物，也是当年的一位北大荒知青，也是上海人。

那一年北大荒返城知青们要搞"回顾展"，我是"筹委"。在一次筹款会上我认识了他。他的身份是西方某国商业集团驻中国，更确切地说是驻沪"代办"，起码是"代办"之一。据他所言，当年上海正在兴建的一座大厦，便是他的"代办"功绩。因有了那一功绩，外国老板很赏识他的能力。因能力备受赏识，他的佣金也相当高。当然其佣金非是人民币，而是美元。他说他被外国老板派来北京，住北京饭店。以"全权代理"身份，开创驻京代办处的事业。

他当场为"回顾展"捐助一千美元。

大家都很感激他的慷慨。没有一个人认为他替外国老板服务有什么不光彩。相反，倒是都有些羡慕。

中国人对新事物的接受，其实比某些社会学家分析和估计的要快得多。

这使我对上海人的认知水平有了感性的提高——单论对商业时代之到来的反应迅速和抵牾期短、适应性强，全国除了广州人和福建人，接下来大约就要数上海人了。我觉得相当一部分上海人，几乎都先天性地具有当一位称职的"买办"的头脑和才干。而且，他们可能也比较乐于当。倘搞一次上海市的民意调查，大约可以证实，他们的理想的择业愿望，除了乐于当老板，退而求其次，也许就是乐于当"买办"了。

在当代中国，上海和北京是"出产"较高级的"买办"人物的最主要的城市。北京"出产"较高级的"买办"，受益于它的首都地位，以及皇城根大院儿权势背景的优越。上海"出产"较高级的"买办"，则可能更是一座城市的历史基因，和商业气息浓厚的"上海滩文化"的代代熏陶使然。

将上海人与广州人、福建人相比，后者们即使已然是成功的"买办"了，可不知为什么，总使人感到他们仍只不过是"打工仔"。他们身上似乎永远脱不掉"打工仔"的某种先天遗传特征似的。而上海人，哪怕他明明只不过是境外商家的"打工仔"，却总企图以他后天不知从哪儿模仿来的所谓"儒商气质"——如果世上果有这种让人听起来总不免觉得古古怪怪含意十分暧昧的气质的话——向你表明他是一位大"买办"。

广州人和福建人倘真是"买办"的话，谈到某些政府部门和那里的官员，口吻常是淡淡的、疏疏的，仿佛是些他们根本不感兴趣的地方和与他们毫不相干的人，就如同一个年轻又健康的人而谈到疗养院和那儿的保健医护们似的。

上海的"买办"们谈到某些政府部门和那里的官员，尤其某些照例要监管着他们的"买办"行为的政府部门和某些掌握着他们的"买办"手续上必不可少的公章的官员，大抵都出言谨慎，尽量显出应有的那么一点儿起码的敬意。似乎在以此含蓄地暗示他们是很守法的人。他们的"买办"行为多么合乎规范，哪怕他们心里并不真的怀有敬意。

而北京的"买办"们谈到以上那些政府部门和那些官员，要么不禁地激愤起来，仿佛受压迫了一年又一年，恨不得哪一天要进行"革命"似的；要么就好比谈到了他的母校，谈到了他的三叔四舅二大爷，或谈到了他的"铁哥们儿"。他们常常夸口说他们去那些地方如到岳父母家去一样受宠受欢迎，而又和那些官员的关系多么多么随便。

倘一个上海的"买办"和一个北京的"买办"坐到了一块儿，并且有另外一些人的话，上海的"买办"们的社交原则似乎总是想使你明白，他们自认为他们是比官员低一档的社会人物。而北京的"买办"们，似乎一定要想使你明白，他们其实是比官员高不止一个阶层的社会人物。他们之所以还得和官员打交道，实在是出于迫不得已，否则，哼！……

广州和福建的市民们，谈到些个小"买办"们，就像谈到社区街拐角儿的小餐馆主，当他们为寻常人，而不怎么会以"人物"相视。只有谈到些境外大商家的"全权代理人"，口吻中才流露心理色彩。那一种心理色彩所包含的，更多是羡慕。至于相关的敬意，即或有，成分也少得微不足道。

"他们有高级轿车坐嘛，住大房子嘛，薪水多喽！"

对境外大商家的"全权代理人"，不过就有如此这般的些个话好说。再让他们多说几句，他们往往真的实在无话可说了。

但上海的市民们，即或谈到些个小"买办"，似乎也是在谈到些个"人物"。口吻流露之心理色彩，不乏几分攀扯，几分醋意。印象好的，顿时做出熟稔的表情，仿佛是自己可以招之即来的。印象不好的，则附带几句讥诮，仿佛是最不应该中奖的邻居中了头彩。说明在他们心目中，小"买办"的社会地位，那也毕竟是高于小餐馆主的。"买办"虽小，到底也与境外之商家存在着关系。其关系是上海人如今格外重视的，认为是幸运，是福气。对大些的"买办"，上海人谈论起来，就不禁地肃然起敬了，如同在谈论一位"驻沪领事"一般，并且似乎还体现着某种骄傲，仿佛同为上海人，自己当然也值得荣耀似的。

北京人对大小"买办"都缺乏由衷的敬意。这里指的当然是老北京人。老北京人的意识中，似乎生来有种"一等子民"的心理倾向。这一种心理倾向，表现为对什么人都大不以为意。活在天子脚下，达官重宦他们见识得多了，何况"买办"乎？"假洋鬼子""小刘麻子"，我常觉得，对大小"买办"，他们心里准是经常如是想的。

有次我碰到了这样的情况——在通往郊区的公路上，发生了车祸。负责疏导的两名交警，隔十几分钟放一辆车通行。那一天我陪朋友替某电视剧组选外景。朋友的车是一辆帆布篷吉普，四万多一辆那一种。在一长串被堵塞的车队中，以其"低廉"身价而显眼。在朋友的车后，是一辆气派的"奔驰"。我和朋友下车吸烟时，见"奔驰"的司机是一戴墨镜的短发女郎。其发之短，乍一眼看去，会以为是剪学生头的高中男生。她旁边坐的是一位四十多岁的男人，西装笔挺，领带中正，领带上，一枚领带夹闪闪发光。朋友的车前边，还有三辆车。也就是说，按每隔十几分钟放行一辆的时序，待到那辆"奔驰"轮动，得五十多分钟后。

"奔驰"里的男女的耐性终于经受不住考验了。那女司机下了车，有点儿气急败坏地向一名交警走去。她的裙子之短和她的头发之短一样新潮。高跟鞋踏在柏油路面上，一步一响。

她走到交警跟前，忍无可忍地说："下一辆先放行我们吧，我们是××公司驻京机构的！"

听来，那××公司，显然是境外商家的名称。朋友朝那边努努嘴说："瞧，想超我们前边去！美人儿出马，一个顶俩啊！"

我说："你小声点儿，叫人家听到了多不好。你没见人家开的是'奔驰'啊？"

不料，那三十多岁的交警，从兜里也掏出墨镜，慢条斯理地戴上后，板着面孔将女郎从头到脚从脚到头打量了一番，冷冷地说："小姐，一边去，别在我眼前晃，妨碍我执行公务！"

女郎愣了愣，反而从脸上摘下了墨镜，一时遭受到奇耻大辱似的干瞪着那交警说不出话。

那交警不再理她，一摆手，又放行了一辆。"奔驰"里的男人下了车，大步跨到交警跟前，问罪似的开口道："她刚才的话你没听到吗？"

那交警侧脸扫了他一眼，复瞪着女郎严厉地说："我刚才的话你没听见吗？一边去，别妨碍我执行公务！"——由于墨镜罩着双眼，我看不到他眼中当时朝女郎投射出的是一种怎样的目光。

女郎神色狼狈，掩饰地又戴上了墨镜，气呼呼地说："他是我老板，是我们××公司驻京机构的全权总代理！"

交警仍板着脸冷冷地回答："他不是我老板。即使是中央首长的车，这会儿也得听我指挥！"

而那男人，居然也从兜里掏出了一副墨镜戴上，瞪着交警大声说："我有重要商务，耽误了你要负责的。"

交警的声音却未提高，但还是冷冷的。他说："你不知道该怎么向你的外国老板解释吗？那么我教你——交通事故，这叫意外性的不可抗力。"说着，摆手放行了下一辆车。

那男人也气得说不出话来了。而另一名交警，则始终在一长串被堵塞的车辆旁踱来踱去。我和朋友能清清楚楚地听到那边一对二的话，他当然也是能听见的。我猜，他并不过去，是认为他的搭档应答得很能体现出交警的尊严以及此时此刻的权威。并且心里是支持他的搭档的。

那"全权总代理"突然气势汹汹地抡着胳膊吼了起来："不就是小交警吗？有什么了不起？充的什么老大啊！连外国的交警，这点儿面子也是肯给的！"

而偏不肯给他"这点儿面子"的交警，平举手臂，用戴雪白手套的手指直指着他凛凛地说："你说话要注意！你已经在妨碍我执行公务了！"

许多车里探出了头，其中一人喊道："替外国人当差有什么牛的啊！我们后边的都有耐性等，你的车在前边倒急的哪门子？再下一辆不就轮到你了嘛！"

那"全权总代理"继续跺着脚吼："我明天一定找你们局长！叫你小子吃不了兜着走！"

女郎也从旁帮腔："对！饶不了他！"

另一名交警竖起一只同样戴着雪白手套的手，制止了一阵七言八语的义愤的议论，然后走向"全权总代理"，至前"啪"地立正，一个极标准的敬礼，姿势相当帅。他放下敬礼的手，将脸转向女郎，文质彬彬地说："小姐，请允许我纠正您的语法错误——既然已经强调了'全权'，何必之后还要赘加一个'总'字？既然是'总代理'，又何必强调'全权'？如今冒充的事儿多，您的语法错误，很容易使我们对你们二位的真实身份产生怀疑。您说是不是？"

那女郎张了张嘴，想顶句什么，却什么话也没说出口，两片红唇，半天合不上。

那交警又对"全权总代理"说："先生，第一，我提醒您，不管您是否取得了外国护照，客观情况是，您的车停在中国的一条公路上。您面对的是一起发生在中国公路上的交通事故和两名中国交警。所以，此时此刻，您必须丢掉关于外国交警将会如何如何对待您的联想，服从和配合我们这两名中国交警的疏导指挥，不管您心里有多么瞧不起我们。第二，我想您应该明白，在外国也会发生车祸的，而外国交警在车祸发生后所能做的，其实和我们这两名中国交警在做的差不多。第三，您看几里地以外的雾还没散尽，我们有意控制公路上的车辆间距，也是为了防止发生追尾事故。但如果您确有紧急商务，请向我们简略陈述，比如要赶到什么地方去，会见什么人，耽误了十几分钟后果会多么严重，不按先后顺序也总得有些理由嘛！"

不料那"全权总代理"怔愣片刻，蛮横又傲慢地叫嚷起来了："我拒绝回答！这是我们公司的一级商务机密！是我的最高隐私！你们有什么资格知道？"

那比他的搭档能说会道的交警爱莫能助地耸耸肩，转身离开，走到我们的车前摆了摆手。

我和朋友赶紧上车。车从那自认为理当受到格外关照的一男一女身旁驶过时，朋友探出头快哉地对他们说了句："拜拜！"

我回想刚才那一幕，三男一女双方都戴着大墨镜，言来语去之际，墨镜虽然罩住了他们各自的眼睛，虽然将他们各自的目光挡在了蓝黑色的镜片后，使旁观者根本无法洞察到他们双方当时的心理，但那一副副大镜片本身，似乎也足以显示着双方各自的心理意味，似乎比双方的目光反映出了更加丰富的内容。我觉得仿佛看到的是一部电影的实拍现场。

朋友一边开车一边说："够味儿！真想不到，真想不到。"

我问他真想不到什么。

他说真想不到，北京的交警中，居然有话锋那么犀利又能把道理讲得那么滴水不漏的出色人物！他说他以后再也不敢小瞧交警了。

接着，他就尖酸刻薄地将那"全权总代理"尽情地讽刺挖苦了一番。说牛气个什么劲啊！不就坐的是辆"奔驰"，司机是个不男不女的小破妞儿吗？说据他总结的规律，无论在北京还是在外地，凡是雇用年轻漂亮的女司机的，哪怕身份形形色色，格调上其实都是同一类男人，都是喜淫好色之徒。并由一人而推及广泛，又说几乎所有的境外商家的"代理人"，大抵都对中国犯有同一条罪行——损害祖国经济利益罪。说区别仅仅在于，有的罪行已经暴露，已受到了法律的制裁；有的罪行还包藏甚严或较严，还在经常神气活现地招摇过市。但说不定哪一天就将受到法律无情的审判……

他信口开河，说的当然尽是些偏激肆谤之词。根据也当然尽是些捕风捉影，没什么真凭实据的人和事。

我呢，默笑地听着而已，并不同意他"打击一大片"的言论，却也懒得替"买办"们辩护。

中午，我们在一家小饭馆吃饭时，后面几辆车的车主，也相随着走入了那家小饭馆。因为都曾是公路上那一幕的旁观者，所以免不了相互打招呼。他们告诉我们，我们的车一开走，那一对男女大觉丢面子，嘴里不干不净骂骂咧咧。两名交警中的一名——不是那名放我们的车通过的，而是前一名，在他们的骂声中，将他们的"奔驰"开下公路，将车钥匙揣进自己衣兜了。这么一来，他们倒变得没脾气了，反而开始低声下气地央求还他们车钥匙了。交警说，车钥匙最终当然是会还给他们的，不过他们干扰值勤，先得看看能证明他们确实身份的证件……

"你们猜怎么着？那男的见央求无效，不得不交出一份证件时，那种面红耳赤的狼狈相就别提多让人厌恶！原来他根本就不是什么国外大公司的'全权总代理'，而是外省公司驻京办事处的司机！趁公休日车闲着，带一个小破妞儿找地方寻欢作乐去！那小姐身上连一份证件都没有，兴许就是只'鸡'……"

告诉我们"最后情节"的人讲得绘声绘色，一副幸灾乐祸的样子。他们吃饭之际，嘴也不耽误说话，仍高谈阔论着那一件事，仿佛都是当日头条新闻的目击者。

"妈的，我早看出那一对鸟人根本不是什么正经男女了！"

"哎哎哎，话也不能这么说，打击面儿太宽了。别因为那男的只不过是司机，你就觉得有理由认为他不正经嘛！"

"是司机他冒充什么'全权总代理'！还他妈专打着外国的旗号来压咱们中国的交警？休息日离开北京，把车开到那条公路上，还带着个秘书不像秘书，翻译不像翻译，穿超短裙、高跟鞋，戴墨镜的小破妞儿！不明摆着是找地方放荡去吗？你们说谈商务干吗非得离开北京？前边儿除了玩儿的地方，可有什么比在北京谈更好更高级的地方？连咱们稍微这么一想都起疑，唬得过常在那一条公路上值勤的咱们北京的交警同志吗？"

"嚯，嚯，还咱们北京起来了！还交警同志起来了，你自豪个什么劲儿哇？你以前不是一提交警就气不打一处来吗？今天怎么了？"

"其实我看呀，那俩交警对他们是一对儿什么样的男女，打算干什么去，心里早有数了。只不过不太愿和他们认真罢了。他们要不骂就好了，不骂哪儿能扣他们的车呢！下一辆不就轮到他们通过了嘛！"

"拉大旗做虎皮，还成心跟交警叫板，活他妈该！"

"对！这话我爱听。活他妈该！"

"我顶看不惯那些什么外商'代理人'了！代理什么？代理谁的利益？人家和你的国做生意，却物色了你代理人家的利益，你的角色，在你的国和同胞面前可究竟有什么光彩的？还动不动就打出外国的旗号，高等华人似的在自己同胞面前趾高气扬！你他妈得意个什么劲儿啊！"

"哎哎哎，别瞪着我说，我又不是！"

"那被扣了车的男人也不是嘛！"

"正因为他也不是，我才觉得那件事儿并不太精彩。如果真是，才精彩！看着才过瘾！才解气！"

于是他们的话题转移了，开始了对于中国"买办"式人物们你一言我一语的攻讦。其话皆大不敬。

那一件事虽然已经过去很久了，但我仍常常想起。每次想起，总觉得内含着不少值得掰开了揉碎了分析分析的价值。

想那开"奔驰"的司机，岂不是没事儿找事儿嘛！看去也是有家有室的人了，你愿离开北京去干什么你就干什么去，只要你单位不过问，你老婆没意见，你不违反交通规则，人家交警也没职责干涉。可他偏不，偏要在众目睽睽之下，自行地跳将出来，在条件和时机于他并不多么有利的"规定情境"中，冒充什么境外大公司的"全权总代理"，满足片刻虚荣心，抬高身份给谁们看呢？还不是给开国产车的自己的同胞们看吗？

想那小妞儿也古怪，分明和他患的是同一类病，既无驾驶证，也无身份证，就敢开"奔驰"过把瘾！过把瘾就过把瘾吧，见了交警，倒识趣儿点儿呀！却偏不识趣儿，偏还要颐指气使地上前去要求"关照"，编了假身份好让后边一溜儿开国产车的男人们的眼睛都注意地看她。就算骗过了两名交警，一摆手优先放他们的"奔驰"过去了，那一二分钟内的虚荣心的满足，自我感觉真就非常的好吗？

倘她不碰钉子，那男的也不至于非上前去忘乎所以地耍威风。

冒充官员，他不像。由于她那不男不女不伦不类的模样，使他尤其冒充不了。偏要冒充，也太容易使人联想到官员的腐败和堕落方面去。

冒充国内某些大公司的老板吧，可能又怕被冒充者们知名度太高，话一出口立刻露马脚。而冒充公司小一点的老板，可能又觉得完全没有知名度，白冒充一把。既不会使两名交警顿生敬意，另眼相看，也难以满足自己片刻内突然发作的虚荣心。

于是冒充境外大公司的"全权总代理"，成了在那一"规定情境"下最值得当众表演一番的"节目"。

既"外"又"大"，不但"全权"而且"总"代理。在某些中国人心目中，是足以傲视中国的厅局长，甚至可与市长省长平起平坐，一比身份之高低的人物。真是这样的人物，感觉自然非凡。于是只冒充一把，片刻内的心理也很优越。一向不怎么能优越起来的人，难免经常幻想这一种优越附身。一有时机，那幻想便瘾发，头脑中遂生出并没有这一种幻想之人绝难理解的古怪荒唐之念。

倘无那不伦不类不男不女的"妞儿"随行，那司机先生兴许不至于心生拙念。

男人的古怪荒唐滑稽可笑的行径，往往也是出于满足讨好女人之虚荣的目的。

倘被堵塞住的车辆并不多，他大约也不至于心生拙念。

幻想自己是一位优越人物的表演，哪怕即兴，也是需要足够多的观众的。

倘被堵塞住的车辆中，前有"劳斯莱斯""凯迪拉克"，后有"宝马""林肯"，他还未必会心生拙念。偏偏一溜车中，皆是身价寻常的旧国产货。无非"桑塔纳""标致""捷达"什么的，唯我的朋友那辆车看去新些，却只不过是四万多元的帆布篷盖的吉普。这就使他那一辆"奔驰"，仿佛鹤立鸡群，格外惹眼。

他的拙念，分明也是在那么一种使他感到唯我独尊的"规定情境"的"激励"下产生的。

想那两名交警，风度确够矜持可爱。他们的言行，显然同样有表演成分。你不是觉得开的是一辆"奔驰"就似乎应该被另眼相看吗？"奔驰"在我们眼里也不过就是汽车一辆。正如一切病人在医生眼睛里都不过就是病人。你不是自称是什么"全权总代理"吗？不是企图打出什么外国公司的招牌，以什么"重要商务"为借口压我们吗？我们偏不拿你当人物对待。在公路上我们才是真正的上帝。上帝面前人人平等。这会儿，你身份再高，还能高过上帝去吗？

想那些幸灾乐祸的男人，言论之中流露出的淋漓尽致的快感，正是由于一位"买办"式的人物怎样"栽"在两名交警面前的全过程，供他们"白相"[1]了一番。而他们的快感没更加达到高潮，又实在是因为"栽"了的只不过是冒牌的"买办"。

---

[1] 上海话，意指嬉闹、调笑。

一方面,"买办"式的人物在中国的现实中似乎处处得宠,这是"中国特色"。另一方面,他们在现实中又似乎时时受到来自同胞们心理潜意识层的种种敌意的滋扰,这也是"中国特色"。普遍的中国百姓,对"买办"式人物们,是不大能真的轻蔑得起来的。因为都清楚,"买办"式人物们在中国社会中的现实地位,乃是比自己高好几级,一辈子也超越不了的等级的,何况也没什么机会表示轻蔑。尽管内心里都是非常想要那样,而一旦真有机会面对一位名副其实的较大的"买办"人物,他们内心里原先想要表示轻蔑的念头,却又会如冰近火,顷刻融化,代之而顿生的竟往往是一种相形见绌似的自卑。由于这自卑的摆布,甚至进而会表现得仿佛三生有幸,攀附巴结,逢迎取悦唯恐不及。普遍的中国百姓,大抵只能对些小"买办"人物们投以轻蔑的目光,而小"买办"们又是最不在乎这一套的。他们显出见怪不怪、其怪必败的自信模样,更加神气活现,使企图轻蔑他们一下以获快感的同胞,反倒自己被着实地轻蔑了似的。

一种"中国特色",如同印花,印在"买办"式人物们一边的脸颊上;另一种"中国特色",亦如同印花,印在"买办"式人物们另一边的脸颊上。

你从这一侧看"买办"式人物们的脸,会觉得那印花像是由"春风得意"四个中国字组成的;你从另一侧看"买办"式人物们的另一边脸,又会觉得那个印花像是由"冷暖自知"四个中国字组成的。而你若从对面正视他们的脸,则会觉得他们的脸似乎是由两个截然不同的人的两半边不太对称的脸拼成的——这一半边脸是专为他们的外国老板们而生的,表情也是专为他们的外国老板而现的。这一半边脸一般肌肉比较灵活,表情也相应地比较细致比较丰富。这一半边脸往往是生动而又善解人意的脸,随时随地会做出诸如忠诚可靠、虚心谨慎、兢兢业业、任劳任怨、不计名利、无私奉献之类的容状貌态,如同是半边中国"劳模"的脸;另半边脸是专为自己的同胞们而生的,表情也是专为自己的同胞们而现的。另半边脸的肌肉不知缘何比较地僵死,表情也相应地比较呆板缺少变化。另半边脸在必要之时总是会呈现出一种暧昧的表情。那表情仿佛是一种无言的自白。那自白的逻辑意味儿又仿佛是这样的——"请尊重我。请勿犯我。尊重我也就是尊重……冒犯我也就是冒犯……"

在多种情况下，他们也较善于对他们所代理的外国公司将与之打交道的中国官员们"启动"前半边脸。但是，他们绝对地不会以后半边脸上的表情对待他们的外国老板。如果他们犯了那样的错误，他们的"买办"生涯也就可能结束了。两半边脸，仿佛受两套神经系统控制。事实上，他们的中国心里的林林总总的中国式的喜怒哀乐烦愁忧戚，总是要尽量隐蔽在另半边脸皮底下，不轻易暴露于外国老板眼前。

夹在祖国和外国之间，中国当代的"买办"人物们，虽然身份较优越，却往往不得不于现实中横身而立。这一种存在的姿态，其实也是挺累的。做到不偏不倚需要高度的技巧和出色的斡旋成事的能力。当祖国的，或祖国的某一地方的经济利益和他们所效劳的外国老板们的经济利益发生冲突，双方互不相让时，他们的角色就不免地有些尴尬了。

按理而言，如果我们承认"买办"式人物的存在性质，主要是一种商业职能人物的性质的话，对于他们的评说，也就应该简单而轻松了。

但事实又并不完全是那样。

日本有"买办"式人物吗？——我们这里专指的是身为日本人，但是在日本国内"代理"中国商业利益并为中国的商业利益服务有时甚至与本国商业利益展开激烈竞争的日本人……

从前当然没有。

现在据说也有了。

但——一个如此这般的日本人，因而竟会在日本现实社会中地位优越起来吗？

我向许多日本人提出过这样的问题。

他们毫不犹豫地给予我的回答皆是否定的。

我们没有任何理由不相信他们的话。

实际上，据我了解的情况，一位"代理"中国商业利益并为中国商业利益服务的日本人，在日本这一个国家里，社会地位非但不会因而高贵起来，身份非但不会因而优越起来，反而经常容易受到歧视。他们的社会地位和身份，与"代理"日本商业利益并为日本的商业利益服务的中国人相比——在日本类乎"二等国民"。如果一个日本人竟然冒日本天下之大不韪，还要替外国（无论中国或其他国家）的经济利益在本国一展雄风，长驱直入地占领市场角逐强弱，不遗余力地进行竞争的话，那么肯定是要受到许多日本人的民族心理的一致排斥的。有时这种心理上的排斥和歧视，甚至导致公开的暴烈的行动。我的日本朋友告诉我，日本曾经发生过韩国商业集团的日本代理人遭到自己同胞殴打的事件。

在美国也大致如此——一个美国人绝对地不可能因为他是其他国家尤其是中国经济利益的代理人，而身价倍增，仿佛是高等美国公民了似的。

在英国、法国、意大利、澳大利亚，一位"买办"式人物在他的本国，都不会像一位中国"买办"式人物在中国那么嘚瑟。他们自己首先就优越不起来。他们的同胞也绝不至于因为他们是外国经济利益的"买办"而格外尊敬他们些。

实际情况是，在经济发达国家，几乎并不存在什么由他们本国人所充当的，"代理"别国经济利益的"买办"式人物。其实只有和别国做买卖的他们本国的商人，以及别国商业集团商业机构在他们本国所招募的职员，而后者们又往往是临时性的。一有可能，他们还是要脱离而去，尽量优先选择为本国服务的职业。而以上两类人，其实都非属严格意义上的"买办"。

中国在经济发达国家，尤其难以物色到肯于长期为中国的经济利益心甘情愿鞍前马后大效其劳的"买办"人物。即使有人为中国充当那样的角色，也往往是出于他们急切谋职的权宜之计，或是出于对中国的友好。与他们改变个人社会地位乃至个人命运的意识肯定毫无关系。因为在他们看来，那恰恰是事与愿违，徒劳无益，不太能实现的。当然的，他们自己，也就绝对不至于"春风得意"起来，更几乎没有他们本国人对他们"高看一眼"。中国大陆的些个大小资本家，不管是被中国称为"红色"的还是"灰色"的，其实也都根本雇不大起一位经济发达国家中的人为自己充当"买办"。那样的中国资本家还没成气候，或者，还根本没生出来。在别国，叫代理商。以优越的身份代理中国之商品而已。

所以，外国的资本家，大抵是与中国政府，而非某一位中国大陆的资本家做买卖。在这一种买卖关系中，他们"代理"的首先是他们自己的经济利益，这是大前提。他们在这个大前提上是绝不含糊的。没有他们自身的可观的经济利益可获，他们是不会"代理"的。其次是不损害他们本国的经济利益。这往往也是他们自觉恪守的一个原则。最后才是在合法的范围以内，也相应地"代理"中国的经济利益。因为法的周密，一切照章办事即可，故"代理"二字，又意味着公事公办，与在中国的含意相去甚远。

而中国的"买办"式人物们则往往不是这样。因为他们不是资本家，是纯粹的"买办"，故他们自己的经济利益，仅能通过"代理"性服务而获取。所获多少，完全由替外国资本家所做的贡献大小而定。甚至完全取决于他们的外国老板对他们的"代理"性服务满意不满意。若他们的外国老板不满意，则他们的"买办"身份将遭取缔。而那身份对他们意味着太多太多。并且几乎是他们中大多数，在中国境内的最佳活法。所以，他们必得时时刻刻提醒自己清楚这样一点——首先应该全力以赴做到的，是为自己的外国老板在中国谋取到最大限度的经济利益。这样一点做到了，房子会有的，汽车会有的，高薪会有的。他们的外国老板在奖励他们的贡献时，往往是较慷慨大方的。如果他们确实卓有成绩，那奖励甚至可能是别墅和名车。受着这一种一般中国人可望而不可即的大利益的督促，他们的"代理"性服务往往自觉又积极，无须推动。有时，为了达到目的甚至不择手段。他们中某些人，曾替他们的外国老板出谋划策，教他们的外国老板怎样在中国巧妙地避税，"合法"地逃税，以及如何贿赂中国的官员，如何收买和笼络中国的媒体替他们进行宣传。

在一些经济欠发达和落后的国家，也同样产生了替中国的或公或私的经济利益服务的，那些国家中的"买办"式人物。

我曾见到一位越南的"买办"式人物，他替中国某部下属某公司在越南充当"代理"。在他来中国汇报业务期间，请那某公司的头头吃饭。而那某公司的头头，是我一位知青战友的哥哥。结果是我盛情难却，应邀相陪。

那顿饭是在"王府"吃的。七个人消费了一万二千多元。

那是我第一次去"王府"，至今我也就去过那么一次。席间，越南"买办"对我知青战友的哥哥毕恭毕敬，不时显出一副诚惶诚恐的样子。我知青战友的哥哥不问他话，他甚至不主动开口说。仿佛自己不是请客的主人，而只不过是客人中哪一位的秘书或司机，暗觉本无资格在座，唯恐一句话说得不对，会惹哪一位不高兴似的。他自己几乎没吃什么，既局促，又沉默。

买单时，我听到服务小姐向他报价，吓了一跳。心中替他暗暗叫苦不迭。我想越南是多么穷的一个国家啊！这一顿岂不是会使他终生难忘，一辈子每次回忆起来都胆战心惊吗？

我的知青战友奇怪地问我："你额头上怎么一下子出了一层汗？"

我低了头悄悄说："是冷汗。为咱们的越南朋友出的。"

我的知青战友笑了，也悄悄说："你别太自作多情！他早就靠替咱们中国做'买办'暴发了，快成越南的富豪了！人家明一个暗两个养着仨老婆呢！"——并将一份餐巾纸塞在我手里，示意我拭拭额上的汗。

我的汗当然并不是冷汗，也不是为那越南人出的。只不过一句玩笑罢了。拭汗之际，我的知青战友又悄悄说："别看他现在这副样子好像身份很卑微，在越南他是一人物，连河内的某些官员也不敢轻视他。"饭罢，他又带客人们到一处歌舞厅去消遣。而我实在没耐性继续相陪，乘出租车回家。

车上，我不禁地想——商贸真是一只神奇的大手。中国、越南和好才短短几年的时间啊，它就在越南弄出了个靠替中国充当"买办"暴发了的越南"大款"！

由此又想到某些替别的国家的经济利益在中国充当"买办"的中国人，他们在自己的外国老板们面前会是怎样的呢？

　　在世界处于和平的时期，经济实力更加成为衡量一个国家强弱的主要标准。若说是唯一标准也不算夸张。

　　而在经济强国，它们的国人，并不将替发展中国家的经济利益充当"买办"人物为荣，肯定是一个没有太大争议的事实。在西方，在欧洲，诸国之人，并不将替东方，替亚洲诸国的经济利益充当"买办"人物为荣，也肯定是一个没有太大争议的事实。

　　排除西方与东方，欧洲与亚洲，国与国间的经济实力的差距因素，另一个也较主要的因素则可能是——西方和欧洲诸白人国的白人先生和女士们，许多个世纪以来，始终以"地球村"的高等公民自居。这一意识在他们和她们的头脑中相当顽固。要彻底消弭，至少还需半个世纪的时间。这是他们根深蒂固的大优越感。他们不太愿意仅仅为了钱，而破坏了他们的大优越感的"纯洁性"。以替亚洲人充当"买办"而挣本国人的钱，也许往往是他们所不屑的。何况，只要他们是有一定工作能力又具有敬业精神的人，通过为他们本国服务，其收入足以使他们生活得非常体面。

　　比之中国，日本的经济实力，不可谓不强。但是替日本的经济利益服务的欧洲人，在西方国家里也是寥寥无几的。

　　由此看来，"买办"式人物，既在殖民经济的历史试管中形成胚胎，就不可能不或多或少地袭传了其"试管婴儿"般的基因。既在"洋人优越"的长期偏见深涂重抹的世界大文化背景下被洋老板所雇用，就不可能不企图脱宗换祖认"洋"为父。既在西方先进发达、东方步履滞后的现实中效劳于西方经济，就不可能不紧紧依附于西方经济而患得患失。

　　他们是些审时度势，运筹帷幄，立场、原则、观点和方式方法已经差不多完全西方化了的中国人。

　　他们的心理安全保障是一份西方绿卡。他们的最大人生目标是成为某富裕西方国家的移民。他们的最迫切的希望，是有一天西方人能将他们也视为彻底的西方人，盼着这一天来得越早越好。当然首先是希望他们的洋老板早一天这样看待他们。

像别的中国人谈论起国内的腐败愤世嫉俗一样，他们谈论起国外的种族歧视现象不满久矣。

中国的"买办"式人物们，在隔了三十几年的断代以后，于20世纪80年代中期又起死回生。在20世纪80年代初，国门久锁骤开之际，洋人洋货斜肩而入，卷土重来。那时的某些中国人显得何等的可怜可卑而且可悲！官员们之间为了争夺到一次出国的机会，往往像狼狗和猎狗似的相互扑咬。科技人员为了能从国外带回一台国内尚稀有的彩电，出国前拼命往皮箱里塞方便面。当年曾报载过这样的事——某随团出国考察的工程师，在国外几星期内只吃方便面，结果防腐剂中毒，一命呜呼于异国。

当年北影派往香港的一支代表团，回来时将宾馆冰箱里的小瓶洋酒、饮料、矿泉水之类一扫而光，使接待方极为生气，致函北影提出郑重而又严厉的指责。

当年一个洋人仅用一打在外国超市里买的价格便宜的丝袜，就足以将一名追求虚荣的中国姑娘诱上床。

当年某些中国女子接近洋人的动机简单而又不顾一切——哪一个洋人能将她带出国，她似乎就会毫不在乎地甘愿为他献身一百次。

当年报载一个中国少年杀死另一个中国少年，仅仅是为了从对方身上扒下一件T恤衫——而那其实并非真正的外国名牌。

当年北影协助西方某国拍一部电影，有幸入组的北影人每天可获十美元的补助。而国内剧组成员的补助，最高只不过五六元人民币。美元和人民币之间的比价差，曾使北影人心紊乱，沸沸扬扬。

当年北影老演员于洋曾对我讲过一名年轻的女演员对他讲过的话——"我觉得欧洲男人一个个都是那么美那么有魅力那么性感！与欧洲男人相比，再英俊的中国小伙我看着也丑！我宁愿嫁一个中国人眼里其貌不扬的欧洲老头，也不愿嫁一个咱们中国的英俊小生！"

而她最终果然义无反顾地嫁给了一个其貌不扬的外国老头，随夫赴洋去了。从此泥牛入海，杳无音讯。

当年一个男人不知怎么样有了一次出国机会，但对方要求他是在中国境内有妻子的，而且不得携妻同往。其实是感到了他有移民动机，明知他刚刚离婚，给他出的一个难题。但这个难题并没真的难住他。这一个四十多岁的，既无高等学历，也无专长，连衣兜里的钱都所剩不多的相貌平庸的外省男人，放出一个"马歇尔气球"，许愿哪一位北京女性肯在他要求的极短的时日内和他结婚，他不久后一定将她办到国外去——一传十，十传百，此信息不胫而走，每天到他所住的小旅馆求见他的北京女性络绎不绝。其中一位是我认识的北京某刊的女编辑。最后他相中了她，而她来向我借一大笔美元。因为他迫切需要。

天可怜见，当年我还没摸过真正的美元。我写字桌的玻璃板下倒是压着美元、马克、法郎各一张，面额都不小。

她指着乞求道："那你把这些借给我应急不行吗？我只有积少成多，到处为我丈夫借呀！"

我问："那么你已经和他结婚了吗？"

她说："没结婚我能替他着急上火吗？"

我心中顿时替她感到一阵大的悲哀。三十一二岁未婚的她，是位形象文静秀气，性情温良，头脑并不简单的女性啊！

我又问："你真的爱他吗？"

她回答："那还用说嘛！"

似乎正符合这样的一种逻辑——一个即将到某欧洲国家去闯荡的中国男人，哪怕相貌平庸，在某些头脑并不简单的中国女性眼里，也似乎杰出了起来。

我从玻璃板下抽出了那三张仅有的外币给她看，并且告诉她——都是假的。我的一位朋友在印刷厂工作，他单位欲从国外购进一台一流的彩色复印机，国外便寄来了复印样品图页。外币是他从图页上剪下来送给我好玩的。是真的我能大明面儿地压在玻璃板下吗？

她看了看，表情顿显失望和沮丧，眼圈一红，快哭了。

我说："你可要考虑周到了，千万别上当受骗啊！"

她说："没什么可考虑的了。我都三十多岁了，不年轻了。今后还会碰到几个能把我带到国外去的男人呢？"

她一副破釜沉舟的样子。话语中流露着对年轻女性们所面临的出国机会多多的强烈羡慕，甚至可以说是嫉妒，以及对自己机会就在眼前，目的却可能实现不了的难处的委屈和伤心。

她当然上当受骗了。

那外省男人得到了结婚证明，顺利出国。

她为他欠了四千多美元，并因他在一个时期内成了"国内弃妇"……

四千多美元，折合人民币，在当年是一个大数目……

以后她从北京消失了。有人说她去深圳了，有人说她去海南了，有人说她已成家了，有人说她一直单身着——总之我再也没见到过她……

20世纪80年代初期至中期，在中国人如此这般，种种崇洋心态成片扩展的世相活剧不断上演的虚荣浮躁的岁月里，境外大小商人和大小资本家，放眼中国，求"贤"若渴地寻找和物色着他们的"代理人"。

一方是芳心殷盼飞媚眼，另一方是来步急匆访花踪。正所谓天适其时也，地顺其利也。两相拥抱，往往一拍即合。

当年，在北京的各大饭店大宾馆门前，以及中国香港地区的、中国台湾地区的、外国的大小商人和大小资本家经常出入之所经常游玩之地，几乎每天都聚集着些打算自荐给对方们的中国男女。警卫们呵斥他们和她们，驱赶他们和她们，如同呵斥踏上高台阶的乞丐和驱赶违章摆摊的小贩。

那些中国人当年的没羞没耻，是非常令有尊严感的他们和她们的同胞脸红的。

那种情形，可与股潮疯狂之日股票交易所里的情形相比。

那些中国男女，当年将境外大小商人和大小资本家当成牛气冲天的"牛股"。

而对方们的双脚一旦都迈入中国的大门，很快就对以下两点深有体会：第一点是——这个世界上人口最众多的国家的的确确真诚地欢迎他们的到来。其热忱比他们估计的起码高涨十倍，是他们到来之前无论如何都想象不到的。在有些省市，中国人的热忱甚至流露出受宠若惊诚惶诚恐的意味儿。他们也同样不免地受宠若惊诚惶诚恐。作为商人和资本家，他们在世界其他地方，不太可能受到那么真诚的欢迎和那么热忱的礼遇。中国信誓旦旦地向他们许诺的商业优惠政策，以及中国市场的巨大潜力和广阔前景，使他们振奋不已激动异常信心倍增。第二点是——中国人的真诚和热忱是一回事。中国人的办事效率是另一回事。繁文缛节常使他们头疼万分一筹莫展，不知究竟该从何入手。当年报载——一位外商在中国疲于奔命地忙碌了两个多月，最后悻悻地仅带着一页盖了一百零二个图章的公文纸回国去了。一百零二个图章，手续还没完备。他自己花了两万多美元的食宿费，而中国接待方花了三万多人民币的接待费。这与他们在世界其他国家的遭遇恰恰相反——在世界其他国家没谁那么热情地款待他们，而办事效率却是相当之快的。即使办不成，他们也会得个清楚——为什么办不成？在中国他们所问的"为什么"却很难得到明确的解答。几乎所有他们与之打交道的中国人都会笑容可掬地对他们说"请放心，没问题"之类的话。但就是慢，慢得超出他们的耐心程度。

他们中悟性高的，善于从现象中发现规律、总结经验的人，很快也就明白了——关键是选择哪些中国人做他们的"代理"。选对了，他们在中国的事业才能迅速开拓并顺利发展。他们自己原本也是有商业经验的人。但那一种经验，太局限于与世界各国商人和资本家打交道的谋略，而在中国应用起来大为不灵了。在中国他们必须与之打交道的首先是官员。中国的某些官员有贪心而且又往往假装一本正经道貌岸然。张口"改革"闭口"开放"却又思想僵化方法教条。明明想在假"公"的过程中讨到济"私"的好处却又讳莫如深。好处不到手就来个一拖再拖。与如此这般的些个中国官员打交道的经验和谋略，不是他们在中国临时可以学到并掌握要领，且运用自如的。搞明白了以上玄妙，大抵受中国香港、中国台湾、华裔商人和资本家的启发。看来与某些中国官员打交道，还是聘任比他们"熟能生巧"的中国人为上策。

于是他们首先将物色的目光投向了这么三类中国人——中国官员子女，久居海外但在中国大陆有深厚人际背景的华人，虽然"改革开放"以后才初到国外却立志从商渴望遇到外国"明主"的中国人。他们中有些人本身即同时是中国官员子女。

聘用中国官员子女做"代理人"的好处之一是——打通关节盖印图章往往变成立等可取的事了。

而中国官员对久居海外但在中国大陆有深厚人际背景的华人的真诚和热忱之中别有一番亲情融融的意味儿。后者们的深厚的人际背景，有时似乎也可能反过来，被前者们借用了促进自己的官运仕途。

第三类中国人，往往是他们想物色到前两类中国人而一时物色不到，在应急的情况之下，抱着"暂且试试看"的态度聘用的。第三类中国人一旦被聘用了，几乎都不禁地会表露出一种"知遇之恩，没齿不忘"的感激。聘用他们的人认为，这也可能是做一名好"代理人"的条件。当然，如果他们同时亦是中国官员子女，则就更好。

除了以上三类，还有第四类中国人——不是他们物色到的，而是在中国本地向他们自荐成功的中国人。这一类中国人成色较为芜杂，有鸡鸣狗盗之辈，也有怀才不遇、诸多能力在中国现实中得不到起码的重视和正常发挥的人。纵然是鸡鸣狗盗之辈，也必有较高超的伪装伎俩，否则会被一眼看透。

中国"改革开放"初期阶段，跻身"买办"者行列的人物们，其行列基本上是由以上四类中国人构成的。他们的人数，当年还形不成阶层，以"行列"称之较为恰当。

平心而论，他们中不乏天生具有"买办"才干和能力的人物。他们中有些人的才干和能力，当年曾发挥得特别出色。

俱往矣！

十几年后的今天，中国第一代"买办"者们"行头"仍在其身的，已寥无几人。有的急流勇退，安享"买办"成果，做闲适的富人去了；有的在人生途中另辟蹊径，摇身一变，成了小资本家小业主公司老板什么的；有的则被时代淘汰。毕竟，比之十几年前，中国商业相当秩序化了。目前仍是老资格"买办"人物的，那就真是"大浪淘沙"之后，受过种种考验式"洗礼"的佼佼者了。是干部子女的，单靠盖图章这一种本事不行了。怀才不遇的，已被授予一定的权力了。即使当年的鸡鸣狗盗之辈，在中国商业时代和境外老板的双重淘汰下得以留用，也必是些一旦紧紧抓住机遇知道改邪归正因而变出息了的人。

从这一点评说，不能不承认，"买办"现象，不但改变了某些中国人的命运，而且提高了他们的素质。甚至也可以这样说，排除时代对人要求越来越多的"教诲"因素以外，外国老板比中国"领导"对他们的素质的"培养"和改造更成功。因为雇佣关系对人的素质的考核标准是尤为严格尤为没情面可讲的。

境外商业大军纷至沓来，促使中国的现时代既成批地淘汰着前一代"买办"式人物，也不断成批地滋生着后一代"买办"式人物，以供境外商业大军的人才需求。而总体来看，滋生比淘汰多。致使他们的数量，由十几年前的松散行列，发展为如今相对稳定的阶层。

但这仍是中国的一个极小的阶层。

第二代"买办"人物们的素质远胜第一代。他们普遍的文化程度较高，拥有国内名牌大学的文凭。其中为数不少的人留过学，拥有国外学位。他们的英语口语水平和笔译水平都较好。他们皆能熟练地操作电脑。他们对于现代商企策划、宣传、广告包装和营销谋略，都有一套中西合璧的新思路新观念新方式方法。中国人经常挂在口头上那句"洋为中用"的话，体现在他们身上恰是"中为洋用"。

1997年元旦前夕，我在朋友的诚邀下，参加过一次北京市的"买办"式人物们的联谊活动。当然他们都不愿自称"买办"。那次活动印在请柬上的全文是"驻京境外商社代理人联谊会"。正面印的是英文，反面印的才是中文。我居北京二十年间，仅收到过两次印有中英两种文字的请柬。另一份是十几年前，美国大使馆为招待北影一部分人观看一部美国电影而寄的。但即使那次的请柬，也是将中文印在正面，英文印在背面。

我问我的朋友：为什么将中文印在背面？

他说：你别意识太敏感了。因为这请柬也寄给了有些国家的驻华使馆和驻京商业机构，所以才将英文印在正面嘛！

又说：为"代理人"和"代理人"们创造一个互相认识结交友谊的机会是目的之一。

我问：那么目的之二呢？

答曰：让有些国家的使馆官员和驻京商业机构的洋人，今后也有场合有机会领略中国当代"代理人"们的群体风采。这"联谊会"办好了，就是将来外国人在中国选择一流"代理"人才的高级"劳务市场"。那样，在"代理人"和洋老板之间，选择和被选择就是双向的了。这对咱们中国人有益。

我说：对你们这些中国当代"买办"式人物有益。

他心照不宣地笑了。

一份请柬，折射出了他们的意识种种，心态种种。

而我又不得不暗自承认。两个目的加起来，确实显示出了那"联谊会"筹办者们思路的高明。

地点并没选在什么大饭店，而是定在一家新开张不久的酒楼，包下了不大不小的二层。

我乘出租车赶到时，但见酒楼前已停了三十几辆小汽车，专有交警负责指挥泊车。

漂亮的酒楼侍者小姐们，垂臂伫立，门前一对，门内一双。她们按要求做出的职业性微笑中，竟也流露出几分由衷的敬慕。想必她们的老板叮嘱过她们，光临的虽非官员，但却是些官员们有时也客气相待的人。侍者小姐看过我的请柬，微笑中掺杂了一丝诧异。

我按照她的指点登上二楼，但见满目男女，个个绅贵风度。男的一概西服领带，女的皆着时装，有几位穿的还是袒胸露背的西式晚礼裙。相比之下，我那一天穿得实在有点儿太随便了。形绌之最是居然穿了条棉裤，而且出门前没顾上擦擦鞋面儿的灰。心中暗觉与气氛不协调，悄悄走向一个角落孤独而坐。男人们的年龄，普遍在四十五岁以下，以三十七八岁者居多。而女士们就更年轻了，平均绝不会超过三十五岁。男的女的，全是那么的神采奕奕，踌躇满志。实事求是地说，男的都潇洒，女的几乎都称得上佳丽。倘我是局外者，准会以为是些演艺界人在相聚呢！如果参加什么民族仪表国际评比活动的话，我想，就将他们和她们都派出国去，怎么也能为中国争回个二等奖。

主持者致辞道："各位先生、女士，我们今晚欢聚一堂的，无一不是'总管'级别的'代理'。套比中国官位，大概都相当于'局级'吧？"

于是众男女皆笑。

主持者在致辞中说"中国"二字时，就如同外国人说那两个字一样，显出一种站在中国以外谈中国的意味儿。

他接着又说："我们这些'局级'各国商企界的代理人，平时相互结识的机会不多。今天创造一次机会，以后还要更多地创造这样的机会。为着我们各自在中国的作为，我们之间的联谊，不但是必然的，而且是必需的。它的意义，今后将会更加深刻地显示出来。毫不夸张地讲，今天这个日子，是值得我们以后年年纪念的！"

他的简短的致词获得了热烈的掌声。

有十几位外国人在场，当然都是白皮肤的欧洲人，还有几位来自中国香港地区的人，这是从气质就能与那些"买办"区分开的。

我的朋友这时发现了我，走到我身旁陪我坐着。他告诉我那几位中国香港人也不是老板，也是"代理人"们。原本没想向他们发请柬，他们是获得消息后主动用电话联系诚恳要求参加的。

我一边听朋友的话，一边寻思那主持人为什么对外国不说外国而说"我们这些'局级'各国商企界的代理人"，又为什么不说我们"各自在国内"而说"在中国"？是纯粹的口语习惯呢，还是那种说法在他们和她们之间另含"心有灵犀一点通"的,只可意会不可言传的隐喻呢?或如我朋友所指责的,是因为我看待他们的眼光还或多或少地残存着偏见,因而心中所思未免过分敏感?如果仅仅是纯粹的口语习惯,那么分明与大多数中国人的口语习惯不一致的说法,是否也能反映出他们和她们心理上的什么特别呢?而这特别是否也就使"纯粹"变得不那么"纯粹"了呢?

我正胡思乱想,主持人又用流利的英语说了一通话,获得了比第一次更持久热烈的掌声。十几位外国人,一边鼓掌一边互相交流会心的微笑。

我一句也听不懂,悄问朋友他说了些什么。

朋友告诉我,他说——欢迎各国朋友们的光临。这是"联谊会"的荣幸。中国有句话是"不怕不识货,就怕货比货"。希望外国朋友们在相比之下,得出这样一个客观公正的印象——今晚相聚在这儿的中国男人和女人,都是能在国际上达标的中国人。

我低声说:"他太油嘴滑舌了吧?怎么能把小商贩在集市上常讲的那句话引到这种场合呢?"

朋友不安地说:"批评你太敏感,你怎么更加敏感了?不过就是幽默嘛,营造点儿愉快气氛呀!"

又郑重地告诫我——你可一定要给我留点儿面子。千万别有什么太煞风景的失礼的言行。

我向他保证道:"我是那种不懂事的人吗?我什么时候也不至于做招人讨厌的事啊!"

主持人致辞后,有两位外国先生应请讲话。他们讲一句,我朋友替我悄悄翻译一句。

一位说:他对今天在场的每一位中国先生和中国女士的印象都非常良好。尽管还没和在场的任何一位中国先生中国女士交谈,但已从各位的风度和气质感到了大家都是优秀的。他本人及他所代表的公司,极愿与优秀的中国人交朋友,建立友谊,也希望大家能相信他的话是诚实的,毫不虚伪的……

另一位说：他得出的印象和第一位是相同的。能看到这么多为外国公司服务的中国人都是风度好气质好很优秀的，他感到特别高兴。他说现今的世界，是一个处处竞争的世界。谁有实力，谁就理所当然地吸引人才。谁是人才，谁就必定愿意为有实力的经济集团服务……

两位外国嘉宾的话，也都获得了热烈的掌声。还分别有两位"买办"女士上前与他们拥抱、贴颊。拥抱和贴颊都做得彬彬有礼，一点儿也不过分，更不轻佻。

但给我的感觉却是，仿佛参加的非一次"联谊会"，而是一次什么特殊"商品"评定现场会；仿佛获得了两位外国嘉宾的赞扬，就是获得了"名牌"的市场地位似的。

我一再在心里对自己说：你这个中国人不要太敏感了。你应该显出和每一位优秀的中国男人和中国女人一样的心理满足与心情愉悦。外国人夸这么多中国人，你这个中国人也应感到几分自豪才对——却没法儿彻底消除我以上那种感觉。那是一种别扭的感觉。

是的，正如我前面所言，他们和她们，也就是我的身为外国人的"买办"的男女同胞，的确皆风度翩翩，气质优雅。正因为如此，我的中国心当时才不免的有点儿失落——他们和她们，若非服务于外国人的"买办"，而服务于中国各行各业，该不啻是中国的一大幸事吧？因为我知道，在全中国范围内，他们和她们只是一个小阶层啊！转而又一想，便嘲笑起自己的"理想主义"思维方式来。谁敢保证他们服务于中国，他们的上司肯定会比外国老板更善于发挥他们的能力和才干呢？他们的外国老板不会因为他们有能力有才干而嫉才妒能，他们的中国上司却说不定是个嫉才妒能之辈，压制得他们和她们不摆脱就永世不得翻身。而且从他们和她们的切身利益替之着想，又有多少中国的单位，能为三十多岁的中国女人、四十多岁的中国男人买房子、配汽车，每个月发给他们和她们两三千美元呢？这么进而一想，就又觉得第二位外国人的话颇实在，颇有几分道理了。中国满足不了某些中国人的敬业条件，外国人能够满足之。他们和她们转而去为外国服务，又是多么的天经地义呢？不也意味着，外国人在帮助某些他们认为优秀的中国人先富起来吗？这不也是挺好的事吗？

于是我受气氛的影响，既来之，则安之，观念转变，情绪与共，也变得有些愉快起来了。朋友见我不严肃地板着面孔了，对我放心了，起身应酬去了。

接下来自助餐开始。中国人、外国人都端着碟子擎着酒杯，三三两两亲切交谈。也许因为有十几位外国人的缘故吧，中国的"买办"男士和"买办"女士不知怎么一来，早有默契似的，竟都说起了英语。不仅和外国人以英语交谈，相互之间也以英语交谈了。内地中国人已然如此，几位中国香港地区的人也只有放弃了实习国语普通话的机会。结果，我仅能偶尔听到一半句中国话了。

我一时间感到，仿佛置身于英语国家的某一次"沙龙"似的。

甚至感到，我在我的祖国，在祖国的首都北京，在以中国人为大多数的场合，受着某种"种族歧视"似的。而那又主要是来自我的同胞们。尽管他们和她们，绝对不是有意识的。

间或有人执起话筒唱歌，几位外国人用中国话唱中国歌，而中国男士和女士们则用英语唱。有的唱中国歌，也有的唱外国歌。外国人和中国人很快地熟悉起来，"联谊"起来，我唱你和，一曲同歌。使我这个半局外人觉得怪有意思的是，"老外"们倒偏偏都试图证明自己也很喜欢中国歌，并邀咱们中国的先生或女士们陪唱。也只有在那一情形之下，我才有幸听到咱们中国人唱中国歌。喜欢归喜欢，但"老外"们唱中国歌时，都显出几分腼腆，几分不自信。我看出他们是怕唱走了调，或发音不准，招人取笑。而咱们中国的先生和女士们，却偏偏用英语选唱外国歌曲。尽管也选唱中国歌曲，但眼瞪着中文字幕，仍用英语唱。唱时，显出的是一种轻松和矜持相交杂的意味儿，表情中充满了自信，仿佛都试图通过能够发音准确而且流利地用英语唱歌，向大家，当然首先是向十几位外国人证明——自己不是对方以为的中国人似的。

我的朋友又来到了我身旁。

他问我感觉怎么样。

我说感觉很好。说是我参加过的，气氛最亲和浪漫的一次联谊活动。忍了几忍没忍住，请教他告诉我——为什么几乎所有的中国人，既不用中国话交谈，也不用中国话唱歌？

他回答——因为他们几乎都不是中国人嘛！

都不是中国人？！……那……那他们是些什么……

我不禁"友邦惊诧"，认为自己的耳朵出了问题。

朋友悄言——你真不明白还是装不明白啊？他们中谁没有外国绿卡呀？有的还有两个国家的绿卡呢！所以，你不能将他们当纯粹的中国人看待，而应视为"准洋人"。何况，他们中相当一部分人早已打算加入外国国籍。有的仅仅因为持有绿卡的年限还未满，一旦年限到了，也就移民国外了。

我愣了片刻，嘟哝道："那么我是参加了一次外国人和准外国人之间的联谊活动呀？"

他说："那你以为呢！如果是一次一般的联谊活动，我干吗把你拖来？你别觉得上当了似的，这对你有益无害，起码又丰富了创作素材……"

我说："倒是。这儿有吃的，有喝的，允许吸烟，还可以听人唱歌。对我没什么损失。可……主持人在致辞中，不也是将包括自己在内的中国人仍说成是中国人的吗？现在你倒让我别拿他们和她们当纯粹的中国人看待，我一时逻辑上绕不过弯子罢了……"

"这个嘛，一句话向你解释不清……"

朋友扯了我一下，示意我随他到会场外去。

我们在走廊里的沙发上重新落座后，朋友吸着一支烟，注视着我，从西服内衣兜掏出一份证件递给我。

我没翻开看，看也白看，不识外文。

我意会地说——绿卡？

他点点头。

·208·

我问:"哪国的?"

他说:"这还用问啊?我替哪国的商人服务,就先取得哪国的绿卡呗。"

我又问:"那么我也不能把你当成纯粹的中国人了,而只能当成'准洋人'了?"

他说:"对。比如你若打了我,就等于是打了一位'准外国公民'。尽管这在中国的法律上并没什么格外的意义。但意义在我的感觉中。"他表情特郑重,比一本正经还一本正经。我笑了,一拳向他当胸捣去。他用手掌搪住了我那一拳,严肃地说:"不许对'准外国公民'无理取闹!"

我还给他绿卡,一针见血地说:"老弟,就你自己的话,也是前后矛盾的。'准外国公民'那就证明还不是。既然还不是,你得意个什么劲儿?我看那绿卡使你变得有点儿像一个'准中国人'了。"

他皱眉道:"你讽刺我?"

我说绝对没有讽刺他的意思,只不过有点儿搞不明白他了。

他深吸一大口烟,缓缓吐出一条烟蛇,以推心置腹的口吻说:"你的感觉没错。我的话是有点儿前后矛盾。我承认你这一次没白敏感。其实我的心理,经常是分裂的、矛盾的。为外国人服务,在外国人面前,我们多么希望获得一份平等啊!尤其在我们拥有了绿卡之后,这一种希望获得平等的意识往往就更加强烈了。一个中国人,在没拥有外国国籍之前,在外国人面前的平等意识一般是以这么一种思想体现的——你是外国人怎么了?我是中国人怎么了?咱俩是平等的。这地球上,人人的尊严都是平等的。你小心别冒犯我这个中国人的尊严。对不对?"

我说:"对。"

他接着说:"可恰恰在我拥有了绿卡后,在外国人面前的想法变了。变成这样的了——你是外国人。老子也快是外国人了!我明明已经拥有绿卡了,明明已经快是外国人了,你还不把我当一个'准外国人'看待,你不是有点儿成心地跟我的绿卡带给我的另一种尊严过不去吗?不是有点儿成心歧视我吗?难道我的绿卡带给我的另一种尊严,在你眼里心里就毫无意义吗?毫无意义我干吗还煞费周折地拥有?这一种变,你能理解吗？"

我说："能。"

他继续说："所以呢，越是在外国人面前，我们越会生出一种古怪的，但似乎也是必然的扭曲心理。那就是总想试图证明给外国人看——我英语发音比你这个外国人还准！我用英语唱歌比你唱得还好听！我用餐时握刀叉的姿势比你还优雅还西方化！我对西方的礼仪习俗比你了解得还多！一句话，我将是个比你这外国人还外国人的外国人！明白我这番话的意思吗？"

我说："明白。"

"但往往是在我们自认为比外国人还外国人的感觉正良好着的时候，现实趁机讽刺我们一下。或者也可以说，是我们自己破坏了我们自己的良好感觉。比如我们之间正交谈着，冷不丁地自己或对方口中会蹦出一句：'咱们中国人'如何如何。于是我们都意识到，不管我们拥有多少别的国家的绿卡，不管我们会说几种外国话，我们注定了还是中国人。又比如我们正用英语与一位外国人交谈着，他虽然明知道我们快入外国籍了，却往往还是可能问'你们中国人'为什么……而我们也会习惯地用'我们中国人'怎样怎样来回答。这一问一答中，我们和他们的区别，便被我们自己所承认了。实际上，我们根本不可能在谈到中国时像谈到外国一样，也根本不可能在谈到中国人时说'他们中国人'。如果非较着劲儿那么说，首先厌恶我们的，恰恰不是别人，而是我们自己。在这一点上，我们常羡慕新加坡人，或马来西亚、泰国的华人后裔们。新加坡人就是新加坡人，你叫他们中国人，他们会不高兴的。同样，对马来西亚和泰国的华人，你也必须尊重他们实际上的马来西亚籍和泰国国籍。不尊重这一点，也等于是有意无意地对一种常识的亵渎。我们那家外国公司的一位新招聘的女雇员，在介绍一位泰国商人时，自作聪明地将对方说成了'华商某先生'，对方立刻予以纠正：'不对，我是泰国商人。'可过了一会儿，她又将对方介绍成'华商某先生'。结果对方面呈愠色，郑重地说：'小姐，我有必要提醒你明白，泰国的华裔商人，首先是泰国人，其次才是华裔。所以我不等于是什么华裔。'结果她事后受到了我们外国老板的严厉训斥。我自己当年在办理出国签证时，遇到了一点儿手续上的小麻烦。我预先知道那使馆的外国官员中国话说得很地道，我是完全可以用中国话向他进行解释的。但我有意向他显示我的英语水平，而我当年的英语水平不高。结果惹得他用中国话冲我嚷了一句：'你少跟我来这一套！'我当时瞪着他愣住了。英语不会说了，仿佛连中国话也不会说了。出国后，我下决心学好英语，唯恐自己以后用水平不高的英语和外国人对话时，哪位外国人又用中国话冲我嚷：'你少跟我来这一套！'如今的我英语水平倒是很高了，也再没有外国人用中国话冲我嚷过：'你少跟我来这一套！'可我就是找不到自己快是外国人的感觉，连'华人后裔'的感觉也找不到。我仍是一个纯粹的中国人的潜意识，经常在我头脑之中作祟，好像一种胎记，不是在皮肤上，而是在意识里……"

听了我朋友的几大番话，我觉得不但对他有些理解了，甚而开始有些同情了。

我问："忘记自己是中国人，希望被外国人当成彻底的外国人看待，这一点对你真的那么重要吗？"

他默默吸两口烟，苦笑了一下之后说："是的，是很重要啊！替外国人服务，拥有外国国籍，也就是和自己的外国老板一样的国籍，却似乎永远也不能被自己的老板当成同一国人看待，这种感觉总归是有点儿委屈的啊！中国人不把我们当中国人看待，我们倒无所谓，有时还巴不得那样呢！外国国籍使我们感到在自己的同胞面前身份较为优越。可若中国人不把我们当中国人看待了，外国人又同样不把我们当外国人看待，我们可算是什么了呢？当然，外国人也是尊敬某些中国人的，但尊敬的往往是在现代科技方面卓有建树的中国人，或者医学家、教育家、社会学者、历史学者，或极少数的艺术家。'改革开放'以后，外国人尤其是西方人当然也不敢公开地歧视中国人了，在他们的中国总部，他们对我们还算是比较客气的。但我们总感到，客气的背后，始终隐藏着某种根深蒂固的、居高临下的优越感。而这对我们是一种无形的、心理方面的压迫。于是我们本能地企图抵御那一种无形的、柔软的心理压迫。由于它无形而且柔软，我们的抵御常常被反弹回来，击疼了我们自己。希望能尽快融入到和外国人一样的外国感觉中去，这对于我们来说，是很自然的一种想法，情理之中的想法。因为，我们中大多数人，将来是打算到外国去生活的。可恰恰是当我们主动地与外国人一样的外国感觉相融汇时，我们的希望和企图似乎被无可奈何地反弹了回来，如同被一张看不见的网挡了回来，如同被扣杀在自己场界内的死球。所以呢，我们之间常开玩笑，说谁若想真正获得那一份好感觉，单靠融是不行的，恐怕得硬'插'。而插的办法，只有和外国人结婚。这种说法首先出自我们中某些女士之口。可我们这些人中的某些男士毫不留情地讽刺她们，说那也休想获得。说那是外国人'插入'于你们，你们是被插体，被领略物。归根结底是外国男人获得了和中国男人一样的中国感觉。你们所获得的，仍只不过仅仅是女人的感觉。你别笑。这种比喻虽然太尖刻了，但是很说明症结之所在。女士们就反唇相讥，说那你们男士们就替我们争一口气，有能耐都讨一位西方老婆！那你们不就有'插'入西方的感觉了吗？说真的，我到现在还不结婚，不是在北京没有漂亮女孩儿可供选择。身边来来去去有的是！是因为我就打算娶一位西方老婆。我常这么想，又有外国国籍，又有外国老婆，看外国人还把不把我当外国人看待？"

我说："那你就别再拖了，岁数不饶人，抓紧实现你的打算吧！"

他叹了口气，惆怅地说："谈何容易啊！我已经不是英俊的中国小伙子了。在外国年轻姑娘眼里，我只不过是一个替外国人服务的中国较高级的'打工仔'。她们喜欢的是中国的学者型的男人，艺术型的男人，甚至，普普通通的中国男人。不是还有外国姑娘下嫁给了中国农民吗？但她们似乎都不太喜欢我们这种替她们外国人进行商业性服务的中国男人。因为她们觉得，外国男人中，像我们这样的多得是！既想嫁一个中国男人，为什么不嫁给一个较有特色的中国男人呢？在中国，我们不失为较有特色的中国男人，而且特色还分明得较为难得。但在外国姑娘眼里，我们则变得太寻常了，太无特色可言了。甚至恰恰反了过来，我们的特色，不但不能为我们增分，反而使我们身价大打折扣。所以呢，娶个外国姑娘是不敢奢望了。如果以后幸运的话，反赘一位较富有的外国寡妇也是不错的。"

他自我揶揄地笑了，一只手轻轻按了一下鬓角，朝对面的壁镜中望去。镜中的他，虽已不能算是年轻人，却相貌堂堂，对中年妇女，无论外国的还是中国的，肯定仍有征服的实力。

他又看着我问："我有白头发了吧？"

我说："有些，不多。"

"很明显？"

我说："反正在这样的光线下，在我们之间这种距离内，一眼就能发现。"

"哎。你知道对焗发过敏的人，有没有什么不至于过敏的办法？我焗过一次发，过敏，脸肿得老大，两个星期后才消肿，不敢再焗了。"

我说："我也焗过一次，也过敏，脸也肿得老大。据我所知，目前还没有发明出什么防过敏的新焗发产品。"

他懊丧地问："那像咱们这种焗发过敏的人，以后半辈子，就只能任头发渐渐地花白了？"

我说："恐怕是的了。"

他叹了口气，自哀自怜地说："可我还不到四十五岁啊！你不明白，在外国公司，替外国老板效劳，如果一个中国男人头发过早地花白了，那是很可怕的事儿。你的岁数明明不老，外国老板心里也会暗觉你老了。"

他那一时刻的表情，使我感到他多少有点儿自卑了。

我安慰他道："老有老的优势。老也是一种资格，一种资本嘛！"

他又叹了口气说："那是'中国特色'。普遍的外国老板，还是喜欢年轻的下属。如果你显得比他还老，你在他面前，会使他感到心里别扭。如果你真的使他感到了别扭，你为他效劳的日子就不会太长了……"

我一时不知该再用什么话安慰他。

"而我的老板才三十八岁啊！而我的外汇还没积蓄到足以后顾无忧地

到国外去定居的数目啊！"

我压低声音问："你觉得，那数目究竟该多大你心里才踏实呢？"

他含糊其词地回答："反正总得是一笔可观的数目吧？"

他的表情，不但懊丧，不但自卑，而且简直有点儿瞻念前程，心灰意冷了。他当时的模样，使我联想到了《红楼梦》中有关袭人的一段描写——袭人主动委身于宝玉之后，一日又向宝玉献殷勤，不料正逢宝玉生烦之际，朝她心窝蹬了一脚。从此袭人心窝就有了"永远的疼"，巴望着做"二房"的思想寄托因而凉却了许多，有时甚至陷于自暴自弃的独自苦闷之中……

我一时更不知该说什么了，也吸起烟来。

他却耐不住寂寞，又说："他们中的男士们，年龄一近四十，心里都不免的有些惶惶然起来。年龄一超过四十，那一种惶惶然的感觉，尤其日渐咄咄逼人。好比中国那些个极端追求功名，而又退休之日在即，却功未成名未就的男人们的心态。只不过由于决定双方人生进程的法权主体不同，那一种惶惶然的感觉对于他们几乎超前了二十年。说他们中的女士们则就不太能体会到那一种咄咄逼人的心理压力了。因为他们中的女士们的年龄，比他们中的男士们的年龄平均要年轻十岁左右。又因为她们是女人，在考虑她们的将来时，大可不必像男人们一样，掺杂进太多做丈夫的做父亲的家庭经济责任感。她们只要将来能找到一位好夫君，她们似乎也就将所谓的人生幸福紧紧攥在自己手掌里了。"

我问："她们择婿的标准是些什么条件呢？首先也是外国人吗？"

他说："那倒不一定。她们中的大多数，还是一心希望能嫁给一位较富有的外国先生的。"

我说："这也可以理解。因为这也是相当一部分中国未婚女子的共同理想。"

他说："因为她们有较多接近外国男人的时机，因为她们作为女人的自身条件都较优越，所以那理想对于她们并不虚幻缥缈，实现起来也不难。应该看成是自然而然的，非常现实的人生决策。而且她们大多数人的终身大事，最终也就是那么定局的。"

我说："我还以为，她们择婿的目光，会优先落在你们身上呢！"

他连连摇头，彻底否定地说："不，不，不，完全不是你所推测的那样。实际上，首先被她们排除在选择之外的，恰恰是我们这样的男人。因为她们也是'代理人'，深知'代理人'不过是些什么样的时代角色。所以她们也从不会将我们看得多么是人物。她们太了解我们这样的中国男人的人生步骤和心路了。而且自信，同样的人生步骤和归宿，她们实现起来比我们容易得多。"

我说："你可又承认自己是中国人了啊？"

他说："这会儿你就别讽刺我了。平日难得一见，既然有机会面对面坐在一起了，好好聊聊，好好聊聊……"

我看出，他是太需要可以推心置腹倾心相谈的时光和能认真听他诉说的朋友了。

我是他的朋友。

我暗想，这会儿我要充当一个表现良好的倾听对象。

"你也看得出来，她们都是些素质不俗，对男人有吸引力的女人。而我们这些男人呢，若做她们的丈夫，也不至于多么辱没了她们。遗憾的是她们对我们几乎了如指掌，而我们对于她们又太无新鲜感了。爱情在这种情况之下缺少原动力。何况，她们差不多又都是些比较苛求新鲜感的女人。她们都有这一资本和资格嘛。而最主要的一点是，女人寻找丈夫，往往也是寻找一种稳定感，一种安全感。我们的心路，我们权衡婚姻二字的思想方法，使她们从根本上怀疑嫁给了我们，她们以后的人生不会有什么稳定感和安全感可言。当然，我们之中，若谁已经积蓄下了二三百万美金，起码说也得一百万吧，那就另当别论了。可我们中还没有这样的男人。积蓄最多的，也不过就三四十万美元。三四十万美元是不足以买到她们所希望获得的那份稳定感和安全感的。尽管对于一个中国人来说，已经算是小'大款'了。同样，其实我们也不太会选择她们为妻。人贵有自知之明嘛！有一位她们那样的妻子，我们可能也将丧失掉做丈夫的稳定感和安全感。因为我们对她们的心路和愿望也了如指掌啊！即使她们已经成了我们的妻子，也不定哪一天就会被一位有钱的外国佬诱跑了。所以我们和她们之间，充其量只能做朋友，互为异性知己。对方一旦需要帮助，尽尽朋友的义务而已。甚至可以成为情人，今天这里，就有几对情人。关系很铁的情人，但情人就是情人，关系再铁也是情人。感情再专一也是情人。人嘛，感情需要嘛，生理需要嘛。而结婚可就是件不能不理性对待的事了。既然明知互不适合做丈夫做妻子，一时冲动结婚了夫妻关系也长久不了，又何必明知故犯呢？是不是？"

我点头说是。还说如果我是"代理人"中的一分子，不论是男的或是女的，想法大概会如出一辙。

随后问他："那么，她们中那些并不打算嫁给外国人，也并不打算移居国外的女人，若选择一位中国丈夫的先决条件是什么呢？"

他说："她们中的一部分人，最想嫁的是影视明星、导演、歌星、音乐制作人、体育明星、画家。"

我问："书法家呢？"

他摇头说："她们对书法家可不感兴趣。"

我问为什么。

他说具体为什么他也不清楚。因为没和她们讨论过值不值得嫁给书法家的问题。可能因为书法艺术太古老太无色彩可言了吧？说你是小说家，是研究人的。你应该比我对女性更有研究更有分析嘛！尤其中国当代女性，从传统礼教的束缚和"东方淑女"的规范中突围出来没多久，心胸里充满了对"走红"事物的向往和追求。世界的新鲜玩意儿和时髦现象目不暇接，又怎么会对书法情有独钟呢？

我又问："作家呢？"

他注视了我片刻，抿嘴一笑，反问："你真要得到我的回答？"

我说是的。

他慢条斯理地说："实话告诉你，她们不看小说。这么说也许太绝对了点，那就说她们不太看小说吧。但这并不意味着她们是些根本不看书的女人。她们中的大多数，在是高中生、大学生时，曾很喜欢看小说。但大学毕业以后，尤其正式成为'代理人'以后，就与小说拜拜了。有时间的原因，也不完全是时间的原因。其实她们中相当一部分人，至今仍有读书的好习惯。但她们中很少有人再读当代中国作家们写的小说了，连一般的外国小说也不读。她们认为读小说原本就该是初中生、高中生、大学一二年级学生的'特权'，再加上市民阶层识字而比较有闲的女性，认为知识分子读小说实在是一种漫画现象。她们学历都较高，谁也不能否认她们是女知识分子。她们常读的是外国翻译过来的社会学著作。比如前几年在国内出版的《大趋势》什么的。也读传记，比如《里根传》《布什传》《雅科卡传》等。她们有空儿还喜欢翻阅英文报刊，就是不愿读当代中国作家们写的小说。偶尔哪一本小说引起争议，她们也会买了或借了翻翻。中国文学评论家们笔下口中最廉价的一个词儿是'深刻'。而她们都认为她们从未读到过一本哪怕比较深刻的中国当代小说。她们中经常会这么问答：'那一本小说你读了吗？感觉怎样？''读了。不过是故作深刻的那一类。'于是另一位也就连翻都不会去翻一下了。我说得这么诚实，你不介意吧？"

我说我不介意。但心里毕竟不太自在。

"你不想听我讲讲她们对你的小说的评价吗？"

我赶紧制止他："别讲别讲。好坏我都不想知道。"

而他笑了（那一种笑中有恶作剧的成分），笑罢装出一副亲密无间的模样说："友情为重，怎么着我也得向你透露一句呀！她们认为你可能患有先天性心理暴露症，而且有点儿碎嘴子。"

我脸不禁微微一红说："你别往我身上扯，你还没回答我刚才的问题呢！"

他说："好，不让你尴尬了。接着回答你刚才的问题。据我看来，没有虚荣心的女人是最不真实的女人。她们希望能在国内选择够'星'级的男人做丈夫，首先是虚荣心使然，其次是从将来的家庭经济基础考虑。目前国内的星们和音乐制作人、画家，是收入很高的人。她们的收入也不低，积蓄也可观。两相结合，或可永保在国内过一流水准的生活。你别笑。你笑话她们你就大错特错了。她们都是很理性的女人，比你这种男人理性多了。'星'级的男人不是也分类吗？她们并不幻想嫁给'五星级'的男人，那样的男人全国不才有数的几个吗？她们只想嫁给'四星级''三星级'乃至'二星级'的男人。当然，连星级都不沾边儿，她们也就认为犯不上嫁一回了。你刚才在里边发现一个穿绿旗袍的了吗？"

我回忆了一下，点头说有印象。

他说："她去年就与一名'三星级'影视男演员热恋了一阵子。后来不欢而散。因为对方比她还现代，比她的性观念还开放，比她的婚姻约束意识还淡薄。她实在忍受不了对方和另外一些女人的暧昧关系……"

他还说："她们中另外的女人们希望能嫁给外交官、科学家、学者、知名教授。她们的积蓄较前一种女同类们多一两倍。仅靠她们自己的积蓄，估计在中国过一辈子富足的中产阶级生活似已不成问题。所以她们的择婿目光，是将男人们的社会地位放在第一位进行考虑的。有资格、有资本将经济因素推到第二位。在以后的年代，随着中国外交事务的频繁和活跃，中国外交官在国际上的地位将越来越高。做一位外交官夫人，中国外国两地生活，不是很美气吗？做科学家夫人也不错，可以有机会经常伴夫出国讲学，进行学术交流。社会科学学者的夫人，比之外交官和科学家夫人的感觉次之。科学是第一生产力，这是全世界都承认的，但社会科学究竟与生产力有没有关系，有多大的关系，则就全世界都没有较统一较明确的说法了。哪一行与生产力没有直接关系，哪一行受尊敬的程度就有局限，全世界都这样。她们对这一点是很清楚的。嫁社会科学学者为妻是她们退而求其次的下策。但社会科学学者比自然科学家研究的领域更大众化一些，因而也较容易成为大众的思想启蒙偶像。一般来说，社会科学学者体察人心细致入微，如同自然科学家工作起来一丝不苟。她们这类女人有一大毛病，总希望别人经常对她们分析分析，仿佛这是别人重视她们的特殊方式。如果分析她们的别人又是男人，分析得又准确透彻，则她们就会对那个男人五体投地奉若神明起来。在这一点上，自然科学家显然又逊于社会科学学者。所谓长短相抵，说白了，她们是些已经不太在乎男人挣多少钱，何时能分到公房的女人。她们用她们多年的积蓄，买的是一份做妻子的优越的好感觉。今天到场的女人中，就有一位嫁给了某大学的社会心理学副教授。自从做了妻子，动辄开口这么说：'从社会心理学的角度来看……'大家都取笑她快成她丈夫带的研究生了。她丈夫比她年轻七岁，才二十八，典型的儒雅学者小丈夫。她幸福得没边儿，整天夸她丈夫像儿子依恋母亲一样依恋她。事实上可能也是那样。你待会儿一眼就能发现她。哪个女人脸上的笑容最温情脉脉，哪个女人便是她无疑了……"

我说："敢情她们要嫁的或已经嫁了的都不是普通的男人！"

他说："你这话可就太没道理了。你是不是心里有点儿醋意啊！一个女人，论气质有气质，论容貌有容貌，论文化有文化，论钱，自己有一笔数目可观的钱，诸等条件具备，干吗要找普通的男人做丈夫呢？她们有资格有资本，一句话，有特权拥有较上档次的东西，包括较上档次的丈夫！反过来，男人们不也是这样吗？这是人类社会的不二大法！古今中外一向如此的啊！"

突然，"联谊"会场内传出了歌声：

　　天上有个太阳，
　　水中有个月亮。
　　我不知道，我不知道。
　　哪一个更圆，哪一个更亮……

是一部分男女用中文、一部分男女用英文的合唱——我编的电视剧《雪城》中的插曲。

他说："这你就高兴了吧？"

我说："我也没不高兴过啊！"

歌声刚一停，他将我扯入会场，向众人介绍。

十几位外国人，还有那几位中国香港人，一时都向我围拢过来，一只只手朝我递名片。接着，便是一个又一个问题。几位香港人倒没提什么问题，他们只是表达一种愿意交朋友的愿望而已，那愿望也差不多纯粹是礼节性的。提问题的皆是外国人。所问十之六七，与中国当代的文学并无关系，甚至与商事也不相干。尽管他们都是商界中的外国人，他们想知道的，无非一位中国作家对中国现实所持的态度，及对中国之未来所具有的感觉。而我的男女同胞们，这时就有几位上前热情担任翻译，还有的鼓励我道："你别有顾虑，心里怎么想就怎么说，他们不是记者，绝不会把你的话捅到外国报纸上去，使你在国内受难。"

我并没什么顾虑，也知道无论我怎样回答，都只不过是哪说哪了，两相由之的事。但我来此并非举行记者招待会的。

我内心里对那个地方的不适应感一时剧增。其"不可名状"的困惑，正如我那些绅男绅女般的同胞竭力想融入外国人的意识和感觉，却常常事与愿违无论如何也融入不了一样。我心不在焉地应付了几句，托词胃疼，不顾朋友不悦的脸色，匆匆摆脱而去。

回家路上，我想，那"联谊"活动的主角，或曰主体人士，在我看来，既不是我那些风度翩翩的男同胞，也不是我那些身姿绰约的女同胞，甚至不是那位妙语如珠，善于营造欢悦气氛的主持人，而是一二三位外国人，更确切地说是五位美国人、两位法国人、两位英国人、一位意大利人，以及另外两三位我没弄清他们国籍的外国人，但从肤色看，想必也是欧洲人无疑。他们一个个身材修长，蓝眼珠，面孔皆刮得干干净净；举止斯文，待人彬彬有礼而又落落大方。

被认为优等的事物，必定会成为中心事物，人也是这样。

我觉得"联谊"活动仿佛就是专为他们而举行的。对于我的女同胞们，活动分明带有"鹊桥"的色彩；对于我的男同胞们，则带有"今天我上镜"的意味儿。我的女同胞们皆出色地向贵宾们展示了自己的魅力；我的男同胞们抓住一切交谈机会，粘住他们用英语说起来就没完。我猜他们可能都是在向对方们自荐商务代理方面的杰出才能吧。

会有几对跨国爱情故事遂人心愿地开始呢？

会有几位我的男性同胞有望"跳槽"到薪金更高的外国公司去，使他们的前任外国老板猝不及防地也被炒了一把"鱿鱼"呢？

我暗祝他们和她们都交好运的同时，不禁地也感激起我的朋友来。

我觉得两个小时并不算浪费，因为获得了意想不到的"感性认识"。

此前，几十年间，东西南北中，屈指数来，我虽已接触过十几位中国"买办"式人物了，但却并不能算太了解他们，也从没产生过什么想要了解他们的念头，而我的朋友，使我有机会一览他们和她们的群体风采。此前我仅在南方接触过两位女性"买办"式人物，而我的朋友使我有机会对两个加强班以上的她们实行了一次近距离"检阅"。在两个多小时内，我观察他们和她们如同观望一个偌大的鱼缸里的种种热带鱼。我的观察并不起源于什么阴暗心理，只不过带有点儿研究性质罢了，而这又只不过仅仅是由于职业的习惯使然。坦率讲，我起初对他们和她们颇有反感，但回家路上我的偏见逐渐地一一被自己修正，最终荡然无存。

从前我们大多数中国人的思想方法，常在对与不对、正确与错误、可敬与可鄙之间较劲儿。非此即彼，于是世上之事被简单化地区别了；于是每一个中国人都遭到了概念化的分类。人的合乎常理的功利主义，不但不被实事求是地承认，反而动辄遭到激烈的有时甚至是冷酷无情的口诛笔伐。

"改革开放"使中国社会发生的进步之一，便是促使人认识到了自己合理的功利选择的权利。

在"硬"道理方面，个人抉择、个人追求只要不违反国法，不危害社会公利，不损害他人私利；在"软"道理方面只要不玷污社会的普遍伦理原则，其实正应该是最大限度地获得自由的。

我尤其感激我的也是"买办"式人物的朋友面对我那一番番坦诚的自我剖白。

他使我明白，一个他们中的男人和女人那种种个人得失方面的权衡，其实乃是几乎我们每个人日常所一而再、再而三地进行着的。区别仅仅在于，我们扮演的不是他们或她们扮演的时代角色，我们不处在他们或她们的特殊境况中，我们不面临他们或她们所面临的矛盾，故我们从局外看，必然非常不宽大、不容忍他们或她们权衡得未免过分矫情的功利主义，而在他们或她们，那不但是合理的，而且是现实的。

借用一首流行歌曲的歌词来形容——在两个多小时内，我呼吸着他们或她们的呼吸，感觉着他们或她们的感觉，向往着他们或她们的向往，失落着他们或她们的失落。

人的阶层不一样，梦都不一样。

我自己也曾有一次机会可以摇身一变由作家而"买办"。

大约1992年，我陪几位著名作家回我的家乡哈尔滨参观冰雪节，与一批台商住在同一宾馆。同为嘉宾，一起活动的时候自然不少。在哈尔滨市政府举行的一次招待会上，我们几位作家和那一批台商又混坐在一起了。

席间，当时的一位北大荒知青出身的副市长举杯建议——在座的北大荒知青战友干一杯！于是呼啦啦擎杯站起了一大片。公安、工商、财政、内贸外贸、经委、计委、银行、新闻、区长、区委书记、市委秘书长、省委宣传部副部长，各行各业的都有，而且都是操权握柄的正副头头。哈尔滨小于北京、上海和天津，当年的下乡知青又不比那三座大城市少，而且几乎全是北大荒知青，因而形成了后来称之为"哈尔滨现象"的北大荒知青权力"阶层"。既都是"战友"，他们对我当然一致的亲爱有加。结果，招待会后，便有几位台商开始真诚地游说我做他们在哈尔滨市投资的代理人。另有几位不知为什么对谌容大姐格外信任，游说她做在北京投资的代理人之热情，丝毫也不亚于我。

动员攻势前后延续了一年之久。

他们许诺于我的权力是——投资项目由我代理他们考察后提出。投资规模和金额也由我代理他们做出可行性报告。决策一经议定，我便是他们委任的总经理之类的角色，起码不小于副总经理。至于我的薪水，当然好商量，股份方式可以，拿高佣金也可以。小汽车随之立即会有的，体面的办公室也不消说，因为不体面他们首先会感到掉价……

小汽车我所欲也。当总经理我也完全当得好。

但接下来的职责，却也必得一往无前百折不挠地去承担了——相地皮、买地皮、监工建厂房、招工、引进设备、生产产品、广告宣传、推销、市场竞争谋略……这过程需得到上上下下的官员的厚爱和支持，哪一方哪一面协调不顺你就别想干成干好；这过程还要与形形色色的地头蛇打交道，不哄高兴他们你也休打算有安宁日子……

天啊，连想一想我的头皮都发麻。

那些日子我和谌容大姐常通电话——商议如何婉言拒绝才不至消极了台商们的投资热情并冷落了人家对我二人的好意……

最终我给人家回了一封感激信。信中说："我的那些当年的知青战友，虽已身为大小官员，但只有在我是作家的情况之下，我们的关系才亲密如当年。而且我也只能在是作家的情况之下明白怎么和他们友好相处，一旦换一种身份，我就根本不懂得怎样和他们打交道了，他们对我的亲密也肯定不如当年了。那么，势必造成你们的严重的经济损失。个中责任，本人实难承担。个中利害，本人实不敢涉足……"

于是才不了了之。

而据我所知，谌容大姐拒绝的过程似比我还艰苦，最后她只有干脆采取拖的战术……

我想，我二人都没有放弃写作去当"全权代理"，不是认为那类角色不光彩，更不是由于鄙商的偏见作祟，而仅仅是由于，我们更热衷于写作。

我想，这也未尝不可认为是权衡之后的放弃。

我想，若我放弃的不是当"全权代理"的机遇，而是写作，似乎并不能就成为我"异化"了的证明。若论"异化"，其实我倒是常常感到写作对我的"异化"太深了。

在当"全权代理"和继续写作的选择之间，明显是不存在什么对或错的社会评判的区别的。事情仅仅关系到，对我们个人好还是不好，适合还是不适合。

对我们既是这样，我当然也应以同样的观念看待我的已是"买办"的朋友，并当然应以同样的观念看待他那些"买办"同人。

在商和文学以及其他诸人生选择之间，无高下优劣之分。

商和文学对时代的不可或缺意义乃是相同的。不，此话差矣！文学可缺，商不可缺；作家可缺，"买办"亦不可缺。

一个发展中国家的商业，必然地也是合乎规律地产生"买办"式人物。他们多到形成阶层的时候，也必然地对发展中国家的社会意识形态产生不可忽视的影响和冲击。某一时期正面的影响和冲击明显一些，某一时期负面的影响和冲击多一些。

据我看来，"改革开放"的初期，正面的影响和冲击明显一些；鱼龙混杂，良莠参差的阶段，负面的影响和冲击多一些；大浪淘沙，沉舟侧畔的现阶段，正面的影响和冲击又明显起来了。

至于他们和她们那种种"买办"式的独特心态和权衡个人利弊时的独特的矛盾所反映出来的"买办"意识，倒是我们大可不必实行谴责和批判的。

他们只能有那样林林总总的意识。

否则，倒是令人费思量了。

中国当代的"买办"式人物们，好比是中国这只窝里的"买办蛋储"。他们在适合的条件和温度之下孵化出来了，促孵的先决条件是时代的条件，温度是跨国经济方兴未艾的作用，而带他们和她们练翅的，却主要是他们和她们的外国"洋教头"。

他们和她们心理上常受"恋窝情结"的纠缠，但所学既是洋式的飞翔本事，便都不免地很想成为一只"洋鸟"。

他们和她们对"洋教头"不无感激，所谓"师恩难忘"，但又总不免地心怀叛念，因为不被视为一只彻底的"洋鸟"。

他们和她们关注各自"代理国"的政治的、经济的晴雨表，比对中国的关注更密切。因为那是他们和她们经常动心移民去往的理想国。

他们和她们对于中国的传统文化——比如饮食文化、服装文化、民俗文化、戏剧文化乃至民间艺术等，却比以前的兴趣大多了。他们和她们如是想：多了解一些总是有益的。说不定将来到了国外，能使自己更具有"中国特色"。既然没法儿彻底地西化，显著的"中国特色"也会帮自己在外国是一个"可爱的中国移民"啊！而这种想法，又恰恰证明了他们和她们心理上永远无法拼合的分裂。

在当代中国，他们和她们，最是一些"身在中国，放眼世界"的中国男女。

他们和她们普遍的牢骚是——"代理人"越来越不好当了。

事实上也是这样。

"代理人"的特殊职权，越来越被他们和她们的洋老板们削弱。"全权"似乎已是往日的辉煌，似乎已成历史，而且不可再奢望。

"初期阶段"，洋老板们只指令他们和她们将事办成，方式方法是不太过问的。办成事的经费，也往往是承包性质的。而承包是他们和她们所乐于的。但是现在，"中国特色"的方式方法，不再是他们和她们以骄示人的专利了。"老外"们也比较谙熟并且运用自如了。这无疑使他们和她们"代理人"的"长项"受到了忽视甚至冷落。"承包"性质的"帮办"策略也不太愿被洋老板们采纳了。洋老板们的账算得是越来越精明了。他们和她们花老板的钱不那么大方了。个人从中所得几乎不可能了。

因而他们和她们其实也常有怀"旧"心理。大多数人总是怀念曾带给自己最多利益的"好日子"。

的确，中国当代"买办"们的"代理"职权是越来越小了。他们和她们的洋老板们，正一部分一部分地收回曾给予过的职权。中国商贸越来越与国际商贸接轨，其间的操作方式和关口程序，也就越来越规范化、透明化、法制化了。以前"代理人"们精通的路径，洋老板们已开始精通了。"代理人"们不精通的路径，洋老板们不但早就精通，而且胸有成竹了。

以前是初来乍到的洋老板们不耻下问地虚心向他们和她们请教该怎

么想怎么做。现在是"宾至如归"的洋老板们轻车熟路地发出指令——该这么想这么办！

倘他们和她们稍持疑义，洋老板们就会板起脸来——我懂。你少跟我来这一套！

而几乎也可以说，正是他们和她们，在最短的时期内，"言传身教"，"举一反三"，教会自己的洋老板们弄懂中国的"这一套"的。洋老板们，现在都从他们和她们任教的"速成班"毕业。他们和她们教得有水平。"洋学生"们学得既快又好。

这使人联想到老虎拜猫为师的寓言。猫没教老虎上树一招。所以老虎恃能欺师之时，猫便爬上树，居高临下俯瞰老虎的无奈。于是仍维护着自己的一份"师道尊严"。

但是他们和她们，却一招都没留。将"中国特色"的"这一套"，毫无隐瞒地尽数传授了。所以"老虎"不愿再当徒弟，开始恢复老板的本来面目时，他们和她们就只有忍气吞声了。

这又使人联想到中国的成语典故"鸟尽弓藏，兔死狗烹"。中国的市场如大森林，能容万鸟齐栖。所以洋老板们倒不至于弃了已用顺手的"弓"，更不至于"烹"他们和她们。

但却越来越以对待"中方雇员"的方式对待他们和她们了。

依大多数中国人想来看来，"代理人"也罢，"中方雇员"也罢，似乎没什么本质上的区别。

而他们和她们的切身感受是——区别大了。"代理人"意味着受信赖，而若"全权"则意味着受宠。"中方雇员"嘛，只不过是受雇罢了。

个中苦涩，在他们和她们，实是一言难尽，欲说还休，欲说还休。

是的，中国当代"买办"者们，乃是一个特定的时期内，一些人的"走红"。现在，他们和她们的"星运"临终，今后不会再有什么大的作为了。好比某类"特殊津贴"，颁发过一次，却并不沿袭地一直颁发下去。受益的也就受益了，不受益的再无得到相同待遇的指望。即使对于受益的，那也不过是往事如烟了。

中国当代"买办"者阶层，故而是一个小小的阶层；一个时代夹页间速成的阶层；一个曾野心勃勃但野心已被时代页码夹扁了的阶层；一个"壮志未酬"然而已注定了不可能产生什么大作为的阶层；一个后继乏人的阶层。

在未来的时代，这个速成的小阶层只会萎缩，不会扩大。代之而起的，将是一批接一批的"中方雇员"。因为他们和她们不曾像"买办"那么受宠过，所以心理上并不觉得受雇有什么委屈。这反倒决定了他们和她们跟洋老板们的关系单纯而又明了。

当年，亦即"改革开放"初年，外国企业或公司对于是否挺进中国极为小心谨慎，不似如今这般争先恐后长驱直入。当年的他们，往往是先派一二人来到中国考察一番。名曰"考察"，实则具有"侦察"意味。心中无数，皆不敢贸然在中国挂牌。故他们当年所需的"代理人"，那真叫"全权代理"。连住哪一家宾馆饭店，订机票、租车代步之类琐事，都需"代理"包办。否则，怕受骗，或花冤枉钱。故当年的"代理"们，也往往仅一二人，还要兼着翻译，并且，平时是没有固定的办公地点的。大方点儿的外国老板，为他们在宾馆或饭店常年包一个房间；抠一点儿的，他们的"代理"就只得在家里接受越洋指示，每月享受一笔交通补贴而已。不似今天，名头大些的外国企业或公司，往往包租一整层写字楼，甚或半幢或一幢楼。从前与现在，不论外国企业、公司本身或它们的中国"代理"，在北京、上海、广州、深圳等大城市的境遇，都发生了历史性的变化。正可谓"秦时明月汉时关"，同是黄花各不同。

后来我曾在另一场合听一位外商唱毛泽东的"语录歌"，他将字句稍一篡改，唱成了这样："我们外国人，好比种子。中国的城市，好比土地。我们到了一处地方，就要同那里的人们结合起来。在中国人中间生根开花，在中国人中间生根开花。"

不错，许多外国的企业、公司，已在中国"生根开花"了。它们的许多"中国区""北京区""上海区""南方区"的高管，也都成了中国通。能够坐到那么高位置上的土生土长的中国人，不能说没有，但肯定不多。

一经坐稳，必是出类拔萃者无疑。而当年的先头兵式的"代理"们，十之七八已退出历史舞台了……

客观来说，他们当年不但对外国企业和公司有功，对于中国和许多中国人也是有功的。

他们是些最早用西方思维西方眼光看待自己国家的人，也是最早在本国感受"西风"的人。对于"西风"，他们身上最少偏激的民族主义过敏反应，而多了些当年的中国人不多有的客观的、现实主义的立场。

对于当年的中国，那是一种医治根深蒂固的"弱国病"的"民间偏方"。

"海龟派"们是后来从国外带回了种种有益于中国的新鲜思想的，而他们则先于"海龟派"们，在本土有意无意地传播了另半球人类的普世价值观。如果当年我们某些人曾或多或少在思想上被他们影响过，那么今天看来，那种影响大抵是不错的。起码，影响我们懂得包容了。

一个真正现代了的中国，若一门儿心思想从孔子那儿找到现代的国家思想，在我看来，是南辕北辙，是缘木求鱼。

一个真的希望现代化起来，而不仅仅满足于是一个"巨大的经济体"的中国，依我想来，今天和当年一样，仍需很多别国的思想力的促进……

他们和她们，在中国当代中产者阶层中，越来越占有不可忽略不提的比重。

# 第三章　当代中产者阶层

我随中国电影家代表团访问日本的十几天里，日方所聘临时翻译中，有一位女同胞。她在20世纪80年代初随夫东渡扶桑，从此定居日本。丈夫被聘为某大学教授，她自己则经常为日本各文化团体担任资料译员。他们的儿子当年在日本读初中。

熟悉后，我问她——你们的家庭，还需多少年能跻身于日本中产者阶层？

不料她说——我们已经是了啊！

她对我提的问题大显诧异。

而我对她的回答也不无困惑。

因为，在我没到日本之前，曾向几位日本朋友提过类似的问题。他们中只有少数人经认真思考后，自信自己可以算是日本中产者阶层中的一员。而多数人经认真思考后，回答是否认的。因为，在日本的年轻一代人中，能有经济实力买下房产的人是极有限的。买车也要积攒许多年。既无私人房产，亦无私车，中产者的感觉，又从何谈起呢？我的几位中年的日本朋友，毫不讳言他们至今仍欠着买房贷款。在日本，一位大学里的正教授，月薪一般在四十万至五十万日元。月薪五十万日元的教授，大抵是资深的老教授。而即使在日本的中小城市，若买下一幢较普通的商品住宅，最低也需六七千万日元，相当于一位教授十几年的收入。日本的私人房产，要么是上一代的遗承，要么是全家集资，再加上贷款买下来的。当代日本，一对年龄四十岁以下的夫妇，拥有私人住房的其实有限，多数家庭还是租房而居。一个日本男人，他的人生阶段大致是这样的——三十岁时一般月薪在三十万至四十万日元，此时才买私车；四十岁时一般月薪在四十万至四十五万日元，在这一阶段，提升的竞争激烈了，增加工资的机会少了；五十岁时，月薪才可能达到五十万日元左右。买房之事，才开始变得现实。

我在日本见过一幅房地产广告——一对五十岁左右的日本夫妇，各伸一指，指向一幢位置在郊区的小别墅。醒目的一行广告词是——"加倍努力工作，它将属于你们！"旁边还有表格，清楚明白地标出，每月储蓄多少钱，需多少年，可买面积多少平方米的一幢房产。

一位年轻的日本朋友，曾望着那广告对我说："看，那就是我们的人生的示意图。"

岂止日本，人类进入现世纪，几乎全世界的寻常人的人生，都不可幸免地表格化了。

日本的房产，依然是昂贵的。并非每一个日本人到了五十岁以后，都能够顺理成章地买下一幢小房子，有不少日本人是老死在承租房里的。一个日本人，一旦真正拥有了私房和私车，并且还清了贷款，并且月薪仍保持在五十万左右，他才会觉得自己有点像一位中产者了，而伴着这样的自慰的感觉，他的人生也就步入了晚景。

不但日本，全世界的寻常人，尤其男人，大抵都是为了获得那一种感觉而在"加倍努力工作"。

中产者的感觉，几乎是资产者以外的一切人士的梦想。

亚里士多德的学生曾问他："您能用最简明的一句话概括人生吗？"

他略做思考后以索然的口吻回答："就普遍的人生而言，无非用四分之一的命数成长和学习，用四分之二的命数靠学到的知识和技能攒钱，用最后的四分之一的命数花那一笔钱。"

日本的房地产商，曾推出促销新招——每幢价值亿元的房产，配备佳丽一名。其促销对象，便是那些虽攒下了一笔钱，但四分之三的命数都耗在"加倍努力工作"过程中，因而损失了人生幸福的老男人。当然，佳丽们是自愿的。某老男人一经买下房产，她们便同时做其少妇。

　　资产者阶层也罢，中产者阶层也罢，所谓无产者阶层也罢，按照传统的阶层的分法，乃是以对私有财产的拥有程度为区别前提的，而首先非以其他为前提。

　　那位认为自己已然是日本当代中产者阶层一员的翻译女士，我理解她大约是这么想的——夫妇都是受过大学高等教育的知识分子，月薪都在不高不低的中档水平，职业又都与文化有关，难道还不算中产者中的一员吗？

　　而我的几位否认自己已然是中产者一员的日本朋友，却是按照传统的阶层的分法来给自己定位的。

　　我在此，对中国当代之中产者阶层，也决定按照传统的阶层的分法来评说，亦即以对私有财产的拥有现状为前提。

　　倘连自己所居住的房产都是公有的，而言自己是中产者，似乎有些太牵强。全世界各国的中产者，所居起码都是自己的房产，而且起码都同时拥有私家汽车。这乃是一个最低的标准。这一个最低的标准在世界范围内仍不过时。当然，还要加上一笔数目可观的存款。

　　但是中国的情况毕竟有些特殊。

　　新中国成立以后三十余年间，中国始终是公有制国家。生活在城市的人，除了工资，生活在农村的人，除了工分，外加各自的生命以及简单的日常生活物品，再就几乎一无所有。而中国从前的三十年，又一向是世界上工资最低的国家。据资料显示，月平均工资低于六美元。所以，几乎可以涵盖地说，从前的中国人，皆无产者。

　　有"产"的现状，是近十几年才形成的。

　　关于"产"，我们首先当然就应该说到房子。

　　中国近年为了改善城市居民的居住条件，大面积拆迁了许许多多脏街陋巷，使一大批又一大批从前居住条件低劣的人家搬入了新居。在这一过程中，某些人家巧妙地获得了多处住房。但大多数的他们拥有的只不过是居住权，而非产权。又这些人家，除了多拥有几处有长久居住资格的住房，其工资收入并不高，物质生活水准也与一般市民大体相同。所以他们并不能算是中国当代的中产者。故不在我们的评说之列。

房改政策出台以来，有些城市人家买下了单位所分公房的居住权甚而产权，但却是倾家庭积蓄之全部。有了房子，以后的日子过得尤其清贫了。他们当然也不能算是中国当代的中产者。

某些官吏和高级官员，运用手中的职权，"合法"或非法占有多处公房。报载有人甚至占有六七处近千平方米，或暗中售卖，或公开出租。诚所谓窃国有道，不劳而获。对于他们，似也不能归纳在中国当代中产者阶层，而应以贪官污吏另加评说。

另有些人，所住依然公房，亦无私车代步，但年收入可抵二三辆"桑塔纳"，他们当属中国当代中产者阶层应无歧义。

中国当代之中产者阶层，按其收入高低，主要由以下几类人顺序组合：

一、二三流影视明星。影虽在前，视虽在后，但中国电影业低迷不振，崛起甚难。他们和她们中，每年有幸能上一部电影的并不多。而主要在电视剧的流水线间奔售自己的演技。中国电视连续剧"制造业"目前仍热火朝天，仿佛1958年的"大跃进"。这势头不但使他们和她们免于"待业"甚至"失业"，而且成全他们和她们皆过上了富裕的中产者阶层的生活。

全世界的中产者阶层中，优居榜首亦非他们和她们莫属。

凡为明星，即使二三流，其年收入也当是中产者阶层中之最。

"二三流"这一指谓，似有些犯忌，也似有些大不敬。但我下笔写时，心内绝无贬义，只不过相对于一流而言罢了。一流"星"者，我在《当代资产者阶层》一章的末尾已附带提到。他们和她们中某些人，家私千万数千万，远非此中产者阶层一章里所将论到的"星"们可与之相提并论的。故只能以"二三流"的指谓委屈本章提到的"星"们了。

又,大约在20世纪60年代初,中国电影界一批当年的中青年导演组成了一个艺术联谊性质的团体,自谓"二流堂"。后来正是他们拍出过不少优秀影片。一流也罢,二三流也罢,即论阶层,首先自当着眼经济地位。他们和她们的出演身价属二三流,并不意味着演技也在二三流水平。演出身价,主要由投资方和制片人操纵而定,袖筒里的"买卖",随行就市,水涨船高,就没什么演技鉴定的权威意义。他们和她们中的中老年演员,演技好,艺德也好,但因往往是配角,片酬一向比被爆炒而红而紫的年轻的"星"们低不少。即使这样,以北京目前普遍的行情,每集电视剧的酬劳大约也不至低于五千。十集二十集演下来,收入就相当的可观。倘家中没什么格外沉重的经济负担,日子自然过得比较富裕。

这"二三流"中,有些是"个体"的。凡"个体"者,无一不是"新生代"。且莫以为"个体"者,皆是为着艺术之追求和发展而自愿的,这么想就大错特错了。事实上他们和她们无不希望归属于一个较理想的艺术单位。只不过那些艺术单位的大门因人满为患,已严闭紧关着多年罢了。若想"芝麻芝麻开门",要么有文化部一级的推荐;要么有中央首长一级的批示;要么有铁硬的人情关系从中斡旋;要么,表演才华已获得公认,使把守着那些门的艺术单位的头头们爱才之心大动。而他们和她们,大抵是毕业于艺术院校之后,不甘回本省市屈就,一心想在北京安营扎寨者;或从外省只身闯荡到京城,指望凭"花拳绣腿"尽快打开局面,向往一夜成名,家喻户晓的年轻"演艺江湖客"。北京毕竟是首都,演艺事业的成功,在北京获得公认了,也就意味着在全国获得公认了。正如时装设计的成功,在巴黎获得了公认,也就意味着在全世界获得了公认。

在北京的艺术单位尚未接纳他们和她们之前,他们和她们仿佛是一批京城"演艺流浪儿"。但读者万勿一见"流浪儿"三字,便心生恻隐起来,那读者诸君就又大错特错了。此类"流浪儿",非我们常在电视"社会广角"专题片里所见那些蓬头垢面衣衫褴褛的流浪儿。恰恰相反,他们和她们——尤其她们，年轻、漂亮，花容月貌，秀色可餐，是一类可爱的、安琪儿般的"流浪儿"。她们的生活形态，具有"单身中产者女性"的特征。京都的形形色色的贵人、名人和富人的大手，经常从四面八方伸向她们，争着对她们进行爱抚。读者诸君自作多情地恻隐着的当儿，倘她们并不在拍摄现场，那么也许正在什么大饭店的单间内，陪着贵人、名人和富人吃着、喝着、聊着。她们中相当一部分人，已在北京买下了价值五六十万乃至百万的一处房产，并有了自己的私车。

有次我去某电视剧组见一位导演，恰逢一位副导演在对六七名年轻的女演员进行"面试"。他大约想从她们中选择一两位担任角色。她们姿态各异地一溜儿坐着，春花秋月，各呈其韵。我从旁听着问答，觉得很有意思。

"你呢，报报家门。"

"我是个体。"

"南'个'北'个'？"

"以前是南'个'，现在是北'个'。"

"具体点儿。"

"以前是沪'个'，现在是京'个'。"

"是京'个'几年了？"

"才两年多。"

"是沪'个'呢？"

"那就长了，五六年了。"

"五六年了？你今年二十几？"

"二十六。"

"这么说你不是科班毕业？"

"考上过。后来自己不念了。当演员靠的是天赋。表演系值得上四年吗？那耽误多少部戏！"

我见副导演频频点头，似乎认为她说得也在理。

仅北京，据我想来，如此这般的一些女"个"演，加起来恐怕不比全北京环卫工人的总数少。

她们是北京特有的一道"风景",是北京如云的佳丽中的佳丽,是"北京特色"的中产者阶层中活得相当滋润相当有声有色的一批。

有次我遇见了她们中曾见过几次面的一位,问她:来北京上哪一部电视剧?

她说很久没演什么角色了,不过却已经是北京人了。

又问:调来了吗?她摇头微笑。

再问:那么是结婚了?依然微笑摇头。

心中困惑,不免继续问住哪啊。答曰住亚运村。自己买的房子。一百五十多平方米。问价几何。曰:不贵,才一万多元一平方米。于是不禁回忆,印象中她也没演过几部戏似的。这就不便多问什么了。她说她的车在停车场那边儿,问我要不要搭一段路。说刚买的一辆"本田",驾车的新鲜劲儿还没过去,喜欢捎载顺路的朋友。我说不必。离家不远,喜欢走走。于是分手。

她们是中国当代电视连续剧生产流水线上虽不怎么主要但又绝对不可或缺的"部件"。观众呼唤电视剧的阳刚之气,北京这座首都却另有所好。它对影视佳丽的需求似乎永无止境,所谓硬派小生们面对它的需求表现往往只有望洋兴叹的份儿。这使"不重生男重生女"的名句在今天有了新注。

由于她们的存在,些个二三流导演、制片就很忙。或者反过来说,由于后者们的存在,她们的生态才显得格外活跃。而总体来说,无论她们,还是不断"组合"她们的那些二三流导演、制片,又都是忙在中国当代电视连续剧昼夜不停的生产流水线上。那一条昼夜不停的生产流水线,当然是由经济的大手在制动着。

自从我以《年轮》《泯灭》偶尔涉足了两次电视剧创作,两年多的时间里,也记不清有多少人夹着皮包,皮包里带着合同书与预付现款成为我家的不速之客了。他们急找剧本的迫切,如同临产的孕妇急找接生婆。据我看来,电视连续剧"生产业"的"大跃进",可能已成为仅次于保健品生产业的一业,而跃居中国创利"亚军"之位了。自从中国房地产业萧条,它趁隙取而代之。尽管它的投资成本与日俱增,但与房地产业相比,在中国却仍属小投资一业。而若大获成功其利润最高可翻成本的数倍。就单位利润而言,它的利润高过房地产业,高过保健品业,高过石油业。被投资商们滋扰的日子里,我常觉得少则数百万,多则千余万的资金,像动画效果似的绕我的身子旋转。若想抓取,伸出双手就能接到自己名下十几捆二十来捆。对于主要以写小说为"正宗"创作的我,那是迷幻的诱惑。身临其境,须以较大的自控力才能抵御。

因而又几乎可以说,中国中产者阶层中实现"中产梦"最快的,个人经济特征最显明的一类人,乃是由中国当代电视连续剧生产流水线"制造"出来的。在电影业方面,毫无疑问,中国目前仍属"第三世界"。而论电视剧这一业,中国是当之无愧的世界"超级大国"。这一业热火朝天的"大跃进",不仅"制造"了中国中产者阶层中活得相当滋润相当有声有色的一批,也保证和提高了此业中其他从业人员的收入,激励着推动着他们加快向中产者阶层迈进的步伐,同时带动了广告业。

我们有理由感谢中国电视剧"生产业"的"大跃进"。1958年的"大跃进"使中国人以"穷折腾"开始,以"折腾穷"告终。此番电视剧"生产业"的"大跃进",却速成了"一小撮"中国当代中产者。中国新生的中产者阶层,不是超编了,而是还远远没达到时代这一节"车厢"的"定员"。即使按目前城市人口的十分之一来计算,也应在四五千万之多。而按有房产又有私车的起码标准,估计还不到一千万。中产者阶层对于一个国家来说,尤其对于一个国家的城市人口来说,起码达到十分之三,才有资格找到那么一点儿"第二世界"的感觉,也就是"脱贫"国的感觉。从这一前提看问题,多一个中产者和中产阶层家庭,便意味着少一个半无产者和无产者以及他们的家庭。人类社会进步的最终物质目标,乃是彻底消除半无产者和无产者家庭的现象,使人人都在起码的程度上有"产"可言。只要其"产"的方式是合法的,是对社会无害的,都是社会和时代本身的慰藉,也是社会和时代本身的一种功德。不管那促成一部分人率先有"产"起来的行业是电视剧"生产"流水线还是电视机生产流水线或制鞋业、保健品，甚至酱油腐乳生产业，则都是无妨的了。在这一点上，无害即有益。而将负面影响夸张到最严重最令人不堪忍受的地步，也无非就是我们从电视里看到了一批拖泥带水，或虽不拖泥带水，制作也较精良，但却实在不知编导想要告诉人一些什么的电视连续剧而已。越往后，这类电视剧不会减少，倒是会更多。因为社会体制演进的一种代价将必然是——所谓思索性意识形态从大众文化载体中逐渐消解到最低限度，谁也不再企图通过它们告诉大众一些什么，甚至制作者们逐渐变得再也没什么思索可传达，而大众变得似乎再也不需要接受什么。这时大众文化便几乎只剩下了一种单纯的功能——娱乐大众的功能。区别仅仅在于，健康的，或不健康的，或低级趣味的。

我还经常接到这样一些电话——也是急找电视剧本的人们打到我家里的。现回忆并记录如下，以供读者参考：

"能不能为我们写剧本？"

"什么样的？"

"当然是绝对主旋律的！"

"那又是什么样的呢？"

"领导看了喜欢的，会拍板给奖的！"

"现在可是市场经济的时代呀，就不考虑经济效益了吗？"

"那个我们不考虑！我们这一把投资几百万，就是要领导看了喜欢才会给的奖！我们要的是业绩！"

中国当代电视连续剧"生产"业，其热火朝天的"大跃进"般的势头，既受经济利益一只大手的推动，也受业绩利益一只大手的推动。

两只大手推动也好，比只经济一只大手推动有后劲儿。经济利益这一只大手，一旦觉得划不来，就不推动了。而业绩利益这一只大手，却任何时候都不会觉得划不来，任何时候都会认为是业绩。因而几乎任何时候，只要以业绩意识为原动力推动着，便总会有业绩利益方面的回报。

何况，领导也是在不断地转变观念思维的。我亲耳听到有关领导一再严肃认真地强调过:"不要只善于揣测领导的喜好找感觉。今后领导肯定一部电影或电视剧,也会首先详细了解——广大群众喜欢看不?喜欢到什么程度?为什么喜欢?广大群众不喜欢看的,并且不喜欢看的原因是有道理的,那么领导就再也不会轻易肯定了!"

实事求是地说,在业绩这一只大手全力推动之下"生产"出来的电视剧"产品",至少在一半以上还是有水准的。只不过有时那水准有意义的程度大于有意思的程度,二者程度失比而已。

总之,两只大手共同推动,中国当代电视剧热火朝天的"大跃进"般的情形,仍显示着一种"东方不败"之势。那么,已经受益而为中产者及其家庭了的,可将其阶层之经济基础夯垫得更坚实。尚未中产起来的,可望紧紧抓住机遇,及早有"产"并且中"产"。机不可失,失不再来。虽然方兴未艾,却不定哪一天就变强弩之末,从此江河日下,不复再能为中国当代中产者阶层的壮大做什么贡献。因从世界的范围看,在一个国家非电子业、电器业、电机业、轻工业、重工业或其他某业先孕育和壮大了中产者阶层,而居然是电视剧"生产业",前景总归有些不那么靠得住……

受益于电视连续剧"生产业"的,自然还有一茬儿接一茬儿的电视连续剧编剧们。北京每集电视连续剧的普遍价位是一万至一万五千元。这不算最高的。据我所知,某些编剧可拿到二万至二万五千元一集。在当今世界上,中国肯定是电视连续剧编剧队伍最为庞大的国家。

二、年收入仅次于电视连续剧编剧们的,则要数歌星们了。十几年前是歌星们的"黄金时代"。最初他们和她们的出场费是五千,那时大学教授们的月薪是一百七八十元。后来歌星们的出场费,也就是唱一支或两支歌的价位,逐年上涨,由五千而一万而二万三万四万。据我所知,在"走穴"狂潮席卷神州大地的岁月里,有影星客串歌星者,一天里索得过十几万出场费。那一种"走穴"像"闪电战",神出鬼没,速战速决。那一种演唱像从前电影院和电影院之间的"跑片"。当年我的一位朋友为"穴头儿"们做过听吆喝的"伙计",他亲眼见过"穴头儿"们向歌星们分钱时的情形。他曾这么对我描绘过那情形：一捆又一捆，全是十元一捆的，摆满了他妈的一桌面！四层高十几捆，歌星将大提包的拉锁唰地拉开，就这样——他当时上身伏在我写字桌上，左右伸展开双臂往中间一搂，再往怀里一收："就这样，全他妈的进提包了！那'穴头儿'对她还挺关照的，怕她路上遭劫遭抢，让我护送她去飞机场。她还觉得一提包钱拎着沉，上车前下车后让我帮她拎！说实在话，当时真动过杀了她抢了她的钱逃之夭夭的恶念。可一想到法网恢恢，老婆孩子……嗨，有那心咱也没那胆呀！"

他两眼熠熠闪光，每使我回忆起来，似觉被杀机包剿，身上不寒而栗。

当年歌星们每到一省一市"走穴"，仿佛那一省那一市惊天动地的大事，往往需公安出动维持秩序。票价由五六十元而一百五六十元而二百元。当年的中国老百姓不但实在，而又没见过世面，被"穴头儿"们收买了的小报的鼓噪一煽，便很容易地"热发昏"起来。以半个月一个月的工资买一张票还要排长队，还千载难逢三生有幸很值得似的。尽管看过了听过了往往要骂娘。这现象招惹得港星们也望着内地眼热心跳，于是有些在香港地区正红着的，趁其红也到内地"潇洒走一回"。而已经落红了的，到内地重温旧梦，再造辉煌，寻找往昔曾红过的良好感觉。那出场费，张口就是二三百万，而且有言在先是税后。可以一针见血地这么说，"出道"最早并且随即大红大紫的歌星们，当年挣的是中国老百姓"充大头"的傻钱。或也可反过来说，是中国老百姓当年慷慨"赞助"他们和她们资产者起来或中产者起来的。好比一个人帮大家，自己较富，也终于帮不起，最终将自己帮穷；大家帮一个人，最多帮几个人，尽管大家都穷，那一个人或那几个人也会受益而富。从社会心理学的角度分析，民众的尤其青少年的唯星必瞻，乃是一种躁动不安的寻机表现，性情压抑寻求释放的人类失态现象。之所以言是人类的，乃因此种现象几乎是世界性的。当年在日本，有少女因崇拜成龙却难以亲近而绝望自杀；在内地，有少女们因暗恋刘德华、黎明而精神失常；在中国台湾地区，有成千上万的男人给邓丽君写过情书，从性苦闷多多的"维特"式的少年到"维特"们的父亲们，从西方到东方，大约全世界十分之一的青少年在成长期都不同程度地失去过常态，并影响父母们也晕头蒙脑辨不清东南西北。是由于臭氧层出现漏洞，还是由于地球自转速度起了变化，抑或太阳和月亮偏离过轨道，我们目前尚不得而知。

但后来苏联一夜解体；罗马尼亚政变，国家元首被枪杀；海湾突起战火；南斯拉夫军阀割据扣留各国人质；日本"奥姆教"地铁投毒；中国台湾地区的女大学生集体出家；辛普森杀妻疑案震惊美国朝野……

从20世纪80年代中后期，这世界大事件大情节大写实大刺激起伏跌宕接连不断。《修女也疯狂》《国王也疯狂》对人类的冲击波，怎么也比不上"世界要疯狂"的咆哮具有威慑力。

世界本身一旦躁动不安，任谁都不得不肃然地冷静下来。

这冷静之后，美国好莱坞及时地为全世界赶制出了一部又一部惊悚大片、科幻大片、感官大片。

于是从20世纪90年代初，又简直可以说是全世界除了少数几个在打内战的国家外，其余统统争看"山姆大叔"出品的成人"卡通片"的几年。

美国电影似乎是针对世界"更年期综合征"的"定躁灵"。它本身越疯狂，大多数看过的反而越乖了，头脑里越没了疯狂的原始冲动。那原始冲动被它的疯狂吸了去。美国人善于用电影的卡通式梦幻先使本国人然后使全世界人都变得有几分卡通化起来。

而卡通化了的人类是最容易安抚的，也是最容易调教的。

于是杰克逊也不再疯狂了，居然开始以很古典的风格演唱起很古典的童话般的歌谣来了。

于是"现代妖姬"麦当娜一心只想生个可爱的俊孩子了，并且使出浑身解数毛遂自荐争演了一把女神般受臣民爱戴的阿根廷第一夫人。而且向新闻界一再虔诚地表示，自己绝不再调皮了，打算痛改前非由"坏女孩儿"而"乖妞儿"了……

正是在这样一种世界大文化由噪归静的背景之下，中国当代歌星们消停多了。何况，此前先"出道"者们，早已由"穴头儿"们率领着，将中国版图上的大中小城市，篦头发似的"篦走"了几遍。中国老百姓也不再愿为他们和她们掏腰包花"大头钱"了。

现阶段，"后来人"们的成名和成功都不太容易了，世人对他们和她们的成名与成功的反应也相当平淡了，甚至相当冷淡了。掌声少了，鲜花少了。"追星"现象几乎没有了，心理有毛病的崇拜者们也少了……

他们和她们正处在低迷期，内心里共同吟唱的一首歌是《勿忘我》。

流行歌曲的内容，也几乎只剩下了一个主题——爱。

从电视里、录音机里，在歌厅里或在出租汽车里，我们常能听到的有气无力的怏怏似的呓语，所唱无非：眼泪，心，你的脸庞，我的悲伤，何时再幽会，相偎的日子……

梦里看花，十年一页。公平而论，中国几代歌星中，有不少值得我们怀念的姓名。有些流行歌曲堪称经典。有人不仅歌唱得好，品行也好，心地也善。我很喜欢歌星中一些人唱过的一些歌，那些歌带给过我个人许多好心情和好时光。在那样的心情下和那样的时光里，我曾默默地感激过他们和她们。尽管我一次也没现场听过他们或她们的演唱，没和任何一位歌星有过什么算得上交往的关系。

我觉得，用比从前买一本书便宜不少的钱买一盘录音带，倘其中的歌又大部分是自己喜欢听的，那实在是最值得花的钱了。十年前，录音带发行很火的时期，似乎也就六七元一盘。正反两面，十几首歌曲，还有把钱花在什么其他的方面能买到比此更长久的拥有呢？

影视明星也罢，歌星也罢，既是令人羡慕的职业，其实又是"失业"或"待业"率较高的职业。我觉得，从事这两类职业，起码需要比当作家更高些的心理承受力。因为与作家相比，他们和她们备受媒体的评头论足。还因为"寂寞"二字对作家往往并不意味着"失业"或"待业"。作家可以在寂寞中写，在寂寞中发表。而对于影视明星和歌星，一旦寂寞多年，则也许永远寂寞了。作家可以写到老，写到七八十岁还在写，而且可能越写越深刻精妙。少数影视明星也有这种幸运。但一位歌星则绝对地没有这一种幸运。他或她必须在自己年轻时功成名就，并且一鼓作气达到事业的顶峰。他或她所面对的叫作"音像市场"的市场游戏规则，一般排斥大器晚成者。又平心而论，不是他或她收入太高了，而是普遍的中国人收入水平太低了。如果一个国家的歌星们的经济地位还达不到中产阶层的话，那么恐怕只能证明这个国家太令人沮丧了。

故我对歌星们在中国当代率先成为中产者们，一向是不嫉妒不眼红的。而且替他们和她们感到高兴。他们和她们中产者起来也不过就意味着摆脱了半无产者甚至无产者的生活窘况。如果他们和她们在三十五岁，最晚在四十岁以前还不能摆脱，那么将也许终生难以摆脱了。因为他们和她们除了唱，再就几乎没有其他任何特长。故我们眼见歌星们中"产"起来而不嫉妒不眼红，至少体现着一种应该提倡的善良的情怀。

但是，对他们和她们中某些动辄狮子张大口，恨不得一口吞下一百万才满足的行径，我也的确是打心眼儿里鄙视和厌恶的。

大约十年前，某电视机厂年终召开全厂大会，表彰一批劳模。同时想请一名当时正红着的歌星作为嘉宾，联欢时为职工们唱一两首歌。因为她在电视中两眼噙泪，似乎无比深情地唱着一首关于"让世界变得更美好"的歌，给电视机厂的领导和职工留下很深的印象。他们一厢情愿地以为她不至于回绝盛情。当然，他们也是为她备下了一笔数目可观的演唱费和一份厚礼的。

不料她说，去是可以的，唱也是可以的，但最多唱两首歌，且演唱费不得低于十万，再少一分也不行！

这超过了为她备下的演唱费的三倍多。

他们又通过另一种关系动员她，而她矢志于十万不动。只认钱，其他什么都不认。这就的确让人不知说她什么好了。

电视机厂的领导于是改变初衷，一名歌星也不请了，将原拨出打算请歌星的一笔款，统统作为奖金发给劳模们。而这一决定获得了全厂职工的拥护。没请歌星，联欢会上职工们你方唱罢我也唱，照样开得热热闹闹。

当年我知道这件事后，曾为电视机厂领导们的英明决定击掌叫好。自那以后，我再也见不得那名歌星的面孔了。她的形象一在电视里出现，我立即转台或关掉。一从报刊上发现她的照片或名字，马上翻过去或随手丢开。而且，再也听不得她唱的歌了，觉得音调虚伪又做作了……

"穴头儿"与歌坛后来的演唱会策划人们是不能同日而语的。

"走穴"也根本不能与"巡回演出"相提并论混为一谈。

当年前者的"势不可当"常使我联想到"闹蝗灾"，觉得那一种"时代大行动"似乎已与演唱本行没多大关系，仿佛更是"地毯轰炸"式的对金钱的裹卷。如今有因那一种"时代大行动"而成功地完成了资产原始积累的"穴头儿"，也有银行里存下了千万元的歌星。但是现在那一种"时代大行动"已归于寂灭。如同"文革""大跃进"归于寂灭一样。对于中国民众，无非又交了一次"学费"，懂得了自己们当年趋之若鹜的瞎激动实在是滑稽可笑的。也许是当年被搞伤了，也许是真的成熟了，总之当今的中国人，从老到少，淡淡的、惓惓的，似乎再对谁再对什么都很难真正激动得起来了。即使偶做激动状，那也是"少年不知愁滋味，为赋新词强说愁"。

对于中国歌坛的"后来人"，单要靠唱歌资产者起来，怕真是"雾里看花水中捞月"，精神上的冰激凌，想想罢了。

他们和她们，也只能通过唱而中产者了。

让我们真诚地说一句——祝他们和她们在中产阶层的状态之下活得好。

通俗歌曲在世界范围内兴起和流行，乃是我们人类心灵发展史上的一个必然阶段。我们越现代，我们越想唱歌，或听别人们把我们的心绪唱给我们听。不是由于我们因现代而快乐成这样，是由于我们因现代而忧郁成这样，而无可奈何成这样。对于我们现代人的心，恰恰是通俗歌曲，而非别种风格的什么歌曲，具有与在教堂里喃喃祈祷相类似的作用。演唱通俗歌曲的歌星们，除了唱那些为政治意识形态服务的歌时，通常情况下如同抚慰好我们心的《荆棘鸟》式的年轻神父，聂赫留朵夫式的忏悔者，以及漂亮的善解人意的"修女妹妹"。他们和她们翻来覆去地，絮絮叨叨地唱出我们心里的一些小秘密、小感觉，和我们现代人情感世界里一些通俗的、介于有意思和没意思之间的小故事。

而我们在许多情况下许多种时候，原来竟是无比地需要这个。

倘一味地抱怨通俗歌曲的歌词太直白太肤浅是没有道理的。

因为他们和她们所唱，正是，或者说基本上是我们现代人的心的真实状态。那里已只有一些琐碎的小秘密小感觉，以及介于有意思和没有意思之间的庸常的小故事。

人类的心正史无前例地通俗着。

他们和她们不厌其烦地呓语般地为我们唱着唱着……

是的，我们在许多情况下许多种时候多么地需要这个！

所以，倘我们因他们和她们通过为我们唱比我们早一步中产者起来了，竟愤愤不平的话，我们自己又显得多么丑陋呢？

至于那些"笑星"，那些小品演员，那些节目主持人，活得也不似我们想象的那么轻松那么容易。幸福的人都是相似的，不幸的人各有各的不幸。我所知道的他们和她们的家庭当然都没什么令人同情的不幸。但我同时又知道他们的忧患也是很压迫他们的。我们中国人不是几乎已经不爱听相声了吗？于是他们中不少人审时度势地转而去演小品了。我们中国人接着不是连小品也不爱看了吗？于是使由说相声转而演小品并连同原先一直演着小品的他们，都困惑迷惘有点儿不知究竟该拿自己怎么办才好了。如果他们，这些曾给我们带来过笑声和开怀时刻的人们至今居然还没有中产者起来，至今居然还在半无产者无产者的境况中为一日三餐柴米油盐所愁，那么我们和时代似乎就都有点儿太对不起他们了。幸而前几年我们中国人还比较的爱笑来着；幸而前几年我们也曾为小品表演大鼓其掌过。阿弥陀佛，善哉善哉。前几年非这几年，因而他们才有私房私车甚至别墅和名车啊！看来任何事情都要本着节制的细水长流的原则才好。包括笑和掌声，如果我们前几年懂得节制和细水长流的好处，于今仍储备有笑声和掌声，我们不是还能再多"造就"出几批"搞笑"型的演艺员中产者吗？

中国当代中产者阶层中，经济地位处于第三种状况的，大约就该属一些名气半大不小的画家、书法家了。大师级的画家、书法家，一幅画十几万、几十万、百余万；一个字相当于北京四环以内一平方米商品房价格的，这里略去不提。他们即使实际上过着中产阶层的生活，那也只不过是个人生活俭朴作风的体现，不可牵强地纳入中产者阶层说三道四。

画家、书法家的画、字，与他们的名气的关系，相比于诗、散文、小说与诗人、散文家、小说家的关系，是很不一样的。

画家、书法家的名气越大，他们的画和字的收藏价值越高。而所谓收藏价值，对于个人收藏而言，其实就是钱钞的保值和升值方式。画家、书法家的名气大，当然并不一定其画其字就必是上品。但在拍卖活动中，没有人这么看问题。一小幅大师们的草图或速写，也许比一位尚未出名的画家的完美之作还要价高几倍。又假如有两幅画、两幅字，其一是大师们画的写的，其二是无名之辈画的写的，标着同样的价格，人们会买谁们的画或字呢？

情形很可能是这样的——人们看着大师们的画或字，心中暗想：这真一般。却只是暗想，并不敢贸然说出口，唯恐暴露了自己的欣赏水平之低，遭到嘲讽。哪怕那画那字，的的确确不是大师们的上品，甚至的的确确便是出自大师之手的下品。而看着无名之辈们的画或字，心中由衷地暗想：真不错！真好！有钱真愿买下来。于是驻足凝视，久久不去。

但是，倘人们钱包里正巧带着足够的钱，结果也许往往是，几经犹豫，几经思忖，却还是买下了大师们的画或字。倘大师们年纪已高，不久其画其字将必成遗画遗字，则人们的选择，几乎并不犹豫，并不思忖，立刻就成为决定。

大师们的画或字，在这一种情形中，对于人们的价值意识而言，往往类似于"最牛股"。而无名之辈们的画或字，则类似于"风险股"。标价越高，风险越大。只有在标价较低时，人们才会抛开升值意识，单纯为自己的喜爱掏钱包。

而这同时也就注定了名气半大不小的画家、书法家们在经济方面属于中产者阶层。因为他们的收入的主要来源是画和字。

小说家无论怎样著名，也断不会有大师级画家、书法家们的幸运。读者和评论家们，将某些著名小说家们的作品说得一无是处、一钱不值的事，多到了不胜枚举的地步。也许，就在我写这一段文字时，在中国和外国的大报或小报上，某一作家的某一作品，正遭受着那种无情的下场。

小说可以是收藏品，但基本上没有什么鼓舞人诱惑人的收藏价值。也就是说，人们在买一本书时，除了那书的定价之外，并不掺杂其他任何价值意识。只有头脑不太正常的人，买书时才闪过保值和增值的古怪念头。

小说家几乎是越年轻越好，因为读者群越来越年轻化。年轻人更愿看他们的同代人写的书。

画家、书法家却和医生一样，越老名气越大。因为原画原字意味着将是独一无二的孤品。物以稀为贵。

全中国，专画中国古典人物的国画家，其水平不让范曾者，不乏其人。我亲眼见过那样的一些画，也结识过那样的一些中青年画家。

全中国，专画人物，甚至和陈逸飞一样，专画女性人物的肖像派油画家，水平及才华与陈逸飞处于同等艺术层次的，也不乏其人。只不过他们的画没被国外的巨富购藏过，所以名气还不够大，所以拍卖价格还不够高，所以收入还不可与名家相比。

正是这样的一批画家，靠画技使自己进入了中国当代中产者阶层。他们中，既有画国画的，也有画油画的；既有画人物、鸟兽、花草虫蝶的，也有画风景，画静物，画场面的；既有擅长古典画风的，也有擅长现实主义画风和现代派画风的。

他们中年多于青年。青年画家在全世界都几乎不可能单靠作画成为中产者。演电影、电视，唱歌，写小说之人，都有年纪轻轻便一夜成名从此走红一生的幸运，画家最难有此幸运。一个人在年轻时，也可能因炒股票玩期货或发明创造或其他商业投机暴富,画家在年轻时单靠作画不可能。

他们中,油画家近年开始明显地多于国画家。有些最初是攻国画的,近年转而画油画了。做这种改弦更张的,主要是青年画家。因为弃筝持琴,对于中年画家不但不易,而且冒"邯郸学步"之险。只有青年画家才冒得起这份险。促使许多青年画家改弦更张的原因,乃因中国画在国际上的艺术地位迅速下降,在国内爱画者心目中也开始受冷落。而这两种现象,直接影响了国画在商业拍卖活动中的价位。青年国画家们为着他们日后的物质生活的水平着想,改弦更张是为明智之举。导致以上两种现象的主要原因——无他,盖因十几年来,中国画的"表演"性几乎到了泛滥成灾的地步。在电视里,在各种名目之下举行的各种文化活动中,几乎都免不了一批国画家现场作画的"表演"一项。有时一幅画由数人合作:你画山,我画云,第三位接上来画株树,第四位接上来画个人。甚至,往往还有第五位书法家最后挥毫题诗。半小时内这样的合作便宣告结束。倘五位都有些名气,从表面看,那合作似乎价值翻倍。姑且不论是艺术价值还是商品价值,从长远看,中国画较油画而言那一种独特的意韵贯通的诗性品格,正是这么被毁掉了的。它那一种独特的意韵贯通的诗性品格,漫长的世纪以来,对中国人,对西方人,具有某种似乎最难以用"技法"二字来形容来把握的神秘感,同时具有似乎仅仅中国人才可能具有的深厚的文化底蕴。所以,也只有在中国的语汇中,才有"读画"一词。国画大师有时才被视为仙风道骨之人。而事实上也正是如此,前朝的国画大师们,常与流芳百世的大诗人、大思想家有着传为佳话的友情。

十几分钟内,半个小时内,最长也不过两个小时内的现场作画"表演",每每将国画的品格严重扭曲了。它似乎已经成了世界上可以用最简单易学的"技法"来画的画种。电视里还要进行"讲授"——一只鸟,一朵花,一串葡萄,几条鱼,被有目共睹地"解构"为浓淡搭配的几笔墨而已。这意味着是在"普及"。而某一画种竟那么容易地就可以普及开来，也就很难扭转人们对其艺术价值包括商品价值的轻重渐渐地形成不甚以为然的看法了。

国画的普及，与流行歌曲的流行，其诉诸人们的意识的结果是大相径庭的。后者越流行，作词、作曲和演唱人的知名度越高。前者越"普及"，越在大众中泛化，其艺术魅力越减。

当然，国画没有专利，不应该成为特权。普及也是好事，我并不反对普及。

只不过，出于对国画境况的"杞人忧天"，我颇反感现场"表演"。

油画也罢，国画也罢，画家不中产阶层起来，中国当代之中产者阶层，我想，也就不太值得评说了。

那些生活水准已经达到了或者接近了中产阶层的画家，他们的画作目前能与重大艺术拍卖活动"接轨"的还不多。他们的画作也开始能在画店里看到了，但标价都比较照顾着中产者阶层的艺术收藏的经济实力。在他们的名气尚未大增之前，他们还只能仰仗本阶层的厚爱。我曾在某画店见到一幅标价两万的肖像油画，当时把我迷住了。觉得画得相当好，但我还远远没到可以毫不犹豫地花两万元买下自己喜欢的一幅油画挂在家里的阔绰程度。两万元足够我的弟弟或妹妹一家生活三年。我也只有在那幅画前久久徘徊，暗自欣赏而已。比起唱一首歌数万元出场费的歌星，比起演一部二十集的电视剧六七十万元甚至七八十万元片酬的明星"大腕"，我认为两万元的标价实在是太委屈那幅油画了，也实在是太委屈画家本人了。但"走红"歌星的出场，会给演唱会举办者带来极可观的，比"走红"歌星更高的经济效益；"大腕"明星担纲主演，会给电视剧投资方带来高于投资的收入，与画家的画的标价，似乎不太好比。

外交界有句名言是——"弱国无外交"。在战争年代，尤其如此。

在商业时代，从那一句名言可以得出这样的结论——"艺术品即商品"。

当然，前一句名言未免武断，后一种结论也未免偏颇，但基本如此。

艺术一经成品，其价往往只能在拍卖场上一锤定音才获公认。拍卖场上的执槌人，似乎成了世界上最权威的艺术鉴赏家。当然他并不是。他往往不过是一个对商品价格反应机敏的人。其机敏又只不过表现在——知道什么时候将槌敲下为时尚早，知道什么时候还不落槌将错失良机。我总怀疑，任何艺术品，在他们看来都是一样的，都是商品罢了。进而我常想，即使一个一向只拍卖过房地产的人，只要预告了他一件艺术品的最低起价，他也会通过竞买者们的表情变化知道该在哪一个价位上落槌。而这又只不过全凭他成功地拍卖过几次房地产的经验就足够了。那么竞买者们呢？他们就是出于对艺术的酷爱频频举起竞价牌的吗？他们就一定比执槌者的艺术鉴赏力更高些吗？恐怕也未必。他们中大多数人，除了某些酷爱艺术的富有者，十之八九，皆出于商业投资之目的。

名气半大不大，似有若无的一批画家，对重大艺术拍卖活动常常只能望洋兴叹。他们的向往之心，犹如小镇上的穷儿望着马戏棚，咬着指头巴望得到一张门票。画作参与重大艺术拍卖活动的机会，乃是他们的知名度提高并得以公认的最主要最直接的机会。

在国外，倘一位大富翁诚心帮助一位有才华的尚无名气的画家，他只要出现在拍卖现场，举牌高价竞买下他的画就是了。如果有两位大富翁诚心帮助一位有才华但尚无名气的画家，那么他们在拍卖现场相互表演一番激烈竞争，那被成全的画家必将成为轰动性新闻的"焦点人物"。他以后的画作的商品价格，将很可能就从那次拍卖获得公认，哪怕那两位大富翁过后并不真付给他钱，也不要他的画。这是商业时代的一个不言自明的小玄机、小奥秘。

既然还没资格与重大艺术拍卖活动"接轨"，我们的中产者画家朋友们，就只有靠举办个人画展来获得公认，获得名和利两方面的公认。但举办个人画展较容易获得艺术才华和成就方面的公认，却不太容易同样获得商业价格方面的公认。因为参观个人画展的，多为画的欣赏者、爱好者，而非投资收藏者。投资收藏者们还是更相信拍卖现场上的那一种竞拍结果。

但我们的中产者画家们另辟蹊径——通过民间渠道变画为钱。这一渠道便派生出不少民间经纪人。他们的能量不小于"个体书商"。他们目前已将那一渠道拓展向了世界。据我所知，中国中产者画家们的画作，在东南亚，在欧洲，对于为数不少的中产者家庭，乃是至爱之物。他们颇舍得花几百至几千美元买一幅悬挂在家。那是他们在这世界上所能买到的价格最低，而且相对于价格，水平最高的画。它们比国外大多数画店里出售的画作水平高出何止一大截！而标价却往往是那些画的几分之一甚至十分之一。世界上只有中国每年经由民间渠道也就是纯粹的私人关系渠道成批"出口"仅次于大师作品的画，也只有中国有一批肯如此低廉地出售自己画作的画家。中国的一流影视演员及所谓"大腕"们及一流的歌星们，与国外的同行们相比，只不过能算作二三流水平。而中国的屈列二三流的画家们，其功力其造诣，在国外几乎都够得上是一流的。所以，作为中国人，你若听说一位似有名似无名的中年画家买了私房继而买了汽车，你千万不要心理不平衡。因为第一，他们大抵是靠挣外国人的钱才买得起房子买得起车的。第二，他们的画属于中国"出口"到外国的质量上乘的"商品"之一种，是很对得起咱们"中国"这块大牌子的。第三，他们收入的方式不得不是"薄利多销"的方式。正如中国的玩具出口到国外，物美而且价廉。

另有一类画家比以上画家略显不足。主要是一些外国旅游者到中国后必往省市的画家。那些省市在绘画艺术方面也藏龙卧虎。他们的画主要卖给外国旅客，标价几百元人民币至一两千人民币不等，一般最高不超过三千元。我曾在外省的机场见过一幅"虎"字，标价一千八百元。那是我在机场这种地方见过的标价最高的独字书法。并且当场见一位西方老妇人将它买走。那"虎"字长约两米，宽约八十厘米，墨迹饱满，运锋雄浑，而且裱贴精细。二百多美元，在国外大约相当于一个月的电话费。这些画家的画，其销售或与本省市的旅游社团挂靠，或直接与导游发生联系。当然，后者们总是要提成的。在旅游旺季，他们每月最多能卖出七八幅字画，收入一万多元不成问题。他们的书法在本省市颇受推崇。他们的画大抵是国画。外省市的画家中，油画佼佼者不多。四川、浙江、吉林、辽宁各有一批，大抵毕业于本省市美术院校。他们与年长于自己的当地国画派同行们，似形成着一争雄雌之势。但各有各的"市场需求"，各有各的实力，几年内谁也淘汰不了谁。由于他们是"地方军"，不似京都画家那么顾惜面子，往往也不怎么摆艺术家的身份，在大宾馆、小饭店，某些企业的会客厅，某些公司老板的办公室，乃至某些生活条件较富的人家，到处都可发现他们的画作和书法。只要给钱，他们一视同仁。他们往往又很大方，与他们关系好的朋友，乃至朋友的朋友，只要你对他们的画表示欣赏，有时白送你，他们也是舍得的。

他们在当地也过着中产者兼名流的较优越的生活。

中国当代中产者阶层中，经济地位处于第四状况的，是些个体独资小公司的法人代表。那些小公司主要以国内商贸的批发为注册项目。从衣帽鞋到烟酒茶，从建筑材料、装修材料到保健品，以及个体中小商店、饭店、旅店、低档歌舞厅等老板，以及国内某些畅销饮食品的地方代销商。我的一位知青战友，曾靠承包低档歌舞厅在短短几年内积累家私数百万。但他后来被判刑了，罪状是招娼纳嫖，庇赌抽成。幸而他还没贩毒。若他贩毒，并且赶上严厉缉扫，那就不是判几年刑的问题，也许连命都难保了。我还结识过一个人，靠不择手段争取到了在 A 市代销某一饮料的权利，短短几年内买了三处房子两部车，他亲口对我说："和端公家饭碗的人最容易打交道了，一万元撂不倒他们，十万元还撂不倒他们吗？十万元撂不倒他们，再加上一个女人他们能不乖乖地自动倒下吗？什么官僚主义啦，架子啦，甭听那一套！金钱加女人，什么主义都能玩得他团团转！多大架子的人见了你也得礼贤下士！"后来那饮料厂的销售部主任换了人，他的代销权才被收回。可是不久他又代销起一种挺好卖的烟来。垄断一座二百多万人的城市的代销权，其油水可想而知。但油水肥厚，毕竟是以代销势头火旺为前提的。局面受阻，销路不佳，不仅获得不到预期的油水，厂家也往往会一变脸就收回代销权。平心而论，他们的肥厚的油水，其实也是使出浑身解数，胜不骄、败不馁，一日也不松懈地苦心经营换来的，包括施展行贿官吏的手段。说来有意思，还是A市一位文化局副局长引荐我认识他的。各省市的文化局都是穷单位，而人一和文化沾边儿，就不知为哪般死要面子起来，经济拮据也非尽一次地主之谊不可。我说非尽就尽吧，找一家价格便宜的小饭馆儿，胡乱吃顿便是了。但那位副局长觉得那样可不行。那样对付一次，还莫如不请。我说既然明白这个道理，他意到，我心领，各自都图放松，干脆免了吧。他却又说免不得。说我和他共同的朋友已写信给他了，拜托他多多关照我。我说我又不是孩子，无须乎关照的嘛。他说那起码也得吃一顿饭吧？否则他向我们共同的朋友如何交代？说那一顿饭怎么也得在够星级的饭店吃啊！说文化局再穷，请远方的客人在够星级的饭店吃一顿还是开得出支票的。却又说，不过该省也得省啊！为文化精打细算应是文化干部的美德嘛！于是我只有悉听尊便的份儿。于是某日晚，在A市一家最具特色的饭店，我有幸结识了那个体的饮料代销商。

"我没文化，七四届初中毕业生！不过我这个没文化的人，从不瞧不起有文化的人。我跟什么人都交朋友！"

他倒率直可爱。坐定不久就来了几句江湖意味的自白，说得我脸微红一阵，觉得自己前襟上仿佛写着代表罪耻的"红字"似的。

除了我和他及那位副局长，还有文化局的一位青年，A市日报的一位女记者。酒过三巡他就"传经送宝"，大谈起代销的门道来。听得我头直发晕，却又不得不强装出感兴趣的样子。我的样子鼓励了他，他更加滔滔不绝。副局长和记者及那位文化局的青年，以为我真的感兴趣。所以尊重客人情绪，并不打断他扭转话题。

结果他自斟自饮地喝醉了。

散时，他摇摇晃晃地起身就想走，慌得文化局那青年急上前搀扶他。他却直推那青年，说他没醉，说他不需要搀扶……我听文化局那青年小声说："钱呢，钱呢？买单的钱呢？你总不至于忘了带钱吧？那你可就太栽副局长的面子了！"副局长和那位女记者装没听见。我也只有装没听见，好生尴尬，觉得这尴尬全是由自己谢绝得不够坚定造成的。我见文化局那青年，干脆将手伸入他兜里去，掏出钱包后，也不管他站得稳不稳了，甩脱他便去买单……于是我想起了当今小青年们经常所唱的——"跟着感觉走，紧紧拉住买单的手……"便又觉得一切很好笑。

在我离开 A 市之前的三四天里，他几乎每天都往宾馆打一次电话。他说他实在太忙了，说不管多忙，无论如何也要陪我到 A 市郊区的什么地方去玩一次。但直到我走时，再没见上他一面，却接到了他最后一次电话……

"大哥，我忙啊！我实在是真忙啊！贪官污吏加地痞流氓从两方面压迫我，都认为我发了就已经是罪行了似的！可我有委托书哇，是合法代销呀！大哥您说我挣这点儿钱容易嘛我！"

他在电话那一端愤愤地咒天骂地，大发诽人谤世之言，可能遇到了什么不顺心的事。我只得劝他想开点儿，说如今谁挣钱都不太容易。"不对，有人他妈的挣的就比我容易！"他在电话那一端破口大骂起来。究竟骂的谁们，我也搞不清楚。

他是我所见过的，对现实持最为激烈的抨击态度的一位中产者，仿佛全中国都在和他作对似的。我认为也是最不典型的一位。因为我所接触过的中产者男女们，一般对现实都持比较中庸平和的态度。毕竟，都是因赶上了"改革开放"的时代，才得以中产者起来的。

以上中产者们，在中国当代中产者阶层中，是"成色"较为斑驳芜杂的一族，实在难以概说。就好比老太太收零集碎的柳条箱里的东西和当今孩子们最新颖的一堆玩具扣在了一起，既有招人喜欢之物也有使人看了反感的。他们的家私从二三百万到五百万不等。一般不会超过五百万。因为这从他们苦心经营的小规模估计得出来，也不至少于二三百万，从"改革开放"的进程变化同样估计得出来。将他们排在中国当代中产者阶层的"四方面军"，乃因平均下来，他们的年收入约在二三十万。这低于第一组的影视明星们以及第二组的歌星们的平均年收入，却可能比第三组的画家们的年收入高些。但不同的是，在第一二三组人们中，有相当一部分仍是有单位的公有体制内的在业人员，当然便仍住着公房开着"公"资享受着公费医疗。而这相当一部分人的职称，基本上都在二级以上。相当一部分中的相当一部分，甚至是一级。中国一、二级艺术职称的福利享受者，也就是工资、住房、公费医疗待遇，按国家有关政策条文规定，相当于处级或副局级。这一块公有体制内的福利，套用经济学术语，可曰之为"无形资产"。这"无形资产"是"四方面军"所绝对没有的。何况中产者起来了的画家们同时还可以感觉自己们是名流。这一种感觉后者们也是绝对没有的。利弊长短两相抵补，故我将他们排在第三组画家之后。因为，感觉似也可以视为某种"无形资产"。无形，故其价难估也。他们是全体中产者阶层中，最最看重一份中产者感觉的。越其看重，越捕捉不到。所以，他们又是中国当代中产者阶层中，最不大像中产者的一族。若以西方中产者的阶层特征对比他们，则就更加觉得他们不大像中产者。

西方文化、影视作品中的中产者们，给我们中国人留下的深刻印象是一种较普遍的，"温良恭俭让"的阶层总体形态。这总体形态并非全是艺术的加工和美化，事实上也基本那样。因为西方中产者阶层，主要是由知识分子家庭而非由小商人小业主家庭构成的。并且几乎主要是由代代袭承的知识分子家庭构成的。所以，在西方人的意识中，中产者家庭受尊敬，资产者家产被羡慕。只有西方文学中所写的那类"有文化气息的资产者家庭"，才不但被羡慕，而且同时也受尊敬。故在18、19世纪的西方诸国，资产者们不满足于仅仅被羡慕，却又不知怎么样才能也受尊敬，获得什么贵族的封号便成了梦寐以求之事。而那些在经济地位方面跻身于中产者阶层的小商人小业主，也往往和中国人一样地"望子成龙"心切，一旦中产者起来以后，无不鼓励儿子勤奋读书，考上名牌学府，成为家族中的高级知识分子，从而圆满自己在中产者阶层中的身份和感觉。西方中产者阶层的知识化，至少已有两个多世纪的历史了。这使这一阶层带有很强的"吸滤性"或曰"吞吐能力"。它积极地容纳一切在经济地位方面已然中产者起来的人们，但也善于积极地以阶层意识本能地改造后加入者们的不和谐特征。在这一点，用中国的典故"削足适履"来说无比恰当。你可以批评这一点，但你面对事实，没法儿不承认这一点。所以西方有"传统的中产阶层家庭"或"保守的中产阶层家庭"的说法，而没有什么"传统的资产者家庭"或"保守的资产者家庭"的造句。就此我曾与某位外国作家探讨过。他说如果在中文版的西方小说中将"传统""保守"和"资产者家庭"关联在一起了，那肯定是误译。

他说，在西方诸国，资产者阶层根本无"传统"可言。社会底层民众也难以维护住阶层概念上的"意识传统"。只有中产者阶层的阶层"意识传统"最显明，也往往表现得最突出、最持重。

他说，资产者阶层不可能是保守的。他们成为资产者，恰恰是因为从不曾打算保守住什么。他们像穿山甲，只要前方有金子，被山挡住也要穿山而过。不能变成金子的东西他们连看也不看。

中产者阶层却往往是，而且必定是保守的。因为世界车轮的转动，越来越依靠金钱"轴承"的耐损力。资产者阶层拥有其他一切阶层所不可与之抗衡的金钱实力，故他们越来越成为世界的主角。中产者阶层不具备那样一种金钱实力，故只有在阶层意识方面非常执着地扮演较保守的角色，以这一种姿态证明并强调自己的社会存在。同时矜持而又体面地维护自己的阶层尊严。

比如电影，当它鄙陋地诞生以后，最先轻蔑它的是中产者阶层。那时一位中产者家庭的小姐而居然去看电影，好比今天她吸毒一样令父母震惊并感到耻辱。最终出钱支持电影那低俗的儿童成长为巨人的却是资产者阶层。资产者阶层以极其敏感的目光发现金钱的闪光的时候，就会毫不犹豫地抛开一切偏见。正如马克·吐温通过他小说中资产者人物所说的那样——"只要金钱在向我招手，那么无论是《圣经》、地狱，还是我母亲，都绝不可能使我转回身去！"

故在西方一向有这样的说法——"冒险的资产阶级""保守的中产阶级""愤怒的无产阶级"。

还以电影而论，无产阶级无论喜欢它还是反对它，既不可能像中产阶级那样，企图通过本阶层的议员代表人物在议会上呼吁取缔它，也不可能像资产阶级那样通过金钱实力壮大它，使它变成自己金钱游戏中得心应手的玩偶。无产阶层对自己所不喜欢的事物，通常只有愤怒而已。

但中产阶级的，或用本书中的说法，中产者阶层的"保守"，在人类社会的发展演进过程中，并不仅意味着是惰力。或者这样说，人类社会的发展演进，其实也很需要某种惰力的不断滞制。否则，任由资产者阶层的金钱实力一味地加快它的转速，其后果也是不堪设想的。

中国的中产者们，在中国近代历史中，几乎就从未形成过什么不可忽视的阶层，更几乎无任何社会影响力。而在中国当代社会中，这阶层由于是新生的，则还根本没有什么阶层的意识传统可言。好比一个三岁儿童，饿了哭，饱了笑，尿了闹，被一只温柔的手抚摸感到舒服，拍几下就会乖乖地睡过去。它的阶层意识的本能，充其量只能做出如此平庸的反应罢了。与中国当代资产者阶层相比，虽然都是新生的阶层，虽然后者的阶层规模比它要小许多，但意识发育却比它快得多。后者几乎是一个桀骜不驯而又狡黠的少年了。它常常摆出一副男子汉似的面孔。那面孔上有一种"我为什么不可以这样或那样"的神态。尽管大多数情况下心里想的并不说出来。

由于中国当代中产者阶层还处在"意识白痴"般的阶段，由于所谓中产者的阶层感觉还仅仅体现在这一阶层的极少数人身上，由于由小商人小业主组成的中产者阶层一族，一时既捕捉不到，又很在乎拥有中产者阶层那一种半优越不优越的感觉，所以他们便自己想当然地认定继而实习某种感觉，并将其模式化。认定继而实习某种感觉，需要有所参照。他们自然不会向社会底层去参照。于是似乎很合情合理地去向资产者阶层参照。于是他们中不少人，将灯红酒绿、纸醉金迷、精神上恣享俗乐当成好感觉。并且一经捕捉到这一种感觉，便沉湎其中不能自拔，不愿自拔。他们抓住这一感觉时，内心里作如是想——资产者们有什么了不起啦？他们有车老子也有车，他们的车很高级，老子明天也换一辆高级的！他们泡妞老子不是也正在泡妞着吗？他们有情妇老子也替自己物色着呢！

在这一种攀比中，他们心理获得极大的满足，想象自己俨然由中产者而资产者了。有朝一日成为资产者乃是他们的人生目标,正如老百姓做梦都想过上中产阶层的日子。但底层老百姓明白,自己和那一种梦想之间的距离太遥远,遥远得必用几代的时间才有希望接近。而他们却觉得,似乎离资产者阶层只差一步,至多几步,用老百姓的话说,仿佛只要"一铆劲儿",自己便是了似的。而实际上,在渐趋成熟的商业时代,由中产者变为资产者,并不比"鲤鱼跃龙门"一则童话描写得容易。因为小商人小业主在经济欲望方面努力膨胀时,拥有在资产者们手中的资本,也奇迹般地裂增着。而裂增现象总是比膨胀现象更刺激。前者的规律是一加一再加一,后者的规律却是二变四、四变八、八变十六⋯⋯

成熟的商业时代的经济杠杆,其中心支点永远偏在资产者阶层这一边。

"美国每天有一百多位百万富翁破产,并有一百多位百万富翁诞生⋯⋯"这种说法在全世界流传久矣。人们据此确信,只要商业时代的游戏规则相对稳定了,似乎便谁都有足够多的机会成为资产者。

此大谬也。

所谓"百万富翁",在美国,其实只不过意味着是标准的中产阶层的社会经济地位。

那么以上一句话其实道破的恰是这一种现象——美国每天所发生的或破产或成功的商业故事,主要演绎在中产者阶层。

资产者几乎始终是资产者。

中产者几乎代代为中产者。

二者之间的轮回转化,其概率大约不超过百分之几。

这已经是被二百多年的资本主义的历史证明了的。它乃是商业时代的铁律之一。

故在日本这样的经济高度发达的国家里,你若问一百个高中生,他们对长大成人以后的愿望是什么,九十个以上的高中生会诚实地告诉你:建立一个中产阶层的家庭。

在美国你得到的回答却可能是这样的——住本国的房子并在本国

挣钱；买日本的汽车并娶日本老婆；像中国人那样在中国工作并在中国消费……

美国的房子大，美元坚挺不衰，美国工资高；日本的汽车便宜，日本老婆在家庭中"贤惠"得如同婢女，是美国女人根本做不到的；中国人在中国的工作状态的不慌不忙，是令许多国家的人着实羡慕的。即使每个月仅仅挣两千美元，在中国进行消费也足以摆摆阔绰……这乃是由美国人归纳了的，21世纪最理想的中产阶层生活形态。

成熟的商业社会恰恰不是怂恿人丧失掉理性，而是教诲人更加现实。

在中国，同样的问题，将有相当多的回答是——当总裁，当董事长，起码也得当经理或被尊称为"老板"那类人物。

其实他们所答的，一言以蔽之，是想要当资本家。即使不予回答，心里所愿，也是那样。

中国的商业时代还没经历过足够长久的成熟阶段，所以中国的青少年们对人生是很缺乏现实思想的。好处是——青少年时期思想不浪漫，以后便难有机会浪漫起来了。坏处是——比之于较现实的思想，浪漫主义拥抱久了是会捉弄人生的。

中国当代中产者阶层中的一部分小商人小业主们，其对资产者阶层的生活的向往和憧憬，很有点儿像我们的某些青少年。他们对于中国当代资产者阶层的生活形态的想象，带有极大的盲目性和主观虚构性。倘以为中国当代资产者们的生活皆很荒唐很放荡很糜烂很堕落，是不符合事实的。但也毋庸讳言，在他们发迹的初始阶段，他们中为数不少之人确曾花天酒地，逐色娱淫过。这也是一个不争的事实。然而穷奢极欲的糜烂生活，其内容不过就是声色犬马外加佳肴美酒罢了。几十个世纪以来，并不曾翻出过什么格外"创新"的花样。好比时装，无非肥了瘦，长了短，再瘦了肥，短了长而已。很荒唐很放荡很糜烂很堕落的生活，是另一种很累很累的生活。正常体力精力的人，其实经不大起那一种生活的累法。故他们尽情地体验过了，也就腻歪了。他们现在反而都变得斯斯文文地绅士起来了。即使依然过着充满享乐的生活，那享乐的方式和内容也与以前大为不同了。而这正是他们的生活的"高级"处。这"高级"的状况，早已迁出老百姓的视野，也非中国当代中产者阶层的目光所能够达到的。我真的在他们中一户人家里见过全金的浴缸、水龙头和满眼的纯银门把手。还有能容纳三十人的家庭电影放映室。倘一个中年男人的休闲一日，在不同的时间需三个年轻貌美又有大学文化的女郎轮流服侍，连看电影也需她们中的一个奉陪着以便随时交流观后感，那么他还非得去什么大饭店里吃喝一顿，非得另外再有几位情妇吗？

但是他们在发迹初期的生活残痕，给捕捉不到中产者"感觉"的中产者们留下了很深很深的印象。那印象来自当年的某些小报杂刊的披露和详细描述，来自当年的社会话题。或许，也是他们曾耳濡目染过的。那时，他们可能还没是中产者啊。

他们对于某种"感觉"的实习和仿效，正是以那么一种老电影般的早过其时的印象为"原版"的。

所以他们中有人挣下一份几百万的家私的确不容易，而花起来却也够"潇洒"甚至可以说够疯狂的。他们也许并不知道，他们一味实习和仿效的资产者"榜样"们，其实早已不那么大把大把地花钱了。后者们的抽风劲儿早已过去了。后者们只在非常必要的时候，才漫不经心似的奢豪一把。而后者们一旦奢豪一把，又管叫他们目瞪口呆。他们的实习和仿效内容，不外乎吃喝嫖赌，另加上最"时髦"的一项，便是"毒"了。

这感觉是最与中产者阶层的文明原则不相容的。

中产者中往往有人会反感地说——他们也算是中产者吗？他们也配混迹在中产阶层吗？

而资产者中某些人的目光如果不经意间瞥到了他们的行径，往往会嗤之以鼻——吃喝嫖赌才能花几个小钱？还吸毒，那就做好再变成穷光蛋的思想准备吧！

而底层百姓会憎恶地说——瞧瞧，瞧瞧！现在都是哪些人富起来了？

中国当代中产者阶层中的前三"族"人，往往是被请吃饭，有的甚至是被官吏所请；往往是接受礼赠，有时甚至是接受官吏们的礼赠。其中女"星"和书画家们面临此种机会最多。而第四族中的某些，却经常是请别人吃饭，赠别人薄礼厚礼。

他们挣得不容易，开销又大。在乎拥有一份名正言顺的高级"感觉"，结果却又几乎总是适得其反，甚至为那"感觉"付出惨重的代价。

在中国目前的法案中和监狱里，记载着许多关于他们的"三言二拍"式的悲剧故事，在押着许多悔之晚矣的曾经幸运地中产者起来过的囚犯……

这是中国中产者阶层不愿启齿的窘，难以自掩的当代"自白"，"中国特色"之另一种。

在中国，据我想来，每年少说有几百名他们那样的中产者破产，每年少说有几百名"晚辈"们加入中产者阶层。

我认为，在中国当代中产者阶层中，只有那样一些小商人小企业主——一些根本不想知道更不想实习所谓中产阶层"感觉"的他们；一些毕生勤勉，始终一贯地苦心经营着的他们；一些以俭朴为荣，以奢华为耻的他们；一些每天如果挣下五百元而不至于每天用三百元以上去受用的他们，在中老年才可能为自己那时的中产者经济地位打下稳固的基础。那时，他们从前并不想知道更不想实习之的所谓中产阶层的"感觉"必自然而然地拥有在身；那时他们将受到一位中产者榜样般的敬意；那时他们将深知中产阶层的阶层意识中最优良又最积极可取的某几点是什么，并且尽其所能发扬之。

那时，他们讲给儿女们听的，是关于一个人怎样由半无产者甚至无产者成为中产者的带有自传性的故事，而这才是非常值得对下一代讲的，而且会使下一代眼眶湿润颇受感动的故事。

也许，他们的儿子和女儿会由衷地对他们说：谢谢您为我们成为中产阶层的儿女而做出的种种努力。老爸您使我们的人生有了相对现实得多的目标。我们也要使我们的儿女不失中产阶层儿女的安全感，并且让他们知道，这实在已经是一种幸福。得来是那么的不易。还要使他们明白，其实做资产者阶层的儿女，感觉未必就真的那么美妙……

作家——这就评说到我自己，和我的同行们了。我将作家们列入中国当代中产者阶层，可能有的人，当然主要是我的某些同行会大不以为然，甚至会大加挖苦。

他们也许会这么说——梁晓声，只有你自己才属于中国当代中产者阶层吧？！

他们也许还会在各种场合，故意断章取义地歪曲我此书中写下的某几行文字，然后是一顿嘲骂。

这些我都想到过。但是我仍不能不将至少一半的中国当代作家归于中国当代中产者阶层。否则我就是有意回避不提了。而这又有什么值得回避的呢？

在某些报刊中，有人曾将梁晓声称为"平民作家"。

我想这不符合事实。因为我每年平均下来的稿费收入，远非现阶段中国的平民家庭所可相比的。当然若将我的收入想象得与影视明星、歌星们的收入一样高，哪怕是想象得与二三流的他们和她们的收入一样高，也意味着太抬举我了。

一流作家的终生的收入，大约相当于二三流的影视明星、歌星们终生的收入的四分之一乃至三分之一吧？我认为，这已足可使一流的作家们颇感自慰了。

何况我不认为自己是一流作家。我算"二流堂"中的一位吧！

又何况，一流作家与畅销书作家是有区别的。一位作家如果他或她的任何一部书都不曾畅销过，并且又不能列入长销书，也就是再版次数相对多些的书，并且还与影视版权几乎绝缘的话——那么除非他是作家以前便是中产者了，否则他将一生清贫。

全世界有不少这样的一流作家。

1986年第十一期的《世界之窗》，载有一篇当年法国的民意调查一百例。其中一条是——"只有百分之六不到的法国父母，勉强同意自己的女儿嫁给作家"。这一条后有括号，括号内的一句话是"畅销书作家例外，百分之十一点儿多的法国父母不反对女儿嫁给他们"。

松本清张是日本的著名老作家。当然即使放在全世界论，也不愧为一流作家。由他的小说改编的电影如《砂器》如《人证》，是我们中国人都很熟悉的。

据我所知，他在家中接受过金庸先生的访问。而金庸先生告辞后，他感慨万端地喃喃自语："真不可思议，真不可思议，一个人靠写小说的话，怎么竟会成为亿万富翁呢？"

是的，一个人靠写小说，断然不可能成为亿万富翁，也不太可能成为资产者，成为中产者几乎是最可庆幸的了。

金庸先生的武侠小说尽管发行量高得令全世界的华人五体投地，但他亿万家私中的绝大部分，其实还是积累于他的报业集团。

我觉得，我将中国当代作家们排在中国当代中产者阶层的第五位，"座次"还是排得恰如其分的。予谓不信，悉听端详：

中国七十岁以上的当代作家，凡活着的，即或"文学新时期"以来不太写什么了，其生活无论在北京还是在外省市，基本上都享受着较好的待遇。新中国成立初期，他们还都是三四十岁的中青年作家，由于中国政治运动的"不可抗力"的杀伤和斩断，他们的创作呈明显不连贯的、阶段式的状态。有人的创作激情在"反右"中被猛烈扑灭，而几乎百分之百的他们后来在"文革"中同遭厄运，可谓"全军覆没"。他们的一些优秀的重要的作品，集中面世于20世纪50年代至60年代中期的十几年内。"文革"结束后，他们中得以存活下来，并且健康没受到严重摧毁的人，或虽受到严重摧毁却幸运地恢复较快较早的人，创作激情和活力又得以焕发了一次。这一阶段便是所谓"文学新时期"。但此时期中国稿费相当之低，低得肯定令世界上稿酬最低的国家的作家们也难以置信。从每千字七元到十元到十五元到二十元。1990年以后，某些报刊和出版社才根据"经济规律"率先突破三十元"大关"。而突破三十元"大关"以后，他们中十之八九的人"廉颇老矣"，没太能享受到那可喜的个人稿费收入方面的成果。他们在20世纪50年代至60年代中期所获得过的稿费，早已"维他命"于"苦难的历程"。所以，他们晚年即或仍有一些稿费积蓄，其实也有限得很。用孔乙己数茴香豆时的话说："多乎哉？不多也！"

将他们列入中国当代中产者阶层，主要还是以他们所享受的待遇而言。他们中大多数目前基本上享受着司局级待遇。他们中相当一部分，新中国成立前便是名人，因而于司局级待遇之外，特别地享受到某些这样或者那样的老一辈文化名人的照顾。又他们中还有一部分，是吃过延安的小米，喝过延河水，加入过解放大军解放全中国的"革命文艺战士"。这资历随着他们年岁越高，人数越稀少，越发显出宝贵的性质。现在也可统称他们中此一部分为"革命文艺老人"。所以于司局级待遇和文化名人的照顾之外，也还享受着对"革命文艺老人"的关怀。在外省市，他们或在人大或在政协有职甚至有领导职务，有的理所当然地享受着接近于副市级副省级待遇。

他们是一些钱不多，但待遇较全面，社会地位较高的"中产者"。进言之，是一些"无形资产"不成比例地大于"有形资产"的"中产者"文化人士。我之所以要将"中产者"打上引号，乃是考虑到在私有现象开始比比皆是的当代，他们目前所享受着的基本上还是"公有"给予的福利。

这应该看成是"社会主义"的优越性对老一辈作家，推而广之，对一切老一辈文艺界文化界人士的令人欣慰的善举。

六十岁到七十岁的中国当代作家，稿费收入则就要比他们多得多了。这一批作家中当年和"右派"二字不沾边儿的屈指可数。他们的创作生命普遍被政治"封杀"了近二十年。所幸被"封杀"之时，大多数他们还不到三十岁。平均二十六七岁。"文革"结束以后，他们在中国文坛上是"重现江湖"的中年实力派作家。由于被"封杀"二十年，他们在创作上纷呈蔚为壮观的喷涌现象。从1979年到1989年，他们一个个名声大噪，如日中天，创作实力几乎垄断文坛。但那一时期他们主要所获是名。因为稿费最高标准是由国家限定的，故他们无论获奖怎样多，结集怎样多，再版怎样多，稿费收入总归多而不丰。但比起上一辈同行们，比起"晚生代"同行们，因为毕竟是实力派，积蓄还是令人羡慕的。又所幸1990年出版业渐渐开始与"市场接轨"，他们也不过才五十多岁，年长者也不过六十来岁，实力不衰，蒸蒸延续，所以皆迅速而实惠地分享到了文化人一度千诅万咒的"文化商业化"的甜果子。

一方面吮咂着某类甜果子的浓浓汁水，一方面还要牢牢骚骚地抱怨它多么苦涩，这是典型的中国文人的毛病。这毛病比狐狸还不如。因为狐狸只不过吃不到葡萄的时候才说葡萄是酸的。而中国文人在自己仅摘到了一小串而别人却摘到了一大串时，也会说葡萄是酸的。这毛病使中国文人无论多么自诩是知识分子甚至是精英知识分子，无论多么强烈地要求别人这么看待自己，总归还是有点儿三分像七分不大像。因为典型的知识分子勇于讲真话。他们或许会说——我只摘到了一小串，所以我不满，却不至于阿Q式地嘟嘟哝哝——"孙子才摘到了一串大葡萄"！

1990年以后，全体中国当代作家，无论高产的，还是处于低潮的；无论出版过畅销书的，还是书出不畅的，无一不受益于此商业大时代。不管是写小说的，还是写散文杂文随笔的。因为一个事实是，1990年以前，中国作家有几个以版税形式获得过稿费？又有几人从国家正规报刊和出版社获得过标准高于每千字三十元的稿费？惭愧得很，我这位中国作家协会版权委员会委员，大约在1992年下半年，才区别开什么是印数稿酬而什么是版税。

六十岁到七十岁的中国作家们，又以六十至六十六七岁者为最多。他们是可以标"代"而论的，是新中国成立后的第一代，年长于他们者，很可能在新中国成立前便已是"文学青年"了。

各省市的"作协"主席大抵是他们。"作协"在中国目前仍是"文化单位"。既曰"单位"，领导者仍是"文化官员"。比如全国"作协"之第五届领导班子，其成员无一不首先是由中组部和中宣部双重资格审查批准的。各省市也基本上是如此产生的，或曰"任命"的。

所以他们同时其实又是实实在在的职务加身的司局级干部。面对官员身份是作家，面对作家身份是官员，是很可以决定一般作家级别和待遇的领导。文化官员的待遇，名作家的社会地位，创作实力延续至今的收入，使他们比之于上一辈作家，"有形资产"和"无形资产"双拥有，他们是中国当代地地道道不折不扣的一批作家中产者。

五十岁至六十岁以下的中国当代作家，为数甚少，殊难称"代"。这乃是因为"文革"十年，中国从根本上已不存在新作家产生的条件。他们和她们，是凤毛麟角般地潜生悄长着的"超生游击队"式的作家。"文革"结束，才得以名正言顺地"落户注籍"。他们和她们的身份一旦由"地下"转而公开，其峥其嵘，顿领风骚。为数虽少，影响颇大。

接下来的一批或曰一"代"作家，便是所谓"知青作家"一族了。我自然是这一族中的一分子。我们在"文学新时期"初年，皆为二十六七岁至三十岁左右的"文学青年"。有的在"文革"中侥幸跨入过大学的校门，如我；有的在"文革"后考入过大学；有的虽没进入过大学，却丝毫也未影响自己成为优秀作家。这一代作家在整个"文学新时期"十年中，除了靠勤奋创作争取在文学上有所成就，其他方面几乎毫无所得，也似乎比较的不求所得。因为都清楚，轮不到自己所得，没资格求得。我们中绝大多数人的生活状况，是从20世纪80年代末期有所改善的。大多数人是在80年代末工作单位才稳定，才得以解决住房问题。为了解决住房问题，不得不几次调转单位，迂回达到目的。1987年我到过张承志三里屯那个家，无厅的两居室小得不能再小。若同时接待两个客人便几无回旋之地。肖复兴当年在廊坊某中学任教，为解决妻子的入京户口由计划生育委员会而《新体育》杂志，直至现在到《小说选刊》任副主编，家庭"生态"才算终于稳定下来……

为了使读者对这一代作家在20世纪80年代末期前后的收入和生活水平有一个较为具体的了解，下面以我自己为例。因为若以具体的别人为例，将是非常讨嫌之事，甚至可能会引起诉讼。

1979年我从上海复旦大学毕业后被分配至北影文学部任编辑。时年二十八周岁。未婚。工资四十九点七五元。住筒子楼一间十一平方米的单身宿舍。

1980年秋结婚。工资仍四十九点七五元，妻工资五十六元。在单身宿舍成了家。其间逢一次比例是百分之六的、涨工资的机会。我主动声明放弃了。

1982年我们有了儿子。工资还是四十九点七五元。1981年至1982年两年间，我大约发表了四五篇小说。总字数约七万，总稿费约六百元。那时最高每千字十至十二元。

1983年我的小说《这是一片神奇的土地》获1982年全国短篇小说奖，奖金三百元。

我已记不清自己究竟拿了几年四十九点七五元的工资，总之直至1988年我从北影调到童影，工资似乎在七十余元。其间我调了一次房，还是那一幢筒子楼，从东头到西间，增加两米多。

从1982年至1988年底，我出版了如下几本书：短篇小说集《天若有情》——我的第一册短篇集，北京十月出版社出版，二十四万字，扣除所得税，在我记忆中稿费应为三千元左右；短篇小说集《这是一片神奇的土地》，天津百花出版社出版，二十八万余字，扣除所得税，稿费四千余元；中篇集《人间烟火》，贵州人民出版社出版，三十四万余字，扣除所得税，稿费约五千元；第一册《自选集》，四川文艺出版社出版，三十余万字，稿费四千五百余元；长篇小说《雪城》，北京文艺出版社出版，一百一十余万字，稿费一万八千余元；《一个红卫兵的自白》，四川文艺出版社出版，稿费六千余元；《从复旦到北影》，上海文艺出版社出版，稿费一千八百余元。

我的中篇小说《今夜有暴风雪》被拍成电视剧，我记忆中没收原作费。当年似不讲这个。此中篇其后又被拍成电影，我获七百元稿费，因参与了改编。《雪城》上部被拍成电视剧时，由北京十月文艺出版社提出原著费两万，包括预计下部的原著费。我与出版社各一万。我还有另一部三集电视剧本《冰之雕》被拍，是我家乡的文艺单位投资的。我不好意思要稿费，摄制组送了一台十八寸彩电，价值一千八百元。它至今仍摆在我家，已修过两次，快不能收看了。

在七年中，以上书所获稿费，加上其中作品发表在刊物上的稿费，在我记忆中合约七万元。出书的稿费其实当年低于作品发表时的千字标准，我恐自己忆错，都估算得高了些。调往童影前，我的三口之家有存款三万余元。另外四万余元，其中两万元为一个弟弟兑房子了。哈尔滨市两个弟弟一个妹妹几乎在同一年结婚了，都拥挤在原址三十平方米的低矮的破房子里，居住生态实在可怜。另外的两万余元，逐年寄往家中赡养父母，以及补贴我们三口之家的日常生活了。

当年我的小说中经常出现中国老百姓之家所面临的住房困扰。当年有住得很好了的上一代作家在文章中对我很是冷嘲热讽过。我并没写文章反驳。我认为，作家自己的境况稍一优越，目光也就不太望得到底层百姓的生活形态，并且没了体恤之心，大概也是规律。因为大概也是规律，故我又认为不值得反驳。

在当年，一个三口之家，居然已有了三万余元的存款，相比于普通老百姓，我想实在也够富裕的了。尽管我们的家除了那一台摄制组送的彩电，几乎再没什么值钱的东西。

我认为，相比于中国底层百姓，1988年的梁晓声，已然便是中产者了啊！只不过是夫妻工资收入一百五十余元，住在肮脏筒子楼里一间十三平方米多一点点的破屋子的一个"老青年"中产者——那一年我已三十八岁。

当年我常对妻子说："我们应该感到幸福了啊！比比我的同代人，几家有三万多存款的？比比中国底层老百姓，我们简直接近着富人了。"

正是基于这一种想法，除了工资普调，我在北影九年中，没争过一次涨工资的机会。

正是基于这一种想法，从1985年起，我已经在进行着个人的捐款资助之事了，大约总有二十余次之多吧。我早已记不清我资助过的个人和人家了。有上当受骗了的几次，但多数的资助是值得的。于今，每至新年，我偶尔还收到他们中某些个人或人家的来信，或寄来的贺年卡。

我因老父生病，很愿他来京医治；又因他是一位建筑工人，一辈子竟没住过一天好房子！说到底，是为了解决住房问题，而非为了当什么什么级别的一位副厂长，坚定地调到了童影。

从1989年至1991年底，我如诺封笔，无作品发表，连一篇算得上是散文或随笔的文字都没发表过，只写了数篇谈电影的文字，每篇长不过两千字，其中四篇，还是评儿童电影制片厂青年导演们导的儿童片。为儿童电影击边鼓，应属本职义务。这三年中，受惠于中国的工资普调，我的工资由七十余元而"突飞猛进"至一百七十余元。我的老父亲于1989年底去世，他的劳保单位属建筑业，当年不景气，许多工人开不到工资，医药费拖了相当长的时日才得以报销。儿子入学了，家庭支出大了。我的工资虽由七十余元而一百七十余元，却有些不够花了。搬入新家，又总应该添置几件家具。幸而有前七年积蓄下的三万元稿费，使我在夏季买西瓜时，仍可以口气很无所谓地说——"不论个儿大个儿小，只要保沙保甜。"两年封笔，积蓄日减。到1991年底，已仅剩六千余元存款矣。我想，那在当年，似不比一户普通市民的三口之家的积蓄多到哪儿去。我由三年前住肮脏筒子楼一间十三平方米陋室的中产者，变成了住三间因家具太少而显得有点儿空荡的单元楼房的无产者，自然也就没有了什么中产阶层的良好感觉。

1992年我卸职，重新开始执笔创作。至今，我的稿费收入大体如下：

长篇小说《浮城》，1992年花城出版社出版。三十八万字，稿费标准千字四十元。那是一次编辑承包的，带有尝试性的出版方式。编辑看了手稿，问每千字八十元我同意不同意？我却吓了一大跳，还从没拿到过那么高的稿酬标准。认为编辑信口开河说大话，又认为倘接受了大话许诺其结果总是不好的。于是主动减半，言每千字四十元心满意足矣。中国作家"享受"世界上最低的稿酬标准习惯了，给高了当年的我反而心里不踏实，觉得违法了似的。编辑自是乐不得我那样的。双方议定，倘书发行得好，稿费再有补贴。《浮城》出版后发行相当之好。但编辑不再言当初补贴一说……

当年有次与张抗抗谈起此事，她说书发行得这么好，你应大富一把了啊？你没拿版税吗？

我说拿了啊！

她说那按最少二十万册算，你的稿费也令人嫉妒了啊！

我说我拿的版税怎么才每万册一千多元呢？

说了半天，我才明白，是我自己误将印数稿费理解为版税了。而我此前一向就是将二者认为是一码事儿的。

弄明白了究竟什么方式才算版税稿费方式，又明白了这方式与作家的稿费利益关系最紧密，我的第二部长篇（1992年起的第二部）便向出版社提出了版税要求。

它是《泯灭》。1994年春风文艺出版社出版。定价十二元多，发行十万册。我所获稿费，读者自可算出。其中半数，直接由出版社寄给我另一个弟弟，依然是资助解决住房问题。

在《泯灭》书稿交付出版社之前，《浮城》的承包发行人曾数次到我家，反复劝我将《泯灭》书稿给他，由他找出版社出版。我则旧话重提，说我对你有看法了。当初口头议定的，如若发行得好，你再向我补贴稿费，而据我所知，发行量达四十余万册，你怎么不履行诺言呢？他说当初是口头说说，没立字据，所以不能算数的。我说咱们二人面对面议定的，没立字据，是由于我信任于你呀！他说那件事不提了吧，咱们只说眼前这件事行不行？我付你比春风文艺出版社多一倍的版税！你不是还没与对方签合同吗？我说没签合同也不行。在这件事上，我的个人"感觉"是第一位的。

在一个下雨天，他又来了，拎了一只布兜，满得用拎带相互扎着，装的是钱，少说应有十五万。他说梁晓声啊，你年长于我，处理事情该比我更理性、更现实才对啊！百分之十和百分之二十的版税之间的差别，对你意味着什么？不用我替你算啊！你如果改变了态度，我今天就将预付稿费留下了！

我仍平静地说不。

我为某种"感觉"，损失了十万册《泯灭》百分之十的版税。或曰是一种宁愿的放弃，一次典型的"感觉派"处理事情的方式。我认为这于任何人其实都并不足取。但偶一为之，也不值得怎么后悔……

据我所知，《恐惧》的发行量只有五六万，更多的是盗版。故我也只获得了实际印数的稿费。编辑经调查，认为市场还有需求。但我阻止了。我已决定将此书重新改写一遍。

电视剧《年轮》我的稿费是含税每集两千五百元。其中半数稿酬寄给了唯一的表兄，也是给我老母亲的家族在世上唯一的"传人"解决住房问题。

此外《九三断想》只发行一万册；《九五随想》只发行四万册，我主动提出百分之八的版税；再此外，《雪城》再版，每千字二十八元。另有三册集子，两册每千字三十元，一册每千字七十元。

还有两部电视剧，都是由我自己的小说改编的，每集一万元稿费。

到目前为止。我又成了中国当代中产阶层中"准"字一族中的一员。

我并不怕将这一当代中国人的"一级隐私"自行"曝光"，将会引贼入室。我家没有任何贵重之物，贼岂不是白费手脚吗？我也不怕歹徒顿生恶念，绑架了我或我妻子或我儿子——绑架犯的是重罪，歹徒需掂量掂量。何况，歹徒也不见得读我那些不伦不类的书。真读了，又或许觉得——放这作家一马吧，他能有点儿积蓄也真够不易的！

至于有些我的同行，试试探探地问我何时买别墅？何时买汽车？我听了不过淡淡一笑，懒得多说什么。

不过，心里暗想：亲爱的亲亲爱爱的作家同行们，难道你们都还生存在半无产者或无产者的窘迫阶层吗？粉碎"四人帮"已经二十年了。二十年间，但凡是位作家，谁至少没创作过二三百万字。而与我同代的作家们，除了极个别的人，大多数的创作量当在四百万字左右。谁没有一笔稿费积蓄？

从1992年至今的六年中，我在同代作家中，的确算是高产的。这倒并非因为我将创作当"生产"，一心只想赚钱。而是因为，我在创作力量旺盛的阶段，不得不封笔三年。那是一种自己对自己强烈创作欲进行的压制。一旦自己"解放"了自己，创作几乎意味着渴极畅饮。并且我可能是兴趣最少，最不喜玩娱，最高兴一个人关在房间里在静悄悄中或读或写的作家之一。某些所谓休闲，对别人是兴趣，对我是比写作更累的累事。某些玩娱方式，会使别人开心，断不会使我开心。如果我被强拉扯着参与了，往往会感到恼火。所以我妻子又常常数落我——"你的生命有三项内容就够了。躺着读，坐着写，这是一项内容；一块抹布一盆水，屋子一天擦三遍，这对你是换脑，精神休息；吃喝睡，这是你最不情愿又无可奈何的事。这三项内容稍一被打乱，你的病就来了！"

我以手中一支廉价的笔为图钉，将自己按在稿纸上解剖了给以后这一本不伦不类的书的读者们看，心中当然并无半点儿中产阶层"末流族"一员的沾沾自喜。我只不过希望使人信服地明白这样一点——在"知青作家"中，即使勤奋似我者，其稿费总收入，也不过如我吧。他们的积蓄若比我多，乃因经济负担比我少些而已。1997年上半年，我在《十月》《人民文学》《北京文学》《当代》等刊共发表六篇中篇小说，其中多数被选载，总字数近三十万。连选载稿费算在内，一万两千元多一点点。也就是比目前一集电视剧的最低起价稿费多两千元零一点点，一点点而已，而已而已。

当然，我这一代作家中，也有一本书一下子洛阳纸贵起来的。于是版税也"大大的"。也有一篇什么作品成了影视的眼都死死盯住的"含金篇"，于是版权卖到十几万的，但那都属个例。我至今还没摊上那种幸运。我的一篇小说的版权前不久刚刚被北京电视剧制作某公司买断，策划"发展"为二十集电视剧，扣除所得税，一万六千余元。但是我对我的同行们从不嫉妒。相反，替他们或她们感到庆幸。有时从旁而观，即使也觉得未免太商业操作，但仍抱较理解的态度。我的同行作家们，其实很善于经营自己的极有限。毕竟都在这商业大时代实习着，最初是扭扭捏捏的实习生，目前刚刚克服了扭捏心态，而我以为还需要彻底地克服。中产者起来并不影响继续写出好作品。处在半无产者无产者的生活境况，也未见得部部作品都"永垂不朽"流芳百世。于是写到此处我不禁忆起，大约就在 1989 年至 1990 年间,我在年长于我的几位作家朋友间发起了一次小小的募捐,所得捐款分寄给周克芹、莫应丰、姜天民等四五位早逝的中青年作家的家属。我从当年的报上读到了他们身后无"产",家属们生活陷入贫困的报道。可叹他们都没赶上版税制实行起来的现在。其后的一年,陕西作家路遥、邹志安先后辞世,又可怜他们都在四十多岁的年纪,他们身后也无"产"。长篇小说的发行刚刚跃出低谷路遥病倒了。邹志安可能只一本书得到了较可观的一笔稿费便也紧随路遥而去……

故我在此衷心地祝愿作家们,一切年龄不分代不分辈的作家们,都尽快地、名副其实地中产者起来!虽为"末流族",亦可慰矣!

好在我的同"代"作家们,凡有些成就的,如今许多成了主编、副主编,或各省市的"作协"的主席、副主席。"社会主义"的优越性,毕竟关怀地赐予了一部分"无形资产"的待遇。而"有形资产"这另一部分,无论大家嘴上说法多么不一致,甚至截然相反,甚至语言对立,其实内心里,都开始很认真地在乎着了,都不再忽视自己创作劳动的经济效益了。这就好。什么"只事播种,不向收获"之类的话,是假话。农民们绝不是以这种态度种地的。那就连起码的"老婆孩子热炕头"的日子也没得过了。而伟大如鲁迅的作家也不是这样的。他也清楚也明白他不仅得扮演"骨头最硬"的作家的角色,也得尽丈夫和父亲的义务,得养活夫人和儿子。而且肯定希望夫人和儿子的生活相对好一些。他最懂得作家一旦沦为半无产者无产者,对于创作是多么的烦恼。他的几篇小说中都涉及这一种烦恼。对作家,清贫绝对地不是什么浣濯灵魂,永葆创作青春的应验良方,而是大敌人。这敌人,以后将没有什么优越性助作家以克之了。将全靠作家们自己去对付去打倒了。都道是曹雪芹漫漫十余载,啃着冻高粱米饭团写出传世之作的,所以《红楼梦》才不朽似的,所以曹氏才堪称传奇似的。这赞美至少故意避开了一点不谈——曹氏早逝于营养不良,说到底也是早逝于清贫。否则,我们当代人于今兴许还能看到另一部与《红楼梦》一样伟大的传世之作。

年轻于我们这一批的作家们,即所谓"后新时期"以来,也就是自

1977年至1987年这十年以后涌现的作家,异军突起,十分的活跃。他们的创作,差不多一引人注目,就已经与文学的市场化接轨着了。前几代作家们与影视的关系很暧昧,当年流行的话语是"触电"。十之七八的前几代作家们怕"触电",尽管心内未必不向往之。我就知道,很有几位可敬的同行,一方面在作家面前强调着真正好的文学,是如何如何地没法儿改编为影视的;另一方面向影视界人士极力自荐着其实也未必真正好到哪里去的作品。不被青睐,则便怪罪于偌大中国,竟没有一位识货的导演或投资人。但是"晚生代"们并不这么做作和暧昧。他们对"触电"都怀有史无前例的高涨热忱。有时作品被高价买了版权去还不算,还一定要自己亲笔改编为影视作品,所谓"肥水莫流外人田"。他们都尽量脚踩两只船,生动地活跃于小说与影视之间。这使他们在名利两方面获得快捷,并且受益匪浅。

据我所知,夏衍公逝世前,曾问去看望他的几位"作协"领导——商业时代肯定的势在必行了,文学也非什么超时代之事,不知年轻一代的作家们,有没有直面商业时代的准备和勇气?倘还没有,应请老作家们讲讲。既要讲教训,也是要传授些经验的……

值得向九泉之下的夏衍公告慰的是,后来人们很有准备,很有勇气,也很有经验,并不需要"传帮带"。论值讲价之时,开口殊不含糊。倘不满足,可能甩出一句毫不客气的话是——少跟我来这一套!我自己写的东西究竟值多少钱,我懂!

他们是断不会做我曾做过的那等傻事的——人家许以每千字八十元的稿费,我竟主动地降低一半……

我不欣赏我自己,反倒很赞成他们,并鼓励我们的"晚生代"作家们,千万别学我,而要学他们。而我自己也不会再那么犯傻了,因为那太有别于慈善行为。

每千字七元、十元、十三元、十五元的低稿费阶段"赦免"了他们,甚至令上几代作家很是欢呼雀跃了一阵子的每千字二十元的"过渡阶段"他们也只赶上过"末班车"。他们的稿费起点较高,"含金量"较大。一部中篇三四百元的事，他们没遭遇过。好比1963年以后出生的人，饥荒年于他们是历史。而早于他们领骚文坛的作家们，一半以上的作品甚至三分之二的作品，是在低稿费阶段创作的。故他们的几十万字的稿费收入，抵得上前几代作家们几百万字的稿费收入。甚至一篇中篇的影视版权，便超过了以往作家们几百万字的稿费收入。故他们在较短的几年里，就姿态潇洒地跻身于中国当代中产者阶层的队尾了。

与影视明星们、歌星们相比，中国作家有两大毛病。其一是由于历史积怨和政治摆布的原因，造成长期的山头对峙，党同伐异，团伙互攻。这一种精神的和精力的耗损，对中国作家们的危害相当之大。不但危害了创作，而且有时危害了身心。影视界和歌坛，这种现象要少得多。因为后者们的行业特征是根本无法排除合作要求的。或者反过来说，合作要求便是后者们的行业要求，行业前提。谁想在事业上有发展，谁就必须在最广泛的同行之间，建立和保持友善的，起码是相容性极大的一种关系。山不转水转，说不定谁和谁就被转在同一摄制组里，或同一场演出中。进攻性、排他性再强的人，都必得遵循此行业和为贵的不成文法。当然，他们的关系也并非便是君子贤人的关系。拨长弄短的龃龉之事，也难免会发生的。但大抵不是由于什么艺术主张的不同，或什么所谓流派的相轻。进言之，他们之间即使关系相恶，也不打那些旗号。他们往往会比较干脆明白地自行地捅穿窗纸，直挑真相——为了一争名的高低或利的大小。作家们则不同，作家们为了在文坛上争名夺利，那是一定要打出种种堂皇的旗号的。直至旁观者看清，所争目的并非怎么的高尚，作家们还是要嘟嘟哝哝地抱怨旁观者低俗，曲解了自己们。又作家们的职业都是写，看哪一个同行不顺眼，觉得谁别扭，报上就来一篇言论，煞一煞同行的风景。或者心虚三分地化了名，或者"行不更名，立不改姓"，一副泰山石敢当的气概，或者指桑骂槐，借李讽桃，扬瓜贬豆，或者投枪匕首，所憎明确，一股脑儿掷将过去，恨不得将对方置于死地而后快。竟至于到了现在，哪怕开个没意思的会，那举办会议的，若邀张三，往往先言没邀李四；既邀李四，往往自行地"舍爱"张三。影视明星和歌星们一般不会亲自"拿起笔来做刀枪",即使不"灭"哪一个同行一把不足以消解心头之恨,经常的做法也只不过是暗雇舞笔"杀手"。

　　作家们的第二个毛病是,即使笔下写着淡薄职位,"无官一身轻"之类的鸟话,心里边还是总惦记着怎样才得以为官一把。吟着陶渊明的"采菊东篱下,悠然见南山",眼角却总忍不住地一次次瞥向文坛,留意着是否腾出了一把交椅。这现象我想了又想,至今也没太想明白究竟由于什么。原因之一也许是——一向很低的稿费标准,使他们倍感写作的伤身损骨,呕心沥血,以及"刨收"的艰辛,倒莫如文坛上争一官位,一步到位,先将待遇的"无形资产"牢牢攥在手里再说。这么一想,倒也就可以理解了。年轻于我这一代的作家们,据我所知,真愿当官的,尤其真愿做那种需当差值日的官的不多,因为都还处在创作丰产期。但也不是不争,"代表"资格、"理事"资格、副主席之类,往往也争得不亦乐乎。因为那是名义,争到了并不浪费创作精力,不争白不争。争到了以后,却并不怎么真的当成一回事儿,是官了也一身轻。说到底,文坛上的官,原本就都是一身轻的官。谁若做着文坛上的官而累,要么是瞎累,要么是身不由己地被搅到瞎累里边去了。而几乎一切从事表演艺术的人,似乎不太产生想当官的念头。他们一心留恋的几乎永远是舞台和屏幕。他们一旦告别舞台和屏幕,那就意味着是真的告别表演艺术了。表演艺术相比于文学创作,其生涯至少短一半。这使他们在尚能表演着的时候,都视表演为必争之利。得之失之,关乎成就,悠悠万事,唯此为大。作家们谈起他们和她们,往往不屑而曰"头脑简单"。我却常认为,这"简单"于他们和她们实为优点,可褒而不可贬。倘作家们的头脑也如他们和她们一样简单起来,也都能将写字桌视为唯一舞台,文坛上的你攻我讦、剑短矛长的黑云白雾现象,也许是会少些的。

　　苏联总书记勃列日涅夫在世之时,有他们的音乐家协会的一个头头,去向他们的总书记告另一个头头的状,仿佛不共戴天模样。

　　勃列日涅夫瞪着他说:"如果领导'音协'竟使你这般痛苦,那么我决定把你调到'作协'去。我们的可爱的作家们将会使你对痛苦有另外的理解。"

对方闻言,脸色霎变,不寒而怵,仿佛将要被一巴掌扇入地狱似的。

后来,叶利钦心脏病康复不久,苏联的一批俄罗斯作家,又联名上书叶利钦,状告内讧种种。国事积案的叶利钦哪里顾得上一瞥这些破事儿!两个月后,他们通过私人关系,询问叶利钦的秘书。秘书如实告诉他们,叶利钦根本未拆信封,它已经不知被压到哪儿去了。这使他们倍感冷落。于是都恼羞成怒起来。在"作协"大院里示威游行,并焚烧纸人。那纸人上写的当然不是叶利钦——不敢,而是自己们恨得咬牙切齿的同行的名字。

社会主义国家的作家们,除朝鲜而外,几乎都患着一种共同的病症,或可曰为"作家内躁综合征"。如果说影视明星们、歌星们也经常在报刊上闹出纷纷扬扬的响动,主要是为了制造新闻,引公众关注,借以抬高知名度的话,那么中国作家们闹出的响动,却往往是为了引起意识形态的注意。向意识形态证明自己存在的不可忽视性。而更多的时候,相互倾轧,乃是为了讨好意识形态,并得到赏赐。

但是现在情况大有好转。一是因为"晚生代"作家渐以实力成为文坛主角,他们都只顾与市场紧密结合,心思不在文坛的夏风秋雨。而无论公众还是官方,也越来越看得分明,小说并不能真的形成什么意识形态的大气候,充其量只不过是"形态意识"。只消引导得好,利用得好,并且频频颁奖,是完全可以为大好形势服务的——作家们,乃至一切文艺工作者们,都变得懂事多了,也乖多了,善解人意多了。

"过渡阶段",任谁也摆脱不了"过渡"二字的暗示、诱使和限制。

"中方雇员"——此乃中国当代中产者阶层中最独具一格的一族。他们的思想、观念、意识,皆更多地体现出世界性,而不是更多地体现出中国性。包括他们和她们的思维方式,都是比较西方化的。他们的文化程度高,知识结构最合乎世界对人的当代要求。可以认为,他们是一批"崭新"的中国人。既新在与中国的公有体制不发生丝毫利益牵扯,又新在与父兄辈的传统活法彻底决裂。他们殊不同于"买办阶层"的中国人。后者们因雇佣的地位而常暗怀委屈。他们的心理则在雇佣关系中显得平衡多了,自然多了,同时也就习惯多了。后者们总企图逃避自己是一个中国人的现实。他们则面对现实、承认现实、接受现实,每每提醒自己——"我是一个中国人,我在自己的国家里被外国人雇佣。这关系带给我益处,而且是最适合于我的。"后者们受到外国老板指责时,心中往往这么想——"妈的,老子若也是一个外国人,你会对老子这么不客气吗?"而他们若受到外国老板指责,心中的想法则可能是——"我不是一个外国人,所以我必须将老板吩咐的每一件事做得更好。"正是这一种思想方法,我认为更多地体现出了世界性,而非中国性。因为,此前极少有中国人会这么想。而几乎世界上一切处于雇佣地位的人,却从来都是这么想的。

在世界当代的文明的雇佣关系中,向老板负责即敬业。而敬业即使在异国的雇佣关系中,也不失为美德。

他们都是些力争表现敬业精神的中国人。只不过,相当优秀又相当年轻的一批中国人在以为外国老板敬业是最适合于自己的活法——这"崭新"思想之中,似乎掺杂了些许"老照片"意味。但也只有我们在评说他们和她们时才会这么想。他们自己却不太会这么想。偶尔这么一想,也须赶紧自行打消。因为这当然不是一名好的"中方雇员"的想法。而这结论,乃是他们变换想问题的角度,站在他们的外国老板的角度得出的。

他们常常自觉地转换角度,站在自己的外国老板的角度思考问题。也只有这样,才能成为一名好的"中方雇员"。这对于他们和她们的活法而言,无任何可指责之处。

相当优秀又相当年轻的一批中国人在以为外国老板敬业是最适合自己的活法——在大逻辑上,这恰恰是中国本身从长远着眼处应该考虑的问题,而不是"中方雇员"们究竟该怎么回答的问题。

在中国,在当代,在一届又一届大学毕业的年轻知识分子的头脑中,以及他们和她们的父母亲人的头脑中,当一名"中方雇员",乃是一种仅次于成了歌星，成了演员，成了每天亿万之众一觉醒来睁开双眼便打照面的电视节目播音员和主持人，以及显要政府部门的年轻官员，尖端科技单位的年轻专家的——愿望和理想。

成为以上几种人实在机会不多，相当困难，甚至终生不可痴求。于是成为一名"中方雇员"，简直可以说是一种普遍的愿望和普遍的理想。

但是也有做家长的，更具体地说是一位做父亲的例外。我的作家朋友刘心武就是这样一位父亲。他的儿子当年毕业于北京工业大学，一所全国重点高校。学制冷的，曾在昆仑饭店从事输冷技术工作，似乎已成为昆仑饭店这一方面的工程师了。

以往他与我谈起他的儿子，常常面带微笑地说："他多幸运啊，不但读了大学，而且工作性质与专业对口，而且工作环境又那么好，而且工资也不低！我儿子可没太让我操过心。"

听他的话，不但从此无忧，似乎，对他儿子的工作，竟还有几分羡慕似的。半月前，我又与他在一次会上见了面，交谈之中，照例又问起他的儿子。

他有点儿忧心忡忡地告诉我——儿子已经离开了昆仑饭店。

我问为什么？他说不为什么，就是在一个单位工作久了，腻味了，所以辞职。

问目前到什么单位去了？

说在一家外国公司。

我说也好嘛！当"中方雇员"也是年轻一代的一种时髦职业嘛！

他说时髦倒确实时髦，但究竟有什么好的啊？工作比在昆仑饭店还紧张了。

我说有得有失，工资也会相应地更高些嘛！

他说那倒是，不过太不稳定了。"中方雇员"与外国老板之间，需要多种关系多种观念的磨合呀！现在儿子已经转换三家公司了。原先多好的单位多好的工作啊！辞职前也不跟我这老爸打声招呼，商量商量……他连道可惜，可惜！

心武可非一个思想观念保守的人。事实上，他对年轻一代的新思想新观念一向持理解的态度。起码我是这么看他的。而且在许多问题上，他曾以老大哥的姿态，以仿佛禅透世上新旧交替似的口吻，批评我的观念的因循守旧，谆谆教导我要学会善于接受年轻一代的新观念。

但是，在自己儿子辞去公职的问题上，他的思想观念恰恰又显出传统的一面，守旧的一面。同为人父，我承认他的考虑是全面的，是对的。倘我是他，我也许会震怒。但即使对，即使全面，毕竟是传统的、守旧的观念。他的儿子即使考虑得欠周全，即使根本错了，却毕竟是一种新观念促使之下的新活法的选择。

传统的、守旧的，然而同时又可能是考虑全面的、正确的，甚至体现着人生的成熟和经验的观念，就是这样，时时处处受到着新的，也许考虑得欠周全的，甚至根本就不屑于进行长远性考虑的，年轻一代的观念的挑战和冒犯。

在如此这般的种种新旧冲撞之中，其实已经不存在孰是孰非，谁对谁错的裁决准则。而仅仅存在着一种现象，一种事实——新中国成立以后的主体观念，正由年轻一代的活法选择，造成着一大面积一大面积的松动，和一处又一处的塌方。

而"中方雇员"们几乎都是这样一批各方面较为出色的、知识结构较现代的、综合素质较高的年轻人。

你若问他们感觉如何？他们会如实告诉你挺好。

问将来怎么考虑的？

他们会如实告诉你并不考虑将来。并且大抵总会困惑地反问：既然今天感觉挺好，干吗非自寻烦恼地考虑将来？

再问他们能干长吗？

他们又会说，一旦看出老板哪天的不可爱，就炒他的鱿鱼！中国"改革开放"的政策一百年不变，来中国办公司办企业的外国人定一天比一天多，还愁再找不到一位蓝眼睛的老板甘愿为其效劳？

从这最后的回答看，他们地位上似比中国的当代"买办"们低一等，而心理上却又比"买办"们简单明白，仿佛没有什么误区。而且因简单明白显示出了另一种别样的优越。你可以认为是"阿Q精神"，也可以认为是"崭新"的一代中国人的自信。

他们和她们的月收入，一般在三千至六千之间。低于三千的是一些外国小公司的"中方雇员"，高于六千的是成了骨干者。又目前中国有了各种形式的保障他们和她们权益的部门，使外国老板不能无缘无故地解雇他们和她们。并要求外国老板们依照中国《劳动法》为他们和她们上各种人身保险，当然也就解除了他们和她们的许多后顾之忧。

如果一对夫妻同是"中方雇员"，则他们的月收入普遍在六千至七千元，年收入当在八万元至十万元之间，高者年收入可达十五万至二十万。

保守一些，姑且以六万元算，每年完全可积蓄四万元左右。那么，五年以后，可在北京四环以外，买到两室一厅的商品房。七年或八年以后，可又买得起一部"桑塔纳"汽车了。我认识一对这样的夫妻，他们都已是老"中方雇员"了，丈夫的月薪已经一万多元，妻子八千多元。其实也没升到多高级的职务。丈夫手下领导着二男二女四个年轻的"中方雇员"，相当于中国的科长。妻子是极精通业务的会计，甚而对于外国的会计结算细则，比公司里的洋会计小姐还熟练。这是一对三十四五岁的夫妻。都是十年前的大学毕业生。他们比较幸运，在一家外国大公司一干就是十年。尤为幸运的是，因为他们是老"中方雇员"了，公司为了表彰和勉励他们，还分配给了他们一套两室一厅的住房，而且地处市内，与公司里外籍职员的单身公寓同楼。

这一对夫妻，可能是较特殊的一例。大多数"中方雇员"，也许很难在某一公司一干就是十年。据我所知，时间长者五六年后别投门庭，时间短者二三年便"离异再嫁"。当然，时间还短的，也有几个月就悻悻而去的。但那一般不会是他或她炒老板的鱿鱼，而是老板看出了他或她是"银样镴枪头"[1]。

---

[1] 比喻表面看起来还不错，实际上不中用。

如果一个平民家庭有一个儿女是"中方雇员",而且雇佣关系相对稳定,得以长期并存下去,那么,这一个平民家庭的生活水准,则便比一般的平民家庭略高些。前提是,这一个是"中方雇员"的儿女较有大家庭观念,非一只一旦自己收入多了,竟一毛不拔的"瓷公鸡"或"铁仙鹤"。

的的确确,随着中国"改革开放"步伐的迅进,入境的外国公司和外企越来越多。对"中方雇员"的需求量也越来越大。这一行列,一天比一天扩充着"编制"。他们是中国中产者阶层的"阶层储备军"。十年以后,他们中相当一部分人组成的家庭,将由中产阶层的下层,而渐变为此阶层的中层。好比下中农变为上中农一样。但是,有此阶层的前几"族"存在着、比较着,他们一般不会变成此阶层的上层。这又好比上中农变为富农,富农变为地主并不太容易一样。

除了"中方雇员",中国当代中产者阶层,还囊括着如下人等——处级以上正部级以下的国家干部。他们的工资虽然不高,他们所住的公房加所坐的公车,一般都在百万左右。这是他们享有的"无形资产"。此外,他们中许多人,还有不同程度的"灰色收入"。"灰色收入"之针对于他们,是一种既形象又暧昧的说法。在他们没因贪污受贿而犯罪时,"灰色收入"似乎带有合法性。比如出席一次商企界的庆典而接受了一件"纪念品",比如逢年过节没好意思拒绝一份人情往来性质的礼物等。而一旦因为某一证据确凿的罪名被控,以上那些似乎带有合法性的"灰色收入",又便会统统被列在罪名单上。此时你又难免地心生恻隐。越是在地方,越是在基层,他们的"无形资产"不但越变得有形而且"产"值越大,他们的"灰色收入"不但越公开而且越五花八门。"聚友消遣"之时牌桌上"手气好赢的"便是方式之一种。一名处级干部,在地委一级就算"高干",若又属于实权人物,其生活往往贵如公卿,富得流油。正所谓"瀑跌百丈,下而势汹"。此外还有在省市范围内已传名气的律师、开私人诊所且善治疑症的民间医生、小建筑队的工头、中小旅店饭馆以及县乡微型企业的承包人,等等,不一而足。

中国当代中产阶层的形成,在许多方面潜移默化地影响着我们的生活。首先,在大中城市里,大众文化的中产者意味越来越浓。中产者似乎已经等同于"老百姓"三个字了。虽然他们只不过是中国当代"老百姓"的百分之十还不到。这乃是因为,营造大众文化的中国当代"文化人"们,本身大抵便是中产阶层的一员,他们眼中所能见到,心中所能想到,日常所能接触到的,大抵是各个"族类"的中产者罢了。于是中产阶层成了他们最为熟悉的"人民"。在他们的印象里,这些他们最为熟悉的"人民",似乎平凡又普通。因为他们都有多种机会和条件,接触到资产者甚至大资产者阶层,于是他们在表现中产阶层生活形态之时,便以为是在表现着人民大众的生活形态了。当然中产者阶层,也是人民大众中的一个阶层。但是若将这一阶层摆放在中国当代社会的大坐标系上,其与最广大的"人民"之间生活形态的抛物线差,乃是后者们在相当长的时期内可望而不可即的。中产阶层的生活形态,是当代中国人民大众的一种憧憬,一个似乎距离他们最近,而其实一辈子都难以达到的目标。于是大众文化的人民性,被营造大众文化的中国当代"文化人",以中产阶层的生活形态"误会"地取代了。这在电视连续剧中表现得最为明显而且泛滥。其通病是全没了生活的负重感却多了因"牙疼脚痒"而没完没了的"连续"的哭哭闹闹。这一种煞有介事的哭哭闹闹使老百姓每每两眼干瞪着屏幕无动于衷。而电视中的许多专栏节目,采访者的话筒和摄像机镜头,似乎只在中产者阶层中变焦和移位,仿佛再也突破不了这个阶层的用黏糯而又甜滋滋的生活的丝结成的网,仿佛最广大的平民和贫民阶层早已不存在了,从中国当代社会中消失了。采访者的话筒难寻其音,摄像机难觅其踪了。在我的印象中,北京电视台的《什刹海》,中央电视台的《讲述老百姓的故事》,似乎仍在做着难能可贵的"人民性"的努力。当然,还有关于"希望工程""老区扶贫""下岗工人"以及《中国母亲》等纪实性的电视报道,使人觉得电视里的中国还算是全面的中国。尤其值得一提的是四川的某几位年轻的电视从业人,他们的节目不固定,但一有播出,其艺术性和"人民性"之朴素而又真切地结合,每次都能引起我的注意，并必有某种打动到我内心深处的情感力量。

其次，中产阶层在消费方面不容忽视地影响着我们的生活，甚至影响着市场的趋势。中国的商业的眼，有几年曾紧盯着中国当代资产者阶层乃至富豪者们的"消费感觉"并对其趋之若鹜。但那很快被证明是愚蠢的，是争相掘墓。因为无论中国当代资产者阶层乃至富豪者们一个时期内的消费行为多么"潇洒"，也是根本撑不起庞大的中国商业市场的棚盖的。他们一玩腻了"潇洒"，一味紧跟着并千方百计讨好他们刺激他们的"消费感觉"的商家企业，便陷入自导的尴尬之境。这在房地产业现象最为突出。河北省曾炸掉几十幢别墅；豪华歌舞厅和高档服装业曾紧步后尘；一瓶在超市标价四元多的矿泉水，在某些歌舞厅里却翻价二十倍；一件标价十六万的大衣，一年后不得不恢复庐山真面目，暴跌至一九折。

现在，商品市场终于开始向中产阶层的"消费感觉"靠拢了，并由此转为开始研究和分析大众的消费心理，考虑大众的消费水平。大众的消费在这一过程多多少少沾了中产阶层一点儿光。而中产阶层也从这一过程中有所获利——他们不像资产者阶层那么对大众商品不屑一顾。他们逛大众商店并不觉得与身份不符，购买到便宜而又实用的大众商品，其自喜和大众是一样的。

中产阶层的存在，还在某种程度上缓和了不良的社会情绪。因为某种激烈的甚至狂野的社会情绪，即使其宣泄有着社会学方面的合理性，对于社会的安定也必是不良的震荡和冲击。此种情况下，一部分人哪怕是一小部分人的平静没脾气，对于情绪激烈甚至狂野的另一部分人来说，都是一种微妙的心理暗示。其暗示的意义在于——尽管我们理解你们体恤你们同情你们，但是我们绝不会和你们搅到一伙儿去。好比牧场上的"炸群"现象，只要有一部分马或牛或羊安处原地，"炸群"之畜奔乱一时，渐渐地还是会聚拢到原地去。在畜类这是"归安本能"；在人类这是"心理定力现象"。此现象在禽鸟类往往呈现得尤为生动——一群宿雁的一部分受惊骤飞，而另一部分若不但没扇翅紧随，反而在原地向夜空中引颈发出呼唤的鸣叫，于是受惊骤飞的又会渐渐地循声纷落下来。又好比一些明显受了委屈的孩子在哭诉自己的委屈，并扬言要发动报复，而另一些孩子默默围着听，虽并不打算抱打不平，表情和目光却流露着充分的怜悯，或递一块手帕过去，或替对方们拢一下头发，抻齐衣襟，都会使对方们渐渐安定下来……

在全人类的近当代社会史上，中产阶层的传统的社会角色便是这样的。这看来似乎并无什么神采可言的角色的社会作用，是越来越被充分肯定地承认着了。

但这有一个前提，那就是——中产阶层本身的意识质量如何？而这又关乎它究竟能否由衷地虔诚地扮演好它传统的社会角色。在这里，用"扮演"和"角色"这样的词其实是不准确不恰当的。因为意识质量优秀的中产者阶层，其理解、体恤、同情和怜悯，一向必定是由衷而虔诚地播向平民与贫民阶层的，因为人类的心要求有以上内容。而值得他们从内心里双手捧出给予的，又只有平民阶层和贫民阶层。他们捧给时，绝不至于像资产者阶层捧给时那么容易引起平民和贫民阶层的怀疑和反感。平民和贫民阶层接受时，也绝不至于产生什么接受恩赐似的羞辱感。

这两个阶层是界近的阶层，并且有派生关系。派生关系至少使双方维护着三分的和睦。

而如果以上前提并不存在，也就是中产阶层的意识质量较劣，甚至很劣，比如在平民和贫民阶层的生活倍感艰难之际，非但不捧给半点儿的体恤、同情和怜悯，反而优哉游哉，俨然摆出一副自己超身于艰难之外的扬扬得意和幸灾乐祸，那么实际上是在扮演很坏的社会角色。这必将更加触怒着平民和贫民阶层的心理激烈和狂野，使他们连中产阶层都视为"阶层公敌"……

中国当代之中产阶层的意识质量究竟如何？妄以优评恐怕还为时太早。当然，也还没异化到很劣的地步。

"他们的不幸是国家的责任，他们面临的困境是国家的问题，与我何干？"从中国当代中产者口中，我们常能听到此类冷冰冰的话语。

这也许对，但是有悖人道。

国家的体恤通常只不过与国力相关，而人道却和人心相关。人心的"赤字"现象，有时是比国家的财政赤字更险恶的。

在中产阶层意识质量优秀的国家，他们中的人是不太会说出那样的话的。即使也说，但语气绝不冷冰冰的，而是带有替平民和贫民阶层讨公道的性质，同时尽着力所能及的阶层义务。

中国中产阶层的意识质量，据我看来，目前还未及格。

中国当代中产阶层令人最为不安的一种负面社会影响，乃因阻碍了某些政治家及某些官员的耳目，使后者们对国情和民情的了解自置局限。这一方面由于中国太大，另一方面由于大文化内容虚假的误导。他们以为他们从莺歌燕舞的大文化中所见，便是国情和民心之一般了。在这一点上，营造中国当代大文化的"文化人"们，其实充当着不怎么光彩的角色。有时过分卖力地粉饰太平，装潢盛世，将中国大感觉的种种忧患滤去了，虚化了。更严肃地说，当忧患成祸之时，这也是一种罪过。而第三方面，是某些官员自身的素质原因。他们喜欢弄虚作假，隐忧表德，浮夸政绩，逐权邀功。而因为几乎中国到处都有了些零星的中产者乃至小资产者，使他们浮夸政绩炫耀政德之时，比二十世纪五六十年代容易造景多了。

综上所述，我们纵观中国当代中产阶层的成分构成，必会感到，这一阶层似乎缺少某种至关重要的成分。此困惑没错。它缺少的乃是知识分子这一成分。在世界上任何一个阶层成分构成合理的国家，知识分子都是中产阶层的主要成分。从中学教师到大学教授，包括普通医务工作者，以及从小到大的几乎一切企业的普通技师、工程师。在有些国家，一名熟练的技工，其收入也在中产阶层之列。此外当然还有几乎一切门类的学者。只要他们确在从事着研究，只要他们的研究不纯粹是个人兴趣方面的，而是"单位"课题之一项，不管那"单位"是什么性质的，他们的工资都将保障他们的生活绝不至低于中产阶层的总体生活水平。

由于中国当代中产阶层缺少这一至关重要的成分，所以它的阶层意识质量目前不高是必然的。它的非知识化的阶层思想特征也是必然的。尽管它吸纳了某几类受过高等教育的人，但那又恰恰是些最不具备知识者思想的"学历拥有者"罢了。

我们同时还会感到，中国当代中产阶层似乎缺少某种历史的背景，这使它的总体阶层形象未免显得过分单薄，是一种平面的"纸板形象"，而非一种雕塑般的立体形象。此困惑亦没错。因为这一阶层中的任何一分子，其出身昨天还是平民甚至贫民，都非本阶层中的儿女，都刚刚开始做本阶层中的父母，都根本没有接受过所谓中产阶层的家庭教育和阶层传统意识的熏陶，所以，头脑中除了少许的、时隐时现的优越感，再就没有任何或能称得上是阶层意识的积淀可言，更不要说以中产阶层的积极的思想教诲下一代了。

这一阶层目前的家教内容，总体而言，基本上是刚刚优越起来，稍稍优越起来的小市民的家教内容。甚至仍在相当明显的程度上，袭承了中国小市民家教内容中较庸俗的某些方面。

中国当代中产阶层——好比大庭院里的头等丫鬟忙里偷闲为情人匆匆赶做的一只绣花枕头。枕中物虽然簸过筛子，虽然熏香过，但主要依旧是荞麦皮——荞麦皮是塞枕的传统"内容"。中国南方民间，塞枕时也往荞麦皮中掺茶叶，那种泡饮过了又晾干后的茶叶。据认为，那样的枕头有消热祛躁之作用。

中国之中产阶层，如能加入"正宗"知识分子们这一种"茶叶后"就好了。对这一阶层本身素质的提高有好处。进言之，对全民族之素质的提高有好处。但目前我们还看不大出值得乐观的有根据的指望，也许二十年后会有此可能？

现在中国，富豪成批矣。尤以房地产主和私营煤老板为最富最豪，身家亿万以上者，似乎比比皆是了。中国当年使一部分人"先富起来"的发展目标，看来是大功告成了。当然"改革开放"之目的，并不唯是使一部分人"先富起来"，主要目的是使全国人民都过上好日子。全国各阶层人民托"改革开放"的福，日子也确实好过了不少。连广大农民的日子也好过了不少。但几乎可以说,"改革开放"至今所有目的之中,使一部分人"先富起来"这一目标实现得最迅速也最为明显。

北京人中当下流传一种说法——一周出一位亿万富翁,是指只要哪里建起两座二十层左右的高楼,那就意味着肯定有一位亿万富翁诞生了。前三四年以来,即使每周有两三座楼房开工的说法未免夸张,但每个月都有高楼拔地而起当非虚言。

关于私营煤老板们有多么富,民间流传的说法颇多,不写也罢。只说一点,恶性矿难频发之年,报载山西有七千余各级官员涉股,曾勒令其与煤老板们终止股份关系,却不知为甚,后来不了了之。

我十三四年前在此书中言,当年之资产者们大抵却是低调消费。当年是当年,现在是现在。当年之中国,想要高调消费,那也是没有多少很高级的东西去买的。当年之中国,卖一百几十万几百万的车的地方是不多的,也不见这儿那儿都是别墅区。当年也没有哪一位房地产商公开训斥百姓:"我的楼盘本来就是为富人建的,你们买不起活该!"

现在真是不同了。现在的富豪们的消费现象,简直太豪迈了!简直太令老百姓目瞪口呆了!

他们怎样消费,绝对是他们的自由。但一个问题乃是——楼价涨了十倍二十倍更多倍,那些盖楼的农民工的工资又涨了几多呢?当年他们干一天挣二十元或三十元,现在干一天也只不过挣四十元或五十元。除了没有人挥鞭子督促,没有人牵着狼狗监工,其压榨自己同胞的暗狠,恐怕在这个世界上也是数一数二的吧?

马克思当年怎么形容资本主义的劳资关系来着?记得他说:每一个铜板都沾着血汗和腌臜的东西。房地产商和煤老板们挣的钱是否皆腌臜,不能一概而论。但农民工们所挣的,则肯定是血汗钱无疑。并且就这血汗钱,还每遭赖账。又并且,房地产商和煤老板们,还都有什么"联谊会"或"协会"。农民工们敢"联谊"吗?敢也组织个"协会"吗?他们还没那"团结起来,争取权益"的意识。若某一个先觉者有了,发出了号召,下场肯定是不好的。

中国中产阶层，面对凡此种种现象，所生想法，也就唯有自知了。或者，竟也没什么想法吧？前不久接受了一次采访，收于后，算是我对中国之中产阶层的一点儿印象补充，或曰一点儿希望。

## 附：中国中产阶层，注定艰难

### 城市平民脆弱，中产如何产生

构建和谐社会，最终不在于是否仅仅形成一个有多少"产"的中产阶层，更在于是否形成一个有主张的中产阶层。从理论上说，中产阶层社会如果形成，整个社会的贫富结构就变成了枣核型，这也意味着较富裕的人多起来，自然构成了稳定因素。中产阶层社会形成的过程，就是较富裕的人群从少数变成多数的过程。壮大中产阶层只是其中一个途径而已。如果我们在财富分配政策方面失之于兼顾，失之于体恤，失之于相对公平，恐怕国家还没等到枣核型结构形成时，社会矛盾就已经尖锐万分了。

一则报道说，中国的城市初步形成了中产阶层化。以我的眼看，事实并非如此。我们有七亿多城市人口，要达到枣核型的社会结构，中产阶层怎么也得达到百分之六十以上。我们的中产阶层够四亿人吗？我很怀疑。我写《中国社会各阶层分析》谈到的中产阶层，是指从城市平民阶层中上升出来的一个阶层。社会朝前发展，平民共享改革成果的成分越来越大，在此基础，才可能上升出足够稳定的中产阶层。当年我就提过，中国的城市平民阶层正处于一个相当脆弱的边缘，甚至完全有可能随时跌入贫民阶层。

平民的生活，如果在稳步地，哪怕是小幅度，但同时又必然是分批地提升着的时候，社会的中产阶层才能开始成长，这是正常的发育。而我们的平民基础却是越来越脆弱。"改革开放"这么多年，有的工人的退休金还只有五六百元、六七百元。所以你不应该急于谈如何壮大中产阶层，而首先要把城市平民这个阶层的状态分析清楚，他们在享受"改革开放"成果方面，几乎可以说是微不足道的。他们的退休金普遍很低，和上涨的物价不成正比。他们有一点儿存款，但用那点儿存款给儿女买房子的话，交首付都不够。即使交了首付，能够可持续还贷的能力也是较差的。何况他们的医疗保障都非常有限，家庭中如果有人罹患重大疾病，一次抢救就要花很多钱，于是倾家荡产。一旦有这样一个病人，原来是城市平民的这些家庭可能就会迅速滑入城市贫民阶层。社会保障没有做好，平民阶层中每一个人都有下滑的危机感，即使幸运升为中产阶层的少数人，也根本无法拥有中产阶层本应有的经济安全之心态。

再譬如说，出身平民的高校大学生，毕业后能找到律师、医生这样的体面工作，在大城市工作上三五年，就仿佛可能纷纷加入中产阶层了。却只不过"仿佛"而已，实际上普遍而言，大学生的起薪工资相对消费能力较十几年前比不是上升，而是降低了。一般的工作，月工资收入两千五百元，要是租房子，单位给你补贴吗？没有，租房在北京最便宜也要拿出一千元吧？吃饭怎么也要花七八百元吧，再加上零花，那就所剩无几了。如果这时想反哺于父母的话，会很难。在这个状态下，变成中产阶层的可能性非常微小，而且社会也没有给他们提供一种感觉到上升的希望，这一生的状态就不可能是中产阶层的状态。活得很累、很焦虑。真实的中产阶层在哪儿呢？

## 中国的中产阶层，不足百分之几

中国最初的资产阶层是20世纪80年代那些骑着摩托背着秤的冒险者、创业者。后来是有学历的，再后来是一些从做"买办"开始的，替外国人投资方盖房子的，做生意的，他们说起话来非常奇怪。一个中国人，当他加入外国国籍回国来替外国人挣钱以后，他会说"你们中国"。

而中国的中产阶层，主要是从城市平民中产生的，比如律师、医生，在政府机关，当个处长就是中产阶层了，权力本身带给他一系列福利，这跟西方是不一样的。因此，当你说中国中产阶层的时候，不管它多或者少，不管它是枣核型还是葫芦型，作为一个阶层，它存在着。当你来分析这个阶层的成分的时候，你会看到演艺界有相当一批属于中产阶层，甚至接近于资产阶层，政府官员会有一大批属于中产阶层，包括前辈官员的儿女们，哪怕他们的父母不是很大的官。还有些平民子弟，名牌大学毕业，通过个人奋斗，衣衫褴褛地闯出了一番事业，但还没闯进资产者的群体。以上，全加在一起，我认为不足百分之几。

## 普适的中产阶级价值观，我们没有

仅有的这些所谓中产阶层人士，他们之间的价值观念也很不同，这和西方中产阶层同质化的价值观相比差得甚远。在中国，同样是中产阶层之一员，一个是从平民家庭里通过刻苦读书成为优秀分子的人；一个是官员子弟，通过不合理的制度及种种优势过上中产阶层生活的人，价值观能一样吗？以一个平民子弟的眼光来看，他认为要反腐败，打破特权，加强底层的福利；另一方可能对他的观点非常不屑。同属一个阶层，但共识的稳定价值观并不存在。

我们的大学生群体应该是未来中产阶层最有可能产生的土壤吧？但目前，这些准中产阶层人的价值观如何？恐怕，它可能很不像中产阶层的价值观，而更像资产阶层的价值观。它和人文的关系不再那么紧密，身上沾染了一种特别的亲和——与资本的亲和。最优秀的平民阶层里产生出来的大学生，当他感到要成为中产阶层之一员非常困难的时候，却可能希望尽快地成为资产阶层之一员。司汤达的《红与黑》里的于连情结，在当下的青年身上会体现得淋漓尽致，绝对不能据此就责备我们的青年。大学生是最容易培养成中产阶层的未来力量，可大学教育却早就变了味。当我们考虑未来几十年中国的问题的时候，政治家头脑中考虑的是政治上会不会出问题，政府部门考虑的是经济上会不会出问题。我个人觉得，更应该考虑文化价值观会不会出问题。最近的国学热、孔子学院热，这些都不能解决以上问题，那只是对普通老百姓的要求：它希望老百姓明了应该怎样做好的老百姓,并以怎么样安贫乐道的说教,来哄劝底层。

关怀、同情、平等、敬畏,这些普适的中产阶级价值观在哪里?我们没有,我们有主旋律文化,有红色革命题材,背后是政府的强力支持。我们有商业文化,那里有强势资本的运行规律在发挥作用。但是社会的人文力量在哪里?我们看不到。

### 西方中产阶级:人文力量推动进步

中产阶级概念是从西方引进的。在西方,资产阶级先于中产阶级产生。资产阶级是一些什么样的人呢?是一些能人,是一些敢于冒经济风险的人,是一些对商机有敏锐反应的人,甚至是一些唯利是图的人,只认金钱原则,不认其他原则的一些人。资产阶级产生之后,客观上带动了经济发展,从而使城市平民相对受惠。城市平民哪怕觉得受了剥削,但是比之于从前,实际生活水平还是渐渐提高了。然后,从这些受资产阶级之惠的城市平民里,才逐渐派生出中产阶级。

资产阶级靠经济冒险的方式完成了阶级雏形。但是,中产阶级是靠文化知识提升的。最初,中产阶级的成分是城市平民中的卓越分子和优秀子弟,这些人有着不同于平民阶级和资产阶级的思想。他们对民主非常在意。由于在意民主,所以在意社会公正,主要是分配的公正。刚开始,中产阶级可能还是只为本阶级着想,但当他们更深远地思考后,他们的思想就会兼顾到底层。西方的民主历程不是由资产阶级来推动的,民主意识很强的中产阶级才是主力军。资产阶级要保持稳定的是有利于他们的框架。平民除了暴力,没有任何可能性去推动变革。只有平民中派生出来的优秀知识者族群——中产阶级,才有这个能力理性地通过思想表达民主、公正、自由的要求,表达普适的同情心、责任感。社会进步了,中产阶级的价值才会实现。社会进步已经不能依赖资产阶级了,资产阶级考虑的利益只是他们自己的利益,他们不管社会是否进步,他们只管自己阶级拥有资产的量化问题;中产阶级主张体恤下层,除了以身作则，还要求政府、国家和资产阶级同时体恤。他们对于人性道德的主张是比较由衷的。因此，整个西方社会的进步，实际上由两种力量推动，一种是资本运行本身的力量，一种就是人文的力量。

人文的力量，它不可能来自草根阶级，草根阶级无法凝聚成一种自觉之力量。思想、读书，这更符合中产阶级的状态。资产阶级早期的时候是不太读书的，因此在西方的文学作品中，常常有那种老贵族会指着一个暴发起来的资产阶级人士说，"瞧这个指甲黑乎乎的家伙"。没错，就是他，曾经指甲黑乎乎的家伙，现在变成了腰缠万贯的人。创业的这一代资本家，何尝有精力、有心思、有情绪去读书，去关注历史，去思考呢？而这些却是中产阶级最接近的。中产阶级的优秀子弟，他的前人没有给他留下过多的资产，他们不可能像资产阶级人士那样去轻易冒经济风险。进入大学后，他们乐于接受人文价值的洗礼，喜欢沉浸在公正平等的理想中。

## 中国的中产阶层能为底层代言吗？难

中国目前的现实问题是，底层面对严重的贫富差距产生了强烈的愤懑，很容易把情绪发泄向中产阶层。底层和资产者阶层的距离太远，他们想象不到富人的生活，对于他们来说，如同是另一个国度里的事情，他们只能从网上偶尔知晓他们结婚花费了多少多少，股票又怎样怎样了。他们与新兴的中产阶层距离更近，对中产阶层的言行更为敏感，比如收一个红包，可能几千元，他们一下子就能知道。正如哲学家所说，使人们郁闷、恼火和不高兴的事情往往是我们的左邻右舍。

中产阶层是要同情弱势的。尽管离底层最近，但是已经不能成为他们中的一员了，顶多是底层的代言人。但时常也做不到。这是一种夹缝中的状态。中国的中产阶层将通过什么来证明自己主张的正当性或价值呢？中产阶层在西方，是通过做了什么，真的担当了什么，有所牺牲，最后还要体现为主张成果，当这个成果真的被底层分享到了，底层才会认可他们。这是一个很沉重的悲剧过程。民主、自由、平等、博爱以及对于社会进步的责任感，中产阶层要学会担当的太多了，这也是我们社会最应该首先去考虑的。我从不指望中国今天的中产阶层能像西方当年的中产阶级那样作为，在中国，悲观地说，这几乎是不可能的。

然而我深信，几十年后，中国之中产阶层会渐渐醒悟——对底层的同情与代言，乃是本阶层最光荣也最值得欣慰的阶层本色。而底层也终将相信，除了中产阶层，他们没有更值得信赖的阶层良友。底层和中产阶层，实在是唇亡齿寒的关系。这一点对于双方，都是一个社会真相。而即使是社会真相，有时也需要几十年来证明之。

# 第四章　当代知识分子

我们几乎可以这样说——鸦片战争以前，中国无知识分子阶层，只有"文人"阶层，而此一阶层颇为庞大。

这样说当然是逻辑矛盾的，因为谁都不能否认——"文人"亦知识分子。但这结论其实又并没有近乎无懈可击的正确性。因为"亦"是不等于"即"是。正如橘是水果，但并不能说橘"即"是水果。反过来说道理尤其明白——水果并不"即"是橘。

"文人"只不过是知识分子大"公社"中的一族。它除了"文人"，至少还应包括"科研"一族和"工技"一族。而"科"和"工"，又是何等广博的概念！以至于我们无论怎么样企图下一个较全面的定义，都是难以包罗万象的。

而文人群体，不管数量多到怎样的程度，若没有"科研"一族和"工技"一族与之共存同伍，竟而以知识分子阶层自居，则何异于一橘而冒百果，甚是荒唐。

当然，我们纵观华夏五千余年的文明史，也是能举出一些在"科研"和"工技"两方面具有代表性的杰出祖先的。他们的名字小学六年级学生皆能一一道来，这里我们也就无须列举。在"工技"方面，中国人的头脑一向是不乏智慧的。比如镰、锄、犁；比如水车和纺车以及织机；

比如木匠的刨、锯、墨线等，千般百种，都是一些聪明的祖先发明的。

但是在古老的"工技"方面，我们也似乎只能说我们的祖先并不比任何域外异族的祖先们笨，却不应该过分强调我们的祖先们最善于创造。因为外国的农民使用镰、锄、犁的历史也很悠久了。目前还没发现什么被全世界公认的历史记载，能肯定地证明耕种的技术是外国的农民向中国的农民学的。或反过来说是中国的农民教给外国的农民的。又比如全世界木匠和瓦匠们的祖先都曾通用过的"水平仪"——一块底部磨平，上面刻了槽，槽内注入了水的木块。据我所知，其发明权就争议很大。有些中国人一口咬定是中国人发明的。有些较真的外国人便提出异议，说那槽上得封盖住一小块玻璃，以免水洒掉。既然它上面的玻璃是外国人先造出来的，它当然也是外国人先发明的。难道还没造出玻璃来的中国人，居然会先于外国人造出不用玻璃封盖住槽中之水的水平仪吗？不用玻璃那又是用什么比玻璃更先进透明之物代替的呢？而我们的同胞据理力争地反驳——就算水平仪是你们发明的，但其发明思维，显然早就存在于我们中国人的头脑中了。你们没听说中国有句古话是"一碗水端平"吗？这就等于我们中国人最早提出了"水平原理"。

于是"老外"张口结舌，哑然而怔。

因为我老父亲当年既是瓦工又是粗木工，故我曾见过两种"水平仪"——一种是前边讲到的木体的，槽内注的是水，此为当年的"中国造"；另一种是铜的，槽内注入的是一滴水银，槽的正中有一小洞，倘所测之面水平，则水银球儿必滚入洞内，此为当年的"外国造"。

我至今也不知哪一种造在先，哪一种造在后。当年也没问过我父亲。即使问，他也肯定不知道。而现在若还想搞清楚，则纯粹是自伤脑筋了。因为既无可考证，也不知该向谁去请教。

我举简陋"水平仪"的例子，其实是想表达这样一种观点——就古老"工技"而言，全世界的劳动者的智慧是难分先后难论高低的，都曾涌现过许许多多能工巧匠。他们的某些发明，至今看来都是同样令我们当代人钦佩的。

而"科研"正是在古老"工技"的基础之上发达起来的。

没有"科研"的发达，古老的水车只不过仍是水车，不会是水力发电；没有"科研"的发达，古老的镰、锄、犁，就不会被农业机械所取代；没有"科研"的发达，锯和刨也不能被现代机床所取代……这当然都是废话。因为现在哪一个中国人都明白——"科技是第一生产力"。也都明白，中国在大约二百年前开始落后了，正是落后在这"第一生产力"方面。

这"第一生产力"的强大，需要一大批特殊的人才。他们被叫作"科研型知识分子"。

当欧洲的孩子们在"公学"的课堂上接受化学知识和物理知识的时候，中国的孩子们中的幸运者，却仅仅能在私塾里背"四书""五经"，以及孔孟老庄们"曰"……

当欧洲成批量地生产汽车的时候，中国的朝官们还在以所乘轿子的规格来炫耀职位的高低……

当飞机、坦克、远程大炮在第一次世界大战的战场上发挥着狂轰滥炸的威力时，中国军队的装备基本上还是刀矛箭戟……

当德国科学家伦琴发现了 X 射线，波兰女科学家居里夫人和她的也是科学家的法国丈夫皮埃尔从沥青铀矿的残渣中成功地提取出了镭的时候，当爱因斯坦已经揭示了原子内部所蕴藏的巨大能量的秘密时，中国的科举制度才刚刚废除，《奏定学堂章程》才刚刚获朝廷旨准，算术、地理、物理、化学、体育和外语才刚刚被列入"教育纲要"……

而仅仅二十年后，中国的第一代"科研型知识分子"还在胎中的时候，美国的汽车已经骤增到两千六百万辆，工业电气化程度已经增加到百分之七十以上，收音机已经相当普及，电冰箱、洗衣机、吸尘器、电话已经开始进入中产阶级家庭，有声电影已经问世……

那时爱迪生已经拥有了上千种发明专利，而中国刚刚产生第一位铁路工程师詹天佑。这使我们中国人一向引以为豪的五千余年的文明史，在近代史一页，在"科研"方面，显得那么的暗淡无光，除了詹氏在铁路工程中设计的"人"形轨和"詹氏挂钩"，几乎无可记载……

不禁地使人联想到伦琴的一句话。他说——"自豪是允许的。但不能自高自大。"

"科研"和工业落后主要由于教育内容和制度的畸形。

这是中国近代史上的有识之士都深批痛伐过的。比如龚自珍、严复、梁启超、章太炎、蔡元培、孙中山……比如"五四"前后的三大兴国口号之一便是"科学"。

我们无须多费笔墨在此声讨旧中国的教育内容和制度的误国之罪，因为这是早已由历史做出定论了的。

我的兴趣的着眼点仅仅在这样一方面，即延续了十几个世纪之久的封建科举制度，将一代又一代的中国"文人"异化成了怎样的一些人？并且其深厚文化背景中的负面积淀，又究竟在多大程度上对近当代中国知识分子依然发生着不良的影响？甚至依然体现为一种历史性的病疴基因？

科举制度是中国古代"文人"通向仕途的独木桥。

中国古代官僚主要由两类人"接班"——一是世袭官僚子弟；二是中举"文人"。世袭确保官僚阶级的阶级特权之血缘性得以代代延续。其特权核心是以皇权为代表的京官集团。皇权不倒，京官集团的特权不灭。至于地方州府的官僚们，则不过是以皇权为代表的京官集团的地方维护者们罢了。直至清王朝覆灭，大小官僚盖由圣旨任命，哪怕是九品芝麻官的一名小小县令。相比于此，科举制度倒似乎是从民间"选拔"辖治人才的唯一方式了。客观地说，这唯一方式也确从民间吸纳了一批优秀的善辖资治的人物。这对皇权统治的巩固和延续无疑是有好处的。"等级森严"的猴群在由于近亲繁殖而实力萎缩削弱的情况之下，也是会凭动物的族群本能而"招募"异群的强壮的猴子的，并授以小权善而待之。这对"文人"们也是有好处的，使他们"治国平天下"的抱负得以不同程度地实现。

但"京试"毕竟三年才举行一次，而且状元仅一名，榜眼探花进士加在一起也不过几十来名。其余绝大多数，皆落陪考下场。而"文人"们，却是越来越多的。情形好比二十世纪六七十年代中国的"知识青年"

待业大军。又很容易使人联想到20世纪80年代初王蒙针对中国"文学热"说过的一句话——"何必千军万马都拥挤在文学这条羊肠小道上？"

但是"文人"们不走仕途之路，又能去走别的什么路呢？

经商吗？

他们满脑子的孔孟之道，老庄之经。而孔孟老庄，是极端轻商蔑商的。经商有悖于他们自幼所接受的"传统思想教育"。

医是他们中绝大多数所不懂的。

百工是他们所不会的。何况他们自幼肩不挑担手不提篮，体质皆弱，没有起码的做劳动者的身体本钱。所以中国老百姓才讽刺他们"四体不勤，五谷不分"，所以中国才有"文弱书生"一词，所以他们似乎也只有当官一条出路。倘当不成官，满腹经纶，一胸才气，岂不是毫无用场了吗？倘当不成官，不但枉为"文人"，而且简直就枉为人了。

"文人"当官，并不全为着"治国平天下"，也为着一生的荣华富贵。因为"书中自有颜如玉""书中自有黄金屋"。所以在他们想来，"万般皆下品，唯有读书高"。

一旦中选，当了地方官，便一心巴望着有一天入京做朝臣。一旦做了朝臣，便想当宰相。想圣上只信服他一个人的主张，只阅他一个人的奏折，只听他一个人的谏言。而他们的主张，无论政治上、军事上、经济上还是治民方面，数千年来几乎如出一辙，老生常谈而已。这一点翻开历史看看就全明了。只不过这一代重复上一代的，下一代再重复这一代的罢了。儒家的一套和法家的一套，本质上并无区别。只不过王位是一种稳定的象征，一代代的皇上皆不甚喜欢大变大革，所以尊崇法家思想的"文人"，下场比发扬儒家思想的"文人"惨了点儿。战国时期的苏秦挂七国相印，孔老夫子终于修成旷世圣贤，乃是"文人"们的千年迷梦。

而一旦被贬，也就是由朝臣降为地方官了，"文人"的人生似乎就前途中断，"人命危浅贱"了。于是大发"诸将封侯尽，独论功不成""朝日残莺伴妾啼，开帘只见草萋萋""底事春风欠公道，儿家门前落花多"之类的幽怨牢骚。郭沫若曾有《李白与杜甫》一书出版于"文革"时期，依他书中的观点，似乎杜甫最想当官，而李白却并不怎么在乎当不当官。李白的诗使一切成功的"文人"吟之豪迈；使一切接近成功的"文人"吟之自信；使一切想要成功的"文人"吟之自励；使一切成功不了的"文人"吟之颇得自慰。

而杜甫的诗却是忧郁的。即使也流露出自慰，那自慰也是一喟三叹的，愁苦无奈的。

当年郭沫若写《李白与杜甫》时，未必不是揣摸透了毛泽东的欣赏心理才动笔的。那一本书是迄今为止对杜甫评价最不公正的书。

倘单论想不想当官，杜甫当然是想的，但李白也绝不例外。

又李白伴过君，在朝中受宠过，尝到过由"文人"而官的甜头，对当官的瘾念，只比杜甫更大，绝不会比杜甫小些。

"力士拔靴、贵妃研墨"之类，纯粹是"文人"们编出来的，是"文人"为"文人"镀金身。既满足着"文人"们一心想当官的精神寄托，又似乎雪洗了大多数"文人"们一向"摧眉折腰事权贵"的屈辱。

倒是杜甫的诗，更为贴近着中国历代"文人"的真性情。

如果我们稍微认真地吟读一遍李白的《将进酒》，就不能不感受到他被圣手挥出京城那一种巨大无比的失落，那一种一醉解千愁的苦闷，只不过失落和苦闷掩饰在表面狂放的诗句之下罢了。

至今，也就是到了21世纪的门外，几乎中国一切文人，乃至一切知识分子，一失落，一苦闷，仍以《将进酒》消化胸中块垒，聊以自慰。

几乎中国一切文人，一切知识分子，似乎皆不太情愿正视李白也是想当官的，当不成官了也是很失落很苦闷的这样一个事实。因为那么一来，偶像倾斜，自己们的形象也是会大受损害的。

至今，几乎中国一切"文人"，乃至一切知识分子，总是齐心协力地，心照不宣地维护着李白不愿当官的高傲名声。而在这一点上真正高傲得起来的，却只见越少，不见增多。

中国古代"文人"一旦当不成官，终生布衣，并且家无祖业的话，其生活境况，也着实的可怜。"自制竹皮笼短发，新裁荷叶理初衣，平生

299

羞乞陶奴米，橡实寒泉可疗饥。"简直穷困潦倒到了和原始人差不多的地步，读来不能不令人心酸。

"病老无子、殁于异乡，同人醵金以殡。"这样的人生结局，也实在是使人落泪的。

"茧足走空山，忍饥采葆旅。五年八徙家，枯鱼重人釜。愁来不敢言，吞声咽苦苴。隙壁小漏光，当涂见斗虎，欲哭且莫高，诗人敬天怒……"

"青荧灯火不成欢，薄醉微吟强自宽。壮心真共残更尽，泪眼重将旧历看。同学少年休问讯，野人今已抛儒冠……"

以上皆为屡考不中的"文人"之人生的写照，真所谓"文人"若不为官人，何所谓人？众所周知的八大山人，"晚年叩门乞食，穷老以死"。我们不必细览浩史，仅翻一部清代的《雪桥诗话》，书中"穷死无子"字样，隔页便入眼来。"病殁他乡"的"文人"，凡二三十矣，还只不过是杨钟羲自己知道的。中国古代至清末的一概"文人"，若仕途无望，求官不成，苦读中耗过"而立"之年，普遍的人生结局无非以下三类：家境幸本优越着的，漫游天下，广交俊友，逢山诵山，临水赋水，咏梅赞松，哦月叹云，博居士之名，撰才子之书。中国五千年文明史中，锦绣文章，经典诗词，不朽戏本，传世之著，几乎大部分是他们笔下产生的。正是大地留书卷，儒林代子孙。没当上将相侯之官，倒修成文史哲正果。家境无业可依托的，便投向官们的阶前府内，做"家教"，做幕僚，或者干脆什么都不做，只不过做"门客"，其实是过着差不多便是"食客"的寄生日子。此时的他们，成了官们的"收藏"似的。历代的大官们，不乏以"门客"众多而自炫自傲者。第三类的命运最不济，前边他们自己的诗已道出了这一点。

"一杯消长夜，孤烛坐深更。饥鼠分行出，寒鸡失次鸣。此时心眼静，历历悟浮生……"

他们即使在这样的凄凉晚景中，也根本不可能悟出另外的什么别种样的人生出路。既为"文人"，也就只有生为"文"生，死为"文"死了。全世界古代的"文人"们中，唯中国的这样一批"文人"为数众多，亦最堪怜。

中国的新型"文人",乃是伴着辛亥革命的枪炮声产生的。而这时的他们,也并非新在"科研",而是新在"民主"思想。

"五四"时期,旧"文人"皆成遗老,或早已故死于新旧两页史的夹缝中。新"文人"们,曾起到过新思想的呐喊者和马前卒的作用。

国民党执政时期,中国是终于有了为数不多的些个科学家——区别于传统"文人"的知识分子。

新中国成立后,海外华人科学家纷纷曲道归来,报效国家。此时,中国才有了第一支科学家队伍。中国知识分子群体,才不仅仅是清一色的"文人"。但当年科学家型的和"文人"型的两类知识分子加起来,也是不足以用"阶层"一词概论的。但是,称这一群体为知识分子,毕竟是比较的恰如其分了。

"反右""文革",使这两类知识分子中的绝大多数,皆遭到了同样的厄运。相比于"科研"型的知识分子,"文人"型的知识分子由于职业习惯的说和写,每每罹祸严重,遭际也更惨。发配者不计其数,"劳改"者不计其数,入狱者不计其数,死残者不计其数。新政权不喜欢旧"文人",而又偏偏抱有成见地将他们中的一批看待成旧"文人"。尽管他们并未中过举,但被认为头脑里装的全是"封建残余"。连对于自己培养的一代年轻"文人"都不客气起来的时候,对"残渣余孽"们还会手下留情吗?

因而,我们现在要指出的是——中国"科研"型的知识分子们,从"文人"型的知识分子比自己们苦难更深重的厄运中感受到了什么?悟到了什么?

感到了惊悸,悟到了"识时务者为俊杰"。悠悠万事,唯保身家平安为大。

这一种余悸难消的惧怕心理,直至"文革"后若干年内,仍使中国中老知识分子风声鹤唳,杯弓蛇影,闻蚊心惊,谈虎色变。

又这两类知识分子,"浩劫"后的事业、生活、待遇,乃至平反与不平反,早平反与晚平反,平反后将会被如何重新看待,重新看待的也许是截然不同的结果，可能直接或间接影响子女们的人生到何种程度……一概等切身利益，莫不完全取决于党，仰仗于国。

于是在一段不短的时期内，中国两类知识分子的心理，不但余悸难消，而且感激唯恐不诚。有些人是发自内心的感激，获得"解放"的亢奋并不掺假。有些不过是做戏，心中其实耿耿于怀。耿耿于怀固然有可以理解的一面，做戏给人的印象却无论如何也是不舒服的。

于是以前曾是官的，又是官了。又是官了，则房子也宽敞了，车子也配给了，待遇也"高干"了，儿女的工作也受到照顾性的安排了……

于是以前并不是官的，百废待兴，急需人才之际，也是官了。既然也是官了，无论是"文人"型的，还是"科研"型的，当然也就非无职无权的普通知识分子可比的了……

我并不反对知识分子当官。知识分子当官，比不是知识分子的人当官好。"公仆"知识化，也远比"公仆"工农化好。当然更不嫉妒。

但是，从那时起，中国当代两类知识分子对于做官这件事向往的、热衷的、复杂的、微妙的、暧昧而又患得患失的心理，便成为司空见惯的中国当代世相之一种了。

当然，中国当代知识分子所做之官，基本上还是不脱离自己的知识领域的。这样的官，据我想来，任何其他国家的知识分子，也是差不多都肯做一做的。如若不仅不至于影响专业，工资还有明显的提高，大约只有傻瓜才会坐失良机。

然而区别还是有的。

一位外国的学者、专家、教授即使做了官，十之七八依然希望世人首先承认自己是学者、专家、教授，其次再视他为官员。在许多国家，官员绝不比学者、专家、教授更受尊敬。如果他被介绍，也首先更愿意介绍他的学者、专家、教授的身份。因为在他的观念中，学者、专家、教授的身份，乃是他终生自珍自重自爱的身份。官的身份，往往被他认为是附属于那一终生身份的。并且他相信，在世人的观念中，也肯定是这么认为的。我很是接触过这样一些外国人的，他们给我的名片上，无一例外地，将他们是学者、专家、教授的身份印在第一行，有的甚至印有两种名片，印明自己是什么官员的那一种，仅作为官场上的"说明书"。

一次我在家里接待德国某大学的一位教授，他同时是某市的议员。陪同他的中国翻译，按照国内"惯例"首先向我介绍他是议员。没想到他能听得懂而且能讲几句中国话，立刻予以纠正，以不熟练的中国话说："我是教授，我是教授，议员不是……"

他一时找不到准确的中国话表达他的意思，情急之下，伸出一只手，然后攥紧四指，仅竖小指……

我理解了他的意思是——议员仅仅是他的最后一种身份，可能还包含着根本不值得在一位中国作家面前被首先介绍的意思。

那身材高大的，五十多岁的德国教授先生，当时竟脸红了，仿佛一名学习成绩良好的小学生，被看成了和自己重名的、学习成绩却很一般的小学生似的。

他甚至还向我讨回名片，认真看看自己是否给错了，是否将印着自己是议员的那一种给了我了……

这位德国教授先生，给我留下极深刻的印象。

中国的知识分子一旦做了官，哪怕仅仅是名义上的官，他往往希望世人首先视他为官员。如果竟不被那么看待，他心里就不免的有几分不痛快起来。如果他是他所从事的知识领域内的官，他将很在乎他在世人眼里，是否区别于他的同行，是否被认为比他的同行高一等。哪怕他在专业方面实际上一点儿也不比他的任何一位同行高明。而在中国，这样的知识分子做官，又几乎是寻常现象。如果他被介绍，当然更愿意别人首先介绍他是官员，他觉得这相当重要，体现着别人对他的敬意的程度。这重要的一点介绍到了，学者、专家、教授的身份似乎倒在其次了，介绍不介绍他内心里倒不怎么计较了。而别人们一般也是不太会忽视这一中国之"惯例"的。我们这一个民族，即使在知识分子阶层中，也是非常善于由衷地呵护这一"惯例"的。不懂这一点的人将被视为蠢蛋。

我在多种会议场合耳闻目睹如下有趣的现象——主持会议的人站起

来很窘似的说：下面补充介绍一点，某某同志不只是学者、专家或教授，还是……

于是被介绍的人再次起身，点头，表情好看多了……

他们是官的身份，几乎百分之百地被印在名片的第一行。更有用心良苦者，还要以醒目的大些的黑体字突出地印着。至于在自己的专业身份的后面加括号，括号内注明享受什么级别的官员的待遇，则又是司空见惯的世相之一种了。

中国至今仍是一个官本位的国家。

中国当代知识分子的这一种心态是必然的。

如果他们由京城到外省市，或由省会城市到中小城市去，他们是官员的身份，必定比他们是学者、专家、教授的身份受到更殷勤的接待。这很使是官了的知识分子感觉良好。

如果他们还是"人大代表""政协委员"，即或仅仅是省市一级的，甚至仅仅是地县一级的，这殊荣若不印在名片的前几行才怪了呢。于是，我们几乎只能从最后一二行，才能搞清楚他们的专业身份。

中国当代知识分子向往官职，热衷于追求官职的另一种心理逻辑倾向是——觉得是官了，才意味着获得了最大限度的器重，才意味着被信任到家了似的。

而这是极典型的，中国古代"文人"舞文求官、弄墨沽职的心理特征。

在这一点上，中国当代知识分子皆大同小异地有些"文人"化了。而"文人"们却并没怎么知识分子化。

因为在知识分子的意识中，据我想来，其价值取向方面，哪怕是在关于个人之功利的价值取向方面，似乎应是将自己对知识成就的追求放在第一位的，而不太至于将做官误认为是对自己人生的"终极关怀"。

于是在中国出现了这样一批当代知识分子——我们不论在什么地方什么场合一听到一见到他们的名字，立刻便知道了他们是哪方面的官，什么级别的官，也能大体上知道他们曾从事过什么专业工作。但他们在专业方面有过什么成就吗？这我们就需要很认真地回忆回忆了。也许终于回忆起来了，但那似乎是很久以前的事了。也许最终还是回忆不起来。他们近期的，或者十年以内的，或者粉碎"四人帮"以后至今的，则我们可能就一无所知了。也许因为我们太孤陋寡闻；也许那真的是一片空白；也许我们未免替他们惋惜之际，他们自己也很替自己惋惜；也许我们未免自作多情得可笑，而他们却正在官场上左右逢源，游刃有余着。好比女歌星们用甜丝丝的、性感的气声唱的那一句流行歌——"多么好的感觉！"

他们不但渐渐地"官派"起来，而且渐渐地似乎在浑然不觉中"政治化"起来。中国人那么地善于将许多原本没有什么政治性的事涂抹上浓浓烈烈的政治色彩，最终使之彻底地政治化起来。"政治化"了的他们，则就经常地变成了某种衬托式的象征。他们需出席或列席各种会议；需就各种问题或事件作表态式发言；需作为任务，接受报刊、电台、电视台的采访。因为是象征，则必极端自觉地重视自己的象征特权和意义。他们早已都具有这方面的难能可贵的觉悟。因为是表态，故不需要畅所欲言，也大可不必畅所欲言。表态在中国是大人孩子都善于的，而且早已形成一套"程式话语体系"。那一套程式也是他们早已谙熟了的。程式即规则，规则即原则。所以表态的话语又差不多是最简单的话语。所以若听到一位知识分子甚至一位高级知识分子口中说着几乎和中小学生如出一辙的话语，任何一个中国人都不会讶然。因为我们是早已习惯了，他们也习惯了。

但是即使表态，知识分子头脑中所思所想，是否总该比中小学生多一点点内容呢？

偌大中国，似乎并没有谁打算如此认真地提出这个疑问。因为中国对于中国人的表态，到目前为止，要求是并不太高的。恰恰相反，似乎更喜欢简单的、内容完全一样的、思维方式完全相同的那一种，异口同声的那一种。所以我这会儿笔下写着，不待被别人讨厌，首先自己就很讨厌自己的"不懂事"了。

有时"文人"们现场"操练"表态话语的积极踊跃，声情并茂，令

"科研"型知识分子们耳目一新，望尘莫及。而有时"科研"型知识分子们的铿锵响亮，掷地有声，又管叫专善此长的"文人"们刮目相看，自叹弗如。

他们中有人往往是这样的，接到通知开一次什么会，先要了解了解，打听打听，有没有官员到会。如果仅仅是知识分子们聚在一起开次什么会，并无官员到会，往往找借口推搪了。如果有官员到会，却非他们心目中的重要官员，他们也是挺懒得参加的。如果有他们心仪已久的大官员到会，则他们必去不可。去之前，怎样发言，腹稿是准备了一遍又一遍的。如果那官员准时到会，他们一准抢先发言，要的是"先声夺人"的效果，而且往往会越说越激动，似乎难以收住。如果那官员迟到，他们虽被主持会议的人动员，也往往三缄其口。忍不住说了，一会儿官员到了将说什么呢？他们闭目养神，心不在焉地听别人发言。官员一到，他们顿时精神抖擞起来，恨不得打断别人的发言，夺过话筒。他们做知识分子的最大才华，就是一旦发起言来，官员的点头率高。至于他们的专业……真的，他们的专业已快被善于表态式发言的专长所取代了……

我并非在恶意中伤，无中生有，读到此处的朋友，合上书页想一想——谁身边没有几个这样的人物？

而他们的真诚又是大打折扣的。

因为我们中国人，实在都太清楚这类人物的品质究竟如何了。而某些喜听媚词的官员，又是多么地恩宠于他们啊。

这一种很滑稽的中国世相，在当代中国知识分子中造成着极坏的影响。这是一种污染。官员和知识分子，在此污染中都有所失。

官员们失去的是起码的判断真伪的能力，以及政治视听的通透和清明。

知识分子们渐渐退化了独立思想的能力，渐渐失去了社会存在的特殊意义，失去了自尊，变得庸俗了，变得善于说官员们爱听的话，善于逢场作戏了。每见中国知识分子在官僚们甚至在政客们面前的毕恭毕敬、受宠若惊，我常感万分羞耻！

目前情形起了些变化。对知识分子落实职称待遇，使中国当代知识分子向往做官、热衷做官的传统心性改动了一点儿，收敛了一点儿。教授相当于副局级，使只善于做教授不善于做官的知识分子心理较以前平衡了。尽管"相当于"，尽管区别还是显著。

官员们都是有专车的，但百分之九十以上的学者、专家、教授不可能也有这份待遇。但可以著书编书，可以客座讲学，可以发明专利，可以竞争着从事市场性科研。这方面的经济效益，是官员们心有余而力不足的。某些官员当然也有自己工资以外的"创收"方式，但那是很危险的"游戏"。一旦东窗事发，就做不成官了，甚至由官而囚。学者、专家、教授们工资以外的"创收"方式，却是受鼓励的，而且是成就的一方面，并且可能很受市场欢迎。这市场的活力和潜力似乎非常大，使大多数知识分子们受到着空前的诱惑。在传统的仕途和现代的市场二者之间，知识分子们每每陷入选择的困惑。脚踩两只船颇有难度。正所谓"鱼与熊掌二者不可兼得"。而市场所急需的，又往往是某些在最短的时间内就可以批量生产，倾销为商品，一阵风就会刮过去的，实际上没有什么长久价值的"知识成果"。知识分子们都较看重价值的长久性，都希望自己的脑力劳动的"知识成果"不仅速变为钞票，而且能在"科研"和知识的本质意义上有所贡献，并因此贡献令世人瞩目。于是中国当代知识分子在两种价值观之间也陷入了选择的困惑。所以说中国当代知识分子的心理变得复杂了。仰仗国家继续给予的恐怕不会比目前已经获得的待遇再多些了，这是知识分子们都心里有数的。没什么长久价值的却完全可能获得较丰厚的经济回报，这是知识分子们都看得明白的。如果现在还不树立经济自救的意识，自己们将可能越来越清贫，最后悔之晚矣。这一点也是知识分子们前思后想过的。放弃从事了多年的文史哲研究课题编一部古典小说或散文集如何？尽管目前已经快编烂了但仍可再印一二万册。组合一种更多项功能的电饭煲怎么样？但那也算"科技发明"吗？要不，翻阅翻阅中医资料，说服一位投资商，再推出一类减肥药或者增白霜？而且来它个系列的？但同行们将怎么看？是不是会显得太功利第一了？所以说中国当代知识分子的心理变得微妙了。现在，除了在专业方面无可救药的知识分子（这样的知识分子永远是有的，并且永远在那里搅成一团地争着当官），要想动员他们当官不再是两相情愿一拍即合的事了，需要费些唇舌进行说服了。他们会要求给一段时间考虑考虑了，而且不是谦虚，不是"犹抱琵琶半遮面"，不是表里不一，是真的从切身利益方面分析得失了。从前几乎没有失，只有得，有失也不认为是失。因为从前没有市场，没有个人专利权，"知识成果"也几乎没有个人分内的经济回报。所以从前不需要考虑。现在有了，不能不考虑。的确，知识分子在官和利方面，开始变得态度暧昧不明患得患失了。

然而我认为，这未尝不是知识分子自我境界的一种可喜的提高。对于一个国家而言，如果人们不以移民国外为幸运和幸福，那么证明这个国家的确是富强了。

对于知识分子，如果不以攀权做官为一等人生前途的选择，那么证明知识分子的确开始凭着知识实力而自信而自立了。

"知识就是力量"这句不朽的名言，在商业时代，似乎具有，而且应该具有另外的意味。

那就是——知识分子凭他们所拥有的知识实力，具体说是"科研"成果、文化成果、学术成果，概言之是一切"知识产权"，既对社会和时代做出应做出的贡献，亦应能够对提高自己家庭的生活水平负起责任。

如果一个国家的学者、教授、专家们居然连中产阶层的生活水准都达不到，那么，如我前边在分析中产阶层时所指出的那样——这个国家的中产阶层的质量可想而知。

而中国的最广大的知识分子，恰恰并没达到中产阶层的生活水准。既与国际中产阶层的生活水准相距甚远，也与国内中产阶层的生活水准羞于比肩。清贫的学者、教授、专家举不胜举，他们中相当多数的人家，几乎绝无私产可言。实际上除了国家按照他们的职称待遇分给他们的住房，他们的生活可能仅比城市平民高一点点。如果到十位学者或教授的家里去拜访一下的话，会发现至少其中的五户，除了住房较城市平民宽敞些，除了多几排书架，家中其他一切是非常平民化的。

这里我想举北京电影制片厂已故著名导演水华为例。尽管他不是学者、教授或专家，而是艺术家，但他的工资收入，是比一般学者、教授或专家还要高些的。一切补贴统算，每月大约一千五百余元。但他有儿女，并且和儿女生活在一起，并且儿女的工资收入都较低。他享受副部级待遇，属于那类住着高干的住房，但过着清贫生活的艺术家。

北影厂现任生产厂长马秉煜是水华的弟子，他在世时曾对他这位弟子坦言："小马，不瞒你，如果厂里不派车，因急事出门我都舍不得花钱打'面的'……"

我认识一对五十多岁的夫妇，都是教授，他们的三个儿女先后考上大学。小儿子接到入学通知书后，他们犯愁了。教授父母供一名大学生当然不成问题，供两名已有难度，供三名自然是倍感吃力，拮据状况不言自明。

"文人"们比"科研"型知识分子们的生活水准或许高点儿。我前边已将"文人"中的一类——作家们划入了中产阶层的末流一族。这里说的知识分子，其实主要是学者型教授型和"科研"型知识分子。他们中生活比较好些的，是子女都工作了而且收入都较高的父母。我也认识这样一对教授夫妇，一儿一女，且都定居国外，经济上非但完全不用他们操心，逢年过节还寄一笔外汇以尽孝心。他们的生活当然令许多教授同行羡慕不已。

学者型教授型知识分子，又要比"科研"型知识分子的生活富裕些。教授差不多都称得上是学者。老教授们自不待言。年轻的不少有着博士的头衔，起码是硕士"出身"。再有专著数本，我以为也是撑得起半个学者之名的。而凡被尊为学者的，又大抵兼着教授，所以这两类人共性之多，是难以截然区分的。不过有的执教鞭于课堂，有的作学问于院所。这里所谈的他们，又主要是社科范围的学者教授。他们教学之外，埋头学问课题之余，时间还是有的，精力还是有的，正可与"文化市场"接轨，发挥所长，辑古成书，论今为著，倘勤奋，稿费较可观。又做学问与"著文"与"创收"，原本就是分不大清的事。倘"红学"是学问，"红学"家又写曹雪芹传、曹雪芹的少年时代、曹雪芹的婚爱观、曹氏与诗词与中医学与建筑学与烹饪，我看也未必非要说人家不务正业。问题仅仅在于，写得好与不好，认真与不认真，读来有趣还是味同嚼蜡。据我所知，是教授还任过上海戏剧学院院长的余秋雨兄，其"洛阳纸贵"一时的《文化苦旅》等散文集，就是研读中国古代戏剧史过程中的"副产品"，而且由这"副产品"的传播，学者之名更加四海皆知了。

近年内，由社科类学者教授们编著的书相当之多。文化、法律、民俗、政治、经济、外交、军事、社会心理学、医学心理学，林林总总，层出不穷。简直可以说，人类有一种现象，便相应地有一方面学者书。大有将作家们从出版业驱除之势。

这一股通俗社会科学读物的汹涌出版浪潮，实质上更是"社科"型知识分子声势浩大的经济"自救运动"。

法律系教授自荐去做企业的律师。经济系教授策划《营销艺术》之录像带。心理学学者挂牌开心理诊所。搞近当代中国历史的撰写"弘扬爱国主义"专题电视片；搞文学评论的改做散文家、杂文家；搞党史的不失机遇地配合时事紧锣密鼓出版"革命思想传统教育"丛书……

八仙过海，各显其能。

你可以认为他们是不得已而为之，其实据我所知他们大多数乐此不疲。正所谓"山重水复疑无路，柳暗花明又一村"。你可以蹙眉评道：浮躁。但是请问从中央到地方再到青红帮，哪一个中国人置身于此时代大转折的狂猛漩涡不浮躁？你可以扬头叹曰：可悲……但是且慢。我却认为着实地可喜。总比学者去当中学生"家教"，而教授炸油条卖烧饼使人乐观吧？何况，据我想来，本有真才实学的，必埋没不了。想有真才实学的，必会自己心中有数，留份精力积累学问。而可能做不成什么文豪做不成什么大学问家的，自己将自己"搞活"起来，实为上策。事业，事业，有事做着，并且毕竟是对社会有益无害之事，其后才谈得上什么业绩。好比二三流演员，有戏演总比没戏可演好得多。演正面人物难成明星，多演中间人物、反面人物，也许渐成"名配角"。又好比我自己，虽然再怎么勤奋也是当不成中国的巴尔扎克的,再听了口出"浮躁""可悲"者们的冷嘲热讽,连二三流小说也不创作了,岂不成废人一个了吗?何况巴尔扎克也写了为数不多的二三流小说。又何况,倘你留意观察口出"浮躁""可悲"丧气话的人们,你一定不难发现,其实他们自己内心里也正浮躁得厉害着呢。其实他们连"浮躁"的人们做着的事也是做不来的。那么,我想斗胆说一句——这才可悲!如果还穷酸着,则更可悲。

但是,数学家们怎么办?中国的书刊市场尽管庞大,但对高等函数、微积分之类的书依然拱手相拒。全世界都这样。编中学高中"数学难题百解"之类,不劳数学家们大驾,早有中学高中的教师们捷足先登了。地球物理学专家教授怎么办?天文学怎么跟"市场接轨"?化学除了是教材怎么可能变成大众读物?教材利润虽高但归属出版社,教授们并拿不到多少稿费。所以,自然科学、理工范围的学者教授们的清贫几乎是无奈的。"实用理论"的价值在实用。实用即意味着速变成商品,或者速变成助人谋职的一技之长。但从事基础知识和理论研究的学者、专家、教授们怎么办?"克隆羊"功也过也暂且不论,但从事研究的"老外"月工资近万美元。没有这一份收入的保障,他的研究未必成功得了,世界今天也就根本没了谈功论过的话题。考古学家们教授们呢?考古成就常轰动世界但无价可估。即使估出了价学者教授们也不可以"提成"。地质学家们教授们呢?发现了油层矿藏,他们也是不可以提出"入股"开采的。在"知识"的天地中,哪一学科"火"起来了,从事那一学科的知识分子们也就沾"知识"的光,成了炙手可热的人物们。但毕竟有永远也"火"不起来的学科,永远冷寂着的学科,从事那一学科的知识分子们,也就因学科的冷寂而默默地固守着清贫。

我曾与一位资历很高的数学教授有过交往。他每次出国进行学术交流,总到我家里来求取几本我的英文版小说集,并请我签上名,作为给外国同行朋友的礼物带出国去。后来我的英文版小说集没有了,中文的他索性也将就了。他老伴儿常年生病,他每月一千多一点儿的工资还要补贴儿女们的生活。他的"礼轻情义重"的想法,我是非常理解也非常体恤的……

我也曾认识一位考古学学者,带硕士研究生。有次我去他家里,恰逢他非常严厉地批评他的一名弟子。原因是那弟子在考古挖掘过程中存了一个私自"创收"的心眼,多背回一些古生物化石卖了。当然也不是非常珍贵的那一种,无非海石花、三叶虫、古海葵之类,北京官园就有卖的。不久他的另一名弟子弃学了,干脆去摆摊儿卖起石头来。如果一位考古学学者的月工资比卖古化石的人的月收入低到没可比性的程度,似乎也就难怪弟子叛师了。

还有很多很多国有大中型企业的设计师、工程师甚至总工程师。工人们如果只开百分之六十的工资他们绝开不到百分之六十五。因为他们和工人们同呼吸共命运唇亡齿寒休戚相关。在艰难时日,大抵都不忍比工人们特殊。工人"下岗",他们也只得陪着"待业"。他们中不少人,当年都是名牌大学毕业,而且是"高材生"。非"高材生",几十年前分配不到国有大中型企业去。让重工业工厂里的工程师转行去干别的,会不禁使人联想到那样一句话:"说得轻巧,吃根灯草。"卖大饼炸油条当然也是行的,但后学之技,难能在街头巷尾的竞争中站住脚。

有一年我老母亲回哈尔滨之前,我陪她去雍和宫,坐在长椅上休息时,与一对六十多岁的东北夫妇攀谈了起来。丈夫是刚刚退休的工程师,妻子是前两年退休的厂医。夫妇二人都只能开百分之六十的退休金,加起来不到八百元。工厂烧不起暖气了,北京有一位当年的老同学退休后负责一家招待所,他们是投奔老同学找温暖过冬来了。老同学体恤他们,批了一个房间允许他们白住。

我问他们到雍和宫几次了。

丈夫说常来。久住招待所也闷得慌,不如来这个空气好的地方,坐在长椅上晒晒北京的太阳……

他妻子坐了一会儿烧香祈祷去了。

我老母亲问她丈夫,她祈祷什么?

做丈夫的说——是老乡,也就不怕你们笑话了。我们女儿也在厂里,"下岗"了,女婿一块儿"下岗"了。今年入冬,女儿开始"上前线"了……他老伴儿是去为女儿祈祷。

我问"上前线"是干什么。

他叹了口气,说是去歌舞厅伴舞啊!摆摊儿要本钱,女儿女婿没有。冰天雪地的,也不是摆摊儿的季节……他又说——他老伴儿已经查出胃癌来了。

我老母亲急了,说那赶快抓紧治呀!

他说没钱治,说手中还有六七百元的药费厂里没资金报销呢……

我听得揪心,掏出钱包,将仅有的二百元硬塞在他手里。我老母亲也从兜里掏出一百元,噙泪请他念在老乡关系上给个面子收下……

一会儿他老伴儿回来了,病黄的脸上有了几分悦色,悄悄告诉他说——求了个上上签。解签的师傅说,女儿和女婿相安无事,能过了眼前这一关……

做丈夫的直向我们母子使眼色,怕我们一顺嘴,使她知道自己患了胃癌……

在中国,在当代,用"一大批"来形容如此生活境况的一些知识分子,也许是夸张的。用"少数"来形容,又似乎保守。尽管他们可能少于先富起来的人。

或许,只有用我们在这种情况之下常用的五个含糊不清,任人推想的字来形容才恰如其分?

那五个字是——"相当一部分"。这"相当一部分"中国当代知识分子,像"下岗"工人们一样,是时代转折造成的涡旋式压力的承受者。

我形容那压力是涡旋式的,意在指出它往往形成一个汹涌难止的气流的"场"。即使当转折的动态已经停止,转折体本身已经稳定,那"场"中的气流也还是要涡旋着汹涌一段时间的。

"下岗"工人以及和他们同命运的那些中国当代知识分子,不幸离旋转体本身太近太近,不幸正被卷在那"场"中。

如果没有国家的体恤和关爱,这些知识分子的命运不堪设想。"自救"

313

这个词，不是对任何一类知识分子都适用的，正如不是对任何一批"下岗"工人都适用的。重工业和大厂是这些早已不再年轻了的知识分子们知识能量的载体。他们都曾在那一种舞台上大显身手过，而且有人当年是科技精英。如今除了钢铁企业和矿山企业，全世界几乎再就举不出什么企业还能算是重工业，中国也不例外。现代的机械化流水线似乎使一切企业都开始变得轻盈了。中国没有的中国陆续引进着，而且所谓大厂的概念已经改变，从前几万人十几万人才算大，现在一二万人就已经大得不得了。

他们所承受的乃是整个中国的"生命不能承受之轻"。而这"轻"又恰恰是一种先进。

自从人类进入工业时代以来，世界上任何一种先进，都意味着此前某一行业的大面积萎缩、淘汰乃至消亡。家具组合工艺几乎使家具工匠从地球上绝迹；激光照排使铅字印刷术成为旧事；电脑联网必将在下一个世纪猛烈冲击邮电业。

全世界每年都面临着某一种先进的挑战。

国家管理者们的责任乃在于，在挑战尚未成为咄咄逼人的事实的时候，预料到某一行业所定会受到的冲击，成功而又稳妥地疏导那一行业的从业者转向他业。好比在三峡工程动工之前迁民，而不是在动工之后。

之前和之后的差别就是"下岗""待业"和失业。

但中国的转折太快，并且惯力和连锁影响太大，使国家管理者们根本来不及调遣自如。又因中国人口太多，重工业队伍巨如蟒象，而方法又只不过是"曹冲称象"式的方法，除此古老的方法，中国人还没找到另外更好的方法，起码目前还没找到。于是重工业队伍中的一半以上人，从工人到科技知识分子，成了用来比重象体的一船"石头"。曹冲用一船石头称出了大象的体重以后，那船石头大约也就永远地留在河边了。

中国人在"摸着石头过河"以后，留下的是一批无着落的，不知如何"处理"的同胞。

在未来的若干年里，以上知识分子的出路，最终还得由国家点拨。

"知识更新"不像换穿一件衣服那么简单。它不仅是个人问题,也是国家问题。对知识完全可以喜新厌旧,弃旧拥新,对知识分子不可以这样。

知识结构退化了、知识能量减弱了的知识分子,理应受到比目前更好一些的关怀。正如一句名言说的:"曾经宝贵过的东西,即使不再宝贵了,仍应认真加以保藏。否则,你的损失将是人性情愫方面的。"

除了以上知识分子,我们还应着重指出另一类知识分子。他们虽然也清贫,但还不至于沦落到令人同情的地步。而这一前提,竟保障了他们孜孜不倦地,任劳任怨地,日复一日年复一年地,超境界地淡泊了名利,几乎完全忘我地执着于他们的——更确切地说,是国家的科学事业。从农业、畜牧业、养殖业、环保、环卫这些直接关乎国计民生的领域,到航空航天、电子电气、地质地矿、医疗医药等"高精尖"科学领域,都有着他们代代接续的集体身影。

其中尤以农业、畜牧业、养殖业,以及环保、环卫、地质地矿业广大知识分子使我敬佩不已。前者们无论是学者还是教授或专家,几乎无不常年驻研于农村、牧场、养殖场。他们往往成为农民、牧民、渔民们最爱戴的人,成为带给农民、牧民、渔民们福音的人。他们中一些人死后,远比目前的某些官员更有资格安魂于八宝山"革命公墓"。

而在环保、环卫以及地质地矿领域内默默地无私奉献着的知识分子们,几乎无不有过相当长久的野外勘查和探寻的生活经历。某些人的野外生活,又几乎占他们人生最美好年华的一半。

他们的成功往往乏人"喝彩"。他们也似乎不需要"喝彩"。此刻,写到他们之时,我内心里一阵肃然。

放眼世界,大概只有中国才"出产"这样的,每月仅拿几十美元至一百多美元的知识分子和高级知识分子。

他们升华了"中国特色"这四个字。

中国人,无论你是什么样的人物,是国家领导也罢,是"大腕"明星也罢,是"走红"作家也罢,是春风得意的新兴资本家也罢,在他们面前，你其实都没有什么值得自视甚高的资格。

除了中国的士兵，在"奉献"这面心镜前，没有其他的什么中国人，比这样一些中国当代的知识分子更无愧色！啊不，说得绝对了，当然还有工人和农民。

处在中国中产阶层和平民阶层生活水准之间的以上诸类知识分子构成的群体，好比一只包含着众多小球的大球——它的外表是脆薄而透明的，小球之间并没有什么粘合剂粘合着，它主要是由传统心理和历史影响推向一起的。

传统心理正在瓦解。

历史影响正在消弭。

在21世纪的头十年，这外表脆薄而透明的大球，必在商业时代的剧烈外力作用下爆破崩散。小球们将随力滚向四面八方，被其他各个中国阶层分而纳之……

我祈祝"它们"更多地"滚"向中国之中产者阶层，并掺入"荞麦皮"中去，为中国之中产者阶层这只"枕头"起到"茶叶"的良好作用。倘"它们"竟不幸统统"滚"向了中国平民阶层，那么既不会是平民阶层的荣耀，也不会是"它们"自身的情愿，而只意味着是中国的现代遗憾。

因为，中国之平民阶层太庞大，知识分子难以靠自身的素质影响一个庞大无比的阶层。其结果将必然是——庞大无比的平民阶层"消化"掉了它所吸纳的知识分子，使他们最终变成曾经知识化过的平民，甚至贫民。

知识分子自身作为阶层的时代，在中国近当代历史上根本没有形成过。以后或许会形成。

这乃是中国近当代历史与西方近当代历史极其不同之点，也是相当重要的区别，其值得进一步分析研究的现象颇为丰富。

# 第五章　城市平民和贫民

　　城市平民，乃中国当代城市中为数最广大的阶层。综合近年有关社会调查资料，显示他们约占城市总人口的百分之八十以上。

　　十年至十五年前，这个阶层的普遍家庭，平均有两至三个子女。他们大抵是"计划生育"政策"出台"以前的一代"细胞"。城市平民家庭，基本上由双职工父母组成。他们当年应在四十五岁至六十岁之间。他们多是工人；其次是几乎一切服务行业的服务员；再其次是一切中小知识分子，以及可纳于区政府至街道委员会"行政部门"的一般工作人员。按照过去的，亦即新中国成立前的说法，是可称之为"小职员"的那些人。

　　新中国成立后，中国工人是一支最庞大的从业大军。在数千人数万人乃至十几万人的超大型工厂里，从操纵车床的技工到食堂的厨师到管理浴池的人到打扫厂区卫生的人，一概统称为工人。而在街道简陋的小厂房里糊包装纸盒，用铁锤敲砸铆钉的，做豆腐的，也是工人。新中国成立之后兴起的某些工业城市，如黑龙江省的富拉尔基、大庆，百分之九十五以上是工人家庭。百分之九十五以上的总人口也当然与工人家庭有直接的血缘关系。

　　而在十年至十五年前的一切中国大中小城市里，"全民"性质的或

"集体"性质的一切大中小厂,乃是解决城市人口就业问题的主要途径。

无论哪一类工厂里的工人,工资级数都是由国家规定了的。学徒工第一年月工资十八元,相当于目前的两美元加两元人民币。

这里我要引用一篇我中学时代读过的外国小说的情节——一些西方中产阶级或资产阶级游客到南非某一发展中国家旅游,当游船靠岸,他们为了取乐,向海中丢抛容易沉水的小物件,于是该国的穷孩子们纷纷从岸上跃入水中争相捞取。捞取到的,可获一美元奖赏。水性好的孩子,以此方式,每天最多能挣到六七美元。其中一个穷孩子,亦即小说的主人公,就这样在白人游客无聊的娱乐中淹死了……

我已完全记不清那位作家究竟是哪一国家的人,也根本回忆不起那一篇小说的题目。但有一点可以肯定,那是一篇由中国翻译家译成中文的短篇小说。在译后记中,这样提示读者——此篇小说反映了作家对欧洲资产阶级的强烈憎恶,以及对本国穷孩子们的极大同情。

应该说,译后记所提示的"主题"是相当准确的,也应该说,那曾是我所认为的优秀的短篇小说之一。否则,它不至于给我留下如此之深的印象,以至于我如今仍能讲述出它的梗概。

但是,到了20世纪80年代,当"美元"这个词以及"实物",以及与人民币的汇率进入中国人的常识也进入我的常识之后,我每每地又联想到那一篇中学时代读过的外国小说,并且对于中国的工人阶级也产生了极大的同情。这同情像儿子对父亲的同情一样无虚无假。因为我的已故的父亲,便是中国工人阶级的一分子。因为我这位中国作家,乃是中国工人的儿子。

那一篇中学时代读过的,内容给我留下深刻记忆的外国小说,使我每一联想到,就不得不面对这样一个事实——原来自从1949年新中国成立以后直至70年代末,中国工人们是这个地球上所拿工资最低的工人。即使不是唯一最低的,也肯定是最低的之一。

低到最初月工资仅相当于那一篇外国小说中一个穷孩子的日"收入"的三分之一或二分之一。尽管那些穷孩子的"收入"是不稳定的,是屈辱的也是冒险的。

这事实使我关注中国当代工人阶层的总体命运时，心中往往不禁地生出种种悲怆。尽管相比于那篇外国小说中的那些穷孩子，中国工人自新中国成立以后，社会地位，或曰"政治地位"一直被奉捧于几乎至高无上的地位——"领导阶级"的地位。

所谓"政治地位"一词，我认为，中国进入21世纪以后，是最该被夹入中国历史中不再重提的词，或者，将这一词抛还给政治家和政客们吧。普遍的中国人，其实只要在公民权方面和法律方面跟他人拥有平等的"社会地位"就足够了。而所谓"社会地位"，又当然是与经济地位发生密切联系的。对经济地位处于社会最低水准的一切人们来说，再高的所谓"政治地位"都意味着是幻赐和幻得的"荣耀"，是愚弄人的。

在21世纪，不管任何国家，对任何一个头脑正常的人而言，以上观点都应是一种"思想进步"的共识，反之便是反进步的。于民众方面是不可救药的愚民意识，于执政阶层则意味着是愚民统治。

中国工人学徒的第二年月工资二十元，第三年二十四元。学徒期满，实习一年，以观劳动表现。表现良好者，"转正"为一级工，月工资二十八元。按今天美元与人民币的汇率，合三点五美元。表现不好，或仅仅被认为表现不好者，推迟"转正"。推迟"转正"是当年学徒工们最害怕的惩处。当年无论大中小，也无论"全民"的还是"集体"的甚或街道里弄的手工作坊式的微型厂，几乎全都有过遭此惩处的工人。

当年二级工月工资三十二元；三级工三十八元；四级工四十八元；五级工五十六元；六级工六十四元；七级工七十四元；八级工八十四元。木工八级似乎高些，八十八元。所以木工，尤其细木工，亦即手工工艺型木工，在当年是中国工人心目中的"黄金工种"，大约全国加起来也是不多的。据我想来，肯定比今天全国流行歌手的总数少。

几百名中国工人，甚至几千名中国工人中，当年在退休之时能升为八级工的，最多不过三五名。据我所知，有几千人的工厂，在二三十年内，根本就没产生过一名八级工人。这比例大约接近于如今每年全国大学生中产生博士的比例。所以当年中国工人中的八级工，又确曾被尊称为"工人博士"。"工人博士"当年乃是全体中国工人和工人子女们衷心崇拜的"精神偶像"。

当年中国工人在退休之年能升到七级工已相当幸运相当令人羡慕甚至令人嫉妒。在升到六级工时退休的人数估计不会超过百分之三十。绝大多数中国工人在升到五级工时退休。五级是当年中国工人升级的一道"龙门"，好比目前在全世界的军队里，从大校到少将是一道"龙门"一样。

有为数不少的工人，从三十几岁起是四级工，到退休之年仍是四级工。

国家显然是体恤到了工人阶级收入状况的可怜程度的。因而自20世纪70年代"四人帮"被粉碎以后，经济状况稍有好转，便在短短几年内首先从中国工人开始，连续进行了几次全国性的"工资普调"。而此前中国工人涨工资的机会，是由国家发布统一文件，涨率百分之三、百分之五、百分之十，最多百分之三十不等。任何省市，任何企事业单位，倘没有接到国家发布之统一文件而私自涨工资，都将被认为无视国家法令，受到严厉查办。在这一点上，我敢说，自新中国成立以来，至"企业自主权法"于20世纪80年代后期颁布之前，中国一例都没发生过。道理是那么的简单，任何一位领导者，都不愿因给工人涨工资而触犯国法。何况，即使一厢情愿地出于善良的动机做了，国家不予承认，工人们的工资还是等于没涨。

20世纪80年代初期之前，中国城市平民的生活大致是这样的——粗茶淡饭尚能饱腹。生活条件较好的家庭，大人孩子有一套或两套还算体面的衣服可在特殊的日子里一穿。比如过年过节，比如走亲访友，比如在家中接待贵客，比如参加什么庆典活动。家家户户都有一两只旧木箱，那木箱便是专用来装那样的衣服的。有时大人的一件衣服，十几年后几乎还是新的。因为那样的衣服，是一回到家里就脱下来的，一过了特殊的日子即收起来的。好比宫廷里的皇家宝物，仅在特殊的日子才展出给文武百官们看。对于中国平民，当年大抵是为了饱他人之眼福，同时意识上安慰自己毕竟还是平民而非贫民，才舍得一穿自己较体面的衣服的。而尤其对于中国工人阶级，头脑里是根本不会产生服装过时这一种想法的。在我记忆中，过年过节的日子里，常见某些工人穿了崭新的或比较新的工作服而感觉异常自得。那是他们平时舍不得穿留存下来的。所以80年代后期，全世界又大约只有中国的工厂，会以某种名目向工人们发一块质地良好的布料，使工人们可以用来做一件新衣服。平民家的儿女，当然包括工人家的儿女，一件新衣不但要穿多年，而且长子长女穿小了，要由次子次女接着穿。倘还有三弟四妹，则必按顺序"继承"着穿下去，直至无法再补了为止。如果谁是工人家的儿女，那么肯定地，他或她在是中学生或高中生的年龄，穿过由父母的工作服改做的上衣或裤子，起码穿过父母的"劳保鞋"。

当年，中国平民家庭卖的"破烂儿"最是不折不扣的"破烂儿"。

而中国工人家庭卖的"破烂儿"，至少有一半新着的时候曾印有"工"字标。工作服是中国工人家庭最显明的特征。如果一个工人家庭不但父母是工人，长子或长女也是工人，那么你一走入这样的家庭就会发现——墙上挂着的，身上穿着的，门口床边摆着的，几乎触目皆是工厂里发的衣服和鞋、帽。在它们没变成"破烂儿"之前，工人之家舍不得卖。

当年，百分之八十左右的城市平民阶层中，约有百分之五十是工人之家。

工人之家包一顿饺子就算改善生活。工人之家对老人的优待，是每月能吃上一两次面条，喝上几次大米粥。工人之家的年或节，如果备下一只鸡，两条鱼，三斤鸡蛋，便是过副食丰盛的年节了。

如今，中国最早的一代青壮年工人，还活在世上的话，都已经七十多岁八十多岁了。他们和她们每月的退休金，1988年以前大约是七十多元八十多元，与年龄几乎相等。1988年以后至今，加上各种国家统一的"补贴"，普遍在一百五十至一百七十元之间，与目前失业工人们的社会救济金所差不多。对于将一辈子的体力和技能全都贡献给了国家的中国工人，在目前物价情况之下，不能不说是维持着一种苟活的状态而已——如果没有子女们照顾着，又简直就可以说根本没法儿活。相比于中国几乎随处可见的豪奢现象、浪费现象、滥用国库资金讲排场、摆阔气，甚至为个人树碑立传，动辄几千万上亿元铺张挥霍地制造政治风光的现象，真不知会叫中国工人，或虽不是工人，但稍有正直的社会看法的人士怎样思想才好。"欲说还休、欲说还休。"

中国最早的一代青壮工人们的也成了工人的长子长女们，相当一部分目前正面临着"下岗"或失业的命运。比起他们和她们的父母辈，他们和她们大抵都是独生子女之父母。独生子女父母有一个主要的好处，那就是只需为一个子女操心。也有一个主要的坏处，那就是只有一个子女为自己们的晚景操心。如果他们的子女已然有了工作而不是在上大学，那么他们和她们的晚景生活的艰难自然得以缓解。如果他们的子女不但已经工作，而且月收入在中等状况以上，比如每月千余元，并且还没结婚的话，那么他们和她们晚景生活的艰难不但得以缓解，而且还算吃穿不愁。当然，前提是子女们比较有孝心，甘愿在结婚前以自己的工资与退了休的或"下岗"的失业父母的退休金、社会救济金"共产"。

所以中国工人目前所面临的"下岗"问题失业问题，不但关乎他们本人之命运，而且直接地、密切地关乎着他们的父母，亦即中国最早一代工人的晚景生活的起码质量，也直接地、密切地关乎着他们的独生子女的身体和心理能否健康成长。

这乃是一个"立体"的社会问题。

这个社会问题的严重性，绝不像某些对中国一向抱极乐观态度的人士所谈论的那么轻松。

与中国工人相比，中国服务行业的从业者们，当年工资还要低些。在我记忆中，同级相比，后者们的工资比前者们的工资低一级，至少低半级。也就是说，一名四级服务行业从业者的工资，相当于三级或三级半工人的工资。

所以如果当年一个姑娘是服务行业的从业者，那么她想嫁的起码是一名工人。她不怎么情愿嫁给的,恰恰是与自己同属服务行业的小伙子。这一点,验证着一条在人类社会中许多世纪以来几乎颠扑不破的"真理"——经济基础充当媒婆,比任何戏剧和小说里的媒婆,甚至比《西厢记》里那位聪明绝顶又古道热肠的小红娘更有成功的把握。

平民的女儿们几乎不可能有所谓爱情的自由。如果她们出落得美貌,则她们必意味着是家庭唯一有希望中头彩的"黄金证券"。同时,有权势、有地位、经济基础较优越的男人们,也必跃跃逐色,从四面八方包围她们,取悦她们。十之八九的她们原本对爱的纯真,最终都将发生嬗变,大量地掺入非爱的因素。在她们做新娘的那一天,至少有一个平民阶层的小伙子躲在某一角落束手无策地哀哀哭泣。而他当然是她初恋阶段的,甚至是从小相互关怀呵护着长大的意中人。

我这个出身于平民阶层,并且至今与中国平民阶层有着斩不断的脐带般联系的作家,从小长到大,所知平民阶层产生的这一类通俗的爱情故事可谓多矣!

若某一平民子弟成为"待业青年"后被分配到服务行业,则一种不幸的意味便开始注入他的人生。当年中国服务行业的就业者们,比工厂里的工人们涨工资的机会还稀少。两名同年同月同日参加工作的平民青年,十载以后,一个可能工资四十几元,一个可能工资三十几元。不消说,工资三十几元的,是十年前被分配到服务行业的青年。在中国这个当年工资不但低微而且相对平均的国家,一个男人若比同龄的男人少挣十几元工资,是件性质相当严重之事。因为这直接地、密切地关乎着他将来作为丈夫在家庭中的地位。十元之差当年意味着能多养活或少养活一口人。当年一个中国孝子给自己的老父老母的赡养费,每月普遍也就五六元。所以十元之差不能不使一个当年的中国男人感到人生的失败。在女性的眼里,他们养家的能力肯定大打折扣。当年中国服务行业就业者们的从业环境很是陋劣,令从业者无不沮丧灰心。北京是首都,情况自会好些。上海、天津、广州,皆有几个外国人留下的大商场,亦可撑撑大城市的门面。其余全国各大中小城市的商业服务业总貌,几乎无不可用"灰姑娘"或"丑小鸭"形容之。

以哈尔滨为例，当年号称二百万人口，仅有一处大百货商店叫"哈一百"，五层，实际上仅四层营业，规模相当于老"西单商场"。另有两家"秋林商店"，分别在两个区营业，规模相当于"哈一百"的二分之一和三分之一。两家"秋林商店"都仅两层，而且楼况老旧。它们统称为哈尔滨市的"三大商场"。职工总数绝对不会超过三千。当年能分配在这"三大商场"做营业员的青年男女，真乃祖福延祥，三生有幸了，尽管工资照例比工厂里低。这三千职工总数，几乎是一个恒定不变的限数。有人退休，才可能有新人补缺。那么每年这"三大商场"吸纳就业的营业员，大约相当于北京电影学院和中央戏剧学院两院表演系每年的招生人数。有幸者们，其幸运不亚于考取了两院表演系。

除"三大商场"，当年哈尔滨市几乎再无从业环境像样的商店。更多的是星布于每个社区每条街上的中小商店。所谓"中"者，二三十名营业员而已。而"小"者，不过十数人，六七人，甚至二三人。但是读者绝不可将目前中国许多城市如星散布的某些六七名、二三名营业员的小店，与当年几乎中国所有城市里的小店作同类联想。区别不仅在于今天许多城市里的小店十之七八是私营性质和承包性质，还在于营业员的从业环境，以及营业内容。今天的那些小店，外装修内装修是多么的美观！有的甚至堪称华丽。而当年几乎中国所有城市里的小店，房旧、堂陋、光暗、地潮，尤其北方城市里的中小店——无论商店还是饭店，皆不可能有暖气设备，一到冬季，店堂必生炉子。倘无炉体和烟囱供暖，营业员八小时以内必冻伤手脚。而只要烧炉子，必有通炉底加煤之时，那时店堂内飞灰飘尘；也必有烟囱呛风之时，那时店堂内又青烟弥漫，熏人眼鼻。而营业内容，在物质匮乏的年代，也不外乎款式永远近乎一律的衣帽鞋袜、盐碱酱醋，外加咸菜蔬菜，一二种糖类糕点，以及司空见惯的日用小百货。

如果一个平民子弟，分配在如此这般的小店，并且在卖盐碱酱醋、咸菜萝卜土豆的柜台后一站就将几十年，就将一辈子，而且工资将一辈子注定了低于工人一级,那么,某一个姑娘的爱情观不是非常超凡脱俗的话,她会心甘情愿地嫁他吗?他们若进不了工厂,大抵会被分配在如此这般的小店。又大抵从卖盐碱酱醋、咸菜萝卜土豆开始,因为这是论资排辈的起点。而且大抵在柜台后一站就是几十年,一生"献"给那样的小店,一生在那样的小店的各个柜台之间论资排辈地转移,至六十岁时从较为干净较为清闲又似乎较为体面的柜台后光荣退休。

我的哥哥长我六岁。我考上初中那一年他考上了大学。他的初中和高中同学中,也有因这样或那样的"原因",比如家庭生活过于困难中途退学;比如父亲中年病故家庭失去主要收入不得不"接班";比如高中或大学榜上无名而成为以上那类小店之店员者。因为哥哥一向是学生干部,他的同学们都很拥戴他,所以我从小与他们中的大多数都较熟悉。也从小就耳听眼见他的几名成了小店店员的男同学,爱情骤变,婚姻难成,人生仿佛沙埋秧田,水淹瓜地,从此一塌糊涂。据我所知,有一个直至四十几岁才讨到老婆,而且是没城市户口的乡下寡妇;还有一个成了借酒浇愁的酒徒,贪污过七十几元,结果锒铛入狱,发配边陲劳改,泥牛入海,有去无回……

由于一级至一级半的工资差,由于当年中国服务业普遍从业环境的陋劣,稳定服务行业从业者心理,乃是中国当年"社会思想工作"极重要的一方面。国家很重视树立服务行业的模范、标兵、先进人物。其中最著名的,当然要数从沈阳后来调入北京的李素文。

李素文原是沈阳某街头小店卖菜的。她的事迹可以用当年极力倡导的一个口号概括——"全心全意为人民服务"。当然,"全心全意"是一种形容。人可能做到在危急时刻不顾个人生死勇往直前地救助他人,但人不太可能在漫长而又寻常的日子里,"全心全意"地只想怎么样为别人服务。作为一种服务要求这是不切实际的,是对神的要求,不是对人的要求。"全心全意"今天可以朴素地理解为"尽心尽意",更可以理解为对一切人的"敬业"的要求。当年中国树李素文为全国先进典型,正是针对当年服务行业其实相当缺乏敬业精神的状况。普遍的从业者们的社会委屈感抑制了敬业精神的自觉发扬。所以当年针对服务行业从业者进行的"政治思想"教育的基本内容，是反复批判"服务行业低人一等"，宣布其为"旧思想""旧观念"。但是，在中国这样一个不但工资低而且较平均的国家，一级至一级半的工资差耿耿于大多数中国城市人之人心，又几乎是很难从"基础"上批倒批透的。这一点再次印证了"存在决定意识"的哲学命题。

如果仅从"敬业"二字评说，当年中国服务行业其实也不乏敬业者。李素文被树为全国标兵，确实因为她曾自觉地、努力地、任劳任怨地、以身作则地实践着一种敬业精神。并且由于她的标兵作用和影响，当年也确曾带动起了一股服务行业的服务新风。正如今天李素丽的标兵影响和作用一样。至于她后来的人生"转轨"，非是她个人所能自主的，更非她个人所能违抗的。时代政治之不可抗力抛掷摆布李素文这样的小人物时，小人物们几乎只有"从命于天"。

中国当年之服务行业不仅有店员。当年统称为"八大员"——商店售货员、公共汽车及火车乘务员、邮递员、饭店服务员、炊事员、幼儿园保育员、卫生员（护士）、理发员。此外比如公共浴池的搓澡人、修脚人、马路清扫工、公共厕所的抽粪工和垃圾站的垃圾清理工，无疑也包括在服务行业内。当年中国大众文艺形式中有一个歌颂服务行业从业者的传统节目就叫《八大员》，从20世纪60年代初演唱了十几年。

综上所述，中国当年之平民阶层中，生活水平最低的其实还不是工人，而是服务行业的从业者们，因为他们的工资收入比中国工人更低。如果他们和她们中也有家庭生活较好些的，那不外乎两种可能——或上一代人留下了新中国成立后侥幸没被"共产"的一点儿家私；或一方是小"干部"，比如科长处长。而"一方"又当然的几乎是丈夫。中国当年小"干部"们惯常比较愿意从服务行业物色妻子，因为服务行业不乏漂亮的女性。服务行业是城市的"脸"，城市在分配工作时考虑到了这一点。"文革"前黑龙江省的一位大"领导"就强调指出过——"大中商店的店员，要尽量招较漂亮的姑娘，起码让人眼里看着，心里舒服。""文革"

中他的话自然成了他的一条罪状。

中国古时有这样一句话——"三百六十行，行行出状元"。"三百六十"尽管是一种形容，但足见中国在商业发达的世纪，确曾有过百业兴旺的局面。新中国成立以后，渐渐地，百业之中除了工业，就只剩"八大员"了。多也多不到十几"大员"去。百业萎缩若此，不能不说是一种经济倒退。按照当年中国领导人们头脑中的"社会主义"模式，再给中国一百年的时间，也是难以建立起雄厚坚实的经济基础的。

中国当年平民阶层中的中小知识分子，乃指中小学教员，各行业的一般财会人员，工厂里最低一级的技术人员。也仅就这些人而已。除了中学教师例外，他们和她们一般毕业于中等专业学校。小学教员一般毕业于"师专"。中学教员则必是大学或"大专"毕业生。比如我哥哥当年的两名高中同学，毕业于北京师范大学，分配回哈尔滨市在一所普通中学里做了十几年中学教师。而我的中学班主任是"师专"毕业女生，当年教我们时才二十三岁。以哈尔滨为例，它当年只有一所"师专"。我初中毕业时填的升学志愿的第一栏，便是那一所"师专"。如果不是后来发生了"文革"，我的人生轨迹极可能是这样的——先是"师专"男生，后是某小学的男教师，而且可能教的是语文。那么现在我将是哈尔滨市某小学的老教师。但我成为作家并不感激"文革"。不是"文革"使我成为作家，而是因为我从小就酷爱文学。只要文学创作的权利和自由渐渐普遍了，我认为我肯定地还会是作家。既然许多别人可由各行各业转向文学创作，我也能够。

中国当年小学教师的工资与中国当年服务行业从业者们的工资相等，也属于社会最低工资一族。一名退休前的小学教师，工资最高大约可拿到五十六元。小学教师的工资超过六十元者全国当年寥寥无几。

中国当年中学教师的工资由于受着大学或"大专"毕业之学历的特殊待遇，第一年的工资三十八元，相当于工厂里三级工的工资。以后就靠个人的能力、表现和运气涨工资了。当年一名退休前的中学老教师的工资，最高可拿到六十八元，比工厂里六级工的工资多几元，比七级工的工资少几元。我哥哥当年的中学老师退休前就拿到六十八元多一点点的工资，与中学副校长的工资差不了几元。当年哈尔滨市像她那么老资格的中学教师是不多的。

有"中专"学历的财会人员的工资与小学教师相等。

有大学或"大专"学历的财会人员的工资与中学教师相等。

中等技术专科学校毕业的工厂里最低一级的技术员，工资其实并不比工人高。学历带给他们和她们的利益仅仅在于，或曰与工人们的工资区别仅仅在于——他们和她们是技校生的三年按工龄算，但是不发工资。故他们和她们可免去三年学徒，一入厂便是一级工，以后也全靠个人的能力、表现和运气涨工资。

以上中国中小知识分子，我个人认为，当年十之五六是受着"降格使用"和"发配使用"的。这很可能是当年对他们和她们的工作分配的不成文法，可能是一种"无形原则"。因为，十之五六的他们和她们，迈出校门后，往往被分配在偏远郊县的小学、中学或工厂。即使侥幸留在城市，也只能去到条件较差甚至很差的小学、中学、单位或工厂。一方面应当承认，这样的分配有一定事实上的全局考虑——比如城市里条件较好的小学、中学、单位或工厂已经人满为患，而地处郊县的小学、中学、单位或工厂却极需有知识有文化有一技之长者去发热发光。但是逻辑也绝不这么的简单。因为难以解释清楚的是——只要有"后门"，有"条子"，有说话算数的官员们的一句话，或一种暗示，留在城市里工作既是易如反掌的小事一桩，分配到好的小学、中学、单位或工厂去，也根本无须个人奔波，只须在家中静候佳音就是了。并且那些小学、中学、单位或工厂，并不至于因又分配去了一二个人，就真的多到了人浮于事的程度。

如今想来，"降格使用"和"发配使用"，显然也与新中国成立以后提出的"缩小三大差别"的口号有着某种思维联系。

"缩小三大差别"即——缩小工农收入差别，缩小城乡收入差别，缩小脑力劳动者与体力劳动者之间社会地位的差别。

这当然是很好的，很令人欢欣鼓舞的，人人都应该举双手赞成的口号。这一口号实现了，地球上也就出现了"极乐园"。

但此一口号的进步性，分明应以这样的差别的缩小为前提——将农民的收入提高到和工人的收入不相上下；将乡村的生活水平提高到与城市的生活水平不相上下；将全社会对体力劳动者的尊重觉悟，提高到和对脑力劳动者的尊重觉悟一样的程度。

而即使在21世纪已经迫近人类的今天，这地球上还没有一个国家实现了以上三点。在经济最发达的国家，也不过刚刚接近实现罢了。

"缩小三大差别"之口号的提出，体现着一种全面实现人类平等的伟大思想。遗憾的是，一个经济极为落后的国家，其超前性好比在半导体时代空谈电脑世纪，只能算是一种无比美好的畅想。

三种差别，在当年的中国，前两种差别的"缩小"，根本没有任何可操作性。因为即使最富的农村，农民们也就刚能吃饱饭而已。一个壮劳力一年的工分，也不过就能换算成一百多元。要将几亿农民的收入提高到接近工人工资的程度，不但是畅想，甚至是空想。而工人的工资，已经几乎是同时代全世界工人中最低的工资了。若削足适履，进一步压低工人们的工资以显出"缩小"，又是极为冒险的。"领导阶级"倘被逼入绝境，也是要造反的，正如他们曾经跟着共产党"造过反"一样。

所以三个口号只剩下了一个口号当年可以大有作为——那就是缩小脑力劳动者和体力劳动者社会地位方面的差别。这纯粹属于意识形态领域内的事，比经济基础领域内的事做起来要简单得多。中国共产党作为新中国成立以后的执政党，在这方面总结了极为丰富极为行之有效的经验，做起来一向轻车熟路得心应手。

具体的做法是——高级知识分子、大知识分子们只要衷心表示爱国、爱社会主义、拥护共产党的领导，国家将尽一切力所能及的方式，给予他们最高规格的待遇和最高规格的礼遇，以确保他们过上较为优越的生活。将他们像"金丝雀"一般养起来，还有另一个好处，那就是仅使他们在执政党视野内保持着"高级"的"大"的知识分子的特殊身份，而老百姓却根本不关心他们是些怎样的人，也漠不关心他们的存亡。"高级"的"大"的知识分子们，既与老百姓们的底层生活相阻隔，对国情民意也就了解得微乎其微。即使共产党请他们发表见解，即使他们中有人能够做到排除杂念，开诚布公，所言也基本上是与知识分子相关的话题。所以1957年"反右"时，老百姓们并不在思想上与知识分子发生任何普遍性的共鸣，也普遍地对他们的思想不抱认同态度。对他们的同情，其实仅仅是"人道"性质的人性意义上的同情，而且同情现象极其罕见。越是"高级"的"大"的知识分子，在中国民众中的影响力反而越小，至少比他们自以为有的影响力小。与共产党在民众中的影响力号召力相比，其悬殊好比磨碾甲虫。

这就是为什么提起彭德怀，中国老百姓缅怀情深，敬重代传的缘故。因为他的遭遇是由于为老百姓代言的结果。这就是为什么，马寅初在中国近当代知识分子中，实际威望极高的缘故。你若和一个中国老百姓交谈，问他知道马寅初这个人物吗？他也许是要困惑地大摇其头的。

可你若接着告诉他，马寅初早在1957年以前就警告过中国要限制人口增长，那么几乎没有不肃然起敬的。你若再告诉他，马寅初当年因此被打成过"右派"，又几乎没有不替马氏愤愤不平的。有的老百姓甚至赞曰："伟大！伟大！"叹曰："可悲！可悲！"

我曾以聊天的方式，尝试了解中国近当代"高级"的"大"的知识分子在中国人心目中的位置，结果证明，从不敢，或从没有站在老百姓立场上替他们说过几句实事求是的话的，在老百姓心目中无位置可言。哪怕他们在知识分子们的心目中是神，是佛，是上帝。

我不知这是不是也很可悲可叹。

再回过头来说中国当年的中小知识分子。由于他们和她们不够"高级"不够"大"，由于他们和她们"中"或者"小"，所以不配享受什么待遇和礼遇。而这又使他们和她们有最广泛的机会与平民阶层打成一片，甚至会使平民阶层"误以为"他们和她们也是自己人。这是当年许多思想极左的中国各级领导者不愿看到的情形。毛泽东自己最不愿看到。特殊的革命领袖的人生历程，使毛泽东对中小知识分子其实是很鄙视的。他老人家最明了，中小知识分子一旦和平民阶层打成一片，那么，不是平民阶层在思想方法和情感方式上影响中小知识分子，便是中小知识分子在思想方法和情感方式上影响平民阶层。毛泽东一生对中国有许多种担心，后一种担心一直是其中之一。他老人家有时甚至也能和"高级"的、"大"的知识分子交交朋友，但不知究竟为什么，觉得凡中小知识分子身上必有"小资产阶级情调"。而此"情调"是他曾斥之为最"臭"的一种"情调"，"臭"过农民脚上粘的牛屎。他甚至在教育儿子毛岸英时，也时时严肃地告诫，务必要刮掉身上的"小资产阶级情调"。毛岸英从苏联到达延安没几天，他便敏锐地嗅出了儿子身上不无那种最"臭"的"情调"。而他动员儿子自行"刮掉"的办法，便是命儿子离开延安，去农村和农民"打成一片"。儿子和农民打成一片，政治上他倒是放心的。

不管情愿或不情愿，知识分子和民众打成一片，对那时的延安和刚成立的中国而言，当然都不失为良好的倡导。

但毛泽东所言"打成一片"，前提又是不平等的——中小知识分子必须心悦诚服地自觉自愿地处在被教育、被改造、被从思想感情上"救治"为"新人"的地位，必须视工人、农民以及一切民众为自己再生父母一样的教育者、改造者。

我们从毛泽东的著作中，以及形形色色的人们回忆毛泽东的文章中，都能够读到毛泽东对中小知识分子身上特有的"小资产阶级情调"的批评。

毛泽东的这类批评中有时不无挖苦和嘲讽。我没有什么确凿的根据证明那两位革命老人对我讲的肯定是事实，更没有什么确凿的根据证明中国当年中小知识分子们的命运的不济，肯定与毛泽东对他们的不信任、不喜欢有关。但有一点却是我可以肯定的，那就是新中国成立以后，政治色彩一向十分浓重的主流意识形态，在相当长的时期里，只不过一直将中小知识分子列为"团结"的对象，而且是"边改造，边教育，边团结"，而且"团结"他们，乃是为了最大限度地孤立"旧社会遗留下来"

的，不同程度地抱有"资产阶级世界观"的"资产阶级大知识分子"。"改造"与"教育"的任务，即使对新中国成立后由共和国培养的几代知识分子也不例外。因为教他们知识的教授先生们的头脑里，"资产阶级思想"是很严重的。

"文革"后期，在"上山下乡"了的知识青年中暗传着一段毛泽东的讲话，大意是——"文革"的开始，主要依靠了青年学生和中小知识分子，但是他们一被依靠，就仿佛不可一世，自高自大得讨嫌。依靠过了，就要给他们降降温，使他们清醒清醒，也使我心里清静清静。打发他们离开城市，是降温的好方法。经过工人阶级和贫下中农的教育，将会使他们政治上更成熟一些。他们在城市中减少了，城市才会及早恢复安定。这要作为一条宝贵的经验，以后对中小知识分子延续实践下去。表现好的，成熟早的，再抽回城市来嘛！谁真是那种"天生我才必有用"的，革命就"不拘一格降人才"嘛！……

我当年听过这段暗传的毛泽东的"讲话"，认为是"知青"们自己捏造的无疑。今天，我们更可以认为是捏造。尽管极像毛泽东的语气，但是识破是捏造以后，细思细想，却又觉得非常之符合毛泽东对中国中小知识分子的一贯态度。

从20世纪60年代初期，中小知识分子留在城市里工作的机会就大减，到"文革"第三年，伴随着知识青年上山下乡运动，管你是毕业于什么"专科"、什么"大学"的，要想留城，命中若无神仙保佑，几乎门儿都没有。

现在五十多岁的中小知识分子，十之八九是后来曲线返城的。大多数又是"文革"结束以后得以回到城市的。回忆起当年自己被分配到远离城市的地方时的情形，无不感慨多多。而当年分配他们去向的，又大抵是胜利地"占领"了"上层建筑"的"工宣队"。

"下去锻炼锻炼！"这几乎是当年的"工宣队"众口一词的说法。说时，几乎都显示出几分难以掩饰的幸灾乐祸，或者"站着说话不嫌腰疼"的悠然模样。起码给回忆者们留下的深刻记忆是如此这般。双方都清楚，一"下去"就往往意味着被城市开除了。

中国中小知识分子，除了极个别者，一般不至于受到太严重的政治伤害。他们的委屈是被遗忘者的委屈，类似"知青"们"上山下乡"后感到被遗忘了的委屈。他们固然比工人比农民多了些知识、多了些文化，但在"政治地位"方面，后者们却比他们优越得多。这也是后者们唯一比他们优越的方面。如果后者们又是些喜欢玩味自身优越感的人，那么中小知识分子遭遇他们的"教育激情"和神圣的"改造使命"，日子就相当的不好过了。在那样的境况中，十几年被"教育"被"改造"下来，许多中小知识分子都过早地变成了"小老头儿"。他们当年不得不两边讨好——既要讨好某些小官吏，又要讨好他们所随时接触到的"工农大众"。因为前者们往往主宰他们的任用调迁，后者们又往往对他们的"世界观"的优劣做最有资格也最具权威性的评定。而要获得两边的好印象，他们往往无所适从——"工农大众"和小官吏对一名中小知识分子的看法，标准其实是不尽一致的。

当年的"知青"虽然还不算是典型的中小知识分子，但举"知青"中的一个例子，或可说明那一种两难之境——当年我的一名同校同学，经常从别的连队写信向我诉苦。先说"贫下中农"不喜欢他，因为他太将他们当成"思想导师"敬着了。张口也"您"，闭口也"您"；碰在一条小路上，主动闪于一旁礼让"导师"；同入一屋，则抢先一步，主动替"导师"开门。"贫下中农"反而认为他心存巴结之念，为人太"虚"。他又是医生的儿子，从小养成良好的卫生习惯，兜里总揣着卫生纸，吐痰必吐在纸上，擤鼻涕必掏手绢儿。而这些，"贫下中农"都是非常看不惯的，背里斥之为"臭毛病"。别的"知青"与"贫下中农"熟了以后，相互逗闹习以为常，开口骂得，动手打得。他却从不敢，觉得是对"导师"们太放肆的行为。结果反而被认为是"故作斯文"，企图"保住'知青'架子"。评"五好"从没他的份儿。

我回信"点拨"他要"入乡随俗"，要"善于和'贫下中农'打成一片"。"贫下中农"不喜欢的"毛病"坚决克服掉。别的"知青"和"贫下中农"怎么相处，他也应虚心学着怎么相处。

我之所以要将"贫下中农"打上引号，乃因他们不过是些移民，有的不过是逃荒躲祸的落户者。那地方十几年前根本没人家。他们究竟是不是"贫下中农"，鬼才搞得清楚。但既然连队干部一厢情愿地认为他们是，"知青"们也只有跟着感觉认为是。

他听了我的点拨，从此"脱胎换骨"，判若两人——再也不对"导师"们以"您"相称了，直呼绰号，没绰号的，他开动脑筋给起一个别致的，嬉笑怒骂，全无顾忌；当然兜里再也不揣着卫生纸了，咳痰便当众射吐于地，有时用鞋底儿一蹭，有时蹭也不蹭；手绢儿干脆烧了，擤了鼻涕就随处乱抹，甚至往"贫下中农"身上抹；并且稍得空闲，便往"贫下中农"家里串，既替他们卖力气地干活儿，也毫不客气地盘腿于炕，该吃他们的就吃他们的，该喝他们的就喝他们的……

不久他又给我来信，感谢我的"点拨"使他获益匪浅。"贫下中农"们对他印象不良的偏见彻底转变了，几乎完全拿他当自己人看待了，也善意地回赠了他一个绰号是"匪兵甲"——"革命样板戏"《沙家浜》中的一个"跑场角色"。

然而这一转变，却使他失去了一次也许足以改变命运的机会——团政委要物色一位贴身通讯员，而连长是团政委的老部下，在全连男"知青"中比来比去，暗中替团政委物色定了他。认为他斯斯文文的、稳稳重重的，礼貌而又具有非常讲卫生的好习惯，给团政委当通讯员再合适不过了。团政委是"知识兵"出身，喜欢的正是他那样的"知青"，却没想到在团里发调令之前，他迅速地转变成了"匪兵甲"。如果连长预先向他透个口风，他当然还会是原先的他，不管"贫下中农"对他的看法怎样不佳。但当年沿袭的是军队条例，调令正式下达之前，保密是一条起码的纪律。调令后来也确实下达到连里了，连长改了初衷，否定了让他去给团政委当通讯员的资格，推荐另一名"知青"去了。还找他谈了一次话，前因后果，和盘托出，并严肃地问他——背地里是不是和"贫下中农"一起说过连干部的坏话？他回答是"贫下中农"先说的，他只不过随口附和了几句。

连长恼怒起来，问——他们要是散布反动言论，你也随口附和吗？

他自是无言以对，心中只有暗自懊恼暗自悔恨的份儿，并且还不愿被连长看出，装一副懵懂不知所措模样。

后来，那名顶替了他给团政委当通讯员的"知青"被送去上大学了，他失落感倍增，痛不欲生，甚至产生过寻短见的念头。尤其"不堪救药"的是，他一经把原本的自己"改造"得"面目全非"竟不复能再变回去了。玩世不恭从那时起深入了他的骨髓，至今仍是个使人感到正经不起来的"二皮"。"匪兵甲"的绰号，也一直伴他至今。

实实在在地说，当年北大荒的"贫下中农"也就是老职工们，真的都很喜欢变了以后的他，起码对变了以后的他印象极深。对于他们，一名既经常和他们笑闹一团，又极肯卖力气地帮他们干活儿的"知青"，远比一名斯文矜持、对他们敬而远之的"知青"更招他们喜欢。他们至今仍念念不忘他们当年的"知青"宠儿"匪兵甲"，但这对他的命运却没起过什么实际的良好的作用。他认为，别人也认为，他由于失去了当年给团政委当通讯员的机会而失去了上大学的机会。这么认为在逻辑上是顺理成章的，对他的人生轨迹之影响可谓大矣。那名当年顶替了他的"知青"由于上了大学，现在已然升为北京市某局副局长，而他如今是一名"下岗"工人。

每逢与当年的"知青"朋友相聚，几分醉后，他常会心中苦涩地这么说："如果我当年不是稀里糊涂地变了一变，现在可能也是堂堂的国家副局级干部了！"

此例当然并不具有非常普遍的认识价值，但也确实比较可笑地衬托出了一名当年"知青"在干部和群众之间无所适从的命运境况，足可参考了回味中小知识分子当年同样的命运境况。

但大多数情形下却是这样的——一名中小知识分子，他或她一经生活在平民阶层中，其实又是很容易被平民阶层愿意地吸纳为它的一分子的。只要他或她是一个正派的人，只要他或她不以自己那一种并不"高级"的知识和文化资本傲于平民阶层,平民阶层是不太会长期地排斥他们歧视他们的。他们的父母辈绝大多数是平民,他们对平民的思想感情的规律和原则从小稔熟不悖,而且也比较懂得尊重其规律和原则。这使平民阶层看待他们的眼光,对待他们的态度,带有着三分阶层本能的亲和。何况,肩负起永远教育别人、改造别人的"使命"是一桩累事。不仅被教育者、被改造者时间长了会逆反,教育者们改造者们时间长了也会逆反。

所以社会本身呈现出的逻辑几乎总是更富有人情味一些的——凡以平民阶层为主的地方,哪怕一个被打上了灰色政治印记的中小知识分子,不久以后也会欣然自慰地发现,他们被政治所涂改、所扭曲的命运,实际上受着大部分平民群众的同情,有时甚至受到暗中呵护。而凡有中小知识分子成分掺入的平民阶层,只要那一种中小知识分子的成分还能较正常地、多多少少地体现出其优点,那一部分平民群众的平民阶层的俗点甚至劣点,似乎便寻找到了克服的"样板"。

中小知识分子与平民阶层的关系,就我看来,实在是一种几乎天然的珠与蚌的关系。在目前地球上一切国家中,除了平民阶层,再无其他的任何阶层更加适合中小知识分子能够充分自尊地生存着。

中小知识分子不适合生存在资产者阶层中这是不必细说的。在资产者阶层中,中小知识分子的实际角色,只不过是"知识奴仆"和"文化差役",连随从的角色资产者们都不会抬举地派遣给他们。

而中产者阶层因为自己只不过是一个"中产"的阶层,所以总是本能地举头高望。在他们的意识中,似乎唯有"高级"的"大"的知识分子,才配是知识分子似的。中产者阶层有一个"天生"的阶层思想的误区——以为"高级"的"大"的知识分子的"知识",正好与他们的"中产"是等价值的。他们在"高级"的"大"的知识分子面前常常摆出这样一副极为良好的姿态——你拥有的和我拥有的一样多,或许我拥有的比你拥有的还略多一点儿,所以我们是真正平起平坐的一类人。我可以像仰慕名人一样仰慕于您,但请勿像尊重富人一样尊重我。他们似乎最不情愿搞明白，知识虽然也是"产"，但与"资产"和"中产"之"产"，本质上是不一样的。好比中草药植物和一般的花花草草是不一样的。中产阶层犯这种思想方法上的错误少说也有一二百年了。这个错误它还将继续犯下去。"小市民"这个词不是资产者阶层创造的，也不是"高级"的"大"的知识分子发明的，而是中产者们口中最先说出目前仍最经常说着的。他们这样说以示一种较优越的区别，并且是将中小知识分子统统包括在内了的。中小知识分子对这一点应该没有疑义——当中产者们轻蔑地说"小市民"这三个字时，目光曾多少次意味深长地瞥向中小知识分子们啊！——尤其是当中小知识分子们穿了齐整的衣服出现在大商场里，只问价而犹豫再三羞于掏钱包的时候。中产者们一向认为中小知识分子的知识价值也是"中"或"小"的，似乎与他们的"中产"相比不足论道。这乃是他们的又一个思想误区，他们犯这种错误也好几个世纪之久了……

中小知识分子们也不可能和"高级"的"大"的知识分子们亲近相处。事实上由于他们职低位卑，一般难以接触到"高级"的"大"的知识分子。社会的分工和分划一向是非常之势利眼的，它对知识者们的等级的排列，比对富人们的等级的排列要细密严谨得多。一位亿万富翁可能在某种情况之下与一位他眼中的小小的百万富翁打一次交道做一次生意，这时候商业的利己原则反而会促成他们之间相互关系的自愿和平等。但一名小学教员却极可能一辈子都没机会与一位大学教授坐在一起。"三生有幸"地坐在一起了，甚或共事一段日子的话，相互关系也往往是"神"和凡人的关系似的。在知识界，知识分子之间的彼此压迫，有时也是相当卑污的。

中小知识分子若自成一个群体，更是较难以其乐融融地长久相处。猴子和猴子在一起，各自体现得最充分的是猴性，而且往往是猴性狡劣的一面。当海滩上只有海豹的时候，互斗就会在海豹群中展开。只有当露出海面的鲨鱼的鳍向它们冲过去的时候，集体的恐惧才代替了激烈的互斗。

领导一批工人只要权威加义气就够了。

领导一批农民只要权威加恩惠就够了。

领导一批"高级"的"大"的知识分子，只要权威加一丁丁点儿敬意就够了。在许多情况下，甚至无须权威只要权力就够了。

但若领导一批中小知识分子，则不但要有权威和权力，不但要加上义气和恩惠，还要加上高明的艺术性。

领导一批中小知识分子，好比凝聚一个江湖马戏班子。江湖马戏班主们，通常自己便是一流的杂耍艺人。他们驯兽和斡旋于人的才干往往都是出色的。

凡人皆钩心斗角，此人性之一种，世相之一种。轻微的叫"摩擦"，严重的叫"矛盾"。小矛盾叫"人际矛盾"，大矛盾叫"阶级矛盾"。"人际矛盾"激化，便有你无我，有我无你，誓不两立。"阶级矛盾"激化，则战乱不断，哀鸿遍野。"摩擦"也罢，"矛盾"也罢，又皆因名与利、权力欲而起。禽兽夺利不争名，也不会因自尊起纷争，所以禽兽的"社会"是简单的，各自腹饱便相安无事，互不侵扰。人类的社会却复杂多了，利足而后还要争名，腹饱之时还要生出腹饱的事端。

中小知识分子的知识"等级"及社会地位，决定了他们大抵具有较为敏感的自尊。他们接近着"无产"，自尊似乎便成了他们较为主要的一宗"不动产"。伤害了他们的自尊，等于将他们掠夺为赤贫者一样。谁若讥他们为"大知识分子"，是最严重的自尊方面的伤害。因为这就好比指着一名科长说："看，一位大官来了！"此中所包含的尖酸刻薄，有时是会令科长们恼羞成怒的。当然也太超出中小知识分子的容忍程度。他们往往因一个"大"字耿耿于怀相当长久的日子。但谁若辱骂他们"臭知识分子"，他们反而比较能够忍受。因为"臭"乃是一种泛辱。在这种泛辱中，他们恰恰感到着与"高级"的"大"的知识分子同属一类的看待。而这不啻给予了他们一种"公认"。此种"公认"又是他们最想获得到的。

由于中小知识分子具有较为敏感的自尊，自成一个群体时，"摩擦"

和"矛盾"现象极其频繁,起码在中国在过去的年代里是这样。因为整个社会格局中,中小知识分子几乎没有任何资本轻蔑其他阶层的其他任何人。在中国,在过去的年代里,他们又几乎是其他阶层的其他任何人都可以公然轻蔑一下的。所以他们的自尊既不但敏感,而且相当脆弱。他们也要轻蔑别人一下的时候,那别人往往只能是他们自己中的一分子。在中国、在过去的年代里,中小知识分子之间的"摩擦"和"矛盾"现象,一半由切身利益的相争导致,这与别的阶层没区别;另一半则往往由敏感的脆弱的自尊导致。在中小知识分子的群体中,这样的一种反目现象是最经常发生的——一句不经意问出口的话,可能便已严重伤害了对方的自尊心。说话之人浑然不觉,被"伤害"者的自尊心却已在出血抽搐了。不睦的结果从此可想而知。

但是今天中国中小知识分子们的自尊心被"锻炼"得十分坚强了。老的几代中小知识分子已经带着遍体"擦痕",被时代自然淘汰于社会竞争以外了。中年的一代中小知识分子,既见惯了老的几代在时代夹缝中的尴尬和屈辱,自身的"擦痕"也早已长出了茧子。而新的一代中小知识分子,掌握了新的维护自尊抵御伤害的"武器"——玩世不恭。

在全中国的年轻一代几乎都开始玩世不恭起来的今天,中国的中小知识分子掌握和运用这一新式"武器"的水平,一点儿也不比其他任何阶层的任何人差劲儿。

玩世不恭乃是中国一切阶层的一切"新生代"的法宝——在今天。

"新生代"们靠了此法宝与来自社会方方面面的压力相对抗。甚至在相当多的一批仕途不畅的政府官员的内心深处,仿佛看破红尘的玩世不恭,往往也表现得淋漓尽致。有时一位想升而没升成局长、部长的副局长、副部长口中说出的话,常会使你大诧,觉得该是受了老板训斥的小伙计背地里的牢骚才对。

中国中小知识分子中的女性,实在是中国女性中最具浪漫色彩的女性一族。

近当代中国男人中,极少有真浪漫者。偶以为谁有,细辨之,却原来也是假的,是"作秀"给别人给社会看的。普遍的中国人自己已经不至于在这方面上当受骗。所以我劝与中国人交往的外国朋友也应及早明了,倘一个中国男人给一个外国人留下了"浪漫"的印象,那么,若非那个外国人自己太浪漫得可爱,便是那个中国人成功地蒙蔽了"老外"。

对于今天的中国男人,"老外"们或可在许多方面都相信一下,但万勿在"浪漫"二字上予以相信。中国男人在以后的几十年内大概也不太可能"浪漫"得起来。

我们这个民族五千余年文明中的粗大的浪漫的血管早已被严密地"栓塞"住了,就好像我们的许多长江大河被环境污染而淤塞住了一样。

看看我们的男孩子们和少年们,他们身上哪还有半点儿"浪漫"的激情和情调及气息?我们的男孩子、我们的少年们已然如此,更不消说我们中国的男人们了。

当代中国女人中,也极少有真"浪漫"者。女人的浪漫与男人的浪漫是相互氤氲的"场"。好比水汽与雾的关系。水汽枯竭,则无雾生。男人不再缠绵,女人又何必浪漫?当代中国女人连"作秀"也不屑于"作"浪漫之"秀"了,而争相改"作""现代"之"秀"了。这乃因为中国当代男人在情感方面不仅不再有缠绵真挚可言,简直普遍堕落到了统统善于逢场作戏的程度。男人太善于逢场作戏,女人便以"现代"的姿态和面目虚与委蛇地周旋。而"现代"是女人之浪漫的文化"基因"的"杀灭剂"。

在中国普遍的男人和普遍的女人变成了现在这种几乎毫无"水汽"的情况下,中国当代中小知识分子中的一部分女性,居然还能或多或少地保持住一些浪漫的气息,实在是不容易的事,也实在是中国人的安慰。她们是从五千余年文明的粗大血管中渗出的浪漫血滴的供养者。试想地球人的四分之一也许将不再理解"浪漫"二字的真谛,该是多么的令人沮丧?

她们既能或多或少地保持住一些浪漫的气息,同时也是仍具有感动之心的中国当代女性。这种感动之心从艺术的和世事的两个方面体现在她们身上，都是同样地充满真情。而在今天，在中国，这本身也十分令人感动。

有时我冷静地，尽量不带任何偏见地将目光从这一阶层审视向那一阶层，越来越确信我的判定是不错的。是的，除了她们，试问今天还有哪一些中国人能或多或少地保持住一些浪漫的气息？还有哪一些中国人仍具有感动之心？

新兴的资产者阶层并不具有，这难道还有什么疑义吗？他们即使在慷慨捐赠做慈善之事的时候，实际上也是在替他们的姓名或他们的买卖做广告宣传，这一点难道不是我们早已看透了的吗？他们在支持某项艺术的时候实际上绝非出于对艺术的敬意；他们在买下一件贵的艺术品的时候，实际上认为自己买下的是有利可图的债券，这也应该是众所周知的。他们以上的行为，既与浪漫无关，也与感动之心无关。而仅仅与他们自己的名利相关（陈光标例外）。我们称赞他们以上的行为，实在只不过是因为那些行为不仅满足着他们的名利欲，同时毕竟也布施益处于社会。所以我们在用最热情的词句称赞他们的行为时，我们自己也是绝不感动的。试问，难道我们真的曾因一位大富豪捐赠给穷孩子一所小学而感动过吗？但我们不是确曾因一名小学教师从他或她的几百元工资中抽出了二百元救助自己的穷学生而潸然泪下吗？

感动之心只与事情的善力和道义的实质相关，其结果倒往往位居第二了。尽管大多数世人看重的更是事情的结果。

中国新兴的中产者阶层也并不具有浪漫气息和感动之心。因为这个新兴的阶层和中国新兴的资产者阶层一样，没形成自己阶层的任何或可用"良好"二字评说的文化背景。它在物质和精神两方面急不可待地装扮成最"现代"的一部分中国人的企图，十分昭然。几乎一切知识分子一旦跻身于这个阶层，知识分子的特征在最短的时间内便被彻底"腐蚀"掉了。这个阶层目前是一锅甜腻的粥。无论什么内容搅入此锅，都会变成粥的一种成分，都会使自己也甜腻起来。但粥仍只不过是粥。他们和她们有时也会装出感动于艺术的模样，但往往只感动于美化中产者阶层的艺术。而且即使对这一种艺术的感动也是假的。假的就是假的,装得越"真"显得越矫情。这个阶层对于世事也无感动之心。他们和她们只感动于自己"中产"了以后的那一种精细又没意思的小情调。同时希望别人们皆像流行歌曲里唱的那样"感动于你的感动"。若将这个阶层人格化了,那么它太像《红楼梦》中的袭人。袭人除了为自己的小情调所感动,另外还真的为大观园里别的任何人的命运感动过吗?即使她对宝玉的那一份情,若认为真,也终究还是真的由自身命运出发的。我对此阶层一向怀着谨慎,保持距离。我认为那距离起码不应小于最后一排观众席和舞台之间的距离。我唯恐自己不慎栽入"锅"中,即使之后蹦出来了,浑身也挂了一片淋漓的、甜腻而黏稠的、永远也刮不尽的粥浆。

在中国,在当代,据我看来,几乎只有中小知识分子中的一部分女性,仍具有着我所敬爱的女人的意味。因为她们普遍生活在平民阶层中,所以她们亲和于平民阶层。在中国,在当代,知识分子如果疏远平民阶层而去亲和别的什么阶层,那么不但仍只不过是一撮"毛",而且仍只不过是一撮势利的"毛"罢了。因为她们毕竟是生活在平民阶层中的知识分子,所以她们的知识分子的文明素质,直接地对最广大的中国人,于最寻常的生活形态中,日复一日年复一年地施加着潜移默化的影响。纵观历史我有所发现,在中国,原来所谓"精神文明",其实并非什么"高级"的"大"的知识分子所能一厢情愿地推动的;与百千万中小知识分子的文明素质直接的、潜移默化的影响相比,前者们的影响力和推动力小得令我惊讶。孔子、孟子作为知识分子不可谓不"高级"不"大",但是中国平民阶层中百分之九十五以上的人头脑中的孔孟思想,不是听了"高级"的"大"的知识分子的思想布道后形成的,不是从圣贤书中得来的,而是生活在他们身旁的某一位、某几位中小知识分子的言行潜移默化的结果。这就好比宗教思想在西方的普及,并不是历届教皇的丰功伟绩,而是百千万教士在民众中传教的结果。几乎一切与人类精神风貌相关的思想,在中国相当多数"高级"的"大"的知识分子那儿,最终都只不过变成了他们自己的"学问"。哪怕那些思想最初根本不是"学问",

最忌被人胡搞成"学问",而只不过是一些极其朴素的世俗通理。中小知识分子,最善于将被些个所谓"高级"的"大"的知识分子胡搞成了"学问"的极其朴素的世俗通理,再还原成它最初的极其朴素的样子,并与民众共受共益。

一位所谓"高级"的"大"的知识分子,如果他生活在平民的社区里,他只不过能因为"高级"和"大"受到些敬意罢了。而怀有敬意是人对自己无法亲和,可能也并不怎么愿意亲和的人物所持的最良好的态度。

但一名中小知识分子,却极可能在他所生活的那个平民社区里是很可爱的人物。这就好比教皇死了人们的默哀只不过是宗教礼仪,而一个教区的一名好的教士死了,人们往往会不禁地伤心哭泣。

中小知识分子中的一部分女性,往往便是她们所生活的那个平民社区中的很可爱的人物。她们谦和忍让,对平民中的不幸人家富有同情心,乐于帮助他们。当那一社区内发生邻里争端和纠纷,她们最善于息事宁人。而且平民们也最肯给予她们调停的面子。当然不是所有中小知识分子中的女性都这般可爱,中小知识分子中的女性一旦刁钻起来,有时也不让胡同悍妇。故我强调是她们中的"一部分女性"。

由于这"一部分女性"本身即平民女性,她们对文化艺术的审美要求是平民化的;由于她们同时是知识分子,她们对文化艺术的审美标准是高于平民的;由于她们还是女人,她们对文化艺术的感动之心几乎又是本能的。她们代表平民阶层成为平民文化艺术的鉴定人。

放眼今天,中国中小知识分子的普遍生活已稍有改善。从中国的具体国情估计,在以后十年中,中国中小知识分子的普遍生活,可能将一如既往地是平民化的。平民这个概念在中国与在西方发达国家不一样,在西方发达国家,意味着比中产者阶层略低一些;在中国,意味着比城市贫民略高一些……

平民们,亲和中小知识分子吧!如果不亲和于他们和她们,在中国,在当代,还有谁们值得平民们亲和?

在中国当代平民阶层中，还有最后一类人，或可用一个"吏"字来概括。这些没有品级的中国当代的小公务员，既属于平民阶层，又优越于平民阶层。针对整个国家政权而言，他们是无足轻重的"末梢"；针对平民阶层而言，他们往往是一些小"教父"式的人物。他们中的好人是好的小"教父"；他们中的坏人是坏的小"教父"。他们的好坏，有时并不取决于他们自己心肠的善恶，而取决于政权质量的优劣。新中国成立初期，"为人民服务"五个字在政权中蔚然成风的年代，他们是些代表政权直接"为人民服务"的"吏"。非常年代，比如"反右"时期，比如"文革"时期，他们又是些代表政权监督百姓言行的"吏"。在那些非常年代，他们的一句话，足以将人投入监狱或从监狱中释放。他们手中的权极小极小，但正是那一种极小极小的权，与平民百姓的日常生活几乎发生着喜忧受辖的关系。因为平民百姓的日常生活，只能在"末梢"与政权接触。在"末梢"的接触点上，在非常年代，他们中的某些人，无异于骑在平民百姓头上的"土皇帝"。受贿之风在他们中，由来久矣。在法不健全的年代，他们几乎也能代表法。

从小到大，我了解许许多多小"吏"们刁难平民百姓之事。那些事往往令人血脉偾张，怒发冲冠。

但我的家却是比较幸运的。当年哈尔滨市管辖我家那个社区的街道办事处的一位王姨，十几年中对我家的种种关怀，乃是我们全家人永远难忘的。其实她只不过是一名街道办事处发购物票券的人。每逢有人到办事处去请求盖一个什么章，她总是从旁替人向握章的说情。

我也仍记得我小时候管辖我家那一片社区的派出所的民警"小宫叔叔"。我家差不多是那一片社区中最穷的人家，但不知为什么，他似乎一点儿也不嫌我家穷，例行公务路过我家时，常进屋与我母亲聊一会儿，问家中有没有什么困难需要他的帮助……

尽管我本人对"吏"们并无偏见，但我还是不得不指出这样的事实——在以往的年代里，在中国的吏中，至少有三分之一的人，不是什么代表政权为人民服务的人，而是以刁难平民百姓为能事、快事的人。

我一时还说不清楚究竟是一种什么样的深远影响，使中国的"吏"们的相当一部分是那样的人。也许因为他们是"吏"而非官，所以心理常处在失衡之境？也许他们在刁难平民百姓之时，借以想象自己是官，并获得吏权胜于官威的体验？

我的一位朋友，每与我谈起当年管辖他家那一社区的一名"公社"办事员便不禁地眼中喷火——他下乡时，他父亲病故不久。按当年政策，只要"公社"给开具一份家庭生活困难的证明，他便可免费得到一个脸盆、一套牙具、一双胶鞋、一床被和一条行李绳，加起来大约二十几元人民币。我了解他家的生活当年的确困难，可那办事员就是不肯给开具一份证明。理由是他家还有东西可卖钱。这理由在当年可以被一名街道小吏说得振振有词。切莫以为他家的人得罪过那小吏，他家的人从未得罪过对方。那小吏对任何平民百姓都一样的刁难。而他这一种"能力"居然还深得上司"公社"小官的赏识。

"当时我手里没刀。有刀恨不得扑上去捅他一刀！"

我理解他为什么三十年以后的今天对当年之事仍耿耿于怀——当年他母亲流着泪跪下去乞求那小吏的情形，留在他脑海中的记忆是太深刻了。今天的人们，是不可以用"有志气"或"没志气"这样的思维看待那一件当年之事的。二十几元钱在当年，对于一位穷人家的母亲，几乎相当于今天的一千元。借不到就是借不到，借到了还不起就是还不起。而哪一位母亲不希望儿子下乡时有脸盆和被子可带呢？所以他母亲的一跪，大约真是万般无奈了。而那小吏竟转过身去不理不睬。

我的一名中学同学，下乡十一年，返城后一时找不到工作，便请求留在街道委员会做了一名办事员。数月后他写给我一封信，我至今清楚地记得信中有这样一段话——在这几个月的工作中，我亲眼见到，平民百姓在求助于我们国家政权的最基层人员时，是如何受到无礼的冷遇甚至刁难。有时，加盖公章简直就是掌握公章的人分内的义务，但他们不知为什么，似乎不存心支使请求加盖公章的人白跑几次，不足以显示出自己存在的特殊意义似的。而平民百姓则只能诚惶诚恐地白跑了一次又

345

白跑一次。心里再急也不敢怒不敢言。这情形使我十分惊讶。因为有时我明明知道，某一枚公章就在某一个人的抽屉里，拉开抽屉就可以取出，半分钟内就可以盖完，而掌握公章的人说："你过几天再来吧！"这句我司空"听"惯的话时，居然都不屑于编一个让别人白跑一次的理由。现在，我也掌握着一枚公章了，我已经不因在三十多岁时成了一名街道委员会的小小办事员而沮丧了。我绝不靠自己所掌握的这一枚公章刁难百姓。因为这不会给我带来丝毫的快感。我要使我所掌握的这一枚公章，真正成为替人民所掌握的一枚公章。只要理由正当，随时听从人民的吩咐……

前不久我回哈尔滨探家，与中学同学相聚，提起当年他那封信，他郑重地说："我像信中所写的那样做到了。不信你去打听打听，我真的做到了！"

我为我有这样的一名同学而自豪。

在中国，在过去的年代里，"吏"们虽然生活在平民阶层中，虽然大部分住着几乎和平民人家一样的狭小房屋，虽然每月工资并不比一名三四级工人高，但他们中善于以权谋私者，其实际物质生活水准，高出于平民不知多少倍。我一名小学六年级同学的父亲，曾是区委员会的文书。记得我第一次到他家里时，他曾揭开一只水缸盖对我说："拿吧，能拿多少拿多少！"那只水缸很高很大，我踮起脚跟儿才能望到缸里——缸里几乎装满了一包包的点心和一瓶瓶的罐头，而那一年是三年困难时期的第二年，几乎全国的老百姓都在忍饥挨饿。

报载，去年山西有个小小科长的贪贿行径大曝光——仅其在北京的住房就有三十几处，皆索贿所得，约合人民币一点七亿多元。按所谓干部级别科长算什么？小吏而已。在中国，在今天，在南方某些省份，"吏"们利用手中的末梢权力寻租的现象，实乃中国诸"潜规则"之一种。并且，这一种"潜规则"，仿佛早已成了"规则"，无须说"潜"也。便是在北方也大致如此的，区别只不过是，贪贿额数较小罢了。甚至也可以不视为贪贿的，而仅以"人情往来"看待。老百姓们倒是这么看待的——

只要收了钱，真给办事，便值得感恩戴德了。如今我也这么看了，认为那就是好吏了……

政权的腐败并非从商业时代开始的。一个中国的平民百姓，即使在人人表演"斗私批修"的"文革"时期，若想让政权的最低机构的最无关紧要的一枚公章为解决自己的困难盖在纸上，他起码也得送给掌握那枚公章的人两包点心，或一条好烟一瓶好酒。如果他什么都送不起，那么他必得以另外的方式表达谢意。比如他如果是木匠，就应为"帮助"了他的吏或官免费打一件家具；比如他是裁缝，就应为"帮助"了他的吏或官免费做几套服装。平民百姓难以求到官，所以他们常要感激的大抵是"吏"。又几乎每一枚公章为他们的每一次印盖，都同时意味着是对他们的"帮助"。既曰"帮助"，物品的回报便成了"人情往来"而似乎合法化了。从前是两包点心，如今是两条金项链或两万元钱。从量变到质变，从吏变到官变，又似乎是那么的必然。此一种变，沿袭到今天，在中国，几乎每一个人手中的每一种权，都能够成为一种相互的交易。所以一个平民百姓，如果想活得顺遂，则一定要千方百计结识许许多多的吏或小官。从过去到现在，相当一部分中国老百姓的相当一部分精力耗费在此一方面，可曰勉为其难也。

"吏"们虽然生活在平民阶层中，但在许多主要的特征方面与平民们并不类同，而更有些像官僚阶层。因为，他们毕竟是官僚这株大树的小枝小叶。并且内心里最不情愿生活在平民阶层中。有朝一日摇身一变而成为官，从此脱离平民阶层，乃是他们"永远的梦"。但我们指出这一点的同时，也应充分肯定其合理性。它和一名工人的升级希望是一样合理一样无可厚非的。

有些"吏"比平民还平民。他们两袖清风，严以律己，任劳任怨地为百姓排忧解难而不图酬谢。他们确是一些好"吏"。好"吏"之所以好，其实是在以好官的标准为自己敬业做人的原则。

"吏"是官的"实习生"。

好"吏"们学好官；坏"吏"们学坏官。

官自"吏"出。所以纠查"吏"风，其实也是整肃官纪。据我看来，中国之"吏"风，与世界其他国家相比，似乎没有什么值得称道之处。

不少好"吏"死了，老百姓嘴上常常念叨他们，心里常常缅怀他们。而坏"吏"们死了，老百姓往往一提起他们，憎恶之色溢于言表。

虽然，老百姓所经常接触的是"吏"而非官，但却是将他们视为官而论好论坏的。中国之官的形象的丑陋，在某些方面，在老百姓那儿，也往往是由"吏"们的劣迹所败坏的。

坏"吏"们混迹于平民阶层中，实际上暗中过着相当于中国中产者阶层的富裕生活。他们有人有几处住宅，有人银行里存着几十万近百万，甚至几百万。报载南方某市一名小小的派出所所长，每日里驾着"奔驰"招摇过市，足可说明坏"吏"之贪赃枉法的程度。中国老百姓往往一边巴结他们，一边暗恨他们；一边不得不行贿于他们，一边盼望他们早日受到法办……

以上包括"吏"们在内的大小群体，组成着中国当代平民阶层。

平民阶层是中国当代的最基本公众。

"改革开放"以来，中国平民阶层的生活水平获得了不容否认的提高。这的的确确是一个事实。但这一事实往往被浮夸到了不再符合事实的程度，提高的因素也往往被有意无意地单一化了。这个阶层本身的生存自救之能力，受到一向的忽略和漠视。仿佛这是一个永远需要"上帝"的阶层，如果没有一位"上帝"的呵护，它就只能也只配穷困着似的。

而据我看来，中国当代平民阶层，其实是直接从"改革开放"中受益最少的一个阶层。起码目前还缺少根据足以证明，它是直接从"改革开放"中受益最多的一个阶层。

而据我看来，在中国诸阶层中，平民阶层具有最本能的、最积极主动的、最有韧性的生存自救能力。他们的"上帝"一向只产生于他们本阶层。更准确地说，一向只产生于他们的家族和家庭中，他们一向并不受到另外的"上帝"的呵护。

前边已经提到，二十世纪五六十年代的平民之家，普遍是多子女家庭。三四十年后的今天，当年的孩子已然是四五十岁的中年人。当年的一个家庭，裂变成了三四个甚至四五个家庭。我们略做考察便会发现——几乎当年任何一个平民家庭的裂变过程中，都至少会派生出一个家族命运的竭尽全力的"拯救者"。他或她或成了官员，或成了知识者，或成了企事业单位的头头脑脑，或成了个体生意人。

一个平民家族只要出了一个"拯救者"，这个平民家族就有了一线不至于整体沦为贫民的生机。而且几乎只有平民家族，才会产生它所必然需要的"拯救者"。又几乎只有平民家族中产生的"拯救者"，才最甘于肩负起拯救家族命运不至于贫民化的责任和使命。

在那些"拯救者"中，对家族命运起作用最直接最大的，当然首推为官为吏了的平民的儿子们。哪怕是一名小小的科长，只要专权于一身，只要那权具有"威"性，那么该平民家族受益多多。倘居然是处长，是局长，那么该平民家族也就几乎无忧无虑了。一位局长大人的家族之事，往往无须他自己操心，手下的处长、科长们，也就争相着替他"办理"了。这一种情况，越是在偏远省市，越似乎是合情合理自然而然的事。这乃是官本位国家的特色。

我一名知青战友的哥哥，是公安局的一名副处长。于是他们兄弟姐妹数人，人人有好的住房、好的工作、稳定的收入，并且无论在单位、在社区，人人身上还都似乎有了些霸气。"祸兮福所倚，福兮祸所伏"，某些平民人家，也正是如此这般地渐变为霸道人家的。某些平民之子，官做大了，贪污受贿，难以自拔，最终由家族的"拯救者"而沦为法的"阶下囚"。这样的例子，也是相当多的。但普遍而言，平民人家深知家族中出了一个"拯救者"是多么的不容易，多么的幸运，所以颇善于充分利用这一种幸运，又小心谨慎地维护着这一种幸运不使其变质。

我对这一种中国传统现象所持的态度是相当矛盾的。若站在时代进步的立场上，我对这一种"官本位"的通病现象不能不持批判的态度；若站在平民阶层的立场上，我又不能不替平民阶层感到些许安慰。"官本位"的通病现象若体现于官僚阶层本身，我所持的批判态度往往相当激烈，疾恶如仇。但若延益于平民人家，只要不过分，则我往往不忍指斥。

对平民人家起直接的大的"拯救"作用的，其次是平民人家的成了生意人的儿女。如果他或她一年的收入在三万，那么，在低消费城市，只消拿出三分之一，就足可补贴三个三四口之家不至于沦为城市贫民。

再其次是国有性质的企事业单位的领导者。他们最起码可以做到的，是保证他的家族中的主要成员不至于失业。这做起来极为简单，通常情况是将兄弟姐妹或兄弟姐妹的儿女"推荐"到别的企事业单位，并等数接受对方"推荐"给自己单位的人，或以在合作中的利益相让作为回报。

最后该数知识分子了。相比而言，平民人家出身的知识分子，不论拯救家族的意识多么强烈，其直接的作用却要小得多。如果他们是单纯的知识分子，而非为官的知识分子，那么作用就注定了更小。如果他或她的家族又非常迫切地需要拯救，不拯救则必沦为贫民，则他们往往就不得不抛弃清高，尽量结识某些官们、商人们、企事业单位领导者们。在这种情况之下，平民出身的知识分子们显得相当可怜。即使在他们或她们谈笑风生之际，内心里也是苦涩的。他们廉价"出售"自尊，仅为拯救家族。他们是平民家族的"普罗米修斯"。但是他们对平民家族的另一种作用，却是以上几类人想要起到也难以起到的——那就是，引导家族克服一切困难，尽量再多培养一个甚至几个知识分子。平民家庭出身的知识分子，既难以对家族生活的现状起到直接的大的作用，便只有将"拯救者"的责任和使命着眼于将来。所以，我们在平民阶层不难发现这样一种可贵的现象——若一家族出了一至两名大学生，那么这一家族的下一代人几乎都会受一种良好的影响，熏陶于勤奋苦读的环境里。几年以后，这样的一个平民家族，便理所当然地发生了质变，由几个新生的知识分子家庭所取代了。在中国，在当代，就普遍情况而言，知识较难使一个家庭富裕。但时代毕竟在想方设法确保绝大多数知识分子家庭不至沦为贫民。在这一点上，时代和知识分子们本身的努力，不能不说基本上是一致的。

如果有"上帝"的话，我想说，据我看来，他还是比较公正的，或者更准确地说,"上帝"尽量企图做得相对公正一些。因为我对平民阶层的考察结果告诉我——"上帝"似乎预先在每一个平民家庭或家族中,都安排了一个"拯救者"。当然,他不是前四种人所能完全包括的。他可能既不是官吏也不是知识分子,既不是企事业单位领导也不是生意能力很强的个体生意人——但哪怕他平凡得很,他也肯定具有着某种"拯救者"的特殊能力。

我家当年住的那一条街上,有一户多子女的老邻居,从过去到现在,一直生存在贫民的边缘,然而兄弟姐妹几户,却又没有一户真的跌入贫民阶层的泥淖。这个家族中无官,无吏,无知识者,无商,无厂长经理什么的。兄弟姐妹中的大姐,只不过是一名邮局的营业员。但就是这位大姐,充当起了家族"拯救者"的角色。她具有着超乎寻常的社交能力。仅仅靠了这一种能力,她十几年如一日地,成功地将兄弟姐妹们的家庭牢牢地稳定在贫民阶层的泥淖的边缘。她使我心中常常充满了感动和敬意。尽管她不是什么时代"英模"……

"每一条行着的船上,不管大小,在艰难的航进中,都必有临危不惧并影响大家也鼓起勇气战胜风浪的桨手。"

这是我小时候读过的一本书中的一段话。书名我早已忘记了。这句话却印在头脑中了。此话原来是比喻人与国的关系的。现在我认为,借用以比喻人与家、人与家族的关系,也是有意味的。

平民没有退路,他们稍退一步必将沦为贫民。贫民的泥淖就在平民生活的边缘上。平民最清楚一旦沦为贫民将会怎样,所以从平民阶层的每一个家庭中产生出"拯救者",简直可以说是完全顺应生存规律的。这与中国平民阶层从前的年代里多子女的家庭特征有直接关系。

我这样说,当然的,并不意味着我反对"计划生育"。我举双手支持"计划生育"的国策。而且认为我们实行得太晚了,实在是中国最可悲之事。

我们的"计划生育"的宣传口号是——"一对夫妇只生一个孩子好"。

有次我接受外国记者采访,谈到了"计划生育"。

我坦言"一对夫妇只生一个孩子"并不好，一点儿也不好。无论对于下一代，还是对于为父母者，其弊端越往后将越加暴露得明显，而且终将酿成中国以后的又一重大社会问题。

但是我接着说——以普遍的中国人目前的收入，尤其是平民阶层的收入来看，其实只养得起一个孩子。

外国记者问——如果养得起，是不是有两个三个孩子更好呢？

我说您也是做父亲的，这还用问吗？

我说——即使养得起，即使明知两个三个肯定比一个孩子好，我们中国人也还是要一对夫妇只生一个孩子。这是一个起码的责任问题。一个中国人对自己的国，乃至对全人类，对"地球村"的责任问题。这个责任问题的性质，高于任何一个中国家庭人口结构的优劣问题。我们中国人为了选择大责任，宁愿暂且不考虑一对夫妇只生一个孩子的许多种弊端……

平民家庭的多子女，基于这样一种传统思想——十棵树苗，哪怕九棵都长歪了，总会有一棵成材的。

他们的指望就在那一棵上。

而漫长的历史中的中国社会的现实，又似乎总在默认着他们的逻辑。

我们先不必去批判他们的思想的愚昧。这一点不必再进行批判，如今谁都能认识到是愚昧的。

我想提出的问题是——在中国未来的年代，如果一个平民之子组成了一个生存在贫民边缘上的平民之家，并且要负担夫妻双方四个退休金低微的老人，难道他们不是随时可能沦为贫民吗？

我考察到，相当一部分平民之家，其实正岌岌可危地生存在贫民的边缘。

在中国，在当代，对于什么样的人家才算是贫民人家，我与某些官员的看法截然不同。

依他们看来，似乎只有无住处，无收入，每天吃不饱肚子的人家才算是贫民人家。

而我认为，在当前的物价之下，一个三口之家如果总收入低于六百元，就该算是贫民人家了（十三四年前，普遍的工资才二三百元）。

这一种看法的分歧，曾导致我与一位官员当面争论。争论是由他的一番话引起的。

他在一次会议上公开发言道——中国老百姓中其实真穷的没几个。

家家都有房子住。下雨淋不着，下雪冻不着，吃着大米白面，穿着不打补丁的衣服，能算是穷人吗？何况，大多数叫穷的老百姓，家里还摆着电视、冰箱、洗衣机。所以差不多都是装穷……

他侃侃地接着说——他对付"下岗"工人们是有"高招"的。不是来找他解决困难吗？他客客气气地请他们上一辆大客车，说拉到一处宽敞的地方去不受任何干扰地谈。拉到哪儿去呢？大冬天里，拉到郊外去，说到此处他笑了，显出因自己的"聪明"而很得意的样子——广阔天地，既宽敞，又无干扰。他说他是有所准备的，所以穿得非常暖和，不怕天寒地冻。而那些"下岗"工人则不同了，没准备，穿得少。一个个冻得缩着脖子抱着肩。没谈上一个小时，就都冻得受不了啦，都说先不谈了，要求快点儿上车回城……

他又笑了，仿佛在传授一个对付"下岗"工人们的好经验。

他说一个工人要求按照国家规定发给自己"下岗"生活费，而他这样回答："下岗"生活费是发给家庭生活困难的"下岗"工人的，你家有电视、冰箱、洗衣机，你自己有手表、自行车，所以你只不过是"下岗"了，还远远算不上家庭生活困难。你先卖东西过日子吧，什么时候你家里确实没什么东西可卖了再来找我申请补助……

他第三次笑了。

他发完言，我忍不住发言了。

我望着他说——你这个官，是个很混蛋的官。我虽然不是"下岗"工人，但是我替他们骂你——×××！这也是替共产党骂你的！因为我觉得你居心叵测，有官逼民反、给共产党的天下制造麻烦的嫌疑。如果哪一天你被打死了，并且大卸八块，我认为是很活该的，丝毫也不值得同情……

不错,哪一个平民人家没电视?没冰箱?没洗衣机?这能说明什么呢?

那些电器玩意儿,西方半个多世纪前就在城市里普及了!

我告诉他,我家的一台电视,十年前价值一千八百元;一个冰箱,"雪花"牌的,十年前价值九百元;一台洗衣机,不足一千五百元。所谓"三大件"加起来,十年前不足五千元。

我举我家为例,当然并非强调我家生活困难,而是希望他明白——大多数中国当代平民人家里的"三大件",皆十几年前所购之物,总价值五六千元而已。而那也许是他们全家节衣缩食几载才添置齐的。据此判断他们实际生活的穷与不穷,若不是头脑有毛病,便一定是心肠出了毛病。

我又告诉他明白——十年前的"三大件",即使件件名牌,今天卖,卖到一千五百元就算幸运了。

这些都是一些靠常识、靠极简单的思维就能明白的事。但某些共产党的官员,似乎就是成心装糊涂。我常常纳闷儿,百思不得其解——怎么那样的官员,往往在共产党的官僚队伍中还很吃得开似的?

他们住着一百多平方米的住房,乘坐三十几万元的"奥迪"公车,办公室越来越大,几乎一切日常费用都可变相报销,子女都安排在收入较高的单位——对比于他们对平民的态度,听听他们口中说的那些鸟话,实在是恬不知耻!也实在是令人怒不可遏!

我认为——那样的官员看待中国平民们的生活的逻辑,很有代表性,很典型,在为数不少的官员的头脑中都存在着,只不过有的没当成经验扬扬自得地说出来罢了。

我想告诉所有的中国共产党的大小官员——当你们走进一户平民人家,见他们住着大小两间屋,屋里有电视、冰箱、洗衣机,饭桌上盘子里是馒头碗里是粥,万勿据此表象得出错误的结果——他们生活得比你们想象的好得多,因而仿佛他们还要感谢谁的恩泽似的。

那只能证明这样一点——在你们的意识里,将中国当代平民的生活标准"规划"得太低太低了!须知如今粗粮比细粮贵,平民吃不大起粗粮。

我想告诉所有的共产党的大小官员——大小两间屋,屋里有电视、冰箱、洗衣机,每天吃着馒头喝着大米粥——是城市里最起码的生存状况。正因为目前还维持着这种最起码的生存状况,平民才是平民,才不是贫民。相当一部分平民人家,内心里所惴惴不安的,也正是怕连这一种起码的生存状况都维持不住,一头从平民的边缘上栽下去……

至于某些官员所理解的"家庭困难",其实意味着是乞丐的生活。平民有理由拒绝沦为乞丐,所以才在"下岗"后呼请关注。官员有责任不使平民沦为乞丐,这乃是官员对国家的最主要的责任之一种。

由于独生子女成为中国当代家庭人口结构的唯一选择,未来的中国,势必出现半数以上赡养负担沉重,而又无家族"拯救者"解危救难的平民之家。这些平民之家,沦为城市贫民比没有地基可言的泥屋草房在地震中成片成片地坍塌还快,而这无疑将加大贫民阶层的社会比重。

贫民多了,后果不言自明。

而这是中国的"改革开放"所必须超前估计到、关注到,超前有所准备,超前调整社会利益分配方案的事。

无平民阶层的生活稳定,无国家之长治久安。

无平民阶层的拥护,无政党的广泛权威。

无平民阶层的公认,"改革开放"的功绩再大,也意味着在最严重的方面存在着最严重的缺陷……

贫民是一个既独立又相对的概念。独立是因为近年来国际有关组织对贫民生活状况有一个较为公认的指数。但那指数是在西方诸经济发达国家的普遍物质生活背景之下产生的,并不完全适应中国这个低收入国家,所以不提也罢。相对是因为无论任何时代,都是与具体某一国家的平民阶层的生活水平进行比较而得出结论的。

世界上的资产者阶层的生活大致都是差不了许多的。因为资产者阶层的生活水平大抵是跨国界追求，而且总是以最富有的国家的资产者的生活水平作为追求目标。

越是经济落后的国家的资产者们的实际生活，越是比经济发达国家的资产者们的实际生活阔绰和奢侈。这早已成为一种世界现象。在这一点上中国的资产者们也不例外。这乃因为，在经济落后和次发达国家，阔绰和奢侈也是廉价的。拥有一千万美元的美国人家并不都处处显富，而且绝不至于全家都喜享乐。这是许多美国朋友告诉我的。但是拥有一千万人民币的中国人家十之八九都有别墅和名车，而才几岁的孩子都从小养成着摆阔绰讲奢侈喜享乐的恶习，这是我在自己的国家里发现的。这方面的例子不胜枚举，所以根本无须举例说明。

世界上的乞丐们也大致都是一样的情形。有区别的是中产者阶层和平民阶层。

由于各个国家的经济发达程度的差异，决定了各个国家的中产者阶层和平民阶层的生活水平不能相提并论。国家一旦陷入经济危机，首先是平民们的命运受到大面积杀伤，其次是中产者阶层的生活受到影响。

爱尔兰1846年的大饥荒饿死了近百万人，原有乞丐和贫民幸存者极少，同时饿死的近半数是平民，并且使近千万平民沦为新的贫民。而爱尔兰的资产者们，基本上都仍过着和1846年以前一样的富裕生活。

资产者一旦成为资产者，就有经济实力超越于国家经济危机之外。这乃是全世界资产者最大的共同的自信。

中国的平民阶层的生活，才刚刚由温饱型转为消费型。与此相比，中国当代的城市贫民，仍是一些温饱型的人家而已。他们的日常消费进行在最最低等的层面。进而言之，除了与温饱连在一起的消费，他们根本不敢问津其他任何消费。

这样的人家，供养一名小学生已捉襟见肘；供养一名中学生相当吃力；在目前，根本供养不起一名大学生。

这样的人家，在蔬菜价昂的季节，不吃蔬菜，只吃咸菜；这样的人家，半个月或一个月才吃一顿肉。

这样的人家，在中国各大中小城市皆有。

如果他们还不算贫民——依某些官员看来似乎还不算，那么世界上就没有贫民了。

他们究竟是多少呢？

客观地，实事求是地说，在"下岗"、失业的情况不像这么严重以前，人数是极有限的。而且他们的贫穷，主要非由国家经济状况造成的，而是由各自家庭的种种不幸造成的。世界各国都存在着这样的贫民。

"下岗"和失业情况的空前严重，扩大了中国当代城市贫民人口，形成了相当一部分城市平民贫民化的新现象。

"下岗"和失业不是"改革开放"的后果，是"改革开放"以前种种国情因素的后遗症。只不过这后遗症爆发于目前年代。进言之，即使中国目前并没有进行"改革开放"，"下岗"和失业也依然会在目前这个时代爆发。

有没有另外的因素呢？另外的因素也是有的。

比如黑龙江某大型企业连年亏损，工人开不出工资，而大庆要主动兼并这个企业——但由于这个企业的头头们自己的安排条件没得到满足，致使大庆最终放弃了兼并动议，两万余工人目前仍处在无工资的境地。

但无论怎样评说、分析"下岗"和待业，我们都不得不面对事实——中国城市里开始出现新的贫民。如果数量不是在减少，而是在以后逐年增加，那么贫民们的人数极有可能多到渐渐形成一个新的城市阶层的程度。

每一个国家都有贫民，但不是每一个国家都有贫民阶层。

贫民人数一旦形成了阶层化的比例，对任何一个国家都是堪忧的。贫民阶层化，便不可能像破鞋子一样被扔掉。归根结底，还是将成为一个国家的负担。

中国城市贫民的人数虽然增加了、扩大了，但由于大多数是由平民变成贫民的，所以目前的实际生活水平尚能维持在平民与贫民生活水平之间。这造成一种假象，仿佛他们仍是平民。一个二三百万人口的城市，有二三十万这样的人家。从该城市的日常社会面貌中几乎难以看出。这又造成另一种假象——仿佛他们根本就不存在。

他们一旦有了工作，哪怕每月四五百元的工资，则他们又会渐缓到平民的生活水平。

据我了解，他们中许多人家维持在平民与贫民生活水平之间的经济能力，最多再勉强支撑几年。几年以后如果他们不能渐缓到平民的生活水平，那么他们将成为彻底的城市贫民了。

在中国，在城市，没有工作的中国人，并不意味着是失业者，更不意味着一定是贫民。在中国，在城市，不乏这样的中国人：前十几年很是赚了一笔数目可观的钱，如今靠利息活得很滋润。有工作和没有工作对于他们反正无所谓。他们正乐得过几年无须工作的逍遥自在的生活。他们是一些情愿的快乐的失业者。

在中国，在城市，只有工厂停产或倒闭的工人，才是真正的失业者。也只有他们人数众多，只有他们才极有可能沦为贫民。甚至即使目前仍有工作的工人，也极有可能正在渐变为贫民。

如果一个双职工的三口之家，夫妻收入加起来不足五百元，他们实际上过的是仅比贫民强一点点的生活。

在中国，在城市，这样的人家，绝不比夫妻有一方失业的人家少。

中国城市贫民和正在加速贫民化的一部分平民的命运出路究竟在哪里？

目前还没有谁敢大言不惭自以为是地声明，他已替他们指出了"方向"。

"再就业工程"的愿望是令人感动的。但实际上更带有"慈善"的性质。带有"慈善"性质的举措不可能解决众多人的失业问题。它实际上连千分之一失业者的"再就业"也安排不了。

这将是中国在21世纪最顽固难医的头疼症。由"下岗"失业造成的平民贫民化的阴影，正在下一个世纪的门内向中国漫过来令人惴惴不安的阴影……

目前,"股份制"正在某些省市迅速推行。某些官员对此施加的"力度",比我们估计的要大得多。"加大力度"是如今官场上使用率极高的词,它几乎成了某些官员的口头禅。

据信,朱镕基同志曾告诫——第一,不可盲目相信"一股就灵";第二,要工人阶层自愿,起码要大多数工人自愿。朱镕基果而如此告诫过的话,其告诫值得各级官员切记。

"股份制"的实行无非面临三种状况:

一、亏损甚至严重亏损企业,即负资产企业。

这样的企业的工人们,本就工资低到极限,家庭生活水平岌岌可危地维持在城市贫民阶层的边缘,又哪里来的余钱买股"做主人"?

我了解到,有这样的企业的头头们,做法简单粗蛮——开次会,张贴一份"公告",限日限时勒令工人交款数千。交者,仍可保留"工籍";交不起的,脸一板,除名。甚至变相地将积年的亏损额均摊在每一工人头上,名曰"卖股",实则由工人们还债。

工人们问:"如果以后还亏损怎么办?"

答曰:"我不知道!"

这就好比从前的地主对待雇农了——不但不给工钱,还要从雇农身上扒下一件衣服。

这不是有点官逼民反的意味了吗?尤其可憎者,趁机将一笔又一笔白条——诸如自家装修房子所花的钱、公款吃喝所花的钱、游山玩水所花的钱、亲朋好友做生意炒股票所亏的本金,皆混算入股份中去,皆均摊到每一工人头上。

二、资产远远高于债务、效益较好的企业。

这些企业的头头脑脑们,勾结了企业外的有钱人,早就垂涎欲滴了。"股份制"正中他们下怀。还不等工人寻思过味儿来,他们早已凑足了钱,摇身一变,由企业领导成了控股私营者。于是国家工人也同时成了他们的"打工仔"。要指望他们对成了他们"打工仔"的从前的国家工人们负任何起码的生存责任,都只能是幻想。

三、零资产企业。

所谓零资产，当然并不就等于零，而是指资产与负债相差无几。这样的企业最适于公平拍卖。一旦拍卖于个人，经营有方，短时期内便能创收。

但怎样拍卖才算公平拍卖呢？

我认为，手持拍卖槌的人，目光首先望向工人才算公平。因为那资产，原本就是他们血汗的积累。只要他们的竞价不明显低于有钱人，拍卖原则应从道义上倾斜于他们，拍卖槌应为保障他们的利益而敲落，断不该为了施利于有钱人而敲落。

我知道这样一件事——某厂的工人们认为他们有能力经营好那个厂，于是凑资五十万打算集体买下，并推选自己信赖的带头人。但有钱人仅仅出比工人们高三万元的价，就使工人们的愿望化为泡影。中国戏剧中，有"一文钱难倒英雄汉"的唱词。三万元难倒了那个厂的两百多名工人。他们凑足五十万已是家家户户都将"保平安"的钱奉献出来了，再多凑三万，实属难上加难。何况，再多凑三万又怎样呢？富人的竞价哪怕比五十三万又高一万，结果那厂不仍是富人的吗？两百多个穷困工人与一个中国富人竞买某厂，经济实力的优势仍在后者。

这拍卖槌的一落，何等的没有天良！

但官员振振有词地说——这就叫公平！金钱面前，人人平等。

接下来的事可想而知，买下了厂的富人，对两百多名工人大逐大裁。逐裁过程，实行了自己对敢于与他竞价的工人们的集体报复。

而官员则熟视无睹，司空见惯，认为这正常得很，并且感到了大大的轻松。又有两百多工人不再是国家工人了，那么，今后他们的生存着落，终于彻底地与自己无关了。

工人变成了中国富人的"打工仔"，命运可能还算好，还值得庆幸。

报载东北某省某市某资产价值五百余万的厂，仅以一百万便卖给了一名韩国人。而那韩国老板，迫令他相中的女工，每夜于他睡前为他按摩，并肆意轻佻下流。不从者，以解雇相威胁。女工们怕失业，不敢怒且不敢言……

中国很大，如此这般之事，难免会发生的。

问题更在于——发生了这样的事以后，记者愤慨、公众愤慨，一切稍有点儿尊严的中国人都会感到愤慨，却从没听说哪位中国官员因此拍案而起过，无比愤慨过……

中国的官员，你们都怎么了？也许唯有具此大冷静，才当得成中国的官？才更像是中国的官？

报道此类事件的媒介，还往往受到严厉的批评、训斥甚至制裁。可不报道，就没人知道哇！没人知道，在自己的国家里受辱的我们的男女同胞，就只能忍气吞声地继续受辱，连点儿同胞对同胞的道义声援都难获得啊！

不想叫人们爱国了吗？

"股份制"非什么灵丹妙药，但起码是目前可以尝试一做的。此过程中杜绝腐败，严惩权钱交易，以及其后的密切关注、监督，乃是一种国家职责。倘官员渎职于此，遗患大矣！某些官员闻"股份制"而窃喜，因为他们的三亲六戚，又有机会大占国家的便宜了。

某些官员折卖国有资产的热忱如同小贩在早市上叫卖。许给有钱人的优惠"政策"往往令人咋舌，甚至应允有钱人可无息贷款。除了权钱交易私利使然，还有一种想当然的思想逻辑在支配——卖了就有"业绩"可说，不卖没有"业绩"可表。卖得越快，证明跟得越紧；卖得越多，"业绩"越大。卖！卖了，工人们以后的生存着落，也就别来找我烦我了，与国家脱钩了嘛！我是国家官员，操不着那份儿心了嘛！……

以这样的心态，又怎么能将"股份制"推行得好，推行得令工人放心呢？

山东省有个诸城，是个小市。全市的中小国营、集体企业几乎全部实行了"股份制"。那是一种较新型的"股份制"，或可曰为"集体股份制"。

诸城的做法是——第一，工人自愿；第二，在工人自愿的前提下，对企业进行估产后，首先向工人售股。一般情况不对企业以外售股，以确保本企业工人认购本企业股份的优先权。第三，企业百分之八十的股份由工人量力认购。只百分之二十留给企业各级干部，以确保工人对本企业资产的实质性集体拥有。某些亏损企业，估产后甚至均股"捐赠"给工人。这算国有资产的"流失"吗？也许有人要这么谴责。但我非常赞同这一种做法。因为道理是那么的简单——这些小型国有资产，原本是靠它们的工人的劳动创造和积累的。生产资料不能继续有效地起到生产的作用，那就莫如"归还"给工人，使工人真正成为它们的拥有者和主人，使它们在被有自信的工人拥有后重新"活"起来。"捐赠"给工人们是天经地义的。在中国，在目前，将某一小部分老化的生产资料"捐赠"给工人，使这一些工人能够摆脱对国家的依赖开始自己养活自己，并开始向国家纳税，这是"物尽其用"，而非"流失"。这做法比卖给某一个有钱人道义得多，合情合理得多，从长远看，政策水平积极得多。

事实也已证明，那些按照以上原则售股给工人或"捐赠"给工人的小企业，十之八九真的"起死回生"了，有的甚至以前所未有的生力参与着市场竞争。工人们一旦真正成了企业的主人，或曰"股人"，他们自己对自己的责任感，比任何别人对他们的责任感都强烈。

某市曾委派一名干部到一个"股份制"化以后的企业去任职，但不久便被拥有"股东"资格的"董事会"成员罢免了。因为他利用职权将一名没有购股的亲戚招进了厂里，而那亲戚被司法机关依罪收押，他动用厂里的公款将其赎出。这在旧体制时，叫"不正之风"。

这一种"不正之风"，对于某些企业领导，从前是"小事一桩"。这一种"小事"，从前非"纪委"严肃过问，是奈何不了某些企业领导的。但现在，"股份制"以后，"小事"不小了，也不劳"纪委"处理了。代表工人利益的董事会一决定，就罢免了。哪儿来的回哪儿去。罢免理由也只消一条就够了——"我们不信任"。

据说，朱镕基亲率考察组去诸城考察过，结论是——方向对头，考虑周到。思路符合"中国特色"，经验可取……

现在，十三四年过去了，中国城市平民阶层的生活水平，究竟提高了还是降低了呢？

答案应该是肯定的——提高了。

中国城市贫民的人数，究竟是增加了还是减少了呢？

如果以当年的贫困状况而论，答案也应该是肯定的——减少了。

而读者读我这东拉西扯，谬论百出的信口开河之书，一定会有种分明的印象，那就是——仿佛中国的情况已经危若累卵，难以为继了。而实际情况却是——中国不但挺过来了，这"改革开放"的后十三四年，综合国力又翻倍增强了，国人的生活水平又有幅度不小的提高。

1995年至2000年之间的中国，有些风雨飘摇似的。今日之中国，却终究很令世界刮目相看了。我想，若将"改革开放"之三十年分为一部书的上篇和下篇，那么我认为——上篇的主要内容是矛盾的交织，或曰矛盾"伏笔"；而下篇的主要内容，却记录了怎样破解那重重矛盾和怎样在困境之中突围的过程。

故我进一步认为，"改革开放"之经验，也主要集中体现在后十三四年间。

而总结"改革开放"的经验，我必应是认认真真地从后十三四年间去发现和总结。其中，定有弥足珍贵的经验，可供促进以后强国富民之实践……

363

# 第六章 农　民

中国农村经济体制的改革，是中华人民共和国成立以来最主要最重要的经济体制改革。就其主要性和重要性而言，不是之一，而是第一。因为中国乃是世界上农村人口最多的国家。在对农村经济体制进行改革以前，中国大约有八亿农民，几乎占全国人口的三分之二，又几乎占世界人口的六分之一。八亿中国农民中，两亿多生活在贫困线以下，另外六亿也不过仅能在丰年过上温饱生活而已。若遇大面积的连续的荒年，则在贫困线以下的农村人口骤增。最多时的比例甚至突破三分之二。继1958年的"大跃进"对农村生产链造成的人为破坏以后，从1959年至1961年，中国又经历了连续三年的"自然"灾害。现在我们已经知道，在那三年中，农村大约饿死了三千五百万至四千万人口。

中国的"农业合作化"是从苏联照搬的。新中国成立以后，中国共产党作为执政党的当务之急，需要一套符合共产主义治国原则的经验。当年在整个地球上，只有苏联提供这样的"样板经验"。中国学习苏联是必然的。这不能说是一个过错。除了说是必然的，只能说是必然的。一切必然的事情，都无对错可辩。好比小学教师如果"四""十"不分，一年级小学生往往也会那样。

但是"浮夸风"却不是从苏联学的，是中国自己的责任。

夏娃自从偷食了禁果，心中便产生了情欲冲动；人类自从摆脱了原始状态，头脑中便同时形成了私有意识。私有意识乃是人类思想史的第二要章。第一章是图腾崇拜；第三章是性。此三章又是奠定早期人性的最基本的三大内容。其后人类的一切思想成果、一切文化传统，无不起源于此三大内容。图腾崇拜反映人类对不可抗的自然威力的恐惧，于是形成了宗教文化以及一切关于生、死、命运、祸福的哲学思想。没有人类对以上命题寻求解释的自觉，便没有哲学。美学起源于性，这是无可争议的。人类首先惊讶地从异性身上感觉到了美，这一种感觉使他或她心生不可名状的不寻常的愉悦，于是开始欣赏到自然界也是美的，于是形成其后的一切两性文化。又由两性文化形成其后关于爱、婚姻的一切普遍的道德原则和早期法律。私有意识在这三章中是内容最为广阔的命题。私有意识拒绝恐惧。最智慧的哲学都不能改变它在大多数人头脑中的根深蒂固，连上帝拿它也无可奈何。上帝为了抑制人类私有意识的膨胀而在《圣经》中做出的最严厉的警告，其实并不曾真正地影响过人类。私有意识不但强大于图腾崇拜意识，而且往往以其强大主宰着两性关系——当一个男人对一个女人发誓说"我爱你"这句话时，他的头脑中同时产生着一种明确的想法——那么你属于我。

将人类的私有意识与人类的性文化的形成过程相比较，则我们不难发现——人类在百千次的性行为之后，才可能产生一种新的性观念。而人类中的某一个，在仅仅一次私有目的达到之后，其快感不但绝不亚于一次获得了极大满足的性行为，而且会总结出许多种私有利于己的经验和意义。

人类的性经验和性意义，往往是隔世纪才总结一次的。

人类的私有意识的经验和意义，在每一个具体之人的一生里，却可能被总结过一百次以上，而且每一次对自己或他人的私有意识的经验和意义的总结，几乎都将使他或她明确私有意识的天经地义。

马克思关于共产主义的学说，恰恰建立在人类普遍克服了这一根深蒂固的意识之后。

这个过程据我想来，恐怕要比人类产生了想飞的愿望到研制出第一架飞机的过程还要漫长。

列宁说过意思大致是这样的一句话——看来共产主义不可能在世界上到处存在着资本主义的情况之下在某一国家率先实现。

这句话由列宁口中说出耐人寻味。

毛泽东步苏联之后,将中国广大的农村作了"共产"的实践基地。他认为一步到位是好方法。他估计到了农民们对于"公社化"的本能抵触。因为这会使刚刚分到土地的农民怅然若失,所以他曾派出千万支农村工作队到农村去说服农民、教育农民。

农民们顺从了。一部分出于情愿。刚刚被从地主阶级的压迫之下解放了的农民,对于共产党怀有极其强烈的、感恩戴德式的信赖。共产党许诺了"公社化"以后更加美好的生活,他们就认为那更加美好的生活正在明天里向他们招手。他们的情愿的顺从基于感恩戴德式的信赖。一部分不那么情愿,半信半疑,但是经过说服和教育,最终还是恋恋不舍地拔去了埋在刚刚分到自己户下的土地里的地界桩。还有的农民当然很抵触,他们被视为落后的农民,地界桩最终被别人拔了去。他们加入"公社化"是无奈的,被迫的。

农民和土地的关系,许多人早已做过许多种生动的比喻,我不再鹦鹉学舌。我仅想指出,农民们想要拥有一块属于自己的土地的愿望,是人类私有意识中最长久,最牢不可破,往往也最值得体恤,最令人同情并且最动人的一种意识。

农民对土地怀有的私有意识,兼有着图腾崇拜和性化了的意识成分。

将土地比作母亲的是诗人,真的将土地看成母亲的却是农民。在农民心目中,土地不唯是母亲,还是妻子、情人和与自己有血脉关系的神圣事物。

农民对地主的深仇大恨之一,便是地主霸占了原本属于他们的土地,这种仇恨绝不亚于霸占了他们妻子的仇恨。

《红旗谱》一书中对此有过相当感人的描写。农民严志和不得不将两亩祖传"宝地"卖给地主冯老兰抵债后,曾趴在"宝地"上怎样地号啕大哭啊!

哪怕拥有半亩土地的农民,他也算是"半无产者"。失去了那半亩土地,他就成为"无产者"了。成为"无产者"了的农民,只有背井离乡,流落城市。他们在城里挣的每一分钱都系着一个梦想。那就是攒足了钱,总有一天,还是要回到农村去买一块地。

"公社化"实际上使农民变成了农村的"无产者"。

这一种祖祖辈辈繁衍于农村但是却"无产"的状态,使中国农民中的许多人,从"公社化"那一天起,心里就埋下了一份不安。这不安渐渐麻痹以后,又演变为一种普遍的依赖的惰性。既然我已经"无产"化,既然我已经无土地可依赖,那么我只有依赖国家。"公社化"以后的中国农民的头脑中形成这一种逻辑是无可指责的。连种什么,怎样种,种多少都"公社化"了以后,实际上等于连农民的劳动的愉快都被剥夺了。

农民不可能在耕种不属于自己的土地时获得什么真正的劳动的愉快。

"公社化"以后农民们在田间相互比赛的劳动热忱,以及在地头休息时的愉快情形,其实都只不过是人为煽动的热忱和即兴一时的愉快。秋收以后,当大批的粮食被收缴,农民们仅仅剩下口粮时,他们的沮丧是难以形容的。

中国农村经济体制的改革,正是在充分理解和体恤,重新分析和认识中国农民与土地的深刻关系后,将土地的耕种权重新分配给了农民。

这一重大改革,使中国农村八亿多"无产者",重新变成了"半有产者"。尽管农民"据有"的只不过是土地的耕种权,并不拥有土地的买卖权。但是他们的心理,从此蹒跚出了是"无产者"的阴影。耕种的自由,也使他们重新体会到了在属于自己户下的土地上劳动的愉快。

农民的劳动是繁重劳动。耕种的自由带来的愉快,以及完全能由自己把握的利益,是农民繁重劳动的安慰。

中国当代农村经济体制的改革,内容其实是极其简单的,但在中国共产党内部为此发生过激烈的辩论。

"包产到户"在刘少奇是国家主席的年代就企图全面推行过,这成了他是中国"头号修正主义者"的罪状之一。

"文革"刚刚结束不久，万里等率先在自己做第一把手的省份里公然冒天下之大不韪，"叛逆"中国的"公社化"体制，大张旗鼓地推行"分田到户"。

他们是彻底瓦解中国农村"公社化"，解放八亿农民务农生产力的两名"急先锋"。

农村经济体制改革的第二项内容是鼓励和支持农工结合、农商结合、农科结合、农贸结合。于是乡镇企业如雨后春笋。农民进可操作百业，退可依赖土地。农民的命运发生了可喜的变化。至今年，两亿多生活在贫困线以下的农民，已缩减为五千余万。

但是农村的经济发展在中国的差距极大。仍可以这样认为，如果仅靠务农，农民的生活在实现了温饱以后，奔向小康依然十分不易。在富裕了的农村，农民们的生活主要是靠乡镇企业的发展带动起来的。为数不少的农村乡镇企业的发展，又主要受益于中国房地产业向农村的扩张。农村从土地的长期租让中，获得了农民们从前无法从任何方面获得的大量资金。这些资金转化为那些农村发展乡镇企业的第一批生产资料。当这第一批非传统农业生产资料与农民致富带头人的远见卓识和精明头脑相结合，再加上农民们的齐心协力，以及灵活多变的自主权，乡镇企业便显示出了蓬勃的生机。

在这些乡镇企业蓬勃发展起来了的农村，农民们的许多儿女，开始放下锄柄和镰柄，不再像他们的父辈一样耕种土地了。他们变成了乡镇企业的生产力。当乡镇企业给他们的报酬比土地给他们的报酬还多，并且旱涝保收时，我们发现农民们的儿女们对土地之恋情，其实并不像他们的父辈们那么深厚。但是这些农家一般不会因儿女们的非农民化而放弃对土地的承租权。于是出现了新型的农家，儿女们在乡镇企业做工，成了"工薪族"。父母如果尚有能力，继续扮演传统农民的角色；倘无能力，则雇佣季节短工耕种。他们手中有了钱，雇得起。或者由村里将土地直接从农民手中收回，重新集中安排生产。有的地方依靠机械化，有的地方干脆以优惠的条件转租给外地农民。那些外地农民，当然是一些依然贫困的农村的农民。于是一部分中国农民，无形中变成了另一部分中国农民的"雇农"。

但是在这种雇佣关系中，剥削并非本质，更非目的。恰恰相反，本质其实体现为一种互助。当然，这一种情况是特别值得关注的。因为个别的剥削现象压迫现象也是时有报道的。富起来了的农民，并不像我们以为的那样，必定对他们依然穷困着的农民兄弟充满同情心和爱心。他们若觉得自己已经有资格剥削别人一下压迫别人一下了，他们的某些手段和方式，和新中国成立前的地主们是差不多的。

还有一种情况也特别值得关注，那就是，某些地方官员，为了鼓吹自己的政绩，不遗余力地将一些假的致富农村的典型树为样板。

说它们是假的典型，似乎有些欠公正。因为那些农村，确实已经真富了。参观者在那里会看到比城市居民还良好的农村别墅式住宅、幼儿园、小学校、礼堂、敬老院等。但是实际上那样的村里已经几乎没有了真正意义上的农民。那样的农村其实早已变成了一支"同乡施工队"。带头人只不过是一个如鱼得水的"工头"。村里常年在唱"空城计"。全村青壮劳力一年三百六十五天，可能有三百天都活跃在城市里，并且变为许许多多小"工头"。

一分为二地看，这也不失为好事。因为富起来是目的，方式只要不违法，应当允许并应当鼓励和支持多种多样。但这样的一些农村，其实是靠不再务农的方式而富起来的农村。而中国需要的是靠务农富起来的典型，靠务农富起来的样板。起码需要一大批这样的农村的实践进行无可辩驳的说明——靠务农也同样是能够富起来的。因为毕竟，绝大部分农民的贫富，依然的，而且只能与土地发生密切的直接的关系。

如果这样的典型稀少，如果这样的说明并不雄辩有力，那么也许恰恰提供了另一种值得深思的忧虑——中国广大的农民，在重新获得了土地耕种自由权以后，在解决了温饱问题以后，靠务农的话，生活水平究竟还能够不能够再有所提高？再有所提高的前景根据是什么？当然，我们所言的务农，并不否定乡镇企业，更不排斥农林牧副渔多种经营。

这里想强调指出的是——将靠与农业根本无关的方式富起来的农村，成心宣传为致富农村的典型，不但丝毫没有典型的推广意义，反而掩盖了事情的真相，而且极可能对最广大的，仍然正在务农的农民们的心理产生一种误导或暗示——依然务农也许从根本上就是悲哀的。

如果一个农村的农民们都去做矿工了，那个农村也许依然是农村，其实那些农民已不再是真正意义的农民。

在中国，在当代，有不少农村的农民，长期脱离对土地的耕种，甚至长期脱离农村，在非农民化的生活道路上付出着与务农同样的辛劳。

某些农村，实际上变成了强壮农民们的老弱病残之家眷们留守着的"后方根据地"。土地在这些农村半荒芜着，或者完全荒芜着，那里只见老人、孩子和狗。

我与一个农民就此交谈过。

他推心置腹地说："种地有风险，遇到灾年，我将颗粒无收，欠下种子钱、化肥钱、土地承包租金等。即使丰年，一亩地所剩最多也不过几百元，十亩地才几千元，而那需要全家人付出辛劳。现在，我只身进城，靠卖苦力，每个月怎么也能挣三四百元，甚至更多些，一年下来是几千元，而且旱涝保收，再也不必怕什么灾年不灾年的了。所以我们弟兄几个都从农村出来了。土地留给女人们了。她们能种便种，不能种干脆退给村里就是了。"

我问他："这样的生活还过得下去？"

他说："还行。"

我问他"还行"怎么理解？

他说反正不比种地的生活差。

我问他以后怎么打算？

他说不想以后，"摸石头过河"呗！

又问他，土地承包必定是签了合同的，如果村里不允许退地怎么办？

他说现在的农民谁还敢与村里签长期合同哇！差不多都是一年一续

签。即使签了两年三年的合同，种不下去了，中途要退地的话，私下里塞给村干部们点儿钱就是了嘛！

我问要是村干部拒贿呢？

他笑了，说现在哪儿还有什么拒贿的村干部呢？话一出口，似乎连自己也觉得说得太绝对了，想了想又补白道——可能还是有的吧？但太少了，太少了！幸好我们村的那几个干部都不拒贿。

我说，如果大家都先后把地退了，村里又拿那些地怎么办呢？

他说农民不情愿种地了，村干部们能有什么辙啊！只能荒着呗！

我说那不是太可惜了吗？

他说是啊，是太可惜了。可惜也不能强迫我们农民种吧？

我说那倒也是。现在政策不允许强迫……

中国当代农民中的很大一部分，在"三中全会"以后重新获得了土地的巨大喜悦，以及由这最初的巨大喜悦焕发出的、耕种土地的巨大热忱和巨大自信，自20世纪80年代末期以来，受到了相当严重的挫伤。

向他们"打白条"对他们的积极性严重挫伤了一次。在中央三令五申以后，"打白条"的现象少了。但农民们仍心有余悸，害怕哪一年又向他们打起"白条"来。一些农民并不能从那一种伤害的心理阴影中及时步出，他们仍心存着不信任。

任何一种伤害性的"政府行为"，哪怕由最低一级的政府部门不负责任地干了，其对农民们的心理伤害和情绪伤害，都必将超出那一行为本身，降低中国农民对国家的信任程度。

农民们若不被采访，其实早已不愿对什么人说"害怕政策改变"这一句话了。但是这一种想法，乃是他们最经常的心语。

看来，对于农民们的权益的某些保护政策，单发文件，单开些会三令五申是不够了——而应该写入宪法，甚至应该单独立法，做到违法必究。县一级领导干部违法，要法究县一级的领导干部；省一级的领导干部违法，要法究省一级的领导干部。

政策性的保护，是初级的保护。应将中国农民置于法的保护之下。

法的保护，才是永远的、神圣的，使农民们的申诉，得到超越地方权力控制的完善的保护。

农民们耕种土地的积极性和自信，也遭到了负担过重的挫伤。其负担一方面是由于地方名目繁多的杂税造成的；另一方面是由于种子、化肥等最基本的务农必需品的连年涨价造成的。何况，还有假种子假化肥案件一起接一起地发生，对农民们的家庭经济基础，及其继续务农的经济能力，往往构成摧毁式的打击，其结果是使一些农民谈"农"色变。

农民们务农的积极性和自信，还直接受到乡镇、直接受到城市平民阶层生活水平的影响。乡镇、城市平民阶层的生活水平提高明显，提高快，农副产品的市场牌价自然上浮，农民们的切身经济利益自然增加明显。反之，自然减少明显。

中国当代乡镇、城市平民阶层生活水平的不再提高，甚至降低，早已开始严重影响中国农民的务农收入。乡镇、城市平民阶层是农副产品的最广大的最直接的消费者。他们目前几乎已将收入的绝大部分用以满足一张嘴的正常需要了，而农副产品的价格针对于他们已经快涨到顶点的程度了。在此一种相互制约的情况下，乡镇、城市的平民阶层有苦难言，农民们也有苦难言。农副产品的价格若再继续上涨，乡镇、城市的平民阶层生活前景大为不妙；乡镇、城市的平民阶层的生活水平继续下降，农民们的经济收入也就没有可靠的乐观根据。

乡镇企业的蓬勃发展，形成了一些新的乡镇，以及多如雨后春笋的城乡贸易集市。既刺激了城市轻工产品的生产和销售，也刺激了农副产品的生产和销售。同时，地方财政从中得以加大税收，增强地方财政的实力。这是好形势。但不少乡镇企业，目前仍处于原始生产和野蛮生产的状况，假冒伪劣充斥中国各方面的市场，不但直接侵害城市人和农村人的消费权益，而且造成处处令人触目惊心的环境污染。既威胁城市人的生存环境，也威胁农村人的生存环境和农村的生态平衡。乡镇企业大多数依傍农村，对农村人的生存环境和生态平衡威胁更直接、更大。当然，也直接威胁到了农民务农的自然条件。在某些农村，务农的自然条件遭破坏的程度十分严重,农民务农已经几乎成为不可能之事。有些农民,是因务农的自然条件遭严重破坏,寒心而又无奈地告别土地,离开农村的。

在中国,在当代,目前的经济发展状况喜忧参半。可喜的方面充分体现着"改革开放"前十年,亦即20世纪80年代初至80年代末这一时期的显著成果。可忧的部分,近六七年,一年比一年暴露得分明,它实际上从80年代末就已经渐渐开始暴露着了,只不过当年被成果掩盖着罢了。

进入2000年以后,中国将达到十三亿人口。中国尽管在严格落实着"计划生育"政策,但人口基数太大,人口的增长仍是中国巨大的、潜在的、阴影无法驱散的沉重负担。

从理论上讲,一个国家由农业经济基础国变为工业经济基础国,众多的农业人口变为众多的非农业人口,无疑是一种进步。但从实际上看,中国这个即将达到十三亿人口的泱泱大国,农村人口减少到总人口的一半,必是十分艰难的。十三亿的一半,仍是六亿五千万,相当于70年代初的中国总人口。

农业人口变为非农业人口,需以城市工业发展程度作为前提。在中国,在当代,轻工业小商业并不足以促使农业人口成亿地"变",非重工业基地的大规模开辟不可。但中国现有的重工业基地正在大刀阔斧地精简劳工。在"下岗"和失业工人中,重工业工人的人数占首位;轻工业的员工也早已过剩;小商业还有自发产生的余地,但也几乎快达到饱和。

在21世纪的前二十年或三十年或更长的时期内,中国仍将是一个半工业经济基础半农业经济基础的国家。工业经济将部分地商业经济化。工业中的一部分过剩劳工,将被迫变为商业经济中的"个体",并渐渐适应之。如果这一种"溶解"成功,中国工业发展的步伐将轻快起来;如果不成功,城市失业现象将作为严重的社会问题,比目前更加困扰中国。

但是,农业人口却绝不会明显减少,乡镇企业会"消化"一部分农业人口。然而针对巨数的农村人口,乡镇企业的"消化"几乎是微不足道的。

工业总产值将越来越超过农业总产值,农业人口却将几乎永远占全国总人口半数以上，而且几乎寻找不到使农业人口大批地"变"为非农业人口的途径，这在整个21世纪，都将成为前提注定了的"中国特色"。

目前各大中城市所呈现出的"民工潮"现象，其实是大批农民的自救现象。这绝不意味着"变"，而只不过意味着是生存方式的临时选择和生存状态的权宜之计。对于他们是权宜之计，对于中国也是权宜之计。他们自身的临时性选择，临时地解决着中国当代一个与农民命运紧密相关的本质问题——如何使巨数的，又实际上摆脱不了传统的务农命运的农民，从他们已经重新获得了承包权的土地的辛勤耕种中，获得到与他们的汗水相适应的回报？并进一步帮助和保证他们的生活水平继续提高？

如果这一点中国目前还力有不逮，以后将作怎样的打算？稍有头脑的人都会清楚，这是超出了派"扶贫工作组"深入贫困农村会得以解决的问题范围。它的性质是体现在农业方面的剩余价值问题，是农作物商业化以后，在中国这个农业人口将长时期地占一半以上的国家里的商业价值问题。

这个"结"解决得怎样，直接关系到下一个世纪里的一个沉重话题——还有多少农民的下一代仍肯于当农民？一处处农村还会是农家儿女热爱的家乡吗？

十三四年后的现在，我每年还是要到农村去一两次的。当问及中年以上的农民他们的生活感觉怎样时，几乎每一个被问到的人对免掉土地税、免掉孩子们的学费、种粮有补贴、在农村推行医保和养老保险这样一些国家政策的前后出台，皆表达了极为真诚的满意。

我写完以上一行文字后，不得不放下笔，出门去参加文化艺术出版社成立三十周年的纪念会。我恰巧与莫言并坐一处，因知他在农村亲人多多，经常回到家乡高密的农村，对农村现状比我有发言权，遂抓住机会问——依你看来，家乡农民们的生活变化有多大？

他说："太大了呀！纵向来比，也就是和中国以前的年代相比，那简直可以说是巨大的变化呀！"

他说："我老家那个村，在当地既不算大，也不算富，但六十几户农家，二十几户是有汽车的。十几年前，农民们敢想象自己家里买得起车吗?就是咱们这种有较丰富的想象力的人,敢替八亿中国农民那么想吗?吃的、穿的、用的,都是十几年前的生活没法比的。"

他说:"当然,这都是纵向来比。但首先得纵向来比啊!如果非要横向来比,和欧美发达国家的农场主们的生活水平相比,那不是太脱离国情太超现实了吗?人家的农民仅占总人口的百分之几啊,没可比性怎么比呢?"

他说:"最重要的是——农民们终于自由了!自由了的农民们和他们的后代,可以直接到城市里靠打工挣现钱了。而且现在农民工的工资也明显提高了,前几年一天还只能挣到几十元,现在能挣到一百多元了。而在从前,农民们连进城赶集,都得向队里请假!有的生产队管农民像部队管兵一样……"

最后他说:"但各级政府却不可以自以为有功。实际上我们今天给予农民的,是早就应该给予他们的,而且是起码应该给予他们的。用'给予'这个词都不恰当。"

我说:"那什么词恰当?"

他说:"你想。"

我想了想,说:"还给?"

他说:"也不恰当。农民们以前从来就没享到过那些,怎么叫还?"

我说:"补偿?"

他说:"农民们为这个国家付出太多太大了,现在这种命运的改变不足以视为补偿吧?"

我说:"那,似乎也就只能用'共享改革'成果来表述了。"

他想了想,说:"共享也谈不上的吧?说成'分享'比较准确。"

我说:"终于分享到了一些。"

他说:"我刚想说一点点。"我俩都笑了。

我最后说:"说到底,是中国农民们太好了!每一项向他们的福利倾斜的政策,国家花在他们身上的每一分钱,全都是最值得的。因为他们那份感激是超值的。"

莫言兄表示同意我的话。

375

# 第七章　中国农民工

2010年3月，全国政协会议期间，在我所属的民盟第二组讨论中，关于"农民工"问题发言极为热烈。

"农民工"是中国当下的一个问题吗？

当然是的！而且我认为，是决定中国之将来前途怎样的第五大问题。

我认为前四大问题依次是：

一、人口的问题。

二、国体的问题。

三、腐败的问题。

四、贫富之间巨大的差距问题。

中国之人口问题，是中国的"命门"性问题。百余年前，全世界的人口才十六亿多。当下之中国，仅就人口而论，几乎是百余年前的世界。所幸中国不再是"战国"局面了，否则中国更加"世界化"了。

如此众多的人口，使"国体问题"在中国遂成敏感问题。正所谓"剪不断，理还乱"。

"国体问题"从前是完全禁讳。一些人根本不许另一些人说，哪怕是怀疑到另一些人头脑里在想，另一些人的命运也将注定了是悲惨的。现在，终于有一些敢说的人士了。禁讳一经突破，从前根本不许别人说的那些人，想要继续不许那也不太办得到了。不可能了。

但说的人，约定俗成的说法是"体制问题"。于是，许许多多令人不满的社会问题，往往都会被一言以蔽之地归结为"体制问题"。这也"体制问题"，那也"体制问题"；又于是，"体制问题"成了一个筐，什么问题都能往里装。

当一个国家的几乎一切问题，都被普遍的头脑归结为"体制问题"，那么也就几乎证明了，这个国家的"国体"存在问题。因为，总不能怀疑是普遍的头脑出了问题。须知那普遍的头脑，不但基本上是正常的头脑，其中还不乏深刻思想能力的头脑。

"体制问题"是"国体问题"的另一种说法而已。

中国之"国体问题"所表现得最严重的，自然是腐败问题。"腐败"二字，也自然是专指官员与官吏的。层层级级的国家权力，巨细无遗地掌握在他们手中。他们以权谋私，则权力随之腐败。腐败是丑陋的，那么民怨载道，不能不说是对"国体"的间接诟病。

倘能将"腐败问题"予以最大限度的遏制，对于中国之"国体"，估计半数以上的中国人还是可以认同的。

但另一个问题恰恰是，反腐力度确实在加大，而腐败却还是层出不穷。并且如果哪一天一下子撕开了种种人为设置的种种"铁幕"，社会完全透明化了，国民的眼便肯定会看到——一个曾隐形着的"灰社会利益阶层"，绝非哗众取宠之说，而是的的确确存在着的。

中国之国体几乎必然地滋生着"中国特色"的腐败问题，好比外装修豪华气派的老宅，内部结构毫无改动，硕鼠们便依然在其中代代繁殖，生生不息。这是两个相互关联的问题，彼此纠结。谁能解开此种纠结，中国当为之塑全金像。到目前为止，中国还没有一位这样的大智慧人物产生。

人类的世界从来就是贫富不均的，哪一个国家都有贫富差距。国家存在的意义，正在于尽量缩小差距，使贫者也能真正有理由爱这个国家。如果穷者为数多多，那么国家即使一时难以改变他们的贫穷现状，起码也应减轻他们的生存不安。

正是在这一前提之下,"农民工"问题不容忽视。

在我们那一天的讨论中,有我们民盟的一位政协委员,对"农民工"这一种叫法,替他们表现了极强烈的不满;认为"农民工"这一叫法本身,便意味着某种潜意识里的歧视。

而我认为,大可不必在叫法上抬杠,更不必认认真真地抬杠。据我了解,此前虽也有"农民工"对这一叫法感觉受到歧视,然绝大多数的他们,其实并不多么在乎和计较,他们在乎和计较的是——在"共享改革成果"由国家总理在《政府工作报告》中庄严郑重地承诺了以后,他们究竟能从中国三十年来令全世界有目共睹的巨大经济成果之中享到多少,以什么方式享到?现在无望享到的,以后能否享到?而那以后,又究竟是什么时候?

中国"农民工",明摆着目前是享受"改革成果"最少最少的族群。并且其总体上,完全可能成为将来之中国另一为数庞大的贫穷族群。所以,我个人的观点是,既然大多数的他们并不在乎和计较叫他们"农民工",社会无妨还暂且那么叫着。因为那一叫法,意味着他们既区别于农民,也不是通常意义上的工人。正因为左也不是右也不是,而且享受"改革成果"最少最少,所以才尤其值得关怀。加不加"兄弟"二字,那也都是无关紧要的。

"农民工"中的一多半,指三十岁以下的一些男女青年,他们是这样的一些青年:农村有他们的家园,但是他们自从离开家园那一天起,最大的愿望便是有朝一日与农村的家园一刀两断。城里人以前以为,他们即叫"农民工",只不过是临时进城来打工,几年中攒下了钱,回家去盖起了房子,于是结婚,生儿育女,到头来还是会成为农民的。这种以为错就错在,那基本上符合十年前的"农民工"们的情况,却基本上不符合现在的一半左右"农民工"们的想法。现在的一半左右的"农民工"们,大抵是十年前的"农民工"们的儿女。有的是农村的"80后",有的是农村的"90后",又大抵也是农村的独生子女。二十多年前,正是他们的父母用在城里辛辛苦苦挣下的钱为家人盖起了新房，而那是他们家一代代人自1949年前就巴望着能够实现的最大愿景。可以说每一梁每一柱，每一块砖瓦每一道水泥缝，都是用廉价的汗水换来的。甚至盖那新房所需的钱中，也有他们的祖父母在城里一角角乞讨来的。比起而今在城里打工的他们，他们父母辈当年的打工生涯，收入要低得多，往往饱尝屈辱，很难维护自己的尊严。在新房里长大的他们，也曾满心欢喜过。因为对于以前破旧的那个家，他们毕竟记忆犹新。而在新房里出生的，则连那一种欢喜都没有过。因为等他们长大时，村里已经变了样子，几乎家家户户都盖起了新房。他们没见过村子里到处是破屋危房的情形，对于以前农村里那种令人无望的贫苦景象，他们根本没有记忆。而这一点，多多少少形成了农村"80后"和"90后"的区别。前者们还能比较地体恤到父母辈的不容易，后者们却像城里的独生子女一样理所当然地以自我为中心。

农村的"80后"和"90后"加起来，会是目前中国"农民工"的几分之几呢？即使不按统计的方法，估计也会是一小半人数。而另外一大半，则是他们的叔、兄辈人或嫂姨辈人。

如果说城里的"80后""90后"是城里的新人，那么农村的"80后""90后"也是农村的新人。只要他们进城一年以后，大抵便发誓绝不再做农村人了。父母辈对土地的那一种根性的情愫，在他们内心里是绝然没有的。他们对家园的心理是很分裂的。一方面，在自己还没成家之前，他们仍需要一个能给自己以关怀和温暖的家；另一方面，对于家居然在农村里而不是在城市里，他们是不知多少次地诅咒过命运的。他们中有的人，在城里打工一年是攒不下多少钱的。春节时若能带回家两三千元，那已经很不错了。家已经是新房子了，他们不像父母当年打工时那么有攒钱的动力了。他们既是独生子女，农村那家的一切，当然终将会是属于他们的。他们绝大多数人的想法是——父母一旦不在，那就干脆将房子卖了。如果属于自家名下的土地也卖得了，当然一并卖了。临近那时再攒钱也不晚，加上攒下的和借得到的钱，最好能在镇里更好能在县里买一处房，于是从此成为镇里人或县里人。

每年春节，平时只剩老人孩子和狗的农村开始热闹了，有了生气了。因为在城里打工的中青年们回去了。城里人也许想象不到，在春节前，在县城里和镇集上，购年货、买鞭炮的农民也是出手大方的。二三百一包一箱的鞭炮礼花，他们也是几包几箱地买的。有的人家，是"80后""90后"的儿女在城里打工，他们的四十几岁、五十来岁的父母也终年在城里打工，一年到头守在家里的，其实只是上了岁数的爷爷奶奶。而做父母的，自然比儿女们更肯于省吃俭用地攒钱。往往，儿女和父母带回家的钱，总数不少于一两万。终于团圆了，也完全可以过一次"不差钱"的春节了。买鞭炮花那点儿钱算什么，一年不是才高兴那么一次嘛！但是如果深入了解一下会知道，购年货的钱也罢，买鞭炮礼花的钱也罢，却大抵是花的父母的钱。

"你们的钱，你们攒着吧！"他们的父母会这么说。

于是，他们伸入兜里的手，也就不往外掏钱了。

倘在外打工的只不过是他们自己，他们中有人也会很大方地给父母钱。大方归大方，所给是不多的。购置年货，他们也会主动往外掏自己的钱，但却会显得抠搜一些了。而他们的父母，那时往往会很内疚，说些过意不去的话，深觉对不起他们。

不论在城市还是在农村，还能挣钱的父母比之于已不能挣钱的父母；挣钱多于儿女的父母比之于挣钱少于儿女的父母，在儿女面前的尊严感也会相应地高一些。

那些农村的新人，转眼到了结婚的年龄。既然还没有变成城里人，也便只能回农村去结婚。如果再深入了解一下也会知道，那些农村的新人们，能完全靠他们自己攒下的钱办完自己婚事的，实在是少得很呢！十之七八，是靠父母们辛辛苦苦口挪肚攒存下的钱为他们办成婚事的。婚事一毕，父母防病养老的钱，每每也就花得精光了，甚或还会欠债。

什么"草莓族""月光族""啃老族"——不要以为只有城里的"80后""90后"才会那样，许多农村新人也是同样的。

或许有人会问：如果连点儿钱都不曾攒下，那么进城打工还有什么意义呢？

其实，也不能责怪他们多么的大手大脚。他们在城里的工资，也就七八百元至一千二三百元而已。那点儿钱，攥紧了省着花，每月又能剩下多少呢？尤其他们中的女孩子，买几件好点儿的衣服，买双高档点儿的鞋，买只喜欢的包，买化妆品，买串项链，看几场电影，吃点儿零嘴儿……那么几个月的工资也就没了。

还有手机费、上网费、染头发、做发型、丰乳霜、交朋友、谈恋爱……也都是要支出的。对于她们，那又是不该省也没法省的。

据我所知，他们中有人每月仅手机费一项就二三百元。当然，那是特殊时期也就是恋爱时期。

二十多年前他们的父母在城里打工时，那些钱是根本用不着花的。幸而那时手机还未普及，他们的父母之间谈恋爱，也就是抽空儿幽会，当面说说亲爱的话，恋爱成本极低。否则，他们的家八成就盖不上新房子了。

是的，他们和他们的父母辈太不同了，几乎可以说是完全不一样的农村人。而他们中的女孩子比男孩子又不同，就吃苦耐劳方面而言，从许多男孩子身上依然能够看到他们父母辈那种坚韧毅忍的基因，比如为我们城里人家送饮用水、牛奶，送报、送快递的农家男孩，他们所吃那种风里来雨里去，顶严寒冒酷暑的苦，绝不是城里人家的男孩所吃得了的。在建筑工地上、修路工地上，也经常会看到他们稚气未泯的脸庞。就是在黑暗的煤矿井下，也有不少二十来岁的农家男孩的身影，夹杂在成年的矿工之间。但是女孩子们，则比她们当年的母亲们要不如多了。她们的母亲当年所吃的苦，她们是一小半儿也吃不了的。她们的母亲们，当年一从城里回到农村的家里，往往是一放下东西眼里就看到了活儿，第二天就习惯成自然地做这做那了。她们的母亲们，年复一年地在城里打工，大多数却基本上不被城市所改造。她们的母亲们，当年差不多都有一种明确的思想——城市只不过是自己为家里挣钱的地方，而农村那个家才是最使自己牵肠挂肚的所在。

那是一种家庭责任感。那一种先天本能般的责任感，不允许她们对城市做什么脱离现实的非分之想。

她们的是"80后""90后"的女儿们则不同——新生代们从城里回到农村的家里时，往往穿得和城里人家爱打扮的女孩子一样花花绿绿，全身这儿那儿，缀着些廉价的七零八碎的饰物；又往往，留着长发，涂了眼影，纹了眉毛，抹了口红，连指甲也留得长长的，涂了指甲油；倘是夏季，她们还往往穿着高跟鞋回家。

已经被城市改变成了那么一种样子的女儿们，当父母的还怎么好支使她们帮着干这干那呢？往往话到嘴边，犹犹豫豫地又咽回去了。并且父母们也许还由而很欣慰，心想女儿可是变了！虽然不知哪一天才会是城里人，但是先变掉了一身土气，变得和城里人的样子差不多了也值得高兴啊！

这么一想，当父母的们，还真的从内心里往外高兴了。

然而我并非想要通过以上农民与其当下儿女们的对比及其关系描写，表达我对传统农民们之土地情、家园情的赞美和对新生代之被城市改变的遗憾。我只不过想要说明他们已是多么的不同。并且恰恰相反，我认为农村新生代对城市的强烈向往，对成为城里人的强烈渴望，于中国之农村城镇化进程是有促进作用的。而农村城镇化对中国的明天是有好处的。可忧之处肯定也有，但归根结底，好处为主。如果农村新生代的想法，至今仍像他们的父母辈当年一样，那么中国的农村人口，又哪年哪月才能明显地减少呢？而一个农村人口始终占半数以上的国家，则只能始终是发展中国家，难以真正成为世界强国的。

中国现有两亿几千万"农民工"，仅从人数上讲，相当于一个不稳定的，每年几次处于游移状态的大国。未来几年内，他们的人数不太会减少，也许还会增加。这乃因为，"80后"和"90后"农民工，他们才不会像当年的父母辈一样，挣几年钱就回家乡了，又安安稳稳地过从前的农民生活了。不，他们绝不会那样的。

事实上，他们是将城市当成了上班的"单位"，正如城里六十岁以前的人都是"单位人"一样。即使他们不可能一直在城里打工到六十岁，起码也要争取五十岁再退休。他们在农村结婚后不久，往往便比翼齐飞，又回到城里了。正如城里人度完了婚假，又恢复为"单位人"了。他们的孩子，要么撇给农村的老人们，要么干脆抚养在身边。也正如从前的某些城里人，将单位的集体宿舍当成临时的家……

渐渐地，年复一年的，农村的家园对于他们便不再是"家"了，而成了"老家"。就像城里人说"老家"，其实指的只不过是出生地。

如何圆他们的梦，对中国差不多是一道必须解出结果的"哥德巴赫猜想"。在但凡是一座城市的房价全都无法遏制的情况之下，要解出结果简直可以说"万分复杂"啊！……

# 第八章　中国当代"黑社会"

"黑社会"非"流氓团伙"。

"流氓团伙"大抵由"流氓无产者"组成。由于"无产"而"流氓"，又由于"流氓"而"团伙"。"无产"使他们敌视社会，说到底是敌视自身，敌视自身的无产境况和命运。敌视社会更深层的心理根源即是敌视自身，敌视自身而又缺乏改变自身境况和命运的起码自信以及起码能力，并且不甘也没有勇气了结自身，于是走向极端的反面开始敌视社会。敌视社会、报复社会在他们内心里滋生起一种快感。那快感减轻着他们对自身不可救药的敌视和自卑。但那减轻是暂时的，他们骨子里摆脱不了自暴自弃的悲哀。故"流氓团伙"的成员大部分是青年。

"黑社会"则不同。"黑社会"中当然也有"流氓"，但却肯定的皆非"无产者"。恰恰相反，他们不但"有产"，而且可能同时有权，或间接地支配被他们拖下水的官员们手中的权。

"流氓无产者"青年一般不具备他们那样的资本和条件。故"黑社会"的成员大抵是中年。虽有青年，青年也往往是微不足道的小角色，容易被利用又容易被抛弃的小角色。周星驰在电影《龙蛇争霸》中演过那么一个可悲的小角色。

全世界的"黑社会"史都充满了血腥和暴力。但如今的世界毕竟文明多了，如今的"黑社会"也"文明"多了。

第一个一万美元是骗来的，敲诈勒索来的，采取暴力手段抢来的；第十个一万美元是贿赂官员，收买官员获得的；第一百个一万美元则往往只需要在生意场上赚取就行了。

金钱的种子只能是金钱。金钱是繁殖最快的东西。一旦拥有了足够多的金钱的种子，暴力就显得多余了。这便是全世界的"黑社会"在20世纪里都变"文明"了的公开的秘密。只有在大宗的金钱将遭受损失时，"黑社会"才重新启动血腥和暴力的"机器"。

即使"文明"了的"黑社会"，其商业经营也仍带有显然的权钱交易的特征。

一个官员的腐败是腐败，一些官员的合伙腐败是"集体腐败"。一个也罢，一些也罢，都是在与财富占有者或支配者的权钱交易、权钱勾结中腐败的。

若其交易中、勾结中，还有执法人员甚至执法官员的介入、参与、包庇、分赃，实际上就构成了一种"黑社会"关系。

在中国，在当代，这样的"黑社会"关系不胜枚举。若其中还有威逼利诱发生，则更加带有典型的"黑社会"色彩了。带有这种典型的"黑社会"色彩的案例，在中国，在当代也不胜枚举。

中国当代"黑社会"与世界各国"黑社会"史中的"黑社会"结构较有区别，其区别表现在以下。

第一，只有利益关系，没有组织形式。这乃是因为，"黑社会"人物皆非等闲之辈，皆是有头脑的人物。他们清楚地知道，执政的共产党对于有组织的犯罪活动，其打击的严厉性远远超过打击"流氓团伙"，而且一向判以重罪。所以他们仅保持、巩固和隐蔽利益关系，但绝不会愚蠢地设立组织。一旦有组织色彩，则哪怕只手遮天的大官，也无法包庇于他们了。与他们相比，倒是些"流氓团伙"不知天高地厚，煞有介事地形成什么"组织"，愚不可及地制定什么"纲领"。

第二，中国当代"黑社会"超越第一阶段而存在，亦即超越了积累第一个一万美元的血腥的暴力的阶段而存在。直接在第二个阶段，在金钱对权力的贿赂和收买阶段"一步到位"。所以是世界上最具有迷惑性的"黑社会"现象。

第三，传统的西方"黑社会"中，其"轴心"人物，或曰"教父"式人物，往往是"黑社会"首领，而卷入其中的大小官员，一向是被利用者，像"黑社会"中的青年一向是被利用者一样。传统的西方"黑社会"，有时会将一个人"扶植"为他们所需要的议员，但绝不会将"黑社会"内部的至高权威同时交给那个人。各国"黑社会"只服从于同类中产生的权威。在中国，在当代，情形却恰恰反过来。"轴心"人物或曰"教父"式人物，则往往是官员。利益关系同样需要"凝聚力"。没有组织尤其需要无形的"凝聚力"。在中国这个至今世界上特征最巩固的"官本位"国，金钱虽然可以贿赂权力、收买权力，最终达到支配权力的目的，但是在"凝聚力"方面却无法与权力匹敌。权钱达成无合同的交易，往往是一次性收买与被收买。再交易，再收买。金钱若以自身为权威，则需无数次地进行收买；而金钱若臣服于权力的权威，关照金钱的种子顺利地"开花结果"就变成了权力的义务，只要金钱也时常为权力"浇水施肥"。

有一个许多人都知道的事例很能说明这一点——某地的一位"大款"，在招待客人时得意忘形地说："副市长有什么了不起？我一个电话拨过去，限他半小时内到这儿，他不敢三十五分钟才到！"

他拨了电话，那位副市长也的确"应召"而来。

这是典型的金钱一旦收买了权力，继而轻蔑权力的事例。它的结果是将暗中的关系公开，从而导致两败俱伤。

更多的事例是——权力不但被金钱所收买，而且被金钱甘居第二地推崇到"教父"的地位。这是权力在权钱交易中的最佳感觉。它既满足了对金钱的贪欲，又本能地维护住了权力的尊严。这一种权力与金钱交易勾结的当代"黑社会"关系，在公开场合往往表现得相互陌生，彼此彬彬有礼似乎敬而远之。当权力有危机了，金钱为之发挥营救作用；当金钱需要了，权力为之四处斡旋。

有的经济犯罪者一旦落入法网，咬定牙关也不肯轻易供出的，往往便是对他来说仿佛"教父"的权力人物。他心里清楚，只要那"教父"式的权力人物不倒，他还有出头之日；而彼人物一倒，他便没救了。

在权力人物为"教父"的中国当代"黑社会"中，几乎必有执法人员甚至执法官员的介入、参与、包庇。这就是为什么有些经济犯罪大要案，若无"中纪委"的配合，司法部门单方面往往显得力不从心的原因。

所以，由权力人物充当"轴心"人物或曰"教父"式人物的中国当代"黑社会"现象，仅用官员们的"腐败"二字来评说，已经显得轻描淡写了。某些经济犯罪大要案，即使"中纪委"鼎力配合结审，也是往往难以"水落石出"的。因为所牵扯的权力人物和权力关系太错综复杂、太多了，不得不在某一个人物身上终止下来。而这恰恰正是外国当代"黑社会"势力电影中的套路情节。

在中国，在当代，生活似乎"源"于艺术，并且"高"于艺术。

执政的中国共产党人，若不以防止政权"黑社会"化演变的严峻目光审视这一现象，前景是令人相当堪忧的。因为在中国，只有中国共产党自身能抑制这一种演变。

变"修"已成为无稽之谈。因为"修"不但没了指向，而且连概念也变得暧昧不清。

毛泽东当年有一句名言——"资产阶级就在共产党内。"毛泽东当年说这句话时，中国并没有所谓"资产阶级"。现在中国有了，而且其经济实力不容忽视。

如果共产党内的某些官员"资产阶级"化了，其实并不多么可怕。真的"资产阶级"化了，贪婪性反而小了。但是，大多数官员，并不能因为是官员，便真的"资产阶级"化起来。不能不等于不想。想而企图实现，又畏于党纪国法，于是手段和方式便转入暗中，即转入地下，具有隐蔽性。隐蔽性蔓延，就结为权钱交易的种种关系网。

在我们大家都公开着的社会关系之下，隐蔽存在着的另一种不合法关系的结网,当然便是"黑社会"关系。

邓小平生前也曾说过——中国要出问题,归根结底,还是很可能出在共产党内部。邓小平担心的是发生苏联那样的事情。

然而,中国共产党也可能在非常巩固地掌握着政权的情况之下,政权被某些官员一小部分一小部分地两面化了。一面做给自己的党和全社会看;而另一面隐蔽地、贪婪地、不断地左右结网、上下结网……

这一现象,在以小官吏为"轴心"人物或曰"教父"式人物的社会下层,表现得尤其分明。

某些村、乡、县的干部沆瀣一气,鱼肉百姓,并有相应级别的司法干部与他们狼狈为奸,假以专政的名义威胁百姓、迫害百姓,使百姓受了迫害而有冤无处申诉。更有地方的大小"财神爷"团团巴结于他们左右,成为他们眼中最值得为之"服务"的良好子民;还有上一级官员不时地表彰他们的"政绩",不时地颁发给他们许多共产党经常颁发的荣誉,替他们担保他们的清白、他们的优秀,一旦东窗事发尽量庇护于他们,"宽厚"地替他们说情……

恰恰是这样的些个地方,政权的"权威性"显得无比的稳固,真可谓撼山易,撼其"权威性"难,而且使人绝对地相信,那里的政权真的将永远姓"共"……

但此种现象,即使摆在全世界看,摆在"黑社会"势力仍残余存在着的国家里看,不是"黑社会"现象又是什么现象呢?如果有人居然认为还不算是"黑社会"现象,那么则世界上似乎就从不曾存在过什么"黑社会"了。

值得深思的是——在别国乃是残存现象,在中国乃是新生现象。

报载某市一名小小的派出所所长雇用了自己手下的警员杀妻成功。我们不必多谈案件本身,全世界到处都发生着耸人听闻的案件。我们所要谈的是——他一向开的是一辆"奔驰"。那一辆"奔驰"所能说明的权力(而且是司法权力)演变的性质,据我看来,甚至重于他雇用自己手下的警员杀妻。一个小小派出所所长只有开上了"奔驰",才有"资格"

雇他手下的警员杀妻。那么谁给他那一种"资格"的呢？

在中国，在当代，你有时"一不小心"就会面对一个"黑社会"气味十足的人物。他们的共性是——第一，极其有钱。第二，与许多官员包括地方乃至北京的高官保持密切关系。他们提起官们的子女，惯称小名，如叫自己的弟弟妹妹。第三，他们与当地司法官员情同手足，他们的私车甚至配有警牌警灯。第四，他们有官方封赐的种种荣誉。第五，他们甚至还有地方政治身份。第六，倘他们夸夸其谈他们的"成功之路"时，稍有头脑的人必能听出种种可疑之点……

我不讳言我曾常"遭遇"这样的人。我也常常板着脸不管当着多少巴结奉承他们的人直捅他们的"私处"。比如我会冷不丁地问："你经商，他从政，你和他的关系怎么会亲如兄弟？"并且紧接着追问下去：

"你当时一无产，二无业，三无专利，四无技长，为什么银行单单向你贷款？"

"为什么偏偏有官员为你担保？"

"你贷了大宗款还不上怎么给银行一个交代？"

"目前全国各银行的死烂账中，有没有一笔是记在你名下的？"

我问这些话时殊无情面，常令举座不安。倘有官员在陪，我则发现，最为神态扭捏的，往往正是官员。

恕我"夸口"，到目前为止，我还没遇到一位经得起我几句追问而能表情坦然对答如流的。每一个这样的家伙，都会使我不禁地联想到"黑社会"三个字。而每一个这样的家伙，又几乎必是当地体面之至的"上层人物"。

有一次我住在某市，有某国营企业小厂的厂长找到我向我诉苦，说当地一位著名的"民营企业家"欠了该厂五十余万，拒不偿还已三年矣。

我问，有合同吗？他出示合同给我看。

我说合同很清楚。你有理，告哇。

他说告了，法院也判了，判该厂胜诉，并且出示区一级法院的判决书给我看。

果如斯言，判决书写得也很明确，限对方在判决后三个月内分期偿还，而且对方承认事实，服从判决，并不上告。

我说，这你还来找我干什么？

他说，已经判了一年半多了，一分钱也没还啊！

我说，那你再找法院呀，法院有权也有法律义务强迫执行判决啊！

他说，法院推搪已经判了，再无能为力了。

我说，岂有此理，怎么叫无能为力了呢？

他说，法院的人都跟他关系好着呢！

我说，那你就再告，往市法院告。

他说，市法院的头儿们，跟人家关系更好了。厂里二百多工人，都三个月发不出工资了，厂里有些工人要揍我，因为当初合同是我签的……

我说，他是不是陷入经济困境还不上呀？

他说，前天我们市的电视里，还报道他有几千万呢！

我嘴上虽然尽量不动声色地一句接一句问着，心里的感想却复杂至极。因为，就在前两天，那著名"民营企业家"请我吃过饭。而且照例有官员作陪，并且偏偏也有该市的司法官员作陪！

我再讲一个细节——他们耳语一阵后，那著名"民营企业家"说："别理他们，这事儿你们法院一定别认真办。"而该市法院的官员说："行。那就听你的。"而在座的其他官员习以为常，做充耳不闻之状。我所写的他们的对话，之所以使用引号，因为那基本上就是原话。

我后悔我莫名其妙地被宴请了一次。当然我也知道，动机是劳我之手，在什么大报上写一篇"人物印象记"之类的小文。尽管我没答应，但还是后悔极了。否则，我倒真愿替那位厂长和那厂里的二百多国营工人这著名"民营企业家"在该市打一场官司。

一个男人面对这样的事，怎么可能一点儿正义冲动都不产生啊？

但我终究是被人家宴请过了，与人家合影过了，被人家自始至终以礼相待过了……而且有该市的些个"公仆"们作陪。仅仅隔两天，就一反目，与人家打一场和自己不相干的官司，岂不是太有点儿不可相交了吗？岂不等于是存心制造新闻吗？

我内心里矛盾极了，沉思良久才说："这么样吧，你将判决书留下，我转给你们市的有关领导。但是让我们君子协定，如果起点儿作用，你也不必对别人讲，更不必谢我；如果一点儿作用都不起，你以后也不可再找我了。你是国营企业的厂长，你手下有二百多国营企业的工人，你们自己应该知道如何维护你们的利益不受侵占。"

那厂长站起身，连连道谢之后说："您的话我听懂了，听懂了。他妈的如果再不还我们钱，我就亲自率领工人上街游行！"

我忙说："我可没教你这么干啊！"但是内心却默默地说——也许你早该这么干了！

他却又说："有了您今天的承诺，我们又何必游行呢！会起作用的，肯定会起作用的。我知道他们前天宴请过您。否则我也不会来找您呀！"后两句话说得我顿时面红耳赤。

离开那城市前，我信守承诺地给法院的领导写了一封信，四五千言，措辞诚恳，可谓晓之以理，动之以情。

我在信中写道："亲爱的同志们，我极体恤你们的左右为难。国营企业的工人的利益是你们必须依法保护的，否则你们的执法正义立场就值得怀疑了。所以你们判了，而且判得还很公正。'民营企业家'一方，又是你们的'友邦'。何以成了'友邦'，大家心里都清楚。所以你们并不想真的得罪于'友邦'，所以判决书才成为一纸空文。但是从法律义务上讲，你们只尽到了一半。那另一半，就是强迫执行判决那一半，不是你们可尽可不尽的，而是你们必须尽的。这点儿法律常识我也懂。希望你们给我个面子，把这事儿处理好。否则，那个厂的工人们也许会集体到北京上访。'十五大'正在紧锣密鼓地筹备召开，北京的安定祥和高于一切。希望你们能从大局考虑什么为重，什么为轻……"

我回到北京一个月后，收到那厂长的来信，告知欠款已归还了二十万，我心大慰。

这样的些个事，在全国太多太多太多。在什么场合下说，似乎都只能算是不足论道的、鸡毛蒜皮的小事。听的人会听得没意思，说的人也会说得没意思。

我却总在想，这太多太多太多的，似乎早已不足论道、纯属鸡毛蒜皮的小事，综合起来是否意味着是一种大现象呢？

如果代表政权的官们，先是一个一个地，接着是一伙一伙地，再后来是一批一批地，争先恐后与拥有大笔金钱的人成了权钱"合股人"，那么不就产生了"第二社会"吗？这总不能也认为是"中国特色"吧？

当然，其实已经是"中国特色"了。但总不该认为是好的"特色"吧？

世界正在越来越文明。越来越文明的世界认为——社会应该越来越透明。社会应该尽量公开化。社会对任何人，任何阶层来说，都应该是"这一个"，而且应该是唯一的"这一个"。因为一个政权不可以同时统治两种社会（对中国香港地区的"一国两制"另当别论）。"这一个"社会若是平面的，则大家都应生存在平面上；若是立体的，则大家都应生存在立体中。社会可以多元化，可以复杂化，但不可以明暗化，不可以表里不一。因为生存在明处的，不可能对暗处的勾当和关系形态永远一无所知；生存在表象中的，也不可能对生存在背面的，或曰表象之下的，亦即"第二社会"的内容永远不闻不见。

"第二社会"的形态，乃是文明世界的当代"黑社会"关系的产床。它可能没有丝毫的血腥和暴力，但它在本质上必然仍体现着"黑社会"的显著特征。

在越来越文明的当代世界，任何一个国家都非常警惕"第二社会"的滋生和形成，都必拒绝"第二社会"的存在。因为它强大到了一定程度，必定产生颠覆公开社会，亦即我们大多数人都依赖而活的"这一个"社会的强烈企图。

国外将混迹于"第二社会"萌芽阶段的官员称作"寻租者"，将利用那样一些官员的人称作"贷权者"。

权力的"租"和"贷"，在任何国家里都是丑闻，都是违法犯罪。

在中国，这一种权力的"租贷"关系，不仅甚为普遍，不仅司空见惯，而且常常被"宽容"地"合法"化。在权力的"租贷"关系中，"利息"本质或被隐瞒于"第二社会"，成为"内幕"中的现象；或被迁回到"第一社会"来，变成为又公开又寻常又似乎合情合理的现象。权力"租贷"的"利息"在中国是最高的一种"利息"。"租"者和"贷"者，都早已善于极文明地掩盖这一"利息"本质。

这与行贿受贿略有不同。尽管行贿亦即"贷权"，受贿亦即"租权"，但往往是"现行交易"。

而"租贷"关系却是一种相当持久的关系。有时"贷权"者，甚至慧眼识君，将一位官员在职掌权的年限一下子全"租"了去。那时官员也就只能唯"贷权者"马首是瞻了。某些官员在职掌权之时，似乎整日忙忙碌碌，细心人定睛观察便不难发现，他们的忙碌每每围绕着一个或几个所谓"企业家"转，而后者们大抵又都是私营的。他们为之效劳之精神，大有"鞠躬尽瘁，死而后已"的意味。替后者们协调矛盾、争取荣誉、游说贷款、广为宣传提高知名度，甚至不惜以自己的官员形象充当变相的广告人……这当然也无可厚非，但是问题在于，那似乎成了他们为官的唯一义务，也似乎成了他们的唯一政绩。至于为国营企事业，为倡导社会公益，为广大民众究竟做了什么贡献，他们往往是举不出事例的。既不屑于，也缺乏起码的热忱，更谈不上起码的能力了。后者们名利双收，他们也因而春风得意，仿佛上对得起国，中对得起党，下对得起民了。忽一日东窗事发，便被揭发检举出林林总总的罪证，却原来他们与后者们早已是一种利益相关的两个互吸半球了；早已几乎完全地将自己掌握的权力"贷"给后者们了；早已几乎完全地只变成为后者们的"私仆"了。

我不止一次听到过这样的言论："共产党掌权，我是光荣的企业家。共产党丢权了，我是打下了基础的资本家。共产党的江山若丢，我的个人资本也丢不了。在共产党掌权的时期，只要将他们打点满意了，我的个人资本积累得还快呢！打点官员比市场竞争容易多了，成本也低多了！"

而我每听到这样的言论，心中便不禁地想，某些官员自己是不是对中国的前途反而比老百姓更没信心呢？他们内心里是不是经常这样的暗自嘀咕呢？——今天我是官员，说不定哪一天就什么都不是了！我得为自己留条后路。今天我为之服务好的些个人，就是我什么都不是了那一天还可以反过来依靠的些个人啊！……

否则，他们在权力的"租贷"关系中，何以会那么的"全心全意"呢？清人王寅旭有诗云：

> 大木遮数顷，
> 青虫生其阴。
> 垂丝自相络，
> 枝叶交受侵。
> 树影日夕疏，
> 虫窟亦渐深。
> 林木纷纷倒，
> 青虫匍地爬。
> 活该伐厥本，
> 徒然饱飞禽
> …………

无论是毛泽东"资产阶级就在共产党内"的忧患，还是邓小平"要出事，就出在政权内部"的警告，其实都暗喻着一种青虫和林木关系的可悲啊！连中国老百姓都不愿看到这一可悲成为事实！

常言道——社会是螺旋式发展和进步的。此不容置疑。但若据此以为仿佛登旋梯上升，则就未免太过于幼稚和天真了。旋梯之每一转弯处的旋角基本是一致的，其上升的弧段也基本是一致的。全世界的旋梯几乎都墨守这一设计原则。

但人类社会这一漫长"旋梯"却从没这么"规范"过。

实际上人类社会的发展和进步更像一截弹簧——一截被以不均匀的力拉松的弹簧。那不均匀的力，对于某一国家而言，有时是世界的大经济背景，有时是本国的政治风云，有时甚至纯粹是全球性的自然灾难。于是弧弧变形。拉力越大，旋角越小，弧度越陡。

人类社会这一漫长"旋梯"，处处呈现此种变形现象。于是迈进越艰。有时人只靠双腿不行了，还须伸出双手攀抓。

国外超高旋梯的设计工程师们，解决的办法是多加驻足平台，以使人们有条件喘息。相对于一个成熟的社会而言，那些"驻足平台"便是方方面面的社会生存保障，以及种种的社会慈善机构。

旋梯是水泥钢筋建造的，再陡也是坚固的。弹簧却有软性，被不均匀的力越拉松处，其承受性越弱，软性越明显。

中国的情形好比是这样——官僚阶层的贪欲、腐败，为了营造太平盛世的景观而不惜大肆铺张、浪费、挥霍人民血汗的庸俗政治行为，以及一大批又一大批工人的"下岗"失业现象，国有企业的生产不振事实等近忧远虑，皆滞塞在那软性明显的被拉松处——于是社会"弹簧"在此处开始下坠。

当这种情形出现，"发展"二字则仅仅意味着尽快恢复到坠点。因为那一种软性非无极限的。

毛泽东时代是一个低收入低消费的时代。据我看来，最广大的中国人又将进入新一轮低收入低消费时代。这一个时代与毛泽东时代相比而言一个有目共睹的事实是——商品极大地丰富了，此乃不同点；这一个时代产生了一批购买力极强的中国人，或曰"先富起来"的中国人，此为不同点；这一个时代的最广大的中国人，其平均收入的三分之二以上仍只能用来吃喝，此为共同点。

最广大的中国人的低消费水准，分明地拖了中国经济发展的后腿。

于是在中国这个绝对地并不能算富强的国家，竟也出现了"生产过剩"。商品房、汽车、家用电器、中高档服装……过剩的生产面对最广大的中国人的低消费，正陷入着"犹抱琵琶半遮面"的尴尬窘境。

某些御用经济学家、社会学家以及某些蠢头蠢脑的官员，因而联合在一起嘀嘀咕咕地抱怨中国老百姓全都是"守财奴"。都不愿实事求是地想一想——如果最广大的中国老百姓平均月收入达到两千元人民币的话，如果他们相信明年后年其收入仍较稳定的话，还需要你们不遗余力煞费苦心地动员他们、刺激他们赶快消费吗？

现在僵化的、保守的、教条且顽固的治国思想观念的重重"封锁线"已被彻底突破；现在中国的"翅膀"已新羽初生，翼形完整了。但它依然是沉重的，甚至在某些方面，比十几年以前更沉重了。

思想观念的障碍，靠"思想解放运动"便足以扫开和排除。而普遍的社会问题，却不仅仅是普遍的认识问题。当此类问题关系到民生，民意有理由拒绝思想的说教。解决社会问题靠思想的说教是不行的，靠不受那些社会问题困扰的官员的思想的说教尤其不行。解决它们的根本途径只有一个——那就是真的从根本上着眼着手解决它们。这是全中国人的使命，但首先是为官之人的职责，也是为官之人有无能力的标志。

中国的大小官们，至今仍袭承了这样的传统毛病——谈思想滔滔不绝，一大套接一大套的；谈到具体问题的解决思路，语言暧昧闪烁其词。相当一部分官员谈思想的能力远远大于他们解决实际问题的能力。这样的官员们其实早已不适应深化改革的新形势。

当思想观念的障碍体现为首要的和顽固的障碍，当解放思想的要求体现为强烈的渴望和激情，历史性的问题和改革实践过程中必然产生的新问题，则就被思想的冲突掩盖了。现在这两种问题同时暴露了，好比海面上波涛冲击的浪花落下去，雾气中渐显出了两座冰山。

历史性的问题沉重于改革实践过程中必然产生的新问题。

某些最严峻的问题，比如国有大中型企业的举步维艰，工人的大批"下岗"和失业，表象上是新问题，本质上是历史性问题。如同一个先天患病的孩子，中学时代并没显出征兆，而且表现为优等生，到了高中，由于学业的必然繁重却病情恹恹骨瘦如柴起来……

中国的"翅膀"虽然张开了，但实际上它并没有腾空而起追风逐云。它只不过刚刚冲飞到了比电视塔高不了多少的高度。这个高度只不过是鸟的高度，而不是飞机的起码高度。达到这个高度它用了十余年。它正扶攀着滑翔，它还难以昂起头来。双翼的每一次扇动都是吃力的……

这便是我们的国家现时的留影。将这实际情形描绘得过于绚丽，夸耀得过于美好，是一种"功绩想象症"，不符合毛泽东和邓小平都曾一再倡导过的"实事求是"的态度……

# 第九章　中国"灰社会"

这一章是第一版中没有的。我现在郑重补上。

十几年前的西方，对于成功男士们，笔挺的上等质料的灰西服，曾是所谓"标志服"。因而，产生过一本书是《高级灰》。又因而，身着一套"高级灰"之西服的男士往往被当成"上流社会"人士看待。即使明明是骗子，弄那么一套西服穿上，也会较容易混迹于"上流社会"的。我们都知道，无论哪一国家，无论从前，现在，或者将来，"上流社会"都是客观存在的。故跻身于"上流社会"，一向是野心勃勃的男人们的梦想。此类青年们的典型，自然是司汤达笔下那可悲的于连。于连的人生志向是无可厚非的。他之所以可悲，乃因非但没有成功，反而搭上了自己年轻的生命。

但是，读者且莫以为，我所言之"灰社会"，便是中国之"上流社会"了。不，不完全是。

我所言之中国"灰社会"，是相对于中国"黑社会"来说的。"黑社会"虽然也须收买权力人物，与权力人物勾结，受权力人物的庇护，但其核心人物、主要成分，则是具有暴力倾向和暴力能力的黑恶轴心势力。然"灰社会"不同，"灰社会"之核心人物本身即为不可等闲视之的权力人物。其主要成分亦必个个皆是"上流社会"人士——各级高官、大老板、某省某市公检法的头头脑脑。他们周围，每也云集各界明星，但后者们却只不过是攀附于他们的人，是他们招之即来挥之即去的些个人。最主要的区别是——"灰社会"几乎毫无暴力特征。他们要达到目的，几乎完全不必诉诸暴力。凡阻碍他们达到目的之人，却很可能"被犯法"，随之受到法律"制裁"。

"灰社会"是一个彬彬有礼的，成分"文明"度很高的，几乎无形无态的社会阶层。

几年前，我只不过感觉到它的存在。而如今，我已认为它的存在是一个毫无疑义的事实。但若要我举出很多例子，我则大难。"灰社会"是那么的几乎无形无态，我们的社会能见度这么的差，它的举动，绝非我的眼所能经常发现。尽管我自认为自己的眼扫描社会的敏锐，比之于寻常百姓终究还是高点儿的，却也不是根本举不出例子来。

比如，若言重庆方面一个时期所打击的是"黑社会"，那么，黄光裕案，则具有"灰社会"的特征。看那受"文强们"所庇护的，无非些个鸡鸣狗盗，沙威、牛二者流。而黄光裕却是将一位最高检察院的副检察长"邀"上了自己的"航母"。

报载某县一公安局局长之子的婚礼，竟吸引了一千几百人排队送礼；春节刚过，又报载某县某矿老板办什么喜事，市委书记等干部、公务人员结队前往祝贺——不禁使人联想到《教父》那一部美国电影的开场……

以上现象，既说明产生中国"黑社会"的土壤是多么的肥沃，也说明产生中国"灰社会"的温床简直比比皆是。"黑社会"也罢，"灰社会"也罢，都是势力概念。其势力过于张狂，一个大意弄死了几条人命，纸包不住火了，暴露了，遂被视为"黑社会"。若一向行事谨慎，一切丑恶的勾当皆隐形于世，自然便是"灰社会"。只不过，在县一级，那样一些利益集团、势力圈子，即使隐形，也是不配称为"灰社会"的。终究他们的林林总总的表现不可能不俗鄙，"高级"不起来的。那些发生在县一级的响动，恰是"灰社会"嗤之以鼻的。

"灰社会"不但成分高级，不但隐形，而且几乎从不弄出响动。他们操纵股市、房价、期货、洗钱,将国有资产占为己有并转移往国外……一切一切在他们做来,不但易如反掌,而且还几乎毫无破绽。即使东窗事发,通常也没有任何国内媒体居然能够据实一一报来,大抵只不过点到为止,所谓"冷处理"。

故我们又可以这么判断——凡那大张旗鼓地进行打击,并且欢迎媒体配合报道的打击对象,若是团伙,自属"黑恶势力",或"黑社会"。

而凡那尽量悄悄地收拾,并且严格限制报道的大案,背后往往会结有一张特"高级"的网。果不其然的话,那"网"便是"灰社会"。

"灰社会"之"高级"也"高级"在——它明明是存在的,却又是不能或不得抖现于全社会的。

马克思在《资本论》中阐述资本主义的特征时曾形容它有着"温情脉脉的面纱"。

此种一百几十年前西方资本主义的"面纱",今日之中国"灰社会"当然也有。而且,比一百几十年前西方那资产阶级的"面纱",要"高级"得多。

比之于"黑社会","灰社会"对中国前途的危害更其巨大。"黑社会"影响和谐。"灰社会"却往往可以一边制造和谐风景,一边鲸吞般地窃国。

几年前,联合国计划开发署起草了一份二百六十页的报告,其报告显示——世界三大富豪的财富,超过了六亿人、三十五个最贫穷国家的国民生产总值。世界前两百名最富有的人,在1994至1998年仅仅四年中,总收入占世界全部人口总收入的百分之四十一。

所以这世界即使现在,仍每天有成百上千的人活活饿死。他们的死自然不是富豪们的罪过,但起码可以说是人类社会的病症。

在中国,百分之八十的银行里的存款属于百分之二十的我们的同胞,这已是事实。

中国"灰社会"之人士,皆在那百分之二十。非都结成了一张网,只有其中更"高级"的,才希望互相吸引结成一体,进而希望在百分之八十中占有最大份额。

百分之二十扩大为百分之三十、百分之四十自是好事。但如果十年后，百分之二十扩大不明显，而百分之八十却扩大为百分之八十五、百分之九十……那么中国将会怎样？

把"蛋糕做大"以后定会考虑社会财富分配的公平问题——凡说这种话的人，若不是脑子进水了，就是成心忽悠中国人。

现在之中国，当省悟到——在把"蛋糕"进一步做大的过程中，就必须同时考虑分配公平的问题。否则，绝大多数国人只不过成了"面包工"，却只能吃到"面包渣"。

我认为温家宝总理说"把蛋糕做大是政府责任，把蛋糕分好是政府良知"这句话表明，他是看到了问题所在，心存忧虑的。

最后我要说，我对中国的明天是乐观的。因为，大多数中国人对国家的愿景寄托于明天，所以绝不会允许一些人将大家共同的明天给破灭了……

# 第十章　关于国家和经济发展机遇

　　一次，我与一位经济学学者谈起了一个国家与其经济发展机遇这一话题。

　　我们在交流了对于韩国的印象（自然包括经济印象）之后产生了以下话题。

　　他说："我很想听到一位作家的看法。"

　　我说："国家在地球上，它的经济机遇却像隐形飞行器，运行在世界经济状态形成的'大气层'中。"

　　他说："你想都不想就给出了回答，证明你思考过。"

　　我说："是的。"

　　他说："但你的回答太文学了，使我不得要领。"

　　于是我又谈起了韩国……

一

　　我到过韩国两次。

　　第一次是六年前，参加由中国孔子学院总部在釜山召开的"孔子学院教学研讨会"，参加者皆为各国孔子学院负责人与教师们，主会场设在釜山一所大学。

釜山是韩国的第二大城市，清洁、美丽。那所私立大学的校园是开放式的，同样给我留下了良好印象。

回国后我记住了三件事：

1. 我陪几位北京的女士逛街，她们每人皆买了多份化妆品，说不但要自己用，还要送女友们。

我没买，但通过翻译问专卖店的韩国服务员姑娘月薪多少。

她回答了一个数字，翻译告诉我约等于人民币九千元。

我问她满意吗。

她说："当然再多些更好啰。"

我又问："你希望是多少呢？"

她边想边说："两万吧。"——忽然脸红了，笑道："那当然是不可能的啦！"

我和几位女士往回走时，穿过一条旧街，两旁全是二三层的旧居民楼，都是没有小院的那一种，外墙斑驳，显出岁月历久的沧桑感。一家挨一家，几乎可以说是连体的。

这使我想到北京的一些老胡同。

我问："是按城市规划单位的要求必须保留原貌吗？"

翻译摇头。

又问："那为什么不进行修缮呢？起码，贴上瓷砖，木体的部分刷上油漆，看起来要美观多了呀！"

翻译说："他们哪里舍得花那笔钱呢！"

"可你们卖化妆品的女孩子的月薪都九千多元啊！"

翻译说："如果她恰恰是这条小街上某户人家的独生女呢？如果她父母的退休金都不高呢？那样的女孩儿大多数是没上过大学的，普遍没有什么技能专长。而且，我们韩国女孩子的个人花销挺大的，也要为自己婚后的生活攒些钱呀。"

2．我们住的是五星级宾馆，规模如北京的香山饭店。

一日下午乘车去开会前，我欲在宾馆门外吸支烟，摸兜，没带打火机。一名坐在大客车上的司机看到了，居然跳下车，走到我跟前，掏出自己的打火机，用戴白手套的双手为我点烟。

我诚惶诚恐，连用中国话说谢谢。

他竟也用中国话说："别客气。"

我问："您吸烟吗？"

他说："以前吸，自从有了这份工作，下决心戒了。"

我说："那我就不向您敬烟了。"

他说："您敬烟我也绝对不敢破戒，被管理人员发现了，我会受到严厉批评的。"

我说："看得出，您很热爱您的工作啊。"

他笑道："不热爱又能怎么样呢？像我这种没上过大学的中年人，有了这么一份比较稳定的工作，是许多同样的男人羡慕的。"

他不仅会说中国话，还懂英语、日语、俄语，都是为了给"头头"们留下好印象而学会的……

3．我在韩国一分钱也没花，不知买什么好，因为没有什么是国内买不到的。在机场，同行的国人都揶揄我岂不是白换了一笔韩元了吗，于是我买了七八盒巧克力。

大家都说韩国的巧克力很正宗，很多样，肯定比国内卖得好。

我的购买举动使售货员姑娘一再向我鞠躬致谢……

我第二次到韩国是被李圣权博士说服而去的。

我本不想再去。他为了说服成功，从天津两次驱车到北京，亲自陪我到韩国使馆办理审批手续。

他在天津南开大学获得了国际贸易学博士学位，之后留在天津经商，当时正在翻译我的《中国社会各阶层分析》。

现在本书已在韩国出版，而他又成了北大的中国近代历史学博士，并且将我的小说集《复仇的蚊子》译成了韩文。

三年前，也就是2014年10月下旬，他说服我再去一次韩国，我只得又去了。

我们二人当日住于首尔，傍晚在宾馆附近逛街，晚饭后继续逛街。次日上午补觉，休息。

李博士问："你不想多逛逛街，了解了解首尔吗？"

我说："已经逛过两次了呀，想了解什么我会问你的。"

实际上我向他提出了许多关于韩国的历史的或现实的问题，他给予我的回答也都令我受益匪浅，属于学者式的信息量广泛的回答。首尔给我的印象自然是繁华的，如上海，不愧是亚洲版的国际大都市。

下午我们乘长途大巴去往韩国第三大城市大丘。到了大丘，他的朋友开了一辆"现代"接上我们，应我的请求在大丘市内兜了一圈，然后去往某县。那辆车很新，他的朋友说是韩国车中相当高级的啦。我在心里换算了一下，大约与中国旗舰型的"红旗"等价。

天黑后我们穿过某县，街上不见行人，如过无人之境。

我问："怎么不见人影？"

李博士说："天黑了呀。"

我说："还不到八点。"

他说："县城里本来人就少，这时候人们更愿待在家里。"

我想到了从他口中获得的知识——在韩国，人口两万以上即可立县，人口五万以上即可批准为市，于是不再问什么。

十点左右我们到了一处山上的宾馆，也属五星级。那座山是旅游景点，已过旅游旺季，若非该宾馆入住了一批和我们一样参加会议的人，几近门可罗雀矣。

我与李博士参加的是一场由某大学举办的"世界农村与农业发展研讨会"，差不多每个国家都有人出席了，一半是学者、农村与农业问题专家，一半是农业生产者农产品经营者。

那所大学在韩国属于二类大学，由朴正熙任总统时创办，新总统朴槿惠曾是校基金董事会主席，对该校的发展卓有贡献。该校举办那样一场国际研讨会，显然意味着对朴槿惠的支持，也显然意味着对朴正熙的致敬——据说他生前所倡导的韩国农村与农业发展路线，使韩国的农村与农业发展在当年"认清了方向"，使韩国农民受益颇大。

我的发言题目是《中国农村与农业发展回顾》——我虽身为作家，就那样的题目还是能谈出个一二三四的。

三天的会议期间，早晚我数次到半山坡散步，那里有处供游人住宿的客店群落，皆私人买地建筑所成，规模都不大。有的简陋，价格比宾馆便宜；有的是独栋别墅，价格比宾馆贵——是不同经济基础和实力的人士的投资。因为是旅游淡季，那里同样冷清。据说下榻那里的人目的不在于吃，而在于有情人终可有个隐居式的同居之地。

会议期间，我尽量多与韩国的教授、学者、专家们交流，还经李博士介绍，与一位六七十年代曾是韩国农村致富带头人的"老村长"谈了两个多小时，李博士代我请他吃了顿"子鸡粥"——即整只鸽子般大小的鸡与米分别煮在陶锅里，很费时的美食。

我一口鸡也没吃，只喝粥。鸡由"老村长"替我吃掉了——是"老村长"，绝非"老支书"。

他当年是自愿与公选相结合所产生的带头人，基本上没权力，只有落实大家共识的义务。

我们谈到了"大酱汤"和"辣菜"，我认为那首先必是当年穷日子的遗产，与中国人从前吃的菜团子和菜粥一样，起先与营养学的考虑无关。在中国人，菜团子与菜粥是一种省粮的做法；在韩国，"大酱汤"和"辣菜"一定是因为缺少鲜菜的缘故。

"老村长"表示同意。他说韩国山地和丘陵多，可耕面积才百分之二十多点儿，种粮还不够吃呢，舍不得匀出足够的菜地，所以蔬菜在韩国一向比粮食贵。

在会议结束后举行的宴会上，一位四十余岁的韩国男士的即席发言，令在座之韩国的先生女士们一致肃然聆听，目光中皆有敬意。

我问身旁的翻译："那男士是什么人？"

她说："是一位市长。"

又说："也许是明日的政坛新星。"

我刮目相看地又问："那是怎样的一座城市呢？"

答曰："有二十多万人口呢！"

这件事给我留下极深印象。

按我的要求，我们选择了另一条路线返回首尔。但还是得先到大丘。李博士的哥哥开车送我们，是一辆烧柴油的越野"现代"。我记得在国内坐过一次那种车，劲儿蛮大的。李博士的哥哥是蘑菇农，租了一个小山头以培植蘑菇为生。他同时也是位民间诗人，自费出版过诗集。我在车上偶尔读到他译成了汉文的诗集，一首首的满是乡愁。是他的朋友替他译成汉文的，他快六十了，他朋友六十多了，是个汉文字水平不低的人，当过兵，参加过以美军为首的同盟军，在某一国家象征性地战斗过。退役后享受一笔政府津贴，同样是个令劳动者阶层羡慕的人。他家的生活优于一般劳动者家庭，因为他妻子的娘家属于中产阶级人家，他们的女儿挺出息，是西方某国在韩国的跨国公司的高级白领，拿外国人年薪的韩国"80后"。故他家也算是韩国的中产阶级人家。

李博士让我看一张韩国钞，其上印着一位留美须的韩国古代官人。

李博士说，那人物是韩国历史上的大儒，有"韩国的孔子"之称，韩国历史课本上专门有一章写到他，他是中国明代时期的韩国人物，是他哥的朋友的先祖。

我们在一个小列车站将"韩国的孔子"的后人接上了，果然是个几分儒气的男人，长我一岁。他很高兴与我相识，第一句话是："有朋自远方来，不亦乐乎？"

我们的车继续向李博士他哥的蘑菇栽培基地开去，沿途见到了几处山区小村——人家少的才几户，人家多的也不过十几户。房舍皆低矮，新旧不一，周围竟无农田，只有小园子，种些蔬菜而已。山上，则有他们种的柿子树，不成林。某些房舍，木质的门窗刷了红绿相间的漆，乍一看去倒也漂亮。偶见老人出入，不见孩子，亦不见狗，比中国偏僻的农村还显得死寂。

李博士说，韩国的农村人口所占的比例已很小，那些住在门窗刷过的农舍里的老人，肯定在城里有孝顺的儿女。可能他们的儿女在城市还买不起房子，仍租房子住；可能虽已买了房子，但面积小，住不下他们；可能虽住得下他们，他们却不愿给儿女添麻烦，宁肯还住在山里的农村。

我在国内曾去过南方山区的极贫穷的农村，所见木板房舍东倒西歪，破败不堪。那时我每每在想，若求学的或在外打工的儿女春节探家，越来越接近的是那样令人难过的家，迎出家门的是他们衣衫褴褛的老父母，情形太令人心碎了。

李博士告诉我，韩国的国土上早已没了那么令人同情的农家，不论在多么偏僻的农村。

我问到那些农家在冬季的取暖问题。

李博士说，韩国缺煤，山林保护法规也严，基本上靠电取暖器。舍得付电费的人家，则砌电热火炕。

天黑前终于到了山顶，蘑菇基地占了三四个篮球场那么大的平场——山顶也就那么一处平场，人工铲出来的，有两排简易板房。傍山还有一幢二层的完全木结构的房子，供人住的。每层都很矮，李博士的哥哥在那样的房子里显得顶天立地。他还雇了两名中国员工，吉林省的，给予一万元的月薪——以那样的月薪是雇不到韩国人的，两厢称心。那种全木结构的房子的二层，居然铺设了电热地暖。李博士却说经过技术处理了，很安全。我在那房子见到了"韩国的孔子"的后人的书法，倒也有点儿功底。

吃了一顿简单得不能再简单的晚饭后，我累了，睡了。而他们在饮酒。吃饭对他们不是最主要的，老友聚一起饮酒才重要。

第二天上午下山，经一个以温泉著名的县，我们在那里泡了温泉。起初只有我们四人，我们要离开时才来了两个当地人。中午在小县城里吃了顿连片菜叶也没有的面条，两人一小碟泡菜。之后我应邀参观李博士的哥哥在当地买下的一处旧房子，七十多平方米，有两层，楼梯的水泥处处缺损，是李博士的哥哥倾其所有积蓄成交的固定资产。若在中国，以人口那么少的县城而论，我估计的价格是人民币二十万到二十五万。但那里是有温泉的韩国旅游地，在韩国值多少钱我就不好说了，也没问。

后来我们的车就开到了接李博士的哥哥的朋友的小列车站，送走"韩国的孔子"的后人，我和李博士一商议，决定也乘列车回首尔。

当晚我俩在首尔又逛街——十分热闹的商业步行街，见到了不少中国人在那儿摆的摊，无非卖些过季服装和中国各地土特产。

我问咱们的一位同胞生意如何。

他叹道："越来越不好做了。以前，只要是韩国的东西，贩回去什么卖得都很抢手。现在，咱们中国人过了'哈韩'那股劲了。倒是有些咱们的东西带过来，还马马虎虎卖得动——便宜呀。但扣除机票钱，挣点儿太有限，这种买卖不能再往下干了！"

第二天上午，我与一位很有名气的退休了的报社主编交流对中韩文化的看法，不知谁将话题引开的，竟谈到了国家与经济发展机遇的问题。

他请我先就韩国来谈。

我坦率地说："我认为韩国的经济发展机遇期已经结束了，现在进入了需要努力保持成果不萎缩的守恒期。"

他听了李博士的翻译后，沉吟片刻，矜持地说："同意。但是我可不能在韩国公开这么说，会挨骂的。"

我也请他就中国来谈。

他更加矜持地说："人口多自然有人口多的好处，中国的人口红利还在确保着中国经济的稳步增长。但人口红利也不是可以白依靠的，过后是要连本带利一起还的。"

老先生不愧是做过韩国大报主编的人，谈锋厉害。

我认为他实际上是在说：中国仍是一个劳动力价格低廉的国家；中

国的经济发展机遇期也结束了，但巨大的价格低廉的劳动力群体，仍足以支撑中国 GDP 增长的指数领先于世界。然而，当巨大的劳工群体对工资和社会福利的要求变得更高时，国家感到的内在压力将同样是巨大的。而这是迟早的事。因为，若中国普通劳动者们的工资仍是韩国普通劳动者工资的三分之一多一点，即使成为世界第一大经济体，也还是只能被定义为发展中国家……

## 二

世界经济的发展是需要有些国家来领跑的。

能在一个时期领跑世界经济的国家，起码具备以下优势：

1. 在生产材料方面有更新。
2. 在生产技术方面有突破。
3. 在产品方面有发明和创造。
4. 倘在生产原料方面亦能自给自足，那么领跑世界经济几乎非此类国家莫属。

20 世纪 50 年代，西方以美国为首的国家除了石油短缺，在前三方面无疑地领先了。至于石油，在当时的国际贸易中，按需购入对他们不是个事儿。

20 世纪 50 年代，韩国的贫穷落后并不亚于中国，他们的人民的生活水平也一点儿都不高于中国。新加坡亦如此。

买彩票的机遇是看不见的。

经济发展的机遇却是可见的。

韩国和新加坡及时抓住了机遇。

新加坡的方式是直接引入与西方同一水平的生产材料、技术和科技人才，赊账也要么么做。韩国在做法上跟进。

至 70 年代，两个国家都已基本完成了由"进口替代国"向"出口主导国"的转型。两个国家都敏感地意识到了发展旅游业的重要性，这使国家直接收入了外汇，民间多了小商业温床。

而中国香港地区打造国际金融贸易中心城市的努力也大功告成；中国台湾地区在旅游、农副产品出口、轻工业及新兴电子工业的加工组装方面，备受西方国家的青睐。

两个国家，两个地区在80年代成为亚洲经济发展"四小龙"的经验，自然也成了当时中国"改革开放"的参考"模本"。

新加坡如今已成为经济发达国家之一。世界经济总况好些，他会随之向好。不好，他也会受影响。但属于经济发达国家的前提不会改变了。

他的短板是体量太小，不可能成为世界经济地位中举足轻重的"经济体"。

而对于本国是否属于经济发达国家，韩国人的心理却是纠结的——他们当然乐于在此点上被全世界所公认，但韩国普罗大众却又心存极大的不满：生活水平在2000年后几乎再无明显改变！

许多人抱怨已经十五六年没涨过工资了；抱怨十五六年前买葱是一捆一捆地往家拎，买新鲜蔬菜掏钱包时也不迟豫；而现在却又开始两棵三棵地买葱了，往往一年到头只吃蘑菇舍不得经常吃新鲜蔬菜了。

栽培蘑菇不占有农耕地。

对于许多韩国人家，吃菜就是泡菜或蘑菇。

韩国的就业主要依赖首尔和釜山两大"经济圈"。这两处地方差不多集中了全国人口的三分之一；大丘以及几家大型钢铁厂、造船厂也吸纳了一部分人，并且以上地方主要集中的是中青年——于是韩国其他地方显得人口稀少，人口年龄偏老，商业萧条。

而人口集中的地方就业人口过剩，有工作的人多年没涨过工资了实属正常，符合劳动力市场的规律，却不符合韩国"80后""90后"们对国家的期望。

放眼世界，新材料新技术新产品该发明的已经发明了，该创造的已经创造了，该通用的已经通用了，除了少数受战事困扰的国家，大多数国家都基本上与生产现代化不同程度地接轨了。

除了在武器方面偶有吸引眼球的新闻，全世界在新材料新技术新产品方面皆后继乏力了。新的东西不是完全没有，但都没形成普及的"气候"。

在世界经济的马拉松赛中，已经没有了格外突出的领跑者。

全世界的经济都进入了"疲沓期"，哪一国家的经济状况好也好不到哪去，而一旦变糟，却可能很糟。

中国之经济发展"新常态"的说法，相对于全世界也完全适用。

这种"新常态"期分明将是漫长的，因而不能不使各国的中产阶级和普罗大众心生忐忑——中产阶级的生活水平一不小心就将难保其"中"，而普罗大众想要成为中产阶级的希望明摆着更加渺茫。大企业家们的日子也不再高枕无忧，某些时候守业一点儿也不比创业轻松。

现在，恰恰是经济快速高速发展过的国家，也要开始比各自国家的人民对发展机遇的认知的理性程度，比对期望落差的承受耐心和耐力。

而这其实是另一种极具考验性的比赛。

## 三

中国"改革开放"以来的经济发展成果，基本上分三个阶段——对外承包加工时期，引进与合资时期，技术输出与合资时期。而这也差不多是新加坡与韩国走过的经济发展道路。

新加坡的第一时期最短。

中国的第一时期长于韩国。

新加坡与韩国，在第三时期都有与世界先进水平同质的电子商业技术的输出与合资；中国目前的技术输出与合资，仍局限于地下资源开发与大型建筑工程项目。

新加坡目前已成为居世界第三的炼油中心和电子工业中心、金融服务中心，其电子工业曾占工业生产的百分之四十四。每一万名劳动力中有六十五名研究型科学家和工程师，而该国的农村人口不足百分之一，是全世界城市人口率最高的国家。

韩国目前已拥有世界第二大钢铁联合企业，其所生产的优质钢材在全世界享有盛誉。他的造船能力居世界第二，汽车生产量居世界第五。他是世界十大电子工业国之一。

韩国主要进口的是生活和生产原料；主要出口的却是科技含量很高或较高的电子产品、钢铁产品，纺织、化工与机械产品的汽车、船舶等。

以上两国的经济发展成果都有中国目前显然不及之处。

但中国毕竟是人口众多的泱泱大国，廉价劳动力群体之庞大居世界第一，这使中国经济总量增加的速度及规模远超当年的亚洲"四小龙"。在世界近百年以来的经济发展史上，中国经济的腾飞事实上如同美国从1860到1894年的"镀金时代"。区别是——他们在世界第二次工业革命时期快速领先，而我们仍处于一路"追先"的过程中。

中国的经济总量目前已稳居世界第二。

而一个问题随之产生：中国已经是世界经济发达国家之一了吗？抑或还仅是世界第二大经济体？

我们的国家仍有六亿多农村人口，他们的农业生产方式仍部分地属于小农生产；

在六亿多农村人口中，十分之一左右仍未脱贫，城镇贫困人口姑且不议；

在六千多万贫困人口中，两千几百万属于"绝对贫困人口"，即无法靠生产指导使其家庭脱贫，必须由政府"兜底"不同程度地养护起来的人口；

中国一般商店服务员的工资是韩国同工种工资的三分之一；

中国"蓝领"的工资普遍是美国工人的八分之一；

中国"白领"的工资也不能与经济发达国家的"白领"们的工资相

提并论；

　　像许多韩国人抱怨多年没涨过工资了一样，许多中国工薪族渴望从已经是"世界第二大经济体"的国家经济的"大盘子"里分到明显增加的利益的诉求也日愈强烈。

　　而中国经济发展的态势，已由突飞猛进转变为"新常态"了。

　　"新常态"的意思就是——谋求继续高速增长已不复可能，不控制也不可能；保持住目前的增长指数同样不是易事，须全国上下克勤克俭而又不懈努力。

　　有一点是完全可以肯定的——政府承诺精准扶贫，尽早消除"绝对贫穷"人口。

　　中国政府下决心要做的事，一向总是能做到的。

## 四

　　目前国家所采取的改善"绝对贫困人口"生存现状的方式乃是——将他们从不利于甚至不适于生活生产的地方迁出，安置在预先划定的范围以内，那大抵是县镇的边界，公路两侧，一层可开商铺的住房。并且，为他们的一位家庭成员安排一份相对稳定的工作；若属残疾人，用工单位因而享受解决残疾人就业的政策补贴；而他们家庭名下曾拥有的土地、山林，若经开发产生了经济效益，他们将享有"分红"权。

　　后一搬迁条件，大抵是理论承诺。因为他们的原住地多属穷山恶水。此种改善是一步到位的安置，即使他们经由一次搬迁，从而成为城镇人口，被卷入了城镇化的浪潮之中。

　　他们中大多数人家是欢喜的，少数人家并不情愿——因为从此也将改变生活理念和种种生活习惯，不能养鸡养鸭养猪种菜了，以后过的似乎是处处离不开钱的日子了。这使他们惶惶不安，需有人去做耐心的劝导工作。

总体而言，对他们肯定是好事。至于这样一些家庭如何进一步提高生活水平，无非依靠两条——一是社会保障水平的提高，二是儿女的"出息"。他们中儿女有志气的人家，通过辛勤劳动和勤俭持家，凝聚家庭合力，逐渐达到县镇一般市民的生活水平是完全可能的。

大城市和中心城市的一般市民人口，乃是中国城镇人口的最多数。老市民人家的生活水平，普遍高于在城镇化进程中由农家变成的市民人家的生活水平。却也有后一种因在动迁中获得优厚补偿的人家，财力上一下子跃升为县镇富裕人家了。此种情况在大中型城市更是不乏其例，令生活水平几代以来一直一般般的老市民人家羡慕之极。然而这类事民间"传说"多多，实际比例相对于一般市民阶层的总体人数，并无特别值得评说的意义。

若将《清明上河图》中那些乘轿的、骑马的、茶楼里的人除去，那么所剩的差不多皆属古代的市民阶层了。画卷中有一细节颇具意趣：桥上的人探出头，回望少了半条腿腋下撑拐的过街汉子。中国目前将近十四亿人口中，已有七千余万残疾人，那么必有七千余万户人家的生活受此负面影响。从前他们大部分在农村，现在一半左右在城镇，城镇化也裹挟了他们。

1949年后，工人阶级的队伍迅速壮大，连许多街道也办起了工厂，市民阶层的成分发生鲜明变化——工人之家与服务行业从业者之家逐渐成为主体，此外是小知识分子与基层公务员之家。从前，这些人同街同院相互为邻，共同的生活感受和语言颇多。

中国当下的城镇人口已近八亿，占绝大多数的市民阶层之人口不少于七亿——美、俄、英、法、德、意几个国家的人口总和也就这么多。

那么，简直可以说，中国之市民阶层乃是全世界最大的城市人口现象；是中国城市稳定或动荡不安的基座；进言之，也足以影响中国的稳定与否。1949年以前，如此巨大的影响力只有农民才能呈现，如今毫无疑问由市民阶层取代了。

中国市民阶层与粮、菜价格浮动，食品安全，医药安全，环保问题，退休金与工资的关系最为密切，反应也最为敏感——他们主要靠工资养家，靠退休金保障晚年生活。在这最后两方面如果他们焦虑了，那么意味着半个中国都在焦虑。

他们都很巴望上升为中产阶层。

古今中外，在全世界，这种上升的途径无非三类——女儿嫁得好。马克·吐温曾说："穷人家的漂亮女儿是他们的优上股。"

儿子有出息。在中国，从前出息的概念仅为"服官政"，后来加上了商，如今商排第一了。

或者，父母善炒股、炒房。

中国股市红火之时，确有某些市民人家赚了几把，于是物质生活水平"中产"起来。而早年间的单位分房，也使曾趁机多占的人家有了后来炒房的优势，连炒连涨。

但中国市民阶层总体的生活水平的提高，主要还是得依靠国家经济的持续向好。这不可能不是一个缓慢过程，改善也不可能显著，比寄希望于儿女所需的耐心要大得多。

故市民阶层对教育公平特别在乎，事关下一代的受教育机会时也最肯倾囊而出，比将钱花在家人的健康方面更舍得。

然而随着普通市民街区的改造，破败院落的消失，市民阶层原有的关系形态已不复存在：他们分散到廉价的商品楼房中去了，不再是一目了然的群体了，从前的密切关系只不过是共同的记忆了。一言以蔽之，他们从前的巨大影响力消弭在城市管理的有效手段之中了。

故，虽然人数众多，在国家经济前景稳定的情况下，他们的心理状态便也会基本稳定，不会构成对社会稳定的冲击；反之，城市将因此而躁动不安。

在中国，在当下和以后相当长时期内，多么了解市民阶层，便是多么了解中国政治的主要脉象之一；善于平衡他们与政府以及富人阶层、中产阶层的关系，即等于有能力平衡中国的主要社会矛盾。

农民人口还将继续减少。

市民阶层还将迅速扩大。

中国历史已翻开了新的一页——市民特色为主要国家特色之一的历史……

## 五

就家庭的经济状况而言，中产阶层要么是以往年代落魄了的富有人家在当代的延续，要么是市民阶层在当代的"上升"。战争年代更多地摧毁式地产生前者，经济向好发展的时期产生后者。而每一次改朝换代，也会涌现一批受益家庭。

不管横看历史还是竖看历史，中产阶层的构成一向如此，基本如此，以后也还是如此。

家庭资产达到何种水平才算中国的中产阶层？

此点众说纷纭。

但有一个简单的区别方法——在所有的一二线城市，除了该市房价最贵的富人小区不论，凡住在第二好的小区里，住房面积大三居以上，拥有中高档私家车，儿女或孙儿女入托较好的幼儿园，或在较好的中小学上学的人家，必属该市的中产阶层人家了。

此外，他们中的女人绝不跳广场舞而常去健身房；他们买食品时已不甚在意价格而更在乎是否"绿色"；他们前往的旅游地已不再是新、马、泰、日、韩而是欧洲了——也是他们区别于市民阶层的细节地方。

前边谈到的"小区"二字只不过是姑妄言之，是相对于街区的说法。实际上许多一二线乃至三线城市，几乎皆有高楼群立，环境美好，占地不小的"准富人"社区。当然，为日后炒售而购者也不少。另有一种情况是，在名曰专为普通市民而建的新社区，亦隐居着不少"准富人"，他们的家大抵二百平方米以上——如北京的"天通苑"。

从古至今，全世界各国的中产阶层显然还在少数时，都难免有种共

417

同的心理尴尬——他们中由从前的富人之家而沦落至"中产"的，看不太起如今的暴发户的"土豪"；后者们则轻蔑他们"不忘当年"的可笑性。双方心知肚明，虽因阶层关系而接触颇多，却谁也不"鸟"谁。从市民阶层"上升"为中产阶层的人家，在市民阶层中日子过得一般般的亲友较多。接济吧，经济实力有限；不理吧，显得薄情寡义。剪不断，理还乱。最终，由来往少了而渐渐地没甚来往了。于是，阶层归属感上空前孤立，"被夹心"了。

中国的中产阶层近二十年来受益于国家经济发展，分分明明的是壮大了。但与七亿多市民阶层相比，却又是明显的少数。他们在维护自身利益方面所发之种种声音，既不能像广大市民阶层所发的和声那么足以引起当局重视，也不能像富人阶层那样经由特殊通道直达"顶层"。

而且，他们维护自身利益的声音，还每受到来自市民阶层和富人阶层的嘲讽和取笑——前者认为"怎么轮也轮不到你们哭穷"；后者取笑他们："怎么还像小市民似的斤斤计较！"

但中国之中产阶层，对中国的将来的影响却非同一般——他们的下一代，占有中国优质的教育资源的比例最大。从小学到大学，在好学校中，他们的子女远远多于市民阶层的子女。所谓"学区房"的令人咋舌的房价，主要是他们炒起来的。与他们的子女相比，市民阶层的子女确乎有点儿一起跑就失利了。而富人阶层的子女，往往在中学时代就出国去接受"洋教育"了。中产阶层的子女，普遍仍在大学毕业后才考虑是否出国去拿更高等的"洋文凭"。

故，将来的一代人中，既不失中国文化的成长背景，亦具有西方文化科学知识营养的年轻才俊中，中产阶层的子女必是最多数。

中国中产阶层是中国新国民的"育婴馆"。

此点对中国将来之影响不言而喻。

## 六

世界千变万化，有一点从不曾改变，即少数人占有人类社会所创造的最多的"财富"。之所以将"财富"加上引号，乃因它往往也表现为对地球资源本身的饮鸩止渴式的占有与争夺；或表现为国家与国家的争夺，或表现为财团与财团之间的争夺。迄今为止，此点仍是战争发生的主因之一。

"财富"最终由金与钱换算，习惯上合称"金钱"。若单以钱论，美元乃全球通用币种，故国家、财团、个人的富有程度，以美元拥有量来下结论更为直接。

有时候，"少数人"成为极少数人，"最多"占有成为百分之八十以上。

此时世界充满敌意，此时国家动荡不安。即使表现稳定，实则人类互憎暗流涌动。

这个主义那个主义，尚无一种主义能解决好以上难题。

以上自然都是常识。

但许多人类看不明白的是——一半左右国与国之间的敌对局面，实际上是政治人物对解决好本国财富分配问题束手无策的障眼法。

某些富裕的或并不怎么富裕的小国却解决得挺好，成为世界上贫富悬殊不至于导致阶级对立的国家。

而贫富差距已然是悬殊的人口众多的大国，想要学也学不成。首先是，没人敢真的对自己国家动那么大的"手术"；其次，有那种胆的人，肯定不能成为"顶层人物"，即使侥幸成了，也不是一己之力可以搞定的。即使一批"顶层人物"都想那么干，却又非任内有望干成的。

在此点上，"明知不可为而为之"与蛮干行事都是不现实的。世界上没人敢拿自己的国家冒那么大的风险，好比没人会为了理论上或许将使自己的父母活得更健康长寿而亲自主刀将父母大卸八块。

所以，少数人占有最多的财富，将是人类社会相当漫长时期的"常态"。

对这一"常态"，美国人的思维方式是——只要资本家的美元没转移到国外去，那么在某种程度上也是属于美国的。因为一个事实是，任何个人根本不可能完全占有几百几千亿之多的美元，除非将那么多的美元存放在堡垒般的钱库里，并派雇佣兵保卫，而那意味着一个人彻底疯了。反之，就算那么多美元存在银行里，对美国经济也是有好处的。

至于资本家们的豪奢生活呢？

多数美国人的思维是——随他们去吧！若犯法由法院审判他们；合法的前提下，他们高兴怎样是他们的事。

推而广之，一概所谓发达资本主义国家的人们，思维大抵如是，这是资产主义思想在他们本国的"胜利"。并且，有资本再生成果二次分配的种种社会制度保障着。

在那些国家里，倘一个企业一个财团的年终财务报表获利较多而员工的工资不涨，不但是不道德的，往往还是违反劳动法的。

中国的情况相当特殊。

中国经常有资本外流的传闻曝出，这使中国人不可能有像美国人那样的思维。经济发达国家的资本家是在别国包括在中国创收，而将利润源源不断地汇往本国；许多中国的资本家却是在祖国靠优待政策和雇佣价格低廉的同胞劳动者创了收，然后源源不断地将利润转移到外国。而且不是进行投资，是存入了外国银行的私人账户。外国资本家也会将企业的一部分转移到中国，但资本家本人不会加入中国国籍。中国资本家中的某些人究竟拥有几国国籍，却每每引起同胞的猜疑。

而除了脑子进水了，一个欧美国家的人才会猜测本国较大企业的头脑暗中加入了中国国籍。

往往是，中国普通体力劳动者或脑力劳动者想涨工资的愿望刚一冒头，他们所属的行业或企业就公布亏损的事实——国企民企皆如此。而一致宣传大好形势时，同一行业或企业又成就辉煌了。

这是中国人经常犯糊涂继而犯寻思的一点。

还有一点，中国与欧美国家是不同的——在他们那儿，企业效益良好，涨工资人人有份，像社会主义中国从前的"普涨"那样，之后才是对个别有突出贡献者的格外奖励。

在此点上，他们比社会主义更像社会主义。

而中国的做法大抵是——"论功行赏"，结果谈不上有什么"突出贡献"的大多数，便总是理所当然地被忽略。

在古代，一次战役胜利后，主帅每"犒赏三军"。"三军"不仅包括将帅，也包括士卒。士卒在军事胜利中的功绩是不可以被将帅完全代表的，这是常识。

在此点上，我们往往比资本主义国家更像资本主义。

说到底，资本家是人类社会的必然"产物"，如银行家、艺术家、慈善家一样。

没有他们，就没有任何一个国家的工业文明。

他们如象，如"绿巨人"，但并不是鳄和蚺——起码，在某些国家是这样。

但象有对社会和谐的破坏力，"绿巨人"有时候是任性的，两者服务于社会的正能量，取决于体制的合理性，分配的周到性。

# 七

阶层分级，文化附之。

所谓"物以类聚，人以群分"，并非完全以地位与财富而聚而分；有时也以"趣味"相投而"类"而"群"。

"趣味"亦非仅指吃喝玩乐，深层意思其实包含"文化"。

毛泽东《纪念白求恩》一文，结尾对白求恩的总结性评语中有一句是"脱离了低级趣味的人"。

该句中之"趣味"，显然包含了"文化"素质。

"脱离了低级趣味"就是脱离了对低级文化的精神依赖。

不言文艺的文化是不存在的。

倘言文艺，当今世界，推陈出新，可谓极其丰富多彩的时代。

定睛细看，一种现象昭然——经济已经发达的国家不断产生为欣赏的文艺，即使经济状况又低迷了，为欣赏的文艺仍是主体；经济落后的国家，则以娱乐文艺为主，或连娱乐的文艺也少见，文艺全面的死气沉沉；经济正在发达的国家，则为欣赏的和满足娱乐的文艺双向繁荣——前者为富人的人们，后者为还难以富起来的人们。

于是也可以说，不同之阶层的人，皆烙上了不同之文艺的烙印。而此烙印，自人的孩童阶段始矣；至少年时代，分类矣；至青年时代，基本定型矣。既定型，改也难。

少男少女"玩不到一块儿去"，此原因之一也。

青年们之间"无话可谈"，亦原因之一也。

美国电影《出租车司机》中的男主角特拉维斯爱上了参与总统竞选的议员的竞选办公室女秘书贝茜，他请她看电影，她高兴地答应了，但几分钟后她受辱般地离开了影院——因为他请她看的是"黄片"。他被媒体宣传成"英雄"后，以为便有了足够的资本继续追求她了，而她对他仍冷若冰霜。他们之间当然完全没有相爱的可能，他困惑不已，观众却看得分明——"趣味"截然不同，可能性自然是零。这还仅仅是文艺趣味的稍远即分，更遑论文化上的没法亲和了。

对于特拉维斯，看一场黄色电影已是欣赏；而对于贝茜，那种所谓的电影其实是垃圾。

美国还有一部电影是《国王也疯狂》——英国王室成员因故全体丧命，只得在世界范围内寻找王位继承人。结果还真找到了一个有皇族血统的流浪汉，随即着力培训，希望能尽快将他从素质上提升为国王。然而以失败告终——流浪汉已是成年人，爱莫能助。

我有一位朋友，和我一样有颈椎病，每去小小的街头盲人按摩所，某盲人按摩师一边为之按摩，一边用手机听中国古典文学讲座，于是二人有了共同语言。后来，经我的朋友推荐，那位盲人按摩师去往五星级酒店了。

特拉维斯是真爱贝茜的。他那么想抓住机会，娱乐趣味却使他抓不住。

流浪汉并非不愿当国王，怎么会不愿意呢？但他连自己也不得不接受这样一个事实——自己文化上没那希望。

中国的最有钱的人们，大抵在儿女中学毕业后，不容商量地就将儿女送出国了。中国的娱乐文化乃是世界上最"壮观"的现象，往往地，人的耳目想避都避不开。

有次我问一位极有钱但远算不上最有钱的父亲他怎么想的。

答曰："还能怎么想？一是因为国内的应试教育模式改也难，不愿让孩子学得太苦太吃力。二是因为怕。"

"怕？怕什么呢？"

"怕国内娱乐文化的汹涌之势。一旦孩子陷入其中难以自拔，那不毁了？我们的孩子是要接班的，我们的企业是要走向世界的，儿女将来是要与许多国家的上层人士打交道的，如果在文化方面找不到共同语言那还成？"

一个事实是——他们的儿女也深谙此点，提升文化趣味往往成为自己融入别国精英群体的"入口"。

"即使坐在一起了，你说话别人不想接，别人说话你想接接不上，这种事若发生在我的儿女身上，岂不悲哀？"

那位父亲不是"土豪"。

不是"土豪"的那位父亲说——连"土豪"父亲们都全体意识到了——娱乐文化一旦形成汪洋，避开绝对是他们爱护下一代的明智之举。

中国之中产阶层的某些父母其实同样洞见了此点，于是也争先恐后地将儿女送出国去，这是中国留学潮的真相之一。在国外那些名牌大学里，特别是在科技方面的名教授云集的那些专业，富豪之家的儿女甚少，因为他们将来并非要靠文凭和科研能力谋职或创业。他们无须创业，较好地承业即是能力。他们的父母也不是多么地看重他们获得了怎样的文凭，有没有一技之长，看的是他们在综合素质方面成了怎样的人。在这些专业中，市民阶层和草根阶层的子女也不多，这是由经济基础决定的。

在那样一些大学那样一些专业，中产阶层的儿女几乎个个都是"无须扬鞭自奋蹄"的用功学生。若起早贪黑可成学霸，他们甘愿废寝忘食。

对中国以后一二十年间的社会结构，由是可以看得比较清楚，基本还是干部子女将在官场占有最多比例；富豪子女仍会像父辈一样占有最多的经济资本，并将比父辈更善于与国际同行合作；中产阶层的某些儿女成为主导科技发展的精英。中产者阶层中，一流的服务于国，成为科学家；二流的服务于大型或超大型私企，成为持股人；三流的稳住了家庭的中产阶层地位——收入方面。

绝大多数市民阶层或草根阶层的子女，若不能自幼摆脱娱乐文艺之泡沫的侵袭，即使有了大学文凭，却只不过能成为比比皆是的脑力劳动者——"知识改变命运"的规律，也就能将他们改变成不再是父辈那般的"体力劳动者"而已。

"娱乐改变命运"也成了一句社会箴语——改变了不少原本或可超越自己阶层的人的命运，使他们耽于娱乐，从文化意识上被按在了本阶层的坐标上。

贾政对于宝玉的娱乐心每大发其火，革命评论家们皆同情宝玉，众口一词地将贾政贬为"封建势力"的家族代表。其实，贾政是多么的深刻啊，他明白——倘宝玉也如薛蟠，贾府的荣华富贵靠谁发扬光大呢？

没谁天生是与娱乐绝缘的动物。鲁迅也爱看电影，胡适偶尔打牌，宋美龄爱舞场氛围。但若看少年时代，他们可都不是耽于娱乐的人。自然，他们那个年代，也不是娱乐文化汹涌澎湃的年代。

今日之中国，只要一个人甘愿，那么可以从小学到高中天天浸泡在娱乐文化中。

《舌尖上的中国》是文化节目，但缺少文化的人，便只看到了吃。它的解说词写得何等之好，可作为叙事美文来欣赏。解说人的声音特有魅力，有磁性，即使只闭着眼听声音，亦属享受。并且，它所蕴含的社会、人文、地理、乡愁诸方面的知识，也称得上是丰富多彩的。

低层级的，仅以娱乐取悦受众的文艺，其对成长期的人的最大危害在于——不但使人耽于它，浪费生命，而且会搞坏了人的耳目，使人之耳目不再愿从娱乐转移开，去领略娱乐之外的看了听了使人受益更大的丰富多彩的文艺。

从前，陶行知和黄炎培致力于市民儿女和农村少年的教育事业：一、授以技能，以助安身立命；二、影响以好的文艺，以助对垃圾文艺的排斥。希望将来的他们，起码在文化上不再处于底层。不仅国家，个体的人也是要有一点儿文化自信的。

在尚无许多当代的陶行知和黄炎培的情况下，市民阶层的父母和农村少年的老师，若能做到以下两条，对儿女和学生裨益大矣：

帮他们摆脱纯粹搞笑之娱乐的浸淫；

若做得到，引导他们领略不算浪费时间的文艺的魅力；起码，是"娱乐+"之类的文艺——加知识、加常识、加情感、加对人世间的理解和对人生的体味，都是好的。

而刻意加所谓明星崇拜，会使少男少女沦为粉丝的——当远之。

# 附　录

## 关于土地的杂感

据说，在北京、上海、广州、深圳这些城市，居高的房价已经涨到七八万一平方米了。当然，都是黄金地段，所以寸土寸金。又据说，富豪或炒房者们一掷数千万争相而购，是受着一种统一的商业理念的驱使，即寸土寸金地段绝对是稀有的，买下的不但是高档住房，简直还是一棵摇钱树。

事实基本如此，几年前他们以几百万买下的别墅，如今无一例外地涨到了天价。

而专门为他们盖房子的房地产商，深谙他们的心理，每以"绝版""珍藏版"奉应之。于是在天价房现象推波助澜的作用下，一概的房价飙升不止，连城市中产阶层都目瞪口呆了，平民和贫民阶层改善住房条件的想法，遂成幻想。

这使我联想到了孔老夫子的一句话。他说："天无私覆，地无私载，日月无私照。奉斯三者以劳天下，此之谓三无私。"孔老夫子这话，要义在后两句。是以天地日月的无私来喻人的。以前，我是颇信有那种"奉斯三者以劳天下"之人物的。后来，不信了。非但不信，且大不以为然，觉得人根本不可能做到那般无私。故人不该对人有那等苛刻的要求。但对于前三句话，却一向是信的。现在，我连前三句话也不信了。最近我总想做一件事，那就是，摘辑一些所谓名言，尤其是那类对我们世人影响深远的名言，一一指出它们的不可信性。孔老夫子那句话，自然便是一例。依我看来，"天有私覆，地有私载，日月有私照"——早就是真相了。

这地球上，有的地方终年寒冷，满目冰雪；有的地方却又终年炎热，水源恒少；而某些幸运的地方，则四季如春，风光旖旎，不仅是适于人类生活的天堂，也是植物动物的"伊甸园"。

这难道不是天之"私"、日月之"私"吗？这地球上，有的地方荒山叠嶂，戈壁无边，寸草不生；而有的地方沃土平川，水源丰富，地上几乎遍地是宝，地下也处处矿藏。这难道不是地之"私载"吗？有次我乘飞机去往西部某市，坐靠窗位置。幸逢晴日，万里无云。从天穹看大地，所见情形，令我心怦动，愀然进而肃然。在光秃秃的岩体的山与山之间，偶现一小片土地，或许是风将沙尘刮到那儿，百千年间，万亿次数，积淀而成的吧？估计也就半个足球场那么大的一片土地，却散布着七八户人家，形成一个小村落。院如火柴盒，舍如小纽扣。在与土地同色的房子与房子之间，不见一点树影。又偶现更小的一片土地，孤零零地一个火柴盒也似的小院，孤零零的一幢小纽扣也似的房舍。

我问坐在我旁边的当地人：什么人会住在那么一种地方？

他说："当然是农民啰。"

"那根本不是人住的地方啊！"

"就是嘛。"

"为什么不将他们迁往别处？"

"你看，那儿还有，那儿还有，加起来为数不少呢，往哪儿迁他们呀！好地方的土地，早都有主了……"

我便只有默然。

"听说，当地政府已在考虑尽早将他们迁往别处……"

对方的话，怎么听都像是安慰我。而我又想到了在另外一个省内见到的情形。那是一个山区多多的省份。从山顶到山腰到山脚，凡是能种点儿什么的土地，不管小得多么不起眼的一块土地，无一遗漏，皆被种上了庄稼和蔬菜。时值秋季，公路两旁，每见背着收获的农民，低着头猫着腰，缓走而行。坐在面包车里的我，见一片山坡上，有些缺口大小的土坑。就是那些土坑里，也都种上了玉米。陪同我的当地朋友见我奇怪，向我解释说，那些现出土坑的地方，原先都有巨石。养路单位怕巨石在雨季滚下山坡，堵塞公路，于是很负责任地用吊车将巨石吊走了。而农民们，争相占有了那些土坑。而前方，连公路两旁排水的沟里，都种上了南瓜和土豆……

我不禁地就联想到了城市里那些房地产商所宣传的"寸土寸金"的广告语。

在那样一些缺少耕地的地方，对于那样一些农民，未尝不也是寸土寸金呢！

后来，我们走在田地间的田埂上了。最窄的田埂，才一尺宽左右。朋友说，田埂起初肯定是宽些的，但是当地农民对土地的贪占心理十分强烈，仅仅为了多一行种子，那也不惜再将田埂挤窄几寸，所以田埂越来越窄了；当地农民走在田埂上的平衡水平也越来越高了。

他说："让咱们挑着粪桶走在这么窄的田埂上，是会一次次掉下去的吧？"

我说："会的。"

于是就想到了人类和土地的关系。

古代的人类，最坚定的占有欲体现在对土地的占有方面。部落与部落之间，民族与民族之间，国与国之间，狼烟四起，兵燹成灾，大抵为的是土地。后来，当国与国的边界较为分明了，土地就成了领土。即使当今，某些国家之间交恶，往往也还是与领土问题有关。一涉及领土问题，没有哪一个国家会不认真对待。

而在一个国家内部，人对土地的占有欲，则意味着一种最古老的占有欲之体现。对于一个现代人，倘不能实际地占有一座城市中他认为最值得占有的土地，那么他必将通过占有那块土地上的房产来达到满足。

一块城市里的土地寸土寸金吗？

那么，我要最大限度地占有。

当然，有此种占有欲的人，首先须是富人。

对于他们，寸土寸金之土地，等于金。

而对于金的占有欲，其古老性，仅次于人类对土地的占有欲。相比于土地和金，人类对于其他昂贵东西的占有欲，倒不值得论道了。

这就是为什么在中国，在城市，在所谓黄金地段，房价越炒越高，房子越盖越大的真相。

这是一种现代人的大都市地主心理。

在封建社会，地主而大，于是他们的土地占有欲便会自然而然地延展向城市。从前的大地主，在城市里往往拥有整条街的房产。于是从前城市里的贫穷人家，注定会从他们住惯了的街上被挤走，迁往城市的边角地方。或者，直接又回到农村，再成农民。

这一种通过房地产业实现的对于城市土地占有欲的满足，即使交易公平，根子上也是一种人类的原始的占有欲。

故在西方，豪宅已不建在市内黄金地段，大抵建在市郊。多数富豪，并不通过金钱实力进犯城市腹地。而这就使城市的腹地得以较长久地保持原貌，于是保持城市个性。

中国的城市恰恰反过来。

房地产业首先是开始从城市腹地摧毁城市原貌的。当城市腹地已无可再摧毁，才不得不将目光投向郊区。故一座座城市，早已无原貌可寻。

城市的发展，不依赖房地产业是难以想象的，也可以说是根本不能够的。但是，若过分依赖房地产业，甚至推波助澜，乐得正中下怀地利用房地产业，则肯定是不可取的，甚而是愚蠢的。因为，人心里也有一块土地，叫心田。心田才是人类真正寸土寸金的地方。心田生长于对公平的希望和对贪婪的本能反感。我们许多城市的腹地，如同那些缺少土地的农村的田埂。现在，供人走的路是越来越窄了。将来，理性思想也将无路可走了吗？

不错，城市的土地确乎是宝贵的。正因其宝贵，我们这一代城市公民应该意识到——城市不是属于哪一届政府的，不是属于哪些房地产大鳄及某些富豪的。城市它属于全体城市公民。它不仅属于我们这一代城市公民，也属于我们的后代子孙。

故，一座城市的土地，不应由土地管理部门自说自话地挂牌拍卖。是城市公民代表子孙后代，授权土地管理者们管理城市土地的。土地国有化的意思不是别的什么意思，而是土地人民化的意思。

对于城市而言，即城市公共土地所有权，属于城市全体公民。而且只能属于城市全体公民。正如某个农村的公共土地，只能属于全体农民。

这个道理是多么的明明白白啊！

那么，我认为，每一座城市的每一级人大和政协，都应责无旁贷地替全体城市公民及子孙后代，肩负起对于城市土地的开发监督权。城市土地管理部门，只能在此种监督和允许之下，才有权对城市土地进行拍卖。而且，也不能一卖了之，完事大吉。

卖后的土地，究竟用于何种目的——建住宅？建医院？建学校？建图书馆或公园？人大和政协亦应代表城市公民过问，使目的在符合大多数城市公民意愿的前提之下得以理性实现。

这样，而且只有这样，房价过高才会真被遏制，房地产暴利才会真被管制，房地产泡沫才会真被控制。

我一直很奇怪，为什么对于城市的发展建设而言，人大和政协有堂堂正正的理由早应负起来的责任，却至今并未主动担负起来，却只不过一向嘟嘟哝哝地尽说些希望政府怎样怎样的鸟话？

须知后代子孙，对于他们所不得不面对的城市若怨声载道，既要骂现在的政府，也是要骂现在的人大和政协的。

至于那些为现在的房地产业评功摆好推波助澜的人，我不想和他们讨论什么。因为据我所知，他们明里暗里，差不多皆是些附着在房地产商身上的毛。

我跟几撮"毛"有什么好说的呢？

## 关于青年和新中国的杂感

将每年的5月4日定为青年节，是新中国成立当年之事。

众所周知，这是为了纪念"五四运动"。"五四"起先是一场文化运动，后来是一场政治运动。起先由秉持不同文化立场的知识分子们主导着话语场，后来被爱国的青年学生们之反对"丧权辱国"的政治口号所取代，于是论战犹酣的纸现场演变成了血染黄沙的广场。死伤皆青年学生，平均年龄当不足二十岁。再后来，革命风云兴起，1919年5月4日，遂成中国"青年运动"的端点，正如史蒂芬·霍金认为宇宙大爆炸是时间的端点。此后之中国，青年和政治被紧系在一起。功功过过，莫衷一是，纠结不清。

古兮今兮，世界上发生过各种各样的革命。不同的革命付出不同的代价，尤以政治革命的代价最大。因为它革的是政权的命，而政权又是最不情愿所以也最不容易被革命的。此类革命，不流血不死人的情况还没有过，少流血少死人已属大幸。并且，一个革命伦理前提乃是——流什么人的血死什么人的命。是的，我认为革命也应有其伦理原则，其一当以少流血少死人为正确；其二尤当以少流青年们的血少死青年们的命为正确。倘以上两点不在革命发动者掌控之下，革命当缓。除了抢救人的生命和应对灾难的紧迫关头，世上其实没有多少事是刻不容缓的，革命也不例外。

"五四"以降，中国人有一个思想误区，或曰有一个思想上的坏毛病，即每当盼望社会进步心切，往往首先抱怨青年们的无动于衷。仿佛推动社会进步的责任，理所当然地应由青年们来肩起。倘须有人流血牺牲，也理所当然地应由青年们义无反顾地站在视死如归的前列。嘴上不这么说，心里往往也是这么想的。

这是中国人诸种最坏的毛病之一。

"五四"后来是现代特征显然的政治运动。由现代特征很显著的政治运动而遗留下了很坏的一味试图依赖着青年的思想毛病，这是发人深省的。

我认为，一个社会好还是不好，透明还是不透明，公平还是不公平，大多数人满意还是不满意，主张必须实行变革还是似乎仍可忍受，变革又该以什么样的方式来变——这一切都向来取决于中年人们是一批一批怎样的中年人。并且，首先取决于中年中的知识分子。若需有人承受政治打压，付出悲惨代价，那么首先应该是中年人，而不是青年。进言之，一个国家当下现实怎样，将来前途怎样，当首先由这个国家的中年人尤其中年人中的知识分子来负起责任和使命。倘这些人并不真的打算将忧国忧民促推社会进步当成义不容辞之事，那么，便没有资格批评青年们的社会责任感如何如何，教诲他们本应怎样怎样了。

须知——李大钊写下"铁肩担道义"五个字时，三十六七岁矣，是中年。那五个字，既是自勉，也主要是与中年知识分子同道共勉的。

谭嗣同血洒菜市口，想来他首先要唤醒的，也主要是实行改良之能力大于青年的中年人。

鲁迅诗曰："我以我血荐轩辕。"首先是一种继续战斗的精神，一种自我激励的孤独表达。

孙中山号召："革命尚未成功，同志仍需努力。"毋庸置疑首先是寄希望于中年群体的。

国有怎样的中年，便有怎样的青年。

一个中年中英杰辈出、垂范者众的时代，它的青年们总体上大抵是不至于精神迷乱沉沦的。中国近代史上曾有过那么一段中年知识分子群体争相为国家民主之社会进步发光发热的时代，那样的时代早已离我们远矣，甚至使今人有遥远之感。那样的一列列知识分子的身影在我们今人眼中已越来越模糊。

我认为，比之于中国当代青年，恐怕令人失望的更是中国的中年人，尤其中国的中年知识分子。因为，先贤们的精神遗产，不可能跨越当下中年知识分子，而直接在中国当下青年们身上发扬光大。一个国家一个民族的可贵之精神营养自然应该获得传承；但一个道理是那么的明白，中年人不传，青年们何所承耶？中国当代知识分子（也就是包括我在内的一些人）中犬儒主义盛行，沽名钓誉几成普遍风习，重思想操守及独立人格者日愈鲜见，世故圆滑虚与委蛇现象比比皆是，已被公认为不争之事实。自身这种品性的我们自己，依我想来，扫描中国当代青年并评三论四的时候，实在是该未开口而颇觉惭愧的。何况，是在"五四"青年节的月份里。故以上诸感想，是必须说在前边的。纵使接下来言辞尖刻了，也完全是为着当下青年四五十岁以后，无论对自己，对那时的青年，对同代中的弱势群体，对社会之公平和正义，所作所为都比现在的我们要强……

## 一、社会的"眼"不必常盯着"二世祖"们

报载，当下中国有一万余位资产在两亿以上的富豪们，"二世祖"是南方民间对他们的儿女的叫法。关于他们的民间谈资颇多，总为人津津乐道。某些报刊亦热衷于兜售种种他们的事情，以财富带给他们的"潇洒"为主，羡慕意识流淌于字里行间。窃以为，一万多相对于十三亿几千万人口，相对于四亿几千万中国当代青年，实在是少得并没什么普遍性；并不能因为他们是某家族财富的"二世祖"，便必定具有值得传媒特别关注之意义。故应对他们本着这样一种报道原则——若他们做了对社会影响恶劣之事，予以谴责与批判；若做了对社会有益之事，予以表扬与支持。否则，可当他们并不存在。在中国，值得传媒特别给予关注的群体很多，非不报道"二世祖"们开什么名车，养什么宠物，第几次谈对象便会闲得无事可做。传媒是社会的"复眼"，过分地追捧明星已够讨嫌，倘再经常无端地盯向"二世祖"们，这样的"复眼"自身毛病就大了。

## 二、"富二代"们的现在和以后

由于有了以上"二世祖"们的存在,所谓"富二代"的界定难免模糊。倘不包括"二世祖"们,"富二代"被认为是这样一些青年——家境富有,意愿实现起来非常容易,比如出国留学,比如买车购房,比如谈婚论嫁。他们的消费现象,往往也倾向于高档甚至奢侈。和"二世祖"们一样,他们往往也拥有名车。他们的家庭资产,分为有形的和隐形的两部分。有形的已很可观,隐形的究竟多少,他们大抵并不清楚,甚至连他们的父母自己也不清楚。我的一名研究生曾幽幽地对我说:"老师,人比人真是得死。我们这种学生,毕业后即使回省城求职,房价也还是会使我们望洋兴叹。可我认识的另一类大学生,刚谈恋爱,双方父母就都出钱在北京给他们买下了三居室,而且各自一套。只要一结婚,就会给他们添辆好车。北京房价再高,人家也没嫌高的感觉!"那么,"另一类"或"人家",自然便是"富二代"了。我还知道这样一件事——女孩儿在国外读书,忽生明星梦,非要当影视演员。于是母亲带女儿专程回国,到处托关系,终于认识了某一剧组的导演,声明只要让女儿在剧中饰一个小角色,一分钱不要,还愿反过来给剧组几十万。导演说您女儿也不太具有成为演员的条件啊,当母亲的则说,那我也得成全我女儿过把瘾啊!——那女儿,也当属"富二代"无疑了。

如此这般的些个"富二代",他们的人生词典中,通常没有"差钱"二字。他们的家长,尤其父亲们,要么是中等私企老板,要么是国企高管,要么是操实权握财柄的官员。倘是官员,其家庭隐形的财富有多少,他们确乎难以了解。他们往往一边享受着"不差钱"的人生,一边将眼瞥向"二世祖"们,对后者们比自己还"不差钱"的生活方式消费方式每不服气,故常在社会上弄出些与后者们比赛"不差钱"之良好感觉的响动。

我认为,对于父母是国企高管或实权派官员的他们,社会应予必要的关注。因为他们的韩桂芝式的、许宗衡式的、文强式的、成克杰式的、陈同海式的父母，乃是现行弊端分明的体制的最大利益获得者和最本能的捍卫者。这些身为父母的人，对于推动社会民主、公平、正义是不安且反感的。有这样的父母的"富二代"们，当彼们步入中年，具有优势甚而强势话语权后，是会站在所一向依赖并备觉亲密的利益集团一方发挥本能的维护作用，还是会比较无私地超越那一利益集团，站在社会公平和正义的立场发符合社会良知之声，这就只有拭目以待了。如果期待他们成为后一种中年人，则必从现在起，运用公平、正义之自觉的文化使他们受到人文影响。而谈到文化的人文思想影响力，依我的眼看来，在中国，不仅对于他们是少之又少微乎其微的，即使对最广大的青年而言，也是令人沮丧的。故我看未来的"富二代"的眼，总体上是忧郁的。不排除他们中会产生足以秉持社会良知的可敬人物，但估计不会太多。

在中国，如上之"富二代"们的人数，大至不会少于一二千万。这还没有包括同样足以富及三代五代的文娱艺术界超级成功人士们的子女。不过他们的子女人数毕竟有限，没有特别加以评说的意义。

## 三、中产阶层家庭的儿女们

在世界任何国家，中高级知识分子家庭，几乎都必然会是该国中产阶层不可或缺的成分。少则占三分之一，多则占一半。中国之国情特殊，20世纪80年代以前，除少数高级知识分子，一般大学教授们的生活水平，虽比城市平民阶层的生活水平高些，但其实高不到哪儿去。80年代后，这些人家的生活水平之提高的幅度不可谓不大。他们成为"改革开放"的直接受惠群体是一个无可争议的事实。不论从居住条件还是收入情况来看，普遍知识分子家庭的水平已显然高于工薪阶层。其中一批幸运者，确已跻身于中产阶层。另一批，正有希望跻身于中产阶层。最差的一批，生活水平也早已超过于所谓小康。

然而2009年以来的房价大飙升，使他们的中产阶层生活状态亦大受威胁，使他们的心理也受到着挫败感的重创。

仅以我语言大学的同事为例，有人为了资助儿子结婚买房，耗尽二三十年的积蓄不说，儿子也还需贷款一百余万，沦为"房奴"。所买却只不过八九十平方米面积的住房而已。还有人，夫妻双方都是五十来岁的大学教授，从教都已二十几年，手攒着百余万存款，儿子也到了结婚年龄，眼睁睁看着房价不降反升，且升势迅猛，不知如何是好，只有徒唤奈何。

他们的儿女，皆当下受过高等教育的青年，有大学学历甚至是研究生博士生。这些青年，成家立业之后，原本最有可能奋斗为中产阶层人士，但现在看来，可能性大大降低了，愿景极为遥远了。他们皆会较顺利地谋到"白领"职业是不成问题的，然"白领"终究不等于便是中产阶层人士。中产阶层人士也终究得有那么点儿"产"可言，起码人生到头来该有产权属于自己的一套房子。可即使婚后夫妻二人各自月薪万元，要买下一套两居室的房子，尽管父母代付一部分款，那也得自己贷款一百几十万的。按每年可偿还十万，并需要十几年方能还清。又，他们从参加工作到实现月薪万元，即使工资隔年一升，估计至少也需十年。那么，前后加起来可就是二十几年了，他们也奔五十岁了。人生到了五十岁的时候，才终于拥有产权属于自己的两居室，尽管总算有份产了，恐怕也还是以说成是小康人家为恰。何况，他们自己也总是要做父母，要有自己的儿女的。一旦有了，那一份支出则就大为可观了，那一份操心也不可等闲视之。于是，拥有产权属于自己的一套房子的目标，便离他们比遥远还遥远了。倘若双方父母中有一位甚至有两位同时或先后患了难医疾病，他们小家庭的生活状况也必大受影响。

好在，据我了解，这样一些青年，因为毕竟是知识分子家庭的后代，可以知识出身之良好为心理的盾，抵挡住一些贫富差距巨大的社会现实的猛烈击打。所以，他们在精神状态方面一般还是比较乐观的。他们普遍的人生主张是活在当下，抓住当下，享受当下；更在乎的是于当下是否活出了好滋味、好感觉。这一种拒瞻将来，拒想将来，多少有点儿及时行乐主义的人生态度，虽然每令父母辈们摇头叹息，对他们自己却未尝不是一种明智。并且，他们大抵是当下青年中的晚婚主义者。内心潜持独身主义者，在他们中也为数不少。三分之一左右按正常年龄结婚的，打算做"丁克"一族者亦大有人在。

在中国当下青年中，他们是格外重视精神享受的。像所有当下青年一样，他们也是青睐时尚的。但追求是比较精选的，每自标品位高雅。他们是都市文化消费的主力军，并且对文化标准的要求往往显得苛刻，有时近于尖刻。更有时，批评见解深刻。他们中一些人极有可能一生清贫，但大抵不至于潦倒，更不至于沦为"草根"或弱势。成为物质生活方面的富人对于他们既已不易，他们便似乎都想要做中国之精神贵族了。事实上，他们身上既有雅皮士的特征，也确乎同时具有精神贵族的特征。

一个国家是不可以没有一点儿精神贵族的。绝然没有，这个国家的文化也将不值一提了。即使在非洲部落的民族，也是有以享受他们的文化精品为快事的"精神贵族"。

他们中有不少人将成为中国未来高品质文化的守望者。不是说这类守望者只能出在他们之间，而是说由他们之间产生更必然些，也会更多些……

## 四、城市平民阶层的儿女们

出身于这个阶层的当下青年，尤其受过高等教育的他们，相当一部分人内心是很凄凉悲苦的。因为他们的父母，最是一些"望子成龙""望女成凤"的父母。此类父母，自己的人生大抵历经坎坷，青年时过好生活的愿景强烈，但后来终于被社会和时代所粉碎。但愿景的碎片还保存在内心深处，并且时常也还是要发一下光的。所谓未泯。这是设身处地想一想很令人心痛的。中国城市平民人家的生活从前肯定比农村人家强，也是被中国农民们所向往和羡慕的。但现在是否还比农村强，那则很不一定了。现在的不少城市平民人家，往往也会反过来羡慕富裕农村的农民们了。起码，富裕的农村里那些别墅般的二三层小楼，便是他们每一看见便会自叹弗如的。但若有农民愿与他们换，他们又是肯定摇头的。他们的根已扎在城市好几代了，不论对于植物还是人，移根都是冒险的，会水土不服。对于人，水土不服却又再移不回去，那痛苦就大了。

"所谓日子，过的还不是儿女的日子！"这是城市平民父母们之间常说的一句话，意指儿女是唯一的精神寄托；也是唯一过上好日子的依赖；更是使整个家庭脱胎换骨的希望。

故他们与儿女的关系，很像是体育教练与运动员的关系，甚至像拳击教练与拳手的关系。在他们看来，社会正是一个大赛场，而这也基本是事实。不是从古至今一切国家的一个事实，但是目前中国的一个事实毫无疑问。

所以他们也常对儿女们心事重重表情严肃地说："孩子，咱家能不能过上好生活可全看你怎么样了。"

出身于城市平民人家的青年们，从小到大，有几个没听过父母那样的话呢？

可那样的话和十字架有什么区别呢？

那样的话的弦外之音是——你必须考上名牌大学；只有毕业于名牌大学才能找到好工作；只有找到好工作才有机会出人头地；只有出人头地父母才能沾你的光在人前骄傲，并过上几天幸福又有尊严的生活；只有那样，你才算对得起父母……

即使嘴上不这么说，心里也是这么想的。

于是，儿女领会了——父母是要求自己在人间这个大赛场过五关斩六将夺取金牌夺取金腰带。于是对于他们，从小学到大学，连学校也成了赛场或拳台。然除了北京、上海，在任何一省的任何一座城市，考上大学亦须终日刻苦，考上名牌大学更是谈何容易！并且，通常规律是——若要考上名牌大学，先得从起点就挤入重点小学。对于平民人家的孩子，上重点小学简直和考入名牌大学同样难，甚至比考上名牌大学还难。名牌大学仅仅高分为王，进入重点小学却是要交赞助费的，那非是平民人家所能交得起的。往往，即使借钱交，也找不到门路。故背负着改换门庭之沉重十字架的平民家庭的儿女们，只有从小就将灵魂交换给中国的教育制度，变自己为善于考试的机器。但即使考上了重点中学、重点高中、重点大学,却发现虽然终于跃过了龙门;在龙门那边,自己仍只不过是一条小鲫鱼。而一迈向社会,找工作虽比普通大学的毕业生们容易点儿,工资却是高不到哪儿去的。本科如此,硕士博士情况差不多也是如此。于是倍感失落……

另外一些只考上了普通大学的,高考一结束就觉得对不起父母了,大学一毕业就更觉得对不起父母了。那点儿工资,月月给父母,自己花起来更拮据了。不月月给父母,不但良心上过不去,连面子上也过不去的。家在本市的,只有免谈婚事,一年又一年地赖家而居。天天吃着父母的,别人不说"啃老",实际上也等于"啃老"了。家在外地的,当然不愿让父母了解到自己变成了"蜗居"的"蚁族"。尽管已沦为"蚁族",钱还是不够花的,结果又不情愿地成了"月光族"。"月光族"并不就等于挥霍一族,首先是因为挣得少。起码,对于平民家庭的青年们是这样。

他们还未中年,便已开始老了。

他们中"愤青"颇多。

成为"愤青"太正常了,太自然了,太必然了。

否则,倒有点儿怪了。

## 五、贫民人家的儿女们

城市贫民是社会问题,是城市的病。说到他们和他们的儿女,话题总是不免沉重的。那些城市贫民的儿女啊,他们像农村贫困人家的儿女们一样,不享受免费或助学金,往往是上不起学的。尤其是,他们的父母,又往往是残病之人。和农村贫困人家的儿女们一样,他们是中国之一些不幸的孩子,苦孩子。我希望中国以后少争办些动辄"大手笔"地耗费几千亿的"国际形象工程"之事,省下钱来,更多地花在苦孩子们身上——这才是正事!他们中考上大学者,几乎都可视为坚卓毅忍之青年。他们中有人最易出现心理问题,倘缺乏关爱与集体温暖,必会造成自杀自残悲剧,或伤害他人的惨案。然他们总体上绝非危险一族，而是内心最苦闷的一族，最迷惘的一族，纠结最多痛苦最多苦苦挣扎而且最觉寡助的一族。他们的心，敏感多于情感，故为人处世每显冷漠。对于帮助他们的人，他们心里也是怀有感激的，却又往往备觉自尊受伤的刺疼，结果常将感激封住不露，饰以淡漠的假象。而这又每使他们给人以不近人情的印象。这种时候，他们的内心就又多了一种纠结和痛苦。

比之于同情，他们更需要公平。比之于友善相待，他们更需要真诚的友谊。谁若与他们结下了真诚的友谊，谁的心里也就拥有了一份大信赖。他们往往会像狗忠实于主人那般忠实于那份友谊。他们那样的朋友是最难交的，如果交下了，大抵会是一辈子的朋友。一般情况下，他们不会轻易或首先背叛友谊。他们像极了于连。与于连的区别仅仅是，他们不至于有于连那么大的野心。事实上他们的人生愿望极现实，极易满足，也极寻常。但对于他们，连那样的愿望实现起来也需不寻常的机会。"给我一次机会吧！"——这是他们默默在内心里不知说了多少遍的心语。他们的又一个问题是——此话有时真的有必要对掌握机会的人大声地说出来；而他们往往比别的同代人缺乏更多说之前的心理负担和勇气。他们中之坚卓毅忍者，或可成将来靠百折不挠的个人奋斗而成功的世人偶像；或可成将来足以向社会贡献人文思想力的优秀人物。人文思想力通常与锦衣玉食者无缘。

## 六、农家儿女们

家在农村的大学生，或已经参加工作的他们，倘若家乡居然较富，如南方那种绿水青山，环境美好且又交通方便的农村，则他们身处大都市所感受的迷惘，反而要比城市里普通人家的青年少一些。这乃因为，他们的是农民的父母其实对他们并无太高的要求。倘他们能在大都市里站稳脚跟，安家落户，父母自然也是高兴的。倘他们自己觉得在大都市里难过活，要回到省城工作，父母照样高兴，照样认为他们并没有白上大学。即使他们回到了就近的县城谋到了一份工作，父母虽会感到有点儿遗憾，但不久那儿点遗憾就会过去的。

很少有农民对他们考上大学的儿女们说："咱们家就指望你了，你一定要结束咱们家人祖祖辈辈都是农民的命运！"

他们明白，那绝不是一个受过高等教育的儿女所必然能完成的家庭使命。他们供儿女读完大学，想法相对单纯；只要儿女们以后比他们生活得好，便认为一切付出都是值得的。

中国农民大多数是些不求儿女回报什么的父母。他们对土地的指望和依赖甚至要比对儿女们多一些。

故不少幸运的在较富裕的农村以及小镇小县城有家的就读于大都市漂泊于大都市的学子、工作青年，心态比城市平民城市贫民之家的学子、青年还要达观几分。因为他们的人生永远有一条退路——便是他们的家园。如果家庭和睦，家园的门永远为他们敞开，家人永远欢迎他们回去。所以，即使他们在大都市里住的是集装箱——据说，南方已有将空置的集装箱租给他们住的现象——他们往往也能咬紧牙关挺过去。他们留在大都市艰苦奋斗，甚至一年复一年地漂泊在大都市，完全是他们个人心甘情愿的选择，与家庭寄托之压力没什么关系的。如果他们感到实在打拼得累了，往往会回到家园将身心休养一段时日，调整一段时日。同样命运的城市平民或贫民人家的儿女，断无一处"稚子拈花扑蛱蝶，人家依树系秋千""罗汉松遮花里路，美人蕉映雨中棂"的家园可以回归。坐在那样的家门口，回忆儿时"争骑一竿竹，偷折四邻花"之往事，真的近于是在疗养。即使并没回去，想一想那样的家园，也是消累解乏的。故不论他们是就读学子、就业青年抑或打工青年，精神上总是有一种达观支撑着。是的，那只不过是种达观，算不上是乐观。但是能够达观，也已很值得为他们高兴了。

当下一个青年不论是大学校园里的学子、大都市里的临时就业者或季节性打工者，若他们的家不仅在农村，还在偏僻之地的贫穷农村，则他们的心境比之于以上一类青年，肯定就截然相反了。

回往那样的家园，即使是年节假期探家一次，那也是忧愁的温情有，快乐的心情无的。

打工青年们最终却总是要回去的。

大学毕业生回去了毫无意义——不论对他们自己，还是对他们的家庭。

他们连县里和省城也难以回去，因为县里也罢，省城也罢，适合于大学毕业生的工作，根本不会有他们的份儿。那样的农村，通常也不会招聘什么大学毕业生"村官"的。

所以，当他们用"不放弃！绝不放弃！"之类的话语表达留在大都市的决心时，大都市应该予以理解，全社会也应该予以理解。

"这是一个最好的时代！这是一个最坏的时代！"

以上两句话，是狄更斯小说《双城记》的开篇语。那究竟是一个怎样的时代，此不赘述，感兴趣的人该自己去读。狄氏将"好"写在前，将"坏"写在后，意味着他首先在肯定那样一个时代。在此借用一下他的句式来说：

当代中国青年，他们是些令人失望的青年；
当代中国青年，他们是些中国足以寄托希望的青年。

说他们令人失望，乃因以中老年人的眼看来，他们身上有太多毛病。诸毛病中，以独生子女的娇骄二气、"自我中心"的坏习性、逐娱乐鄙修养的玩世不恭为最讨嫌。

说他们足以令中国寄托希望，乃因他们是自1949年以后最真实地表现为人的一代，也可以说是忠顺意识之基因最少，故而是真正意义上脱胎换骨的一代。在他们眼中，世界真的是平的。在他们的思想的底里，对民主、自由、人道主义、社会公平、正义的尊重和诉求，也比1949年以后的任何一代人都更本能和强烈……

只不过，现在还没轮到他们充分呈现影响力；而他们一旦整体发声，十之七八肯定都会是进步思想的认同者和光大者……

## 关于"体面"与"尊严"的思考

2010年的《政府工作报告》中,有两句话颇使我们中国人心潮激荡。

一句是——"要使我们的人民过上体面而有尊严的生活。"

另一句是——"社会公平和正义比太阳还具有光芒。"

现在,2010年三分之二的月份已经过去,两句话依然在多种不同场合被引用。我想,在以后很长一个时期,必然继续成为人们经常引用的话语。

因为,那乃是中国政府对全体中国公民的郑重承诺。

也因为,那乃是全体中国公民以后世代不可渡让的基本权力和基本要求。

"体面而有尊严的生活",并不意味着是21世纪人的高标准高品质的生活描绘;恰恰相反,是起码的。

"体面"是指不使自尊心感到羞腆的状态。进言之,如果一个人不能经常或经常不能在这一种状况下生活,那又怎么可能是一个觉得很有尊严的人?

"体面"的生活是可量化的吗?

当然可以。而且必须以可量化为前提。

故全世界达成共识——如果贫穷状况超过了某种程度;如果贫富差距大过了某种程度;如果失业人数、弱势群体人数、不能正常接受学校教育的儿童和少年的人数、医疗得不到保障的人数、社会福利尚未覆盖的人数多到了某种程度,那么一个国家的状况是糟糕的。以上种种人们,他们的生活既不能说是体面的,他们的尊严也将是若有若无,时有时无,大打折扣的。

符合"中国国情"的,"体面而有尊严的生活",其后一定要有符合"中国国情"的具体的数字表述。政府与国家,国家与全体公民之间,更多的时候数字比话语更具有说服力。

长期以来,某些重视"面子"问题的国人,居然相信"体面"与否的生活与"尊严"之存失互无关系。"廉者不受嗟来之食"的典故每被用来作如上说教。而普遍的现象是,说教者们本身其实大抵生活得较为"体面"。一个人类的大伦理法则乃是——在特殊情况之下,某人若宁肯饿死也不受"嗟来之食",是尊严理想主义的体现;一些人那样,也不乏群体尊严的诗性;但一个民族呢?一个国家呢?相当长的时期呢?非特殊的情况之下呢?在中国人被视为"东亚病夫"的历史时期,整个国家并无尊严。对"嗟来之食"受之没有,不受还是没有。"体面"的生活首先是物质的生活品质,"有尊严"的生活建立在此前提之上。

不能说我们的中央政府及各地方政府不谙数字的说服力。"改革开放"三十余年以来,一系列数字足以说明中国人的生活的"体面指数"上升了,"尊严指数"也上升了。但同时,却有另外一些数字,将前两种指数带给人们的满意度每每抵消了,那就是——贫富差距指数(中国还有为数不少的人口几近一贫如洗)、腐败指数(三十年前贪污受贿百万元即是惊天大案,如今几千万稀松平常,几亿十几亿几十亿社会也麻木不仁)、特权指数(某些官商勾结的利益集团侵吞国家和人民财富的胃口越来越大,每相互包庇,沆瀣一气,视法律、法规如虚有)、社会透明度指数(中国有那么多电台、电视台、报、刊,有世界上最多的新闻工作者,但只要某个大人物一句话,每令其鸦雀无声,集体失语)……

讨论什么是"中国特色"的"体面而有尊严的生活",以及怎样使最广大的中国人过上那种生活时,不可以绕开社会公平和正义问题。

中国有句古话是"民不患寡,患不均",因是孔子说的而流传甚广。六十年前中国实行平均主义的年代,此言好比马克思的名言一样被举国信奉,更成为平均主义者们的金科玉律。三十年前实行"改革开放",此言又被与"大锅饭"联系在一起。其实，较深一层来思考那六个字[1]，将"患不均"包含了患机会之不公平和社会财富分配之不正义来理解的话，那六个字便应纳入全人类的普适价值。一个缺乏机会公平和社会财富分配正义原则的社会，即使每天都阳光明媚，人心也还是寒的。

而最严重的错误是，矫枉过正之后，我们曾将"优胜劣汰"这一自然界的规律几乎放大应用到了一概的社会理念系统，使我们的社会理念系统一度成为冰冷的系统，乏同情与人文温暖可言。此大谬也！令人欣慰的是，此谬已获重视，并开始扭转。

对于人类的社会，弱者与弱者的群体跟强者与强者的集体，同样拥有"过上体面而有尊严的生活"的权利。此乃天赋之权，其正当性无可置疑。恰恰相反，"胜者通吃"是非正义的。因为归根结底，国家不能仅仅是少数"胜者"的国家，社会也不能仅仅是少数"胜者"的社会。

故逻辑上当然应该是这样的——"公平和正义比太阳还具有光芒"；在此前提之下，人民才能"过上体面而有尊严的生活"。

所谓政府的责任和正义，正是要使以上人文原则现实化……

## 人文教育——良知社会的起搏器

### 对技术人才也不能放弃文化要求

在国人看来，技术人才似乎可以离"人文"远一些，甚至无须人文主义熏陶。而中国的事实，也大致如此。但是，若从另一种更高的要求来说，即使爱因斯坦，在"二战"期间也要明确自己的人文立场。"二战"时候站在纳粹文化一边的科学家，在战争结束后是必须要给全世界一个说法的。因此，技术人才同样要对社会时事恪守最基本的人文判断和态

---

[1] 不患寡，患不均。

度。所谓人文理念，其实说到底，是与动物界之弱肉强食法则相对立的一种理念。在动物界，大蛇吞小蛇，强壮的狼吃掉病老的狼，是根本没有不忍一说的。而人类之所以成为人类，乃因人性中会生出种种不忍来。这无论如何不应被视为人比动物还低级的方面。将弱肉强食的自然界生存法则移用到人类的社会中来，叫"泛达尔文主义"，和法西斯主义有神似之处。

"人文"其实就是以更文明的文化来"化人"——化成一个有社会良知的人，科技人才自然不能排除在外。如果允许成批的科技人才可以不恪守符合社会良知的价值观，那么这些人就会沦为一批"科技动物"，而恰恰在这方面，我们做得很不够。

技术人才可以放弃文化要求吗？西方早在二十世纪七八十年代就发现了这个问题：千万不能忽视技术人才的人文教育。美国的医学院、法学院都是修完通识的本科之后，才允许申请就读。他们的本科中，特别重要的内容是人文教育。而我们的高中生可以直接学习医学、法学，绕开了必要的人文教育。实际上，医生和律师是最富人文色彩的职业。在课堂上，学生们往往不只是在讨论技术问题。举个例子说，一个病人送来了，可他的家属不在旁边，无法签字，而医生冒险抢救的成功概率也不大。在这种情况下，医生选择救还是不救？如果抢救失败，病人的家属来后，会引起很麻烦的医患纠纷。抢救或不抢救，考验并证明一个国家"人文"社会水平的高下。我们当然不应该要求每一位中国医护从业者都真的接近天使，估计别国的医护从业者也做不到人人都接近天使。区别也许仅仅在于：一、既有院方的明文规定，见死不救亦心安理得，并习惯成自然；二、见死不救是绝难心安理得的事，于是共同商讨实施抢救两全之策。而有时两难之事，正是由于人性由于良知的不麻木和能动性，得以化解，呈现的两全的希望。所谓人文，无法如此"化"人而已。

在人文主义文化厚实的国度，以上希望就多。反之，则少。甚而几近于无。

## 在大学普及人文的无奈之举

　　大学应是人文气氛最厚重的地方，但是，我们做得也并不好。大学课程的安排太细致了，专业分科也太烦琐，而一旦要精简课程，首先拿下的就是人文课。大学生的学业压力很重，学外语要耗费很多时间，计算机考级也很辛苦。总之，大学生们的头脑在一天二十四小时内，考虑更多的是专业成绩，关心更多的是证书。若稍微再有余暇，他们只会选择放松和休息。

　　大学也满腹怨言：凭什么非得进了大学才开始进行普及性的人文教育？这实际上已经有点晚了。这些进入大学之前的青年，按理说应该完成了初级的普世价值观的教育，他们进入大学后，更应该提升、巩固、刷新已经接受的人文意识。但是，我们回过头看来，在高中能不能完成人文普及教育呢？不能，因为高考的压力太大。再退回到中学说，还是不能，中考压力也不小。那索性就退到小学吧，可小学里又不能胜任此项任务——小学生的心智还未成熟。

　　但也不能据此就推卸掉人文教育的责任。事实上，一个孩子一出生就会成长在一种文化背景中，无论是在家里、幼儿园，还是小学，他们都会迅速形成作为现代人的最初的那些普世价值观，这包括对生命的尊重。譬如说，虐待小动物也是丑恶的行为。但若仔细想一想，多少中国人小的时候，会抓蜻蜓或蝴蝶，尤其是男孩子，会把它们的脚撕扯下来，想看看没有脚的蜻蜓和没有脚的蝴蝶是怎样的。捉到一只蜜蜂，每在它的脊背刺上细细的枝条，在手里玩弄。这些昆虫在他们看起来更像是种种无生命的玩具。这固然是好奇心驱使，但在西方，很少会有此类现象。当然，现在我们的国家，公园里的这种情形也已经少多了。当小孩子刚刚懵懵懂懂事的时候，人文教育实际上就应该开始了。西方的人文教育与我们截然不同，更是与我们的"官二代""富二代"的家庭截然不同。杜鲁门的外孙一直到小学四年级的时候，才从课本上知道他的外祖父曾经是美国总统。他回家质问他的妈妈，你怎么从来没跟我讲过外祖父是总统？妈妈跟他解释，这没什么可讲的，每一个美国人，只要他对美国有一份责任感都可以去竞选总统。——权力的本质是责任，这是我们最缺乏的人文意识的解读。

　　人文教育更包括责任、信任、承诺等基本的价值判断。电影《闻香识女人》里面讲过这样一个故事：一名男高中生出生于清贫之家，就读一所重点中学，那里富家子弟很多。这个高中生在学校目睹了几位同学侮辱校长。事后，他被校方要求作为证人交代犯纪者的名字。若不说将会被开除，若说了将会被保送到耶鲁大学。这个高中生与这些同学又都有着一种友好关系，他答应过他们，那件事情对谁也不说，既不能告诉校方、老师，也不能告诉家长。他值得出卖同学以此换取自己的前途吗？这位高中生把苦恼讲述给了一位中校。后来，校方让几名同学坐在一起对质，所有的同学都坐在台下。正在这时，那位中校赶来了，他说："为什么校方不能启发犯错的同学自己承认呢？没人承认，这本身就已经说明了中学教育的失败。确实有人做了不对的事，而且不止一人，但就是没有一个学生有勇气站出来，这样的学校算什么美国一流的学校？对于校方而言，以极大的好处诱惑一个学生，无论他如何选择，要么会毁掉他的前途，要么会毁掉他的人格。以毁掉这样出色的青年作为手段，这样的教育何其失败！"

　　类似的情节也出现在苏联的一部电影《丑八怪》里：有两个小学生是一对好朋友，其中一个是班干部，老师交给他一个任务，要密切关注他的好朋友在校外做了什么事。这位班干部发现，他的好朋友在校外吸烟，于是，立即汇报给了老师。他必须去汇报，只有去汇报，才能让那些师长认可他是好学生。汇报后，他的好朋友受到了友谊的伤害，而汇报者长大后心灵的煎熬也远不能结束。

　　羞辱校长、吸烟都是不好的，但即使这些明显的错误，当跟人与人之间的信任、承诺等恒定信念发生冲突的时候，人们都要面对一个如何对待的问题。在我们的国家，恐怕这些全都是可以简化的，也许根本就没必要讨论，因为答案非常明确：当然要汇报！向阿姨汇报，向老师汇报，向校方汇报。由于汇报了，当然要受到表扬。这种思想在大学，以及大学以外的地方潜移默化地让我们接受，而这，最应该得到的是全社会的人文反思。

社会问题太多，人文不可能很快完成信仰、承诺、友谊，这些很基本的人文价值，到底应该在哪个阶段完成？如何加强大学里的人文教育？这种问题本身就意味着一个非常功利的想法：希望找出一种方法普及人文，应该很快，虽然不说会很短，但至多也别超过三年五年就能见成效。事实是，人文教育肯定不能这么快地完成，这不是盖楼，也不是修路。

在西方，人文价值的普及用了两百多年，我们今天即使要尽快普及的话，也至少要再用和我们共和国的历史一样长的时间。我们现在讨论的只不过是用什么样的方法来缩短原来需要那么长时间来做的事情。当然，只能是尽量地缩短。人文教育不仅仅是学校里的事情，更是全社会的责任。当社会问题积累得太多的时候，人文教育就会变得更加复杂和难以实施。构建和谐社会，前提是这个社会必须是一个良知社会。社会必须有一些最基本的，像铸石一样的价值观和原则来支撑住它。我们用人文的思想从小教育一个孩子，在他的成长过程中，使他成为良好的人，这是完全有可能的。但如果社会环境不配合，这个目标也是很难实现的。"水门事件"后的尼克松最后向全体美国人道歉。他辞去总统职务第二次访问中国，又见到了毛泽东的时候，毛泽东问尼克松，那么点儿事就把你搞下来了？由此我们会发现两个国家的价值观形成极大差别，一个是，在我们这是"那么点儿事"，而在美国那里——全美国的公民，从大人到孩子都感觉受到了伤害。是的，他们之所以不能原谅他们的总统，乃因总统极大地运用权力伤害了他们。

### 技术主义、商业主义、官僚主义——人文教育的三个敌人

人文教育在当今中国，面临着技术主义、商业主义、官僚主义三个敌人。技术主义什么都要搞量化，可人文元素毕竟是最不能量化的思想

元素。商业主义什么都要利益第一，而且要利益最大化，可"人文"偏偏不是以赚钱为首要目的之文化。官僚主义最瞧不起"人文"，可它们最有权力决定"人文"的文化地位。这些人文教育的敌人，哪个都很厉害，哪个都很强势。与它们比起来，人文是很温软、很柔弱的文化品种。尽管如此，人文思想却是人类全部文化总和中最有价值、最核心的那一部分。少了这一部分的文化，轻言是次品质的文化，重言是垃圾文化。

商业文化是什么赚钱搞什么，不惜腐蚀人的心灵。前不久的相亲节目《非诚勿扰》，相关批评已经有了。电视台是国家公器，国家公器不体现人文文化思想是不对的。连娱乐节目也存在价值传播的问题。"我宁可坐在'宝马'里哭，也不坐在自行车上笑"，这其实是某些女孩子真实的想法，是可以讨论的。但是，如果不是讨论而仅仅是表现，就会事与愿违。美国的商业文化也是无孔不入的。举个例子，有两个美国未成年的女孩儿参与境外贩毒，从国外被引渡回国。结果，刚一下飞机，所有的记者全都去了。许多文化公司想要跟她们签合同，出书的合同、拍电影的合同、专访的合同等，这两个贩毒的女孩儿还没出机场，她们的身价都已经千万以上了。面对唯利是图的文化的骄横，知识分子首先会发出声音，特别是在法律没有明确规定的时候，知识分子就会站出来。美国的知识分子当时就纷纷站出来予以谴责了——而那些合同虽不违法，但等于作废了。西方有诸如《关于健全人格的二十四个"不"》等图书，其中几条包括怎样看待金钱、怎样看待权力，而我们这里，这样的书是无人问津的，人人都觉得自己的人格很健全了。这些所谓"人格很健全"的人一听说有本书教人怎么变富，大家全都去买了；一听说有本书教人在官场上"厚黑"，也买之唯恐不及。这如何是"健全的人格"？

官僚主义更多的现象是对"人文"的一种不以为意。或者口头上认可，但心性漠然，或者不愿支持，不愿付出。偶然有时候也觉得那是不能或缺的，转而一想，这还是让别人去做吧。强势的官僚主义本能地嫌恶人文文化，从政治功利的角度来看，对于一个官员，人文文化往往不能成为政绩。相比而言，修了一条路，建了一处广场是那么清晰可见。

娱乐文化至少还花钱营造了热闹,而人文文化都无热闹而言,故他们才不投入那"打水漂"的钱。原来的提法"文艺搭台、经济唱戏",就是这样一种非常功利的思维。文艺成了工具、台面,是种衬托,活脱脱一个打工者形象。我们还常说,下一步的社会和谐工作要把文化当作"抓手","抓手"是什么?就是门把手之类,随便抓一下做支撑。最近的提法是"文化软实力","软实力"也非常功利,去国外办一些孔子学院普及汉语,就体现实力了吗?姑且认为文化是一种"力",我们现在要考虑的是如何体现这种"力",如何使用这种"力",是用这个力影响公民,让公民提高自己的意识,进一步监督政府把事情做好,还是用这个力来影响公民,使他们更加承认——百分之百地承认官员的权威?官僚阶层对民主的人文思想能压制就压制,恨不得再搞一次"反右",这种文化还正常吗?我们现在对文化知识分子还是分派别,从前是分成左派和右派,右派的命运很不好。我们现在又有了"新左派"和"新右派",在有些人看来,"新左派"不可怕,毕竟他们还继续崇拜着毛泽东,所以还属于"咱们"的人。而现在的被视为"新右派"的知识分子依然差不多还是当年的"右派",只是没人能够轻易剥夺他们的工作或把他们发配到某个地方去。假如有人想让社会更透明一点,良知一点,民主一点,他就成了"新右派"的话,假如面对这么多分明由于不够民主而积累的社会问题还羞于谈西方的民主的话,假如大家都学聪明了,谁都不可以做"新右派"的话,这个国家不就没有民主的声音了吗?

全部人文文化的第一要务就是推动国家的民主程度和民主进度,绕开这个话题来谈人文文化,来谈人才教育和培养,就是绕开了人文文化对社会的最根本的责任顾左右而言其他。

我们所面临的情况通常是这样:一个人如果具有某一方面专长,并且极其善于封闭内心真实思想,尤其矢口不谈现代人文思想见解的话(非常"不幸",现代人文思想确确实实形成于西方),又尤其是,他还总是不失时机地一再地表示对现代人文思想之不屑的话,那么他被当作人才来培养和"造就"的概率很大很大。特别是,他还多少有些文化,善于用中国古代封建思想家们的古代人文思想的絮片为盾，批判和抵制现代人文思想的话，那么"人才"简直非他莫属了。这样的人士我是很接触过一些的，他们骨子里其实也都是相当认可现代人文思想所传承的某些最基本的价值观，他们的表现往往是作假，但是假装所获得的好处又确实是不言而喻的。反之，如果一个人不讳言自己是现代人文思想的信徒，那么他的进步命运亦相反，他很可能被视为"异类"，处处受到限制。

这是中国的"人文恐惧症"，"化"之难也。唯其难，故当持久"化"之。

# 关于再版的补白

## 一

老友电视剧导演李文岐,一直希望我能为他完成剧本《马永顺传》——我并非要趁此书再版之际为自己做一次广告,以我目前的身体情况,那是根本不可能的。

我之所以写到此事,乃因联想到了另一件事——据我所知,有某国之中国问题专家撰文认为,当今中国,社会关系"呈现撕裂状态,工人、干部、知识分子三大重要社会阶层,每有明显的互相嫌恶甚至敌视现象,而且每一方都同时反感另外两方……"。

我不能不承认,这位某国中国问题专家,对于中国之社会关系状态是具有一定敏锐性的,绝非主观臆想。但他的结论,主要依据的是这样一种现象——一涉及对于"文革"的看法,某些工人和某些知识分子,往往会话不投机半句多,并且确实的,也往往会表现得相互敌视。不论在网上还是在现实中,此种现象近年频发。

2000年前后由农村中青年而变为新时代工人的人——他们是今日之

中国工人的很大一部分，又据我所知，基本上并不跻身于那种"敌视"关系——他们很超脱。

## 二

某些人只不过是某些人，一部分终究是一部分——据此得出中国工人阶级与中国知识分子群体两大关系已处于"撕裂"状态，所依据的又仅仅是对特定之历史时期与历史人物的分歧或对立观点——即使往往呈现得相当敌视，就社会学的结论而言，肯定是引证不充分的。

回到马永顺的话题，参与讨论将这一曾是全国劳模、政协委员、人大代表的人物的事迹怎样编创为电视剧的，不仅有我和导演李文岐以及几位演员朋友，还有文化知识分子。

几位演员并非无戏可拍闲得慌了，实际上他们各有各的事，都很忙。而几位文化知识分子，他们是界外人士，都不巴望将来挂什么"策划"之名——都是因为在某一次朋友间的聚会时有人谈起了，产生了敬意，于是下一次讨论一约，受敬意的驱使，特别情愿地参与了。

故可以说——每一位参与讨论的人，其意识里是不带任何功利目的，完全是敬意使然。

我是在春节期间，每晚睡前，断断续续地看完了《马永顺传》的：印刷极普通的书，黑龙江人民出版社1999年3月出版，二十一万字，距今十八[1]个年头了。

一位林业工人中的劳模的传，竟使我翻来覆去地看，联想了很多，很多……

---

[1] 根据上下文，这一篇补白时间在2017年。

## 三

20世纪，1949年以前的中国，是既古老又人口众多的农业国，四亿五千万人中，城镇人口仅有六七千万而已。

"文革"时期，中国已有七亿五千万人口，城镇人口占百分之三十左右。那一时期的中国城镇，几乎皆破破烂烂，与大乡村的区别有限。

至2000年，中国已有人口十二亿九千余万，农村人口八亿，约占百分之六十四。

以上意味着，当卓别林的默片电影《摩登时代》中出现工厂里的流水线时，中国真正与机械车床"打交道"的工人群体还很少。

进而言之，1949年前后，在中国的文化与科技两类知识分子中，出身于工人家庭者凤毛麟角。他们大抵出身于官宦、士绅、商贾市民与农家，出身于清贫农家者，亦远多于工人子弟。不仅知识分子群体如此，革命干部及领袖群体也如此。

而这又意味着，中国文化知识分子与中国工人阶级两大群体缺少先天的、血缘上的联系。比之于科技知识分子，他们接触工人阶级的机会少之又少。

于是情形是这样的——当1949年前后的老、中、青三代中国文化知识分子谈及父兄以及家族亲情时，即使出身"红色"家庭的人，往往也多谈的是市民或农民。对他们的"社会主义再教育"，惯性上是将他们支配到农村去。

这使中国的近代文艺作品（主要指小说、戏剧和电影）中，工业题材的一向不多。我是文学青年时，仅读过《上海的早晨》和《铁水奔流》两部——大约是1949年以后仅有的两部工业题材的长篇小说。电影和戏剧中能给当时的人留下深刻记忆的工人形象的几乎没有。电影《风暴》

例外——那是讴歌1949年以前在京汉铁路大罢工中牺牲的工运领袖林祥谦的作品。然而这并不是由于文艺家成心疏远工人阶级造成的，而是由于工人阶级被戴上了"领导阶级"的桂冠，使文艺家们除了歌颂以外，委实不知该如何表现他们。

但这并没造成文艺根本忽略工人阶级之存在的情况——实际情况乃是，在诗歌、歌曲、曲艺、绘画（特别是宣传画）方面，至"文革"开始，歌颂工人阶级的作品是海量的。在中国人的心目之中，工人阶级是"神圣的阶级"，这一不可动摇的地位被夯得很实。怎么会不那样呢？——一切发生在城市里的，标志着国家越来越向好的变化，全赖工人阶级的双手所创造。那些变化与城市人的日常生活息息相关，知识分子的主体生活在城市，他们看在眼中，对工人阶级的崇敬大抵是发自内心的。

情况又往往是——许多中国知识分子，不管是文化型的还是科技型的，在农村面对农民时，良好的前提下，感觉是亲，反之，感觉是悲；而在工厂里面对工人时，良好的前提下，感觉是敬，反之，感觉是卑。一名知识分子如果被扣上某种罪名，并且自己也渐渐地认为自己有罪了，那么他在神圣的工人阶级面前的罪过感会远甚于在贫下中农面前的罪过感。而在"文革"十年中，工人阶级由于拥有对"走资派""臭老九"以及其他"黑五类"的监督、改造的"特权"，社会地位变得空前优越。其优越与物质无关，完全是精神上的、心理上的。

那么，"文革"结束后，中国知识分子与工人阶级之间，是否由于一度的改造与被改造的关系，便留下了不可弥合的裂痕呢？以我对两方的了解来看，并不是那样。我是工人之子，我的同学和知青战友的父辈多是工人，这使我对中国工人阶级的本色具有一定的发言权。我认为中国工人之大多数，对于在特定的历史时期与知识分子之间发生的不由自主的"不快"，是深以为憾的。而在知识分子一边，大抵也并不耿耿于怀。相比于中国工人阶级对于中国之繁荣富强所做出的种种贡献——那贡献堪称卓越与伟大——当年所受的一点儿屈辱又算得了什么呢？

不以为憾的工人是有的，缅怀往昔威严的工人也是有的——正所谓林子大了,什么鸟都有,耿耿于怀的知识分子自然也是有的,胸怀大小自古不同。但两类人肯定都不占多数。

事实乃是——在整个20世纪80年代,中国工人阶级与中国知识分子,对于"文革"之危害性的认识、反思,很大程度上曾是相当一致的。

## 四

20世纪80年代末,中国工人阶级总体上的艰难时代开始了,以"艰难"二字来形容也未免轻描淡写,说苦难的时代并不为过。"下岗"之事如同美国1929年的"大萧条"时代之来临,众多工人家庭以往亦须省吃俭用才过得下去的生活忽然过不下去了。在有些行业,出现了两代人多个家庭成员同时"下岗"的现象——一向是"领导阶级"的中国工人们从不曾想到过自己会面临那种厄运,社会地位方面的优越感一时间荡然无存。

中国工业领域的"下岗"时间比美国的"大萧条"时代要长久得多,一直持续到2000年,后遗症至今尚存。在2016年的"两会"期间,我的家乡黑龙江省有几万人"请愿",所为正是与当年"下岗"有关的退休工资问题。

当年美国的胡佛总统和小罗斯福总统根本不必回答美国的失业工人这样的问题——"我们还是领导阶级吗?"而中国的领导人却难以回避这一问题。

对于中国,工业结构调整势在必行。对于中国工人,心理落差之疼与"下岗"之痛同样锥心,那时他们差不多集体地怀念起20世纪80年代以前的生活来。

这一种怀念从本质上分析其实与信仰什么主义没多大关系,只不过是两相对比之下自然而然地怀念。他们会因此说出种种气话,却只不过就是气话——听到了的人大可不必认真,他们总该有说气话的权利呀!

那一时期我的两个弟弟一个妹妹以及妹夫和一个弟妹都"下岗"了。

我的一个弟弟是返城知青,他"下岗"的妻子也是返城知青。我的绝大多数没上过大学的知青战友都"下岗"了,那一时期我的负担"压力山大",我的老父亲老母亲也终日愁容满面。那一时期我听到的出自"下岗"工人之口的气话很多,但我一向只默默听着而已。

某次在极要好的知青战友们面前我忍不住说了一句:"你们说什么气话我都理解,就是请不要说还不如'文革'那些年。"

立刻遭到了劈头盖脸的"围攻"。

"怎么,我们说的不是事实吗?"

"你如果还是我们一边的,就该替我们发声,而不是反过来教训我们。"

我争辩:"我是替你们发声了呀!"

"什么时候?在什么地方?以什么方式?"

"我因唇亡齿寒才写了小说《钳工王》《母与女》,才写了社会时评《龙年一九八八》《九三断想》……"

我"下岗"的弟弟当时也在场。

他说:"那管屁用!"

我无言以对了。

那一年我已经当了一届北京市政协委员,已经调到北京语言大学了,已经被选为海淀区人大代表了,已经是全国政协委员了。

我的一个知青战友接着我弟弟的话说:"你二哥现在不但是个知识分子了,还是作家和教授了,是不折不扣的既得利益者了,当然不爱听咱们的话了!"

我本想告诉弟弟们——从中国工人阶级的命运陷入水深火热那一年开始,中国作家们在发表尺度允许的半径内,用一篇篇小说持续地表达着不同角度的关注,以期引起政府的重视和体恤。那是我的同行们帮助中国工人阶级的方式,并且都想要突破限制,使帮助的作用起得更大。

"下岗"工人哪儿还有闲心看小说呢?所以他们不知道。

我本想告诉弟弟们——不论是在区人大还是在北京市和全国政协会上,呼吁各级政府更加关心"下岗"工人生存现状,保证他们的基本生活诉求，尤其要保证他们子女的学业不因家长"下岗"受到严重影响，尽快解决"下岗"工人医药费的报销问题等强烈的焦虑的声音，多年以来一直是各级"两会"重点讨论的议题。怎样创造适合"下岗"工人再就业的工作岗位，出台怎样的政策有利于扶持"下岗"工人再就业的提案，也一直在各类提案中占很大的比例。各级政府旨在改善"下岗"工人生存现状的调研，更是每年都以特别密集的步骤进行着。

政协系统如此，人大以及各民主党派系统亦如此。

虽然它们的效果根本不可能是立竿见影、水到渠止的，但起码说明，在中国工人阶级的集体命运经历严峻考验的时期，中国知识分子们相当一致地表现出了极其真挚的社会责任——方式不同，情怀不一。

只不过，这一事实，一向不大为中国工人阶级所知晓。即使在每年的"两会"期间，媒体也往往习惯地将其报道为"委员"之声、"代表"之声。

而我想说的是——那些"委员"也罢，"代表"也罢，其常态的社会身份大抵是文化知识分子或科技知识分子。

在此书再版之前，写出这一事实，我认为大有必要。

## 五

让我们回到《马永顺传》这一话题。

马永顺，天津市宝坻区沟头村人。新中国成立以前，那里是很穷的地方。

1933年冬，娶不起媳妇的青年马永顺，被招工头所骗，成为长白山下由日本人所"开发"的一个林场的伐木工。当年的林场如同"林间地狱"，还不到一年，包括他在内的十八个同村人，竟有十人先后悲惨地死去——求生的本能使他逃回了家乡。

在家乡也还是难以生存下去，不久他第二次"闯关东"，成了铁力林区的伐木工。这一次他坚持的时间很长，直至1945年8月日本投降。当年与他一起到东北林区谋生的另外十七个同乡，到那一年先后都死了。

东北解放了，"闯关东"的人在林区以外也比较容易找到活儿干了，马永顺下决心永不再当伐木工，遂成为一家客栈的伙计，那时他已三十多岁。

中国的山林终于回到了中国人手中，正在筹建的铁力林务分局急需熟练的伐木工。马永顺在山林间已很有些名气，林务局劳动科的负责同志居然慕名找到了客栈，诚请他带头进山。由他带头，许多青年都愿跟随。各方面的盛情难却，马永顺于是成了新中国的第一代伐木工人，从此将一生献给了铁力林场，直至八十三岁逝世，葬于铁力林区。

他身材高大，具有很强壮的体能，曾创下一人的年采伐量相当于六人的年采伐量，在当年被视为奇迹。

他是个具有劳动智慧的人，对伐锯一再进行改造，为提高伐木效率做出了公认的贡献。

助人为乐，他与工友们相处实心实意，具有人格魅力和广泛的凝聚力。

成为新中国的伐木工人使他感到特别舒心、幸福，为国家伐木使他感到无上光荣。大森林对于他不再是"绿色地狱"，而是"第二家园"了。

这样的人，获得应得的荣誉自然而然。

于是，他成为全省林业战线的标兵、成为全国第一代劳模，与冶金系统的全国劳模孟泰、石油系统的全国劳模王进喜成为齐名的中国工人阶级的典范，他们的事迹曾先后被写入中小学课本。马永顺于1951年2月入党。

他还成为1954年"中国人民慰问解放军代表团"的代表，成为第二届全国政协特邀委员，成为"中国人民赴朝鲜慰问中国人民志愿军战士慰问团"的团员；成为全国人大代表；十四次见到毛泽东，与毛泽东四次握手；被周恩来总理亲切约谈过；晚年赴莫斯科接受联合国颁发的"环保奖"……

马永顺退休之后依然荣誉不断——周恩来总理当年单独接见他时，

曾希望他"不但要成为伐木的标兵，也要成为造林的模范"。后一种希望，在他退休之前是难以实现的，但却是他一直铭记不忘的。退休以后，他终于有了充足的时间，便开始在林区植树——至少要栽种两万八千棵树苗，那是他亲手伐倒的大树的数量。

他在逝世的前几年做到了。那不是他以一个老年人的一己之力可以完成的，他全家七八口人都加入过他的团队。

他因而确实成了植树的模范。江泽民、朱镕基、李瑞环等党和国家领导人都由衷地称赞过他。有人认为他是为了保持荣誉而一定要劳累不止，但他的传记中写到的一件事使我相信，在他的思想境界中，有着比荣誉更重要的极其朴素的动力——任何一个国家的森林资源都是有限的，也是宝贵的，只伐不种，中国有一天将不得不成为木材引进国。这话是当年一位在林区进行伐木技术指导的苏联专家对他说的。

苏联专家看到中国伐木工人伐倒的树木留桩甚高，且对旁枝弃而不惜时还说："你们中国人觉得自己国家的森林资源取之不尽吗？"

那话对马永顺具有很大的刺激性，引起过他深刻的省思。

当年的中国，视各行各业的劳模为新中国成立的功臣，要像战争年代尊敬战斗英雄那般尊敬他们。马永顺参加全国政协会议时，提出要探家，会务组就安排专车送他回天津老家，并为他备了份厚礼。他不仅在国内疗养胜地疗养过，还随团到苏联去疗养过，他当然也不可避免地经历了"文革"。

他在万不得已的情况下上台宣读别人的稿子，对一位他很了解的林区领导进行批判——那当然是违心的，所以他在下台后喊了一句口号："要文斗！不要武斗！"

结果左右不讨好。

林区的造反派要选他为"总司令"，他为了摆脱纠缠，从林区"失踪"了多日。

林区"革委会"和伊村市"革委会"成立时，都将他选为副主任——那也是他身不由己的事，但他只当了七天林区"革委会"的副主任，开了一次党委会，批了十立方米用于公建的木材。七天后他"打道回府"，决意不再把这副主任当下去，而是继续当伐木工人……

老一代林业系统的伐木工人因一件事一直感激他——在饥饿的年代，他以人大代表的身份建言："伐木工人的口粮不够吃，应该增加。"居然很快就被采纳了，使伐木工人的定量由四十二斤增加到五十六斤。

当年他也目睹——那种"革命"怎么样破坏了生产，"走后门"的现象如何败坏了党风和社会风气……

20世纪80年代后，他的同样是林区工人的长子也失业了，他帮儿子开了一个小饭馆自谋生计，因不善经营不久就倒闭了……

他同样目睹——许许多多被"裁员"的林场工人的家庭没了收入，大人们不知所措，孩子们也没心思上学了……

我读《马永顺传》时，头脑中不断盘桓着同一个问题——如果我与他这样一位极其可敬的老劳模面对面相谈，谈及新中国成立的前三十年和后三十年，谈及对"文革"的看法，他会说些什么呢？

有一点是肯定的——他将和我一样，都不会对"文革"给出任何正面看法，他当年以实际行动回答了这一问题。

还有一点也是肯定的——他不会因为前三十年发生过"文革"以及其他在民间至今伤痕难忘的全国性运动，而对前三十年的中国历史予以彻底否定。因为，那伤痕并不曾在他完全有资格代表一下的工人阶级身上。恰恰相反，前三十年的中国历史，记载着中国工人阶级沉甸甸的功绩与光荣。彻底否定之，功绩与光荣将无以附着，并且，不符合客观的、全面的历史观。而我，不但会充分理解他，也会虚心地表示同意。若他对毛泽东表现出无限的敬仰和崇拜，我照样会以人之常情充分理解。

我越来越认识到一个简单的道理——所谓历史，说到底是人类思想和经历感受的演变史，是主观与客观相结合的记录。没有主观介入的绝对客观的历史是不存在的。人越能够摆脱主观感受的限制，才越能以客观的眼光看待历史，特别是看待自己所亲历过的历史。首先应是对史学家的要求，其次应是对知识分子的要求，却不应该也没必要一致为泛众化的要求。独立的个体的感受，不论是领袖还是普通人，不能说对于我们认识历史便毫无意义，但参考价值显然甚微。而某一群体的感受却是不容忽视的，因为那也必然是对历史的某一部分的反映。在将近十四亿人口的中国，任何一个群体的历史感受，都是为数不少之人的感受，细加分析，都有益于我们思考历史的复杂性。

故，若有人对我说，其在新中国成立前三十年的人生，才是有幸福可言的人生，我的第一反应已不再会是当即与之辩论，而会平静地说："那么，你真是一个幸运的人。"

若有人对我说，其在新中国成立后三十年的人生更有不堪回首的记忆，我也会理解他说："我明白你的感受，那是不少人的经历。"

而若有人一心要为"文革"翻案，我则立刻会得出结论：其在"文革"中肯定是哪一类人。

依我想来，中国之绝大多数的老一代工人、农民、各行业劳动者、知识分子，是不会参与为"文革"翻案这种事的，他们有时所强烈表达的，只不过是曲意的变相的对现实利益的愿望。

真正企图为"文革"翻案者，乃极少数人。正因为是极少数，每每才要假多数之名，而这是特别需要分清的。

# 六

新中国第一代工人都已经是耄耋老人了，曾是知青而后来是工人的群体，也已全部退休了。

如今，"工人"二字已是与以往年代全然不同的概念——但是所处行业更加多种多样的工人，在中国仍是广泛受到尊敬的人。不管他们中哪一行业的代表人物，只要出现在会场上或节目现场的舞台上，仍会使人感到像解放军一样可亲可敬。特别是年轻工人，大抵还使人觉得可爱。中国的年轻工人们真是多才多艺啊，当他们身着各行各业的工装在电视中或网络上亮相并展现才艺时,总是能获得毫无水分的热烈的掌声、绝对不需要预先录制的喝彩。老一代中国工人的光荣,在那样的时刻,由社会各界的人们,包括知识分子,由衷地赠予。

在中国,在那样的时刻,从社会阶层关系的深处,"劳工神圣"这四个字得到了令人信服的印证。每一个阶层的人都明白,自己日常生活的方方面面,皆赖他们的服务而少了烦恼。他们所获之敬意,已褪尽政治色彩的铅华,完全是社会学范畴的应得了。

老一代工人阶级的光荣与梦想,不是在岁月中归于虚无了,而是被他们演绎得如凤凰涅槃了。

以我的眼看来,倘不论家庭,而论亲情维度宽于小家庭的大家族——那么,十之四五的三代乃至四代同堂的中国家族,概由农民、工人、知识分子构成。若将在读的高校学子也算在内,比例会更大一些。在中国,在每年春节,亲情融融的家族聚餐的座次中,务工的或求学的农家儿女的言谈,不但将工农关系拉近了,也将工农与知识分子的关系拉近了。知识分子已不再是"臭老九",而是每一个家族都希望产生,一旦产生遂引以为荣的"香饽饽"。近年来,在长辈们心目中,一个被社会所认可的知识分子儿女,似乎与一个当官的儿女相比并不逊色了,因为当官的风险大了。

老几代中国知识分子的乡土根系在新几代知识分子那里发生了改变——越来越多的老工人之家或新工人之家开始批量产生新型知识分子——祖父为农,父辈为工。

于是中国一部分新一代知识分子与一部分新工人阶级形成了血浓于水的新型关系——2000年以前还是个别现象,以后将越来越是普遍现象。

这将是不再容易离间的,更将是难以撕裂的。

读书真是一件好事,我感激曹锋、吴宝三两位作者所写的《马永顺传》。我如果没读到此书,大约不会有这篇杂感。

我感激马永顺这位已故的老劳模,字里行间中他的音容笑貌,使我一次次怀念起了我的父亲……

## 2010 版前言

此书写于1996年,某些章节曾发表于报刊,1997年成书出版,至今十三年了。

十三年中,未曾再版。倒也不是遭遇过禁止,也不是没有出版社肯于再版。事实上希望再版此书的出版社真是不少,但我自己却一次次拒绝了。

原因单纯,我对自己这一部书的看法越来越不怎么样。我对自己其他书的看法也有不怎么样、很不怎么样的,但那"其他"大抵是小说。小说家们十之八九都写过不怎么样、很不怎么样的小说,即使不怎么样、很不怎么样,由于成为自己某一时期写作状况的证明,只要别人以为还有点儿再版的价值,自己往往也就悉听尊便了。

然而我这一部书却非小说。究竟算是哪一类书连我自己都说不明白。时评类的?沾那么一点儿意思吧。

我认为,时评类的书另有评价的标准,比如冷静、客观、公允、翔实的依据等。当然,若有预见性,并且预见得较准,最好。总而言之,时评类的书,一般以充分的理性表述为上。

而我这一本书,它的情绪色彩太浓了。故当年有人批评我"不务正业"。小说家而写非小说类的书的例子不胜枚举。我对"不务正业"的批评是不以为然的。

当年也有人批评这本书呈现了显然的"仇富心理"。而我当年不满也很忧虑的,其实不是富人们本身,而是造成咄咄逼人的贫富悬殊现象的种种"体制"问题。

正因为不满很强烈,忧虑也是发自内心的,又不愿被讥为"杞人忧天",所以成心用了一种调侃的文笔来写。结果不但情绪色彩太浓,同时也缺少了一部好的时评书应有的理性庄重,那么意义自然大打折扣了。

现在我正做着对自己的作品进行"抢救"的事情。也就是说,明知自己的某一部书不怎么样,但希望通过修改,"改判"其"死刑",尽量使之"重见天日"。

在修改过程中,我对自己这一部书的不满一次次使我停止下来——因为十三年后的今天看十三年前的自己的这一部书,荒唐印象每每产生。比如十三年前的富人与今天的富人们相比,富的概念是太不一样了:十三年前我这种人的工资才六七百元,国人对工资的诉求与今天相比差距也太大了;十三年前"下岗"是中国城市剧烈的阵痛,而今天这种阵痛基本熬过去了;十三年前农民们的生存负担已快将他们压得喘不过气了,而今天的农民们之命运有了很大的改善……而最主要的是——十三年前许许多多的中国人像我一样,对于中国当年之现实是极其悲观的,而十三年后的今天,大多数中国人对中国的社会心理主调,应该说已走出了悲观的阴影……何况,我此书中片面的、偏激的、浅薄的文人之见比比皆是,改不胜改。最后也就只有不改,随它那么样了。

我还是决定让它"重见天日"的。起码,看了此书的人可以了解到,竟有一个写小说的家伙,对于我们中国诸事,十三年前"不务正业"地想了那么多，自以为是地公开发表了那么多看法。

在有几章的后边，我加了些今天重新来看来想的补白。

在此前言中，我最想补的有以下两点：

一、对于从政的、从商的，成为形形色色的知识分子的中国人，他们中有一个群体是特别值得独辟一章来进行评说的，即知青群体。

十三年前我没这样写，现在认为实在是大的遗憾。

我对"上山下乡"运动再没多少话可说。一言以蔽之，不论对于它还是对于中国，那都是没有另一种选择的事。

但"上山下乡"客观上却使当年的广大中国城市青年与中国的农民，尤其是最穷苦的农民，紧密地同时也是亲密地（总体上是那样）结合了十余年之久。这使他们对于"中国"二字具有了更全面的认识，也使他们对于"人民"二字具有了感情化的了解。

我的朋友秦晓鹰曾任《中国财经报》的社长兼主编，也是干部子弟，当年是山西插队知青。

十三年前我写这一部书时，我们曾一起开过一次什么座谈会。

会上，他讲过这样一件真事：返城开始后，有一名高干子弟终于可以返回北京了，十余年来他一向住在一户农民家里，房东大爷和大娘送了他一程又一程，硬往他兜里塞鸡蛋，非让他带一篮子大枣回北京……

夕阳西下时分，已走出了很远的他不禁再一次回望，但见大爷和大娘的身影仍站在一处土崖边，之间隔着一道道沟堑。那一时刻，那一名高干子弟，不禁双膝跪下，痛哭失声……

晓鹰对我讲的这一件事，给我留下的印象太深太深了，以至我又对别人讲过多次，并写入了我的电视剧新作品《知青》中。

那一名高干子弟，他返回北京又成为高干子弟后，会变吗？

又变回高干子弟"本色"的例子是不少的。

但因为有着十年"上山下乡"那一碗粗饭垫底儿,以后无论身份怎么变,地位怎么变,对"人民"那一份深情厚谊非但没变,反而化作人性深处的"琥珀",这样的"知青后"也是不少的。

那么,不管他们是从政了,是经商了,还是成为形形色色的知识分子了,都必然会是人文化了的从政者,人文化了的经商者,人文化了的知识分子。

进言之,他们将会使中国的政治、商业和文化变得"有良心"。

倘无对人民的真感情,我不知所谓"人文"是什么"文"……

二、在我这一部书中,对于歌星们(当然也包括歌唱家们)多有不敬之词,这也是使我极忐忑不安的一点。

十三年后的今天我想说,作为中国这个大家庭中的一个汉族成员,我在此对他们和她们,郑重地表达我的大敬意。并且,为我书中当年写下的某些调侃的、戏谑的词句,郑重地表达我的真诚歉意。

因为我后来意识到,歌星们,尤其是汉族歌星们,正是他们和她们,在一个重要的方面改变了,甚至可以说"改造"了汉民族。

我强调"尤其是汉族歌星们",并非要张扬一种"大汉民族"的狭隘意识,而仅仅是想指出这样一种事实——古代的汉民族,虽然不是一个善舞的民族,但也确曾是一个能歌的民族。想想吧,连那时的樵夫和渔父、养蚕娘和采茶女都喜欢高歌低唱,证明汉民族也曾是一个多么爱唱的民族啊!但是越往近代过渡,爱唱的汉民族,分明变得越不爱唱了。国难深重的近代,纵还有些歌流行着,也大抵是些悲情的歌或愤激的歌。又往往的,是由一些人唱给众多的人听的。1949年以后,汉族所唱的歌,渐渐变得极端政治化了,抒情的歌是极难产生的。

以至于,汉民族要唱一首抒情的歌,要么是1949年以前的,要么是其他兄弟民族的,要么是外国的……而今天,汉民族又变得空前能歌了！尤其在城市里，到了春暖花开后的季节，街头歌者，公园里的歌声，往往的，真叫是此起彼伏。一个世界上人口最多的民族，如果是一个不爱唱歌的民族，那真叫是世界性的遗憾了！现在好了，我们又恢复了爱唱的本能了。而我认为，汉民族的这一种本能的恢复，与20世纪80年代后一代代汉族歌手的贡献是分不开的。大情怀也罢，小情调也罢，普通情感也罢，人性私密情感也罢……总而言之，爱唱就比不唱好，唱出来就比压抑着好。举凡一切与人情有关的情怀、情愫、情感、情调、情绪，三十年来，我们的汉族歌手们，几乎全都引领着我们汉民族唱遍了。我们太有理由感激他们了。而且，以我的眼看来，扫描中国大文艺状况，恰恰是通俗歌曲的品质反而优上一些。因为，通俗歌曲中几乎什么都唱到了，就是没有一首通俗歌曲是唱权术计谋的。也正因为如此，通俗歌曲反而做到了最大限度的"人性化"，而不是使人性狡猾和阴险……

2010年9月4日
于北京

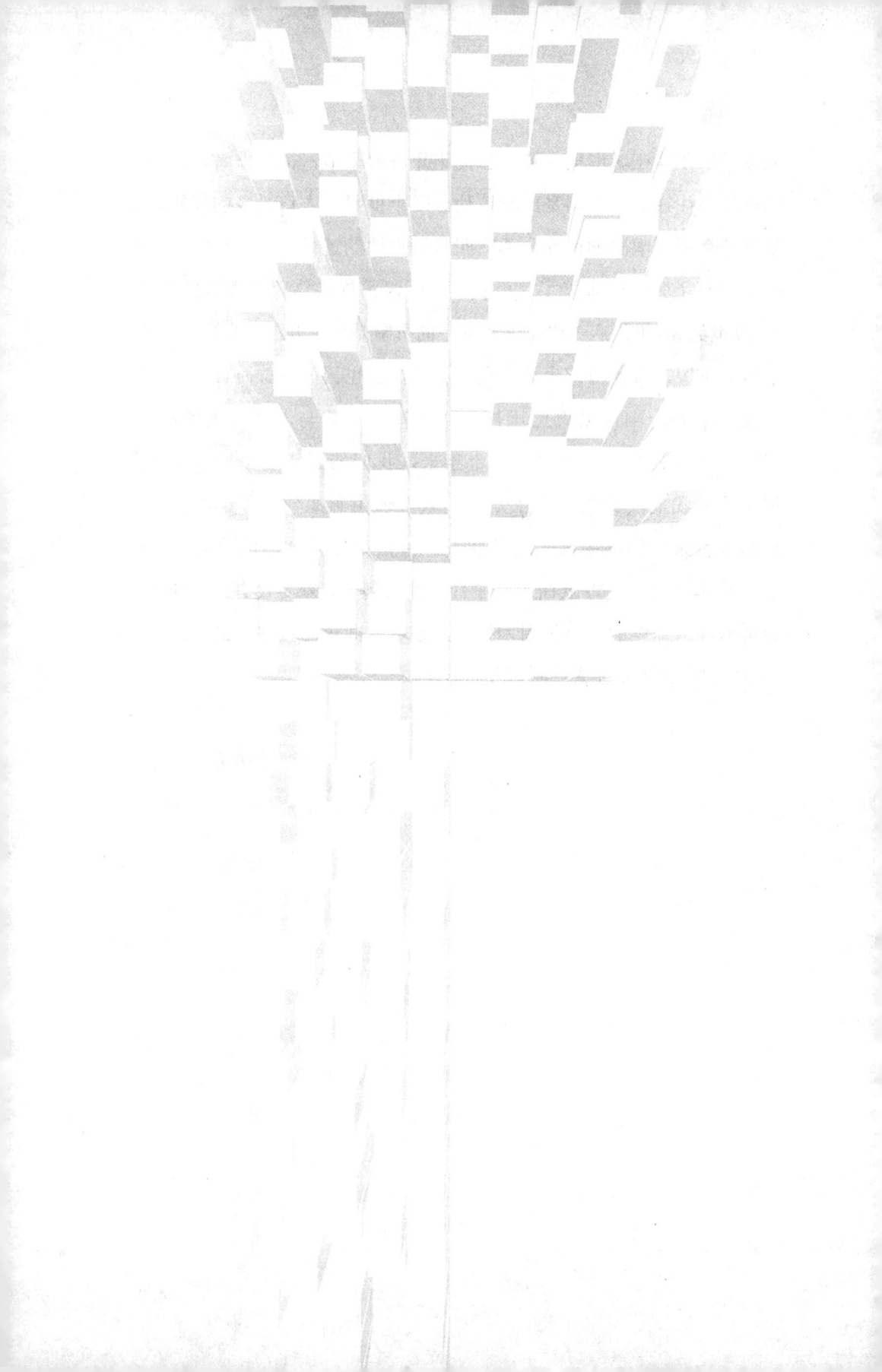